NEDERLAND, ORANJE
EN DE
DOOFPOT

Aan de Heer Th. F. K. van Dijck
met mijn hartelijke dank voor
zijn medewerking zie p. 209.

Jacqueline [illegible]

Bussum, 5-1-1980.

NEDERLAND, ORANJE EN DE DOOFPOT

Raadsels rond Oranje in de 19de eeuw

door

JACQUELINE DOORN

MCMLXXIX

EUROPESE BIBLIOTHEEK - ZALTBOMMEL

ISBN 90 288 5093 7

Deze uitgave werd gedrukt bij Grafisch Bedrijf De Steigerpoort te Zaltbommel.

Al wat Oranje schaden kan,
Wordt doodeenvoudig weggelaten,
Maar treft het lof voor dezen stam
Dan komt geen eind meer aan het praten.

Die moedig op de fouten wijst,
Oranjes Willem verweten,
Die wordt, als hij zijn mond niet houdt,
Tot slot de deur nog uitgesmeten.

Uit: Asmodée
Geïllustreerde Almanak voor 1875.

De Geest is wel gewillig maar het vlees is zwak.
Matthéüs 26: 41
Markus 14: 38

INHOUD

I. VALLEN EN OPSTAAN

Van Berlijn naar Köslin. Van Köslin naar Stargard. Van Stargard naar Danzig. Dat is in de chaos van de Napoleontische oorlogen op Duits en Oostenrijks grondgebied de vluchtroute en martelgang van de totaal ontredderde Mimi, prinses van Oranje. De slag van Jena (14 oktober 1806) heeft het einde van de Pruisische dromen ingeluid. Het Pruisische leger is verpletterd. En de prins van Oranje heeft zich met het restantje van zijn Pruisisch regiment in de omgeving van Erfurt moeten overgeven toen het hem niet gelukte de veilige muren van die stad te bereiken.
Nog maar negen dagen is deze Frans-Duitse oorlog oud en toch is alles al verloren. De arme, besluiteloze Mimi moet maar zien hoe ze uit Berlijn wegkomt. Koningin Luise van Pruisen is al weg. Hals over kop heeft ze nog even Berlijn aangedaan voor het geven van een paar laatste bevelen. Kostbaarheden en kleren moeten ingepakt worden en meegevoerd naar het veilige oosten. Ze is er nog geen dag geweest. Bij haar aankomst op het koninklijk slot is ze opgewacht door graaf Schulenburg, die haar geraden heeft zo spoedig mogelijk naar Stettin uit te wijken. De Franse troepen zijn in opmars. Berlijn is niet langer veilig.
Vertrokken is ook prinses Marianne. Zij is de derde uit de kring van koninklijke schoonzusters. De eenentwintigjarige prinses is hoogzwanger en haar dochtertje Amalla is pas anderhalf jaar oud.
Bij haar vergeleken heeft Mimi het nog goed, zoals zij daar met al haar kinderen voortjakkert op de hopeloos slechte Pommerse wegen. De jonge Willem is al bijna veertien jaar. Hij is een lange, magere jongen met stroblond haar en heldere, grijze ogen. Hij draagt het uniform van het adellijk kadettenkorps in Berlijn. En ook Fritz mag er met zijn negen jaren wel wezen, evenals de zesjarige Pauline, het enige en wel wat verwend dochtertje.
Dicht bij de Russische grens zullen zij allen veilig zijn. Daar, in het afgelegen oostelijk deel van Pruisen, wenkt de redding. In Stargard, in Danzig, in Königsberg of Memel. Want daar ergens moet het Pruisische hoofdkwartier

zich bevinden. Daar zullen ook de troepen staan van de Russische bondgenoot.
Wie denkt er in deze grote nood nog aan Holland? Dat nieuwe koninkrijk, waar sinds een paar maanden een Lodewijk Napoleon de scepter zwaait? Geen mens immers! Holland heeft afgedaan. Oranje heeft zich met huid en haar aan Pruisen verkocht en dat is niet zozeer een kwestie van voorkeur of vrije wil, maar de enig aanvaardbare mogelijkheid om de chaos te overleven. De berichten die men opvangt bij het wisselen van de paarden of bij een toevallige ontmoeting met een passerende koerier, zijn bijzonder slecht. Er zijn veel bekende officieren gesneuveld. Prinsen ook. Mimi heeft alle reden om dankbaar te zijn dat haar man slechts krijgsgevangen is.
De prins is dichterbij dan ze denkt. Te paard of per reiskoets, al naar gelang er mogelijkheden zijn, jaagt hij achter vrouw en kinderen aan. Hij is onverwachts op parool vrijgelaten en heeft zich onmiddellijk naar Brunswijk begeven om zijn moeder, prinses Willemijn, te spreken en in veiligheid te brengen. Maar de oude dame had wijselijk het gevaar niet afgewacht en de wijk genomen naar Schwerin. Mocht het daar ook niet veilig blijken, dan zou ze zich terugtrekken naar Sleeswijk.
Als hij zijn moeder niet meer in Brunswijk vindt, reist de prins in grote haast door naar Berlijn. Maar de paleizen zijn leeg; het volk is de wanhoop nabij en het enige familielid van zijn vrouw dat achtergebleven is, kan hij toch niet helpen. Prinses Auguste ligt in het kraambed en vervoer is onmogelijk. Als hij ziet dat er in de stad niets voor hem te doen is, galoppeert de prins de vluchtenden achterna.
Vierendertig jaar is hij nu, deze Willem van Oranje. Als jonge man heeft hij de vlucht uit de Nederlanden meegemaakt. Hij is vol kritiek geweest op de besluiteloze politiek van zijn zwakke vader en heeft wrokkend de neergang van zijn huis moeten aanzien. Eerst in april (1806) is hij zijn vader in de overgebleven Nassause bezittingen opgevolgd als Willem VI. Het vorstendom Fulda, dat door Napoleon als schadevergoeding voor de in de Nederlanden geleden verliezen aan de Oranjes is toegewezen, heeft hij in de afgelopen jaren voorbeeldig beheerd. Alles, letterlijk alles, heeft hij gedaan om aan zijn zonen nog enig erfdeel na te laten. Hij heeft zich voor Napoleon vernederd, hij is ervoor naar Parijs gegaan, hij heeft onderhandeld en gesoebat om tenminste iets terug te winnen en nu heeft hij door deze ongelukkige oorlog (waartoe hijzelf ook heeft geraden) alles en dan ook alles verloren. En hij beseft dat er voor hem niet anders op zal zitten dan zich opnieuw voor keizer Napoleon te vernederen.
Vervuld van deze gedachten, jaagt hij een week lang over de Pommerse wegen voort, dan – eindelijk – achterhaalt hij Mimi en de kinderen in Köslin. Het is voor de arme vrouw een eerste straal van hoop. Naast haar

man voelt zij zich een stuk veiliger. In Köslin wordt een paar dagen uitgerust en de prins benut deze pauze om een brief aan de gehate Napoleon te schrijven. Hij moet wel. Anders is immers alles verloren. Het wordt een zeldzaam epistel, vol armzalige excuses, die geen hout snijden.
De intieme banden van verwant- en bondgenootschap, die mij aan het Huis van Pruisen verbinden, mijn rang van luitenant-generaal in het leger van de koning, hebben mij geen keus gelaten. Op het ogenblik, dat de huidige oorlog op het punt stond om uit te breken, gaf Z.M. mij een commando in zijn leger; ik was geen eigen heer en meester meer en moest het lot van de legers van de koning delen. Maar Sire, dit was niet het geval met de landen waarover God mij het bewind heeft toevertrouwd. Zij hebben geen partij gekozen in de huidige oorlog.[1]
Het is een uiterst zwak excuus, maar de prins weet niets beters te verzinnen, doodsbenauwd als hij is dat hij zijn Nassaus erfdeel en Fulda zal verliezen. Ze zijn al bezet. Het gaat hem erom, koste wat het kost, die bezetting ongedaan te maken. En verder schrijft hij: hij zal de keizer eeuwig dankbaar zijn als hij hem ongemoeid laat. Napoleon kan voortaan op hem rekenen. *Ik wens niets liever, Sire, om mijn verhouding en die van mijn landen met Frankrijk definitief te regelen en vanaf het ogenblik dat Uwe Keizerlijke Majesteit bevelen zal dat men zich daarmee bezig houde, zal Zij mij daartoe bereid vinden.*[2]
De prins is vol twijfel wanneer hij die brief opstelt, ondertekent en aan een speciale bode meegeeft. Voor het effect van zijn brief op zijn verslagen zwager, de koning van Pruisen, vreest hij niet. Voor hem heeft hij dadelijk een verontschuldiging bij de hand. De koning heeft hem deze stap aangeraden. Waar en wanneer dit gebeurd zou zijn, laat hij in het midden. En ook of de wanhopige man het wel echt gemeend heeft. Ook acht de prins het geen schande om voor Napoleon in het stof te kruipen. Wat hij werkelijk vreest is de armoede, het geldgebrek. Daar is deze Willem gevoelig voor! En vol zorg vraagt hij zich in een brief aan zijn moeder af, of de Britse regering zich door zijn brief aan Napoleon misschien zo beledigd zal voelen, dat zij besluiten zou de handen voortaan van hem af te trekken en hij mogelijk ook de vaste inkomsten uit de Britse financiële hulp zou verspelen.
De Britse regering echter zwijgt. En van Napoleon ontvangt de prins het antwoord dat hij verdient. De man uit Corsica windt er geen doekjes om wanneer hij vanuit het veroverde Berlijn kort en bondig schrijft: *Mon cousin, ik ben geen rechter over het gedrag van Uwe Hoogheid. Het past mij niet de aard van uw verplichtingen op een weegschaal af te wegen. Uwe Hoogheid heeft mij gezegd, dat zij geen heer en meester over zichzelf was om de oorlog tegen mij niet te beginnen; zij zal het mij derhalve niet euvel duiden wanneer ik in Fulda een prins wens, die heer en meester over zichzelf*

zal zijn om met mij in vrede te leven.[3] Daarmee kan de prins het doen.
Als hij Napoleons brief ontvangt, is de prins al een dag of wat in Danzig en kunnen Mimi en de kinderen wat op verhaal komen na de vermoeienissen van de vlucht. De jongens hebben er betrekkelijk weinig van te lijden gehad. Voor hen was het eerder een groot avontuur en nu zij in Danzig wat tot rust gekomen zijn, vermaken ze zich met het maken van lange wandelingen langs het strand en het zoeken naar stukken barnsteen, die daarop door de golven van de Oostzee zijn achtergelaten.
Hun ouders hebben wel andere zorgen. De arme Mimi is doodvermoeid. Ze heeft zelf eigenlijk nog maar net een miskraam achter de rug en vol mededogen hoort ze het slechte nieuws over haar schoonzuster Marianne, dat in deze dagen in Danzig de ronde doet. Zij is op de vlucht voortijdig bevallen van een dochtertje, dat met ademhalingsmoeilijkheden kampt en ongedoopt en naamloos na elf dagen overlijdt. En er is nog meer narigheid in aantocht. Van de koninklijke kinderen, die naar Danzig zijn overgebracht, worden er twee ziek. Buikloop! Vooral de kleine Alexandrina van Pruisen is er erg aan toe en als zij weer wat opknapt, verkeert haar broertje Carl in een kritieke toestand. De medische kennis is nog maar beperkt, maar men weet toch al meer van de besmettingskansen dan vroeger en haastig besluit men de nog gezonde koningskinderen van hun zieke broertje en zusje te scheiden en naar Koningsbergen over te brengen.
Ook de kleine Pauline van Oranje wordt ziek en bezorgd staan haar ouders bij haar bedje. Een dokter wordt geroepen en onderzoekt het kind, stelt de diagnose. Een kou oppert hij, mogelijk ook uitputting. Of toch een besmetting? De dokter houdt een slag om de arm. Oorlogen brengen nu eenmaal ziekten mee en het zijn de kinderen en zwangere vrouwen die daarvan de slachtoffers worden.
Met Paulientje valt het gelukkig wel mee. De koorts zakt en de ziekteverschijnselen verminderen. Als het moet, zullen de Oranjes verder kunnen vluchten. En daar is alle kans op, want de berichten die in Danzig de ronde doen zijn allermiserabelst. *Stettin heeft zich overgegeven en naar men zegt Küstrin eveneens; dat is een ware infaamheid. Men hoort nog niets van een vrede. De koningin gelooft dat tsaar Alexander komt. Hunne Majesteiten blijven in Graudenz... Ik zag de prinses van Oranje, prins Heinrich* (van Pruisen), *Pfuel, Hacke. Zij zijn allen vertwijfeld.*[4]
Als op vijf november (1806) het koninklijk bevel Danzig bereikt, dat alle prinselijke families en hun hofhoudingen wegens de nadering van de Franse troepen naar Koningsbergen moeten uitwijken, blijven de Oranjes alleen in Danzig achter. Excuus of oorzaak – dat wordt niet duidelijk – is de toestand van de kleine Pauline. Mede oorzaak is ongetwijfeld Willems wens om bij Napoleon in het gevlei te komen. Als hij nu het bevel van de koning van

Pruisen opvolgt, kan hij straks zijn bereidheid om zich aan Napoleon te onderwerpen niet waarmaken. Zelfs als prinses Marianne van Pruisen uit het kraambed opstaat en liggend in een reiskoets naar Koningsbergen vervoerd wordt, blijven de Oranjes waar ze zijn. In Danzig horen ze ook dat de tweejarige Amalla de reis naar Koningsbergen niet heeft overleefd. Het kleintje is aan de stuipen bezweken en de arme Marianne van Pruisen is nu kinderloos!

Eerst op de vijftiende november (1806) neemt de prins afscheid van Mimi en de kinderen. Zij zullen naar Stargard gaan. Danzig is niet langer veilig. En de prins wil een poging doen om dichter bij Berlijn en Napoleon te geraken. Hij is de wanhoop nabij en schrijft vanuit de stad Grüneberg een tweede, nog onderworpener brief aan de keizer.

Zo de diverse betrekkingen waarin ik mij bevond en de druk van de omstandigheden mij al noodzaakten het commando te aanvaarden, dat Zijne Pruisische Majesteit bij het uitbreken van de oorlog mij in zijn leger gaf, de aard van mijn verplichtingen is sindsdien veranderd. Niet alleen heeft een gedeelte daarvan opgehouden te bestaan, maar ik ben zelfs in staat mij te ontdoen van een deel (van die verplichtingen) *die nu nog bestaan en nieuwe* (verplichtingen) *aan te gaan indien Uwe Keizerlijke Majesteit dit gewenst zou achten... De aard van onze toekomstige levenswijze hangt geheel van Uwe Keizerlijke Majesteit af. Zij zal een Huis, waar Uwe Keizerlijke Majesteit op andere ogenblikken belangstelling voor toonde niet ten gronde willen richten...*[5]

Veel succes heeft de prins niet met deze brief. Het is ook al te naïef om te denken dat de Franse keizer zich in zijn overwinningsroes zal laten ompraten. Napoleon heeft deze prins van Oranje niet nodig. Zijn landen zijn toch al bezet, zijn goederen zijn in beslag genomen en dat is dat. Napoleon neemt niet eens meer de moeite om een schriftelijk antwoord te geven. De overhandiger van de brief krijgt alleen maar het barse antwoord mee dat de prins maar naar Memel moet gaan. Daar is de Pruisische koningsfamilie en daar moet hij zijn heil maar zoeken. Is hij niet zoon en echtgenoot van een Pruisische prinses? Napoleon zal hem niet ontvangen.

Het zijn bittere dagen, vol ontgoocheling. In zijn brieven aan zijn moeder houdt de prins zich nog groot, maar tegenover zus Loulou laat hij zich gaan:
Depuis quelques jours je me trouve ici où je suis comme au Purgatoire.[6]
Sinds enkele dagen bevind ik mij hier, waar ik als in het vagevuur ben.

Moge de onvermurwbaarheid van een Napoleon prins Willem zich in het vagevuur doen wanen, zijn arme schoonzuster Marianne gaat letterlijk door een hel van verdriet. Het is al te erg te weten dat zij geen kinderen meer over heeft. Het snijdt haar door de ziel dat er in Danzig opnieuw een kindergrafje moest worden gedolven en dat haar Amalla naast het ongedoopte zusje

onder een grafheuvel rust. Bijna verliest zij haar verstand. Bijna gaat zij aan haar verdriet ten onder.
Ook prins Willem bereikt een dieptepunt. Voor de derde maal schrijft hij een brief aan Napoleon, hij gaat verder dan hij gedacht heeft ooit te zullen moeten doen en kruipt voor hem door het stof: *Mijn grootste wens is niet te worden miskend door de grote man, die persoonlijk tegenover de wereld blijk heeft gegeven van de rechtvaardigheid waarmee hij oordeelt over personen en zaken... Mijn gehele bestaan valt nu onder Franse bescherming.*[7]
En zo zegt Willem alle trouw, alle verbondenheid met zijn ongelukkige zwager van Pruisen op.
Hij had zich de moeite kunnen sparen. Napoleon geeft helemaal geen antwoord meer. Willem kan in Grüneberg lang wachten!
Toch geeft hij de moed nog niet op. Zijn verlangen om dichter bij Berlijn te zijn, om daar enig contact met Napoleon te onderhouden, drijft hem ertoe de Oder – grenslijn met het door Frankrijk bezette gebied – over te steken en geruisloos in de richting van Berlijn te trekken. Zijn vrouw en kinderen neemt hij daarbij mee. Zijn opzet gelukt en na wanhopige omzwervingen komen allen op het koninklijk landgoed Freyenwalde terecht en vandaaruit schrijft de prins op 9 december 1806 een kort briefje aan zijn moeder: *Op het ogenblik bevindt de hele familie zich hier bij elkaar en we hebben een provisorisch huishouden opgezet, dat vrij rustig is. We wachten nog steeds op paspoorten om naar Berlijn terug te kunnen keren, maar zolang ons deze toestemming niet verleend wordt, hebben wij tenminste de voldoening bij elkaar te zijn... Mijn echtgenote en kinderen zenden u hun groeten. De prinses voelt de vermoeienissen van de grote reis die ze gemaakt heeft een beetje en Pauline is sedert twee dagen wat ziek, maar het is niet meer dan een kou... en ik vlei me* (met de hoop) *dat ze binnen een dag of twee geheel hersteld zal zijn.*[8]
In Freyenwalde hoort de prins ook het nieuws van Napoleons vertrek uit Berlijn. Het komt hem slecht uit. Want nu Napoleon weer in Parijs terug is, zullen de onderhandelingen over het lot van de Oranjes moeizamer verlopen en nog meer tijd in beslag gaan nemen.
Met de kleine Pauline blijft het intussen op- en neergaan. En weer spreekt de prins zich daarover tegen zus Loulou heel wat openhartiger uit dan tegenover zijn moeder. Het is duidelijk dat hij haar zoveel mogelijk zorg en verdriet wil besparen. Loulou weet daardoor veel beter wat er in Willems gezin aan de hand is dan de oude Willemijn.
Pauline, die de laatste tijd ziek was, heeft ons de laatste dagen veel onrust bezorgd. De dokter vreesde een zenuwkoorts, waar ze zelfs het begin van heeft gehad...[9] Zenuwkoorts of zenuwzinkingskoorts is de vreemde naam waarmee men in de negentiende eeuw tyfus en ook wel dysentrie aanduidt.

Toch hoopt de vader nog; het kind lijkt wat beter. Misschien is het ergste al achter de rug.
Maar op 22 december (1806) moet de prins zijn moeder de harde waarheid wel schrijven. Hij doet het nog zo voorzichtig mogelijk: *Wij vleiden ons* (met de hoop), *dat de ziekte van Pauline zo zijn verloop zou hebben en dat zij, zoals wij wensten, behouden zou worden. De Voorzienigheid heeft ongelukkigerwijs anders besloten en sedert vanmorgen half vijf zijn wij in het grootste verdriet gedompeld, daar de dood ons dit pand van onze hoop en liefde ontnomen heeft...* [10]
De arme moeder jammert zo wanhopig bij het doodsbed van haar kind, dat de omstanders vrezen dat ook zij kans loopt het verstand te verliezen en de prins besluit haar nog dezelfde dag met de jongens naar Berlijn te sturen. Paspoort of geen paspoort, Mimi moet weg. In Berlijn is Augusta, die bij de algemene vlucht daar in het kraambed is achtergebleven. Augusta zal haar kunnen troosten. En als er nog doktershulp nodig mocht zijn, in Berlijn zijn doktoren te vinden.
Mimi laat zich overhalen. Met haar twee jongens verlaat ze nog dezelfde dag het ongelukshuis, het aan Willem overlatend hun kind te begraven.
Dat gebeurt al de volgende dag. Daarna wil de prins ook naar Berlijn gaan om daar met Mimi de gang van zaken af te wachten. Misschien laat Napoleon zich nog vermurwen, al heeft hij daar niet veel hoop meer op.
Mocht hij niet in Berlijn mogen blijven, dan wil hij toch trachten haar daar te bezoeken. Maar het loopt heel anders. De vertwijfelde pogingen van Mimi en haar gevolg om de stad binnen te komen, maken de Franse commandant opmerkzaam op de aanwezigheid van de prins van Oranje en bliksemsnel gaat het gezag tot actie over. De prins wordt opgepakt en over de Oder gezet met het bevel zich bij het Pruisische hoofdkwartier te vervoegen. Heeft keizer Napoleon hem niet gezegd naar Memel te gaan?
Schoorvoetend maakt de prins zich gereed om de orders op te volgen. Hij ziet ongetwijfeld in dat ook in Memel hem geen warm welkom zal wachten. Aan zijn moeder schrijft hij op tweede kerstdag een mistroostige brief. Hij weet niet waar het hoofdkwartier van zijn zwager is en als hij nog maar bij zijn Mimi kon zijn! Hij weet niets van haar lotgevallen af. Hij weet niet eens of ze wel in Berlijn is. Als zij nu toch maar onder handbereik was, of dat ze elkaar konden schrijven *dan zou het nog te verdragen zijn, terwijl nu... Maar ik zwijg, en ik zal trachten mij te onderwerpen en dit nieuwe voorval beschouwen als een beproeving, die de Hemel mij zendt.* [11]
De Fransen laten er geen gras over groeien en transporteren hem nog diezelfde dag naar Schwedt en vandaar naar Stargard. In Stargard laten ze hem lopen. Ze hebben wel wat beters te doen! De prins zwerft doelloos rond, niet goed wetende wat te doen. Hij trekt langzaam in de richting van Köslin,

in de hoop daar berichten van zijn Mimi te vinden. De onzekerheid drukt hem danig en de man die gewend is hard te werken, kan de gedwongen werkloosheid amper aan.
Het is zijn oude moeder die hem te hulp snelt. Zodra zij gehoord heeft wat er gaande is, zendt zij een ijlbode naar Berlijn. Zij krijgt het eerste bericht en kan haar zoon geruststellen, dat vrouw en kinderen gezond en wel in Berlijn verblijven.
Wat daaraan voorafgegaan is weet zij niet of verzwijgt ze. Eerst op de dertiende januari (1807) heeft Mimi toestemming gekregen om in Berlijn te mogen blijven. Wel was de bewaking heel streng en werd alleen haar zuster Augusta bij haar toegelaten. Dat de arme Mimi zo ziek en uitgeput was, dat ze Berlijn niet verlaten kon, vermeldt de moeder maar liever niet. Haar brieven toch kenmerken zich door een bemoedigende inhoud. Alle lichtpuntjes worden vermeld. Zo ook dat De Constant Rebecque weer bij de jonge Willem terug is. Hij heeft zijn lessen met hem hervat. Het is een hele geruststelling. De dagelijkse regelmaat in het gezin is terug en dat is al heel wat.
Erg veel lust om naar het koninklijk hoofdkwartier te gaan heeft de prins nu juist niet. Wellicht voelt hij wel aan dat hij door zijn handelwijze in een scheve positie is komen te verkeren. Hij gaat voorlopig naar Hamburg en overweegt vandaar naar Kopenhagen door te reizen. In Denemarken zal hij op neutraal gebied zijn en een reis naar Engeland kan dan weer tot de mogelijkheden gaan behoren. De gevangenneming van generaal Victor door de Pruisen doorkruist alle eerder gemaakte plannen en Willem ziet ineens een kans. Pijlsnel schrijft hij een brief aan zijn koninklijke zwager en verzoekt om uitwisseling tegen de Fransman. Ze hebben gelijke rang, als Friedrich Wilhelm zijn medewerking verleent moet het wel lukken. Maar de koning hult zich in een diep stilzwijgen. Voor deze ontrouwe zwager heeft de zachtmoedige vorst geen tijd.
De prins schrijft brief op brief. Hij laat zich niet afschrikken, maar het helpt allemaal niet. De prins is nu in Danzig en vindt dat hij door zijn Pruisische verwanten maar bitter slecht behandeld wordt en er is geen spoor van inzicht in eigen falen, als hij zich op de eenentwintigste januari (1807) hierover tegen zijn moeder beklaagt met de woorden: *Het komt mij voor, dat ik een andere behandeling verdiend had en als men op die manier omgaat met wie nog geestdrift voor de zaak hebben, is het niet de manier dit enthousiasme te verwarmen of bij anderen op te wekken.*[12] Dat hij nog maar kort geleden helemaal niet zo geestdriftig was, daarover zwijgt hij.
Veertien dagen later, het is dan 11 maart (1807), is hij nog mismoediger: *Mijn uitwisseling tegen generaal Victor zal niet plaatshebben, daar de koning tot die van Blücher besloten heeft en de mijne heeft uitgesteld tot een*

1. De Prinses van Oranje (Mimi) kon in ballingschap soms uren bezig zijn met het portretteren van haar oogappel Marianne. Gravure van W. van Senus naar een tekening van de prinses. (Gemeentearchief Den Haag.)

toekomstige gelegenheid... terwijl ik toch zijn vaste belofte had, dat ik de eerste van mijn rang zou zijn die uitgewisseld zou worden, en daarna stelt men de uitvoering daarvan uit onder het voorwendsel dat Z.M. mij, door gebrek aan mogelijkheden, niet opnieuw aanstellen kan, wat toch ook het geval met Blücher zou moeten zijn, daar zijn rang gelijk aan de mijne is... [13]
Blücher heeft echter geen kruiperige briefjes aan Napoleon geschreven en voor de verbitterde woorden van de prins, die op deze mededeling volgen, is er maar weinig reden. *Ik reken dus niet meer op de koninklijke belofte,* sputtert hij tegen zijn moeder, die er toch ook niets aan kan doen, *en indien deze (belofte) toch nog in vervulling zou gaan dan is het toch zeer waarschijnlijk, dat na de behandeling die Z.M. mij in deze omstandigheden heeft laten ondergaan, ik mij zonder reparatie en genoegdoening niet opnieuw zou laten gebruiken, maar mijn plaats zou afstaan aan diegenen die haar zouden willen bemachtigen, daar ik de trieste ervaring opgedaan heb, dat het de koning koud laat wie hem dient.* [14] Aan klachten geen gebrek. Willem heeft de koning niet de groeten van zijn moeder kunnen overbrengen: *daar ik mij niet in de omgeving van de persoon van Z.M. bevind en het zeer onzeker is of hij mij in zijn tegenwoordigheid zou toelaten, daar hij reeds eenmaal geweigerd heeft mij te zien onder het schoonschijnende voorwendsel, dat Napoleon dit euvel zou duiden en dat dit slechte gevolgen voor Mimi zou kunnen hebben.* [15]
Het voorwendsel van Friedrich Wilhelm is doorzichtig genoeg, maar zelfgenoegzaam als hij is, wil de prins er geen sarcastische afwijzing in zien en geeft de voorkeur aan een voor hem wat vleiender uitleg: de koning zou bevreesd zijn voor de verwijten die de prins van Oranje hem over zijn woordbreuk zou kunnen maken!
Aan het maken van verwijten komt de prins in het Pruisisch hoofdkwartier niet toe. Wel wordt hem omstreeks de twintigste officieel toegestaan de koning in Memel op te zoeken en te spreken, maar de rollen zijn omgekeerd en daarover bericht hij zijn moeder niet. De ontvangst valt hem allerminst mee en de oude grootmeesteres gravin Voss tekent daarover in haar dagboek aan: *Der Prinz von Oraniën kam von Danzig an; man fürchtet, die Franzosen wollen es blockiren. Er sah furchtbar übel aus und wurde vom König nicht sehr gnädig empfangen.* [16] (De prins van Oranje kwam uit Danzig aan; men vreest dat de Fransen het willen blokkeren. Hij zag er verschrikkelijk slecht uit en werd door de koning niet erg genadig ontvangen.)
Zo draait de prins dan uiteindelijk weer in het Pruisische familieleven mee, maar nog lang blijft hij het scheve van zijn positie ervaren, zo zeer zelfs dat gravin Voss nogmaals verzucht: *Der Prinz von Oraniën tut mir leid!* [17] (Ik heb medelijden met de prins van Oranje!)
De angst om Mimi neemt gelukkig wat af als hij via zijn moeder weer bericht

krijgt over het lot van vrouw en kinderen. Ook zij heeft het zwaar gehad. *Toen Mimi in Berlijn aankwam werd haar* **tot driemaal toe** *de toestemming tot een verblijf in de stad geweigerd en het scheelde niet veel of men had haar verzocht om weer te vertrekken. Alleen de overweging van de gezondheid(stoestand) dwong (hen) om (haar) wat meer te ontzien en Napoleons formele toestemming om daar te verblijven, verhindert haar ongelukkigerwijs nu daaruit te vertrekken zolang deze stand van zaken duurt.*[18] Dat de toestand van de arme Mimi bij haar komst in Berlijn zo wanhopig was dat de Franse autoriteiten haar eenvoudig niet weg kònden sturen, verzwijgt prinses Wilhelmina voor haar zoon. Hij heeft het zo al moeilijk genoeg.

De stad Danzig valt in Franse handen en de prins pendelt tussen Memel en Koningsbergen heen en weer in de hoop dat tsaar Alexander bij zijn komst een goed woordje voor hem zal willen doen. Even lijkt het erop dat dit zal gebeuren. De tsaar spreekt hem bij een ontmoeting bemoedigend toe, maar hij heeft wel wat anders aan zijn hoofd en daar blijft het bij.

In Tilsit, een klein plaatsje waar nog nooit iemand van gehoord heeft, komen de vorsten met Napoleon tot overeenstemming, zoals dat heet. Friedrich Wilhelm heeft niets in te brengen. Over het lot van zijn rijk wordt door Napoleon en Alexander beslist. Pruisisch Polen gaat geheel verloren. Danzig wordt een vrije hanzestad en Jérome Napoleon wordt koning van het koninkrijk Westfalen. Magdeburg, Hannover, Hessen, Brunswijk, Fulda en de Nassause bezittingen, al die landstreken en steden, worden uitgeleverd aan deze Napoleon. Wel verplicht Jérome zich aan de prins van Oranje en zijn vrouw een lijfrente van f 600.000,– uit te betalen, maar daar maakt hij zich gemakkelijk van af. Geen cent krijgen ze van hem te zien!

Als het hem duidelijk is dat alle moeite vergeefs is, legt de prins zich bij zijn lot neer en besluit naar Berlijn te gaan, als hij tenminste toestemming voor die reis krijgt. Het lukt. Tot grote verrassing van zijn vrouw komt hij laat in de avond van de vijfentwintigste juli (1807) in hun paleis Unter den Linden aan. De jongens zijn al naar bed, maar Mimi kan hem sprakeloos van verrassing in de armen sluiten. En natuurlijk is moeder Wilhelmina de eerste die van haar zoon hierover een uitgebreid verslag krijgt. *Gistermorgen heb ik de jongens gezien, die mij bij het wakker worden opzochten. Ze zijn alle twee behoorlijk gegroeid, maar vooral Willem, die spoedig net zo groot als ik zal zijn als hij zo doorgaat en die, volgens mij, in het algemeen zeer veranderd is. De twee kinderen zien er best uit en genieten een perfecte gezondheid. Het schijnt mij toe dat hun gestel tegen alle ongelukken in die dit Huis te verduren heeft en waarvan zij in hoofdzaak de onschuldige slachtoffers zijn, sterker wordt... Mimi verzekert mij nu weer helemaal in orde te zijn en klaagt alleen nog maar over zwakheid. Ik vond echter, dat de omstandigheden een zeer diepe indruk op haar gemaakt hebben, ze is nog erg mager en*

een beetje bleker dan gewoonlijk, overigens is het wel mogelijk dat ze in dat laatste opzicht er minder goed uit lijkt te zien dan zij in werkelijkheid is, omdat ze geen rouge gebruikt had, wat haar een heel ander aanzien geeft.[19]
De prins is er de man niet naar om werkeloos te blijven toekijken. Zolang Napoleon zijn bezittingen nog niet de facto aan de nieuwe eigenaren heeft toegedeeld, blijft hij hopen. Hij gaat naar Frankfort, naar Biberich, naar Stuttgart, om de vorsten, die van zijn ongeluk profijt zullen hebben, om te praten, maar ze zijn net zo zelfzuchtig als hij. Heeft hij niet Fulda aanvaard, terwijl zijn rechtschapen vader bezwaar maakte? Zijn succes is dan ook bijzonder klein. Alleen het landhuis Hagenau – hij noemt het zijn stulpje aan het Meer van Constanz – mag hij behouden. Nog altijd koestert hij de hoop om althans een deel van zijn bezittingen in het Nassause te kunnen redden. Hoe, dat weet hij niet. De toekomst ziet er somber uit.
Het is juist in deze tijd dat ook de gouverneur van de jonge Willem wanhopig naar een uitweg voor zijn pupil gaat zoeken. Ook hij wordt gekweld door de gedachte dat de jongen eigenlijk geen toekomst meer heeft. En Guillaume Anne de Constant Rebecque, gewezen generaal in het Staatse leger en sinds 1795 een vluchteling, die naar Brunswijk is uitgeweken, droomt in deze donkere dagen een vreemde, grootse droom en het is zus Loulou die op 15 augustus 1807 daarover als eerste aan haar broer schrijft. *De wanhopige Constant droomt en bouwt luchtkastelen om zich te troosten,* schrijft zij half spottend, *en hij ziet de kleine Willem al als de echtgenoot van mijn nicht Charlotte en zo beginnen aan een nieuwe carrière voor diens Huis, dat hij daar gevestigd zou willen zien. Ah! Dan zal ik daar de rest van mijn dagen zonder zorgen doorbrengen!* [20]
Het is voor de bannelingen al te mooi om waar te wezen. Willem de echtgenoot van de enige erfgename van de Britse troon. Maar toch blijft het idee van De Constant Rebecque in de gedachten van de vader haken. Het is nog lang zo gek niet. Reeds driemaal hebben de Oranjes een huwelijk met een Engelse koningsdochter gesloten. Zou de jonge Willem het ook niet kunnen doen? Eens zal Charlotte koningin zijn van Engeland, Schotland en Ierland. Ze is enig kind en de geboorte van een wettige, mannelijke erfgenaam is niet te vrezen. Haar ouders leven al jaren gescheiden.
In Pruisen ligt voor de jonge Willem weinig toekomst. De vader wil ook niet meer dat zijn zoon in Pruisische dienst zal gaan. Zoals de zaken nu staan, is de kans groot dat hij, eenmaal opgenomen in het Pruisische leger, niet tegen Napoleon zal moeten strijden, maar voor hem.
En het zaad, door De Constant Rebecque in vertwijfeling uitgestrooid, begint in het brein van de vader te ontkiemen. Het zou mooi zijn als de toekomst van de jonge Willem op deze manier verzekerd kon worden. Want de geldzorgen beginnen de Oranjes toch te kwellen. Koning Jérome betaalt

het beloofde jaargeld niet uit en Mimi's Poolse goederen leveren in dit oorlogsjaar zo goed als niets op. Gelukkig hebben ze nog een dak boven het hoofd: het „paleis" Unter den Linden nummer 36. Als het Britse jaargeld, aan stadhouder Willem V en zijn nakomelingen verleend, omdat zij de nazaten zijn van de Britse prinses Anne, er niet was, dan zouden de Oranjes er bitter slecht aan toe zijn.
Veel beter dan haar zoon in Berlijn gaat het de oude prinses Wilhelmina. Ze is naar Sleeswijk uitgeweken en heeft er een gezellige vriendenkring opgebouwd. Er zijn zoveel gevluchte vorsten en vorstinnen! Vooral met de twee Russische grootvorstinnen, Helena, de vrouw van Friedrich Ludwig von Mecklenburg-Schwerin, en Maria van Saksen-Weimar, is een hechte vriendschapsband ontstaan. Bovendien heeft dochter Loulou besloten al haar meubelen in Brunswijk te verkopen en zich definitief bij haar moeder te voegen. In Sleeswijk blijven willen de prinsessen echter niet; ze zijn van plan om de winter in Berlijn door te brengen nu Mimi die stad niet verlaten wil of kan.
In oktober vertrekt de prins naar de Poolse goederen van zijn vrouw om daar orde op zaken te stellen. De goederen leveren veel te weinig op en hij weet dat dit heus niet alleen aan de onvermijdelijke oorlogsschade ligt, maar evenzeer aan wanbeheer. Van zaken heeft zijn Mimi geen verstand en daar maken de rentmeesters een handig gebruik van.
Daar, in het Pools-Pruisische achterland, valt bitter weinig te beleven, maar de prins zet door. Het is hem al snel duidelijk geworden dat er meer aan de hand is dan vorderingen van oogsten en wagens. De boekhouding wordt eens flink onder de loep genomen. Terwijl hij in Widzim de zaken grondig inspecteert, bereikt hem het bericht van een nieuw verlies. Ditmaal zijn de Oranjes het slachtoffer van het voortduren van de Brits-Deense oorlog en bedrukt schrijft de prins hierover: *De Hamburgse kranten zullen u al ingelicht hebben over het nieuwe verlies, dat ik door het bombardement van Kopenhagen heb geleden en dat de kisten die ik daar opgeslagen had, verbrand zijn tesamen met het pakhuis van de handelaar aan wie ik ze had toevertrouwd. Het schijnt dat een deel van de briljanten in de as gevonden is en misschien kan ik nog een paar brokstukken terugkrijgen, maar mijn verlies zal in ieder geval aanzienlijk zijn, al mijn obligaties waren in de kisten en ik kan me niet vleien met de hoop dat ik daar enige resten van terug zal krijgen.*[21]
In het gekortwiekte Pruisen gaat het leven desondanks verder, zo goed en zo kwaad als het kan. De prins blijft zich met de Poolse goederen van zijn vrouw bezighouden, maar in de winter is hij meestal in Berlijn. Eerst als de tijd van zaaien en oogsten aanbreekt, houdt hij ter plaatse een oogje in het zeil. Hij is een uitstekend administrateur. De Fransen, die Fulda hebben

bezet, kunnen er van meepraten. Ze hebben daar zo'n perfect georganiseerd bestuur aangetroffen dat binnen enkele dagen alles weer op rolletjes verder liep.

Over Holland, dat nieuwe koninkrijk, durft niemand te denken. De Nederlanden zijn verleden tijd. De oude prinses Wilhelmina mag dan nog wel met heimwee aan vroeger terugdenken, de prins daarentegen beseft duidelijk dat een terugkeer naar de oude vormen en gebreken van het stadhouderschap volstrekt is uitgesloten. De nieuwe tijd brengt onherroepelijk de roep om hervorming met zich mee.

Zover denken de jongens nog niet. Trouwens, alleen Willem, de oudste, kent de taal nog, maar dan wel heel gebrekkig. Frederik – in de huiselijk kring op z'n Duits Fritz genoemd – staat nog verder van het oude vaderland af. Hij krijgt, samen met de oudste zonen van de koning, een echte Pruisische opvoeding. Daar staat de persoonlijkheid van zijn gouverneur Glaser garant voor.

De wens om de gehate Napoleon waar mogelijk te bestrijden smeult in stilte verder en de verzuchting van de oude gravin Voss *aber so lange dieser Elende zum Verderben der Menschheit lebt, ist nichts für uns zu hoffen*[22] (maar zolang deze ellendeling tot verderf van de mensheid leeft, valt er voor ons niets te hopen) heeft aller instemming. Ook de prins heeft de laatste sporen van défaitisme van zich afgeschud en als in april 1809 nieuwe vijandelijkheden tussen Oostenrijk en Frankrijk uitbreken, reist hij onmiddellijk naar Oostenrijk om als het kan daar dienst in het leger te nemen. In het Pruisische leger wil hij niet meer dienen. Trouwens, de Pruisen vechten niet. Ze houden zich afzijdig en laten het aan de Oostenrijkers over om de kastanjes uit het vuur te halen.

En weer komt de prins in conflict met zijn weifelmoedige zwager. Na de ongeluksvrede van Tilsit is Friedrich Wilhelm III in Koningsbergen gebleven. Berlijn heeft hem niet teruggezien. En nu moet de prins naar Koningsbergen gaan om te proberen deze zwakke man over te halen zich opnieuw met Oostenrijk tegen Frankrijk te verbinden. Het is een eervolle, delicate opdracht die hij ontvangen heeft en die met volle instemming van de Engelsen wordt ondernomen.

Engeland! Een nieuw hoofdstuk dient zich aan. De jonge Willem zal er gaan studeren en de erfprinses trouwen als dat kan. De prins heeft met Fagel overlegd aan welke universiteit de jongen zich zal laten inschrijven om daar rechten te studeren. Naar de wensen van het kind wordt niet gevraagd. En of hij wel met Charlotte van Engeland trouwen wil, speelt helemaal geen rol. Zoals de zaken er nu voorstaan, komt het de prins goed van pas dat zijn zoon afscheid moet gaan nemen van zijn koninklijke verwanten. Voor het laatst gaan vader en zoon samen op reis. De missie van de prins heeft weinig

succes. Wel neemt de koning van Pruisen hartelijk afscheid van zijn jonge neef, maar daar blijft het wel bij. Er zijn wat vage toezeggingen en beloften, maar het is allemaal even weifelachtig en wankel en gravin Voss heeft alle reden om in haar dagboek te klagen: *Der arme, theure König ist so mutlos und sieht alles schwarz und hoffnungslos an.* (Die arme, dierbare koning is zo moedeloos en ziet alles zwart en hopeloos in.)[23]
Ze is hevig teleurgesteld als ze de koning spreekt, nadat hem de proclamatie van de keizer van Oostenrijk is voorgelegd en hij weigert aan de strijd tegen Napoleon mee te doen. *Ich war ganz ausser mir vor Freude, dasz sie doch endlich vorrücken, aber der arme König wandte sich ab und sagte: „Sie werden doch geschlagen werden und dann wird alles aus sein." (Ik was buiten mezelf van vreugde, dat ze toch eindelijk zouden optrekken, maar de arme koning wendde zich af en zei: „Ze zullen toch verslagen worden en dan zal alles uit zijn.")*[24]
Friedrich Wilhelm III krijgt ongelukkigerwijs gelijk en als de jonge Willem in Berlijn afscheid neemt van moeder, grootmoeder en tante trekken Napoleons troepen al op naar Wenen. Zijn vader is dan al op weg naar Oostenrijk om mee te helpen bij de verdediging. En zo zijn het alleen maar drie bezorgde vrouwen die de jongen onder tranen nawuiven. Zelf huilt hij ook. Deze Willem is slap op de zakdoek. Maar hij slikt zijn tranen weg en reist onder een valse naam als jonker Feltbach met zijn gouverneur De Constant Rebecque via Kopenhagen naar Engeland.
Veel troostrijks valt er niet te beleven in de zomer die op het afscheid volgt. Na de slag bij Wagram krijgt Oostenrijk de Vrede van Wenen opgelegd. Het is een vrede die duur moet worden gekocht. Grote gebieden worden afgestaan en de jonge aartshertogin Marie Louise wordt Napoleons tweede vrouw. Nu Joséphine de Beauharnais hem geen kinderen heeft geschonken, zal zij het moeten doen. Niet het hart maar de buik[25] is hier van belang. Napoleon wenst een zoon!
Napoleon lijkt onoverwinnelijk. En toch, en toch... de afbrokkeling van zijn macht kondigt zich zachtjes aan. Niet in midden-Europa, maar in Spanje, in Portugal worden de scheuren in zijn voetstuk zichtbaar. De Franse troepen blijken te zwak om de aanvallen van de troepen onder commando van Wellington te weerstaan. Het is de eerste straal van hoop sinds vele jaren.
Hoop heerst er ook in de Oranjefamilie. Een hoop zò kwetsbaar en pril dat Mimi het eenvoudig niet aandurft om haar schoonmoeder de waarheid te vertellen. Zus Loulou wordt echter wel in vertrouwen genomen en zij is het dan ook die op 22 oktober 1809 aan haar broer schrijft: *Ik feliciteer je, mijn lieve vriend, met het nieuws dat je per zelfde gelegenheid zal bereiken en waarover ik ingelicht ben vanaf het begin van het vermoeden, maar waarover ik discretelijk zweeg zoals mij aanbevolen was. Mama heeft er zelfs nog geen*

notie van... Tot nog toe gaat alles best en kunnen de zoetste verwachtingen geboren worden. Moge het de Hemel believen dat dit ook volgens onze wensen mag eindigen!

Faisons la guerre, faisons l'amour
Quant la guerre
A dépeuplé la terre
Faisons nos efforts
Pour réparer ses torts.

Ik maak je er mijn oprecht compliment over en ik ben blij en zeker dat er altijd weer nieuwe scheuten geboren zullen worden uit zo'n goede stam...
De 23ste. Mimi heeft nog niet de moed gehad om het aan Mama aan te kondigen en zij wil begrijpelijkerwijs de eerste zijn om het haar te zeggen, maar zij stelt het uit van Donderdag tot Zondag en van Zondag tot Donderdag zonder in staat te zijn het ijs te breken.

27 oktober 1809.

Mama is sinds gisteren ingelicht over het groot en interessant mysterie, en ik laat het aan jou over om je haar emotie, haar verbazing, haar vreugde en haar wens dat alles *gelukkig zal aflopen, in te denken... Mimi was zeer bewogen toen zij haar mededeling deed... Ah, ik herinner mij ook, mijn goede vriend, welk een vreugde mijn vader had in het jaar zes, toen jij aan zijn bed een soortgelijke aankondiging deed. Elke zaak is vermengd met zoveel, zoveel herinneringen! Gisteren hebben wij bij het diner champagne gedronken op de gezondheid van Hansje in den Kelder zonder dat iemand van het gezelschap kon gissen waarvan er sprake was.*[26]

De prins is op dat ogenblik verder weg dan zijn familie wel denkt. Hij verblijft in Buda en naast de hoop op de gelukkige geboorte van een nieuw kind, dat zijn Mimi moet troosten over het verlies van de kleine Pauline, is er de ergernis over de berichten van de ophanden zijnde vrede. Hij kan slechts een schrale troost bedenken; hij weet eindelijk waar hij aan toe is: *Mais qui vivra, verra, ne pouvant que proposer et laisser Dieu a disposer.* (Wie dan leeft zal dan zien, niets anders kunnend dan wikken en het aan God overlaten om te beschikken.)[27]

Hij gaat in de eerste novemberweek naar Berlijn terug, waar zich nu ook de Pruisische koningsfamilie bevindt en een oppervlakkig-vriendelijke omgang wordt hervat, maar het is het ware niet meer. De prins neemt nu definitief ontslag uit Pruisische dienst – hij kan ook moeilijk anders na wat er voorgevallen is – en de koning ontwijkt hem wat en betrekt hem niet langer in politieke of militaire plannen. Er is teveel gebeurd en de koning beseft dat Willem, van zijn kant, ook heel wat kritiek moet hebben op zijn besluiteloze houding.

Het oude leventje van uitgaan, feesten, concerten en bals wordt vrolijk hervat, alsof er geen vuiltje aan de lucht is. Men bedwelmt zich ermee, vindt de prins, *maar van tijd tot tijd komen er gebeurtenissen en gesprekken, die herinneren aan de afgrond waarboven men zich bevindt.*[28] De jonge Willem hoeft het niet te spijten dat hij hierbij afwezig is, zo schrijft de vader op 12 maart 1810 aan zijn in Engeland wonende zoon. En precies een maand later kan hij hem het grote nieuws kond doen, dat er een zusje is geboren, dat gezond en levensvatbaar ter wereld is gekomen. De gelukkige vader herhaalt nog eenmaal de wens dat de jonge Willem het peetschap over dit kind op zich zal willen nemen. Willem is de oudste zoon *en het is aan jou om ons bij je kleine zuster te vervangen indien de Hemel over ons beschikt voordat zij groot mocht zijn en op haar plaats van bestemming gekomen.*[29]
Nog is de toekomst voor alle ogen verborgen. De kleine Marianne schenkt haar ouders alleen nog maar geluk. Dat juist zij, meer dan iemand anders, het Huis van Oranje in opspraak zal brengen, is voor allen verborgen.
Het voorjaar, waarin zij het levenslicht ziet, zet hoopvol in. In Spanje worden de Franse troepen door Wellingtons leger zo hard aangepakt dat van Napoleons opdracht, de Britten in zee te drijven, niets terechtkomt. Integendeel, onder commando van Masséna trachten ze, wankelend van uitputting, de reddende grens met Frankrijk te bereiken. En weer gaat een golf van hoop door Europa. Er is onrust in Holland, onrust ook in Italië, er is een hevige twist tussen keizer en paus. Er is ontevredenheid in Frankrijk. In de steden Bordeaux en Marseille wordt luidkeels over de oorlogsinspanningen geklaagd. De oorlog in Spanje zuigt de jonge mannen uit het land weg. De conscriptie[30] wordt impopulair, de belastingen zijn de pan uit gerezen en de faillissementen eveneens. Nog is de pers gemuilkorfd, nog zijn de volksvertegenwoordigers volgzaam, maar in de dorpen en steden van Frankrijk wordt het grommen van de onvrede duidelijk hoorbaar. Frankrijk ontwaakt. Er is al teveel bloed gevloeid. De schone droom is ten einde en de sluimerende krachten van het volk worden openbaar; het woord revolutie gonst opnieuw in de harten. Wat eens gebeurd is, kan weer gebeuren. Men gelooft niet langer in de onoverwinnelijke „grande armée" en fluistert dat de kwaliteit van de manschappen bij lange na niet meer zo goed is als voorheen. De recruten zijn niet meer gemotiveerd. Onder dwang zijn zij samengebracht, onder dwang reageren zij, lusteloos en met tegenzin, op de gegeven bevelen. Voor de Oranjes is er in die tijd nog een extra nieuwtje! Het koninkrijk Holland wordt bij Frankrijk ingelijfd en Lodewijk Napoleon mag zijn biezen pakken. Al in het vorige jaar hadden de Amsterdammers luidruchtig gespot, toen zij hem in het paleis op de Dam zenuwachtig van het ene venster naar het andere zagen hinken: *Ja, hij wenschte al weg te zijn, laat hem maar loopen.*[31] Nu is hij dan werkelijk op de loop. Moederziel alleen vlucht hij in

zijn reiskoets weg, vergezeld van zijn lievelingshond, die in de algemene verwarring uit de wagen springt en onder de wielen van het rijtuig terechtkomt en dood blijft liggen.

Maar niet alleen het koninkrijk Holland, ook de rijke hanzesteden worden ingelijfd. Bij zijn vriend tsaar Alexander van Rusland dringt Napoleon aan op versterking van het continentale stelsel, de economische blokkade, die de Britten de doodsteek moet geven. Maar Napoleon weigert tegelijkertijd om Alexander op diens verzoek te beloven dat hij Polen niet in het vorige aanzien zal herstellen en hij verscheurt daarmee de lang niet hechte vriendschapsbanden.

Toch kent Napoleon nog dagen van groot geluk. Op 20 maart 1811 wordt zijn zoon, de kleine koning van Rome, geboren. Marie Louise heeft haar echtelijke plichten vervuld; de adelaar heeft zijn adelaarsjong gekregen. Kanonnen brullen saluutschoten uit. De keizer straalt. Hij straalt en maakt plannen. Volgend jaar zal hij Rusland binnenvallen en tsaar Alexander afstraffen. En hij zet de Duitse vorsten onder nog grotere druk. Hij verzamelt nieuwe troepen. Het is een wonderlijk allegaartje van rassen en talen: Fransen, Italianen, Hollanders, Polen, Duitsers, Spanjaarden en Portugezen raapt hij bijeen. Vijfhonderdduizend man is het invasieleger sterk als het via Dresden naar Wilna optrekt. Wilna valt, maar de keizer trekt niet meteen verder, want een onzichtbare vijand besluipt daar zijn troepen. Besmettelijke ziekten en een ongehoord groot aantal deserteurs belemmeren het voorttrekken en vervoersmoeilijkheden vertragen de opmars nog verder. De keizer moet wachten. De keizer moet toezien hoe de zwakke Russische troepen, die hij had gehoopt zo gemakkelijk klein te kunnen krijgen, hem nu door de vingers glippen. Onder het commando van de generaals Bagration en Barclay de Tolly splitsen zij zich op het onverwachtst en trekken zich op hun taaie paardjes naar Drissa aan de Dwina en de bronnen van de Dnjeper terug. Bij Witebsk verenigen zij zich weer tot een leger van een kwart miljoen man.

Het Franse leger marcheert. Het is aardig uitgedund. Ongeveer eenderde van de manschappen is weg, dood, ziek of gedeserteerd. Dat laatste vooral. De jongens hebben helemaal geen zin om zich tot meerdere glorie van Napoleon door de Russen te laten doodschieten. Richting Smolensk gaat het nu; Napoleon vindt er alleen maar verschroeide aarde. En dieper nog trekt hij Rusland in. Hij weet dat het gevaarlijk is en neemt zijn maatregelen. Hij laat enorme legermagazijnen aanleggen: in Wilna, in Smolensk, overal waar het mogelijk is en dat kost ook weer troepen. Met honderdzestigduizend man trekt hij verder de Russen achterna, die steeds weer retireren en de slag ontwijken, totdat de troepen in opstand komen en de tsaar hun opperbevelhebber door generaal Kutusoff vervangt. Hij levert wel slag. Eigenlijk tegen zijn zin en wat hij vreesde gebeurt: de slag bij Borodino is uitermate bloedig

en de Russen zijn aan de verliezende hand. Dan trekt Kutusoff zich ook terug en voor Napoleon ligt de weg open. Naar Moskou!
Moskou brandt. Door onvoorzichtigheid van de Franse troepen of door toedoen van opzettelijk achtergelaten Russen – dat is niet met zekerheid te zeggen – maar het brandt. Napoleon geeft de hoop niet op. In de brandende stad wacht hij op vredesonderhandelingen en boodschappers van de tsaar. Zij komen niet en op 19 oktober (1812) geeft hij het sein voor de aftocht. Beladen met buit trekken de Franse troepen af. Hun aantal is geslonken tot zo'n honderdduizend man. Nog weten zij niet dat slechts veertigduizend de stad Smolensk zullen terugzien. Zestigduizend van hun kameraden zullen op weg daarheen sneuvelen of omkomen door ziekte, honger of kou. In Smolensk kunnen de veertigduizend overlevenden niet blijven. Verder moeten zij! Opgejaagd door kozakken op hun vlugge, taaie paardjes moeten zij door barre kou van de Russische winter de stad Wilna zien te bereiken en krijgen op hun tocht versterking van de achterhoede, die meetrekt.
En dan – bij het oversteken van de bevroren ijsvlakte van de Berezina – voltrekt zich een tragedie, die zijn weerga niet heeft. Van vijfentwintig tot achtentwintig november worden de Fransen daar door de Russische legers bestookt, die vastbesloten zijn de indringers tot de laatste man te vernietigen. Zover komt het echter niet. Napoleon slaagt erin om althans een deel van zijn krijgsmacht te redden en de overlevenden wankelen meer dood dan levend Wilna tegemoet, plunderen daar de enorme legermagazijnen en trekken volkomen gedemoraliseerd in losse groepen verder naar het reddende westen. De keizer maakt het laatste gedeelte van de terugtocht niet mee. In Smorgoni draagt hij het opperbevel over aan zijn zwager, maarschalk Murat, en haast zich in een snelle slede terug naar Frankrijk, waar het ook niet alles is. Om de troepen in de steek te laten, zegt de een, om nieuwe troepen aan te werven, zegt de ander. In feite doet het er niet meer toe wat waar is. De macht van de „grande armee" is gebroken en de ster van Napoleon begint te vallen.
Het jaar 1812 is dan bijna ten einde. Bijna staat het glorieuze jaar 1813 van de algehele bevrijding voor de deur, maar nog geeft Napoleon de moed niet op. Door de vervroegde opkomst van jonge recruten wordt een nieuw leger van een half miljoen man uit de grond gestampt, maar deze troepen ontbreekt het al helemaal aan kwaliteit.
Nu Napoleons macht zozeer aan het wankelen is geraakt, komen de revoltes. In Pruisen dwingen de officieren hun zwakke en nog altijd zo besluiteloze koning Friedrich Wilhelm III oorlog tegen Frankrijk te gaan voeren. De hanzesteden staan tegen Frankrijk op. Het koninkrijk Saksen, de Rijnlanden, heel Duitsland is onder de wapenen en samen met de Russische troepen vegen de Pruisen de Duitse landen schoon. Murat slaat op de vlucht

2. Prinses Marianne. (Schilderij.)

en het is Napoleons stiefzoon, Eugène de Beauharnais, die het bevel van hem overneemt.
In het door de Russen belegerde Berlijn houden drie prinsessen van Oranje de adem in. Mimi met haar jongste kind Marianne in het paleis Unter den Linden, de oude Willemijn en Loulou in een huis dichtbij. Het zijn spannende dagen, vol geruchten over de gevechten tussen Russen en Fransen. Al op 17 februari (1813) hebben zij het vertrek van de Fransen verwacht. *Het is een ogenblik van opwinding en een ongelofelijke opschudding sinds men sinds gisteren weet dat de Russen aan de andere kant van de Oder zijn,*[32] schrijft Loulou aan de prins. *Men geloofde dat onze verdedigers ons al deze nacht verlaten zouden hebben, maar hoewel alle voorbereidingen hiervoor getroffen zijn, zijn ze hier nog.*[33] De stad zal nog heel wat opwindende dagen moeten doormaken eer het zover is en Louise eindelijk, eindelijk schrijven kan: **Wat voor nieuws?** *Niets, behalve dat de Grande Armée Française ons deze nacht tussen 4 en 5 zonder tromgeroffel en trompetten verlaten heeft en dat een uur later de Kozakken door alle poorten zijn binnengekomen... Toen de Russen voorbij uw huis defileerden en Mimi achter het venster gewaar werden, riepen zij luid* **Hoera...**[34]
Nu Berlijn bevrijd is, gaan de gedachten van prinses Wilhelmina uit naar het oude vaderland. Ook daar schijnt de bevrijding nabij. Haar zoon Willem vecht weer als officier in het Oostenrijkse leger. Het is nu niet de tijd oude koeien op te halen en hij hoopt twee regimenten te kunnen vormen uit het grote aantal overgelopen Nassauers. Hij spreekt er de koning van Pruisen over aan, maar de houding van zijn koninklijke zwager is zelfs nu nog zo weifelend dat de prins de plannen maar laat rusten.
Prinses Wilhelmina denkt aan de toekomst van haar zoon en haar kleinzoon. Ze heeft geruchten gehoord, die haar allerminst bevallen. De Britten zouden van plan zijn niet haar zoon, maar haar kleinzoon uit te roepen tot koning van Holland en bezorgd schrijft zij hierover aan de prins. *Ik heb het niet aangedurfd je te spreken over een brief die in Amsterdam werd geschreven – door de prinses Radziwill aan Mimi en mij ter lezing gegeven – en waarin men sprak van de hoop en de stemming van de Natie, waaraan een bericht werd toegevoegd dat waarschijnlijk uit de lucht is gegrepen namelijk, dat een Engelse vloot met Willem als* **Koning van Holland** *onderweg zou zijn. Dit is in alle opzichten ongeloofwaardig en het heeft ons alleen maar laten lachen, maar het zou ongetwijfeld interessant zijn te weten wat de* **werkelijke** *stemming van de Natie is en welke de ideeën zijn van het weldenkend deel van de natie. Dat ons Huis nog steeds geliefd is, dat men ons (terug) wenst, dat is wat ik geloof. Maar op welke wijze? En wat willen zij, van hun kant, doen om ons terug te krijgen? Dat nu zijn twee zeer belangrijke vragen. Volgens mijn bescheiden mening is het eerste en belangrijkste dat gedaan moet*

worden het land te bevrijden van het tegenwoordige juk. Daarna blijft te bezien welke regelingen er getroffen moeten worden om het geluk en de rust terug te geven... Indien men u door een spontaan opkomende beweging tot **de troon** *roept denk ik dat ge dit niet zult weigeren, wel te verstaan, indien dit past in de plannen van de Grootmachten, die de toekomst van Europa zullen regelen, maar om de schijn te wekken dat je naar het koningschap solliciteert, dat zou ik nooit aanraden en ik denk ook niet dat dat je bedoeling zal zijn.* In heldere taal wijst zij haar zoon dat niet de titel, maar de macht om handelend op te treden van belang zal zijn. De oude machteloosheid van stadhouder Willem V mag niet opnieuw een kans krijgen en de prinses besluit met de opmerking: *Dat is mijn sentimentje, dat ik je nederig voorleg.*[35]

Het is een brief die de prins met onrust vervult. De jonge Willem is nu al vier jaar bij zijn ouders weg. Hij is bovendien gemakkelijk te beïnvloeden. Wat als de Britten van plan zijn zijn zoon op de troon te zetten en niet hem? De vele tegenslagen, die hij in ballingschap onder de ogen heeft moeten zien, hebben de prins tot een wantrouwig en berekenend man gemaakt, die nog maar nauwelijks in een gelukkige afloop zonder verdere tegenvallers durft hopen. Is dat wat de toekomst voor hem verborgen houdt? Niet hijzelf, maar zijn zoon?

Het ergste is wel dat er op dit ogenblik niet veel beters voor hem opzit dan werkeloos in Breslau (Zbraslav) rond te hangen en af te wachten wat over hem beschikt wordt. Het is een gruwel voor deze altijd bezige man. Hij moet nog maar afwachten of zijn Pruisische zwager hem opnieuw een commando over een regiment wil toevertrouwen. Hij heeft hem weliswaar schriftelijk zijn diensten aangeboden, maar het antwoord blijft uit. Door Willems kruiperige brieven aan keizer Napoleon is de verhouding tussen beide mannen zo diepgaand verstoord, dat de koning hem rustig wachten laat en de maand maart is al half voorbij voordat het lang verwachte antwoord bij de prins binnenloopt. Wat Frederik betreft, hij kan in Pruisische dienst komen. Het is een onwillige toestemming, die rijk gelardeerd is met allerlei voorbehoud. De koning heeft kennelijk zijn zoons het gezelschap van neef Fritz niet willen ontzeggen. Maar de prins van Oranje maakt niet de minste kans, zodat deze dan maar besluit de komst van tsaar Alexander af te wachten om bij hem de oprichting van een Oranje-legioen, bestaande uit Nassauers en Nederlanders, te bepleiten. Als Alexander overgehaald zou kunnen worden een goed woordje voor hem te doen, zou de prins weer actief aan de strijd tegen Napoleon kunnen meedoen. Dit plan gelukt. De tsaar laat zich vermurwen, maar van een militair commando, zoals de prins zich had voorgesteld, komt niets terecht. Wel wordt hij belast met een netelige opdracht. Hij zal de koning van Zweden moeten bepraten zich bij een uitgebreid bondgenootschap tegen Napoleon aan te sluiten. Of het hem gelukken zal, is de vraag. Want als kroonprins van Zweden fungeert niemand minder dan generaal Bernadotte, die eens deel heeft uitgemaakt van Napoleons getrouwen. Als het lukt, staat de weg open om aan Zweden vergunning voor de oprichting van het Oranje-legioen te vragen. Besloten wordt ook dat de prins na Stockholm Londen zal aandoen om daar van het Britse gouvernement steun en toestemming te verkrijgen.

Wanneer alles in kannen en kruiken is, houdt de prins het geen dag langer in Breslau uit. Zo snel als maar mogelijk is vertrekt hij met Frederik naar Berlijn. Hij moet toch nog zijn geloofsbelijdenis afleggen en dat kan mooi meteen gebeuren.

Maar ook in Berlijn houdt de prins het niet lang uit en op 8 april schrijft hij zijn eerste brief uit Stockholm. Zijn missie in Zweden wordt bekroond met succes en hij hunkert ernaar om naar Engeland over te steken. O nee, niet voor een lang bezoek. Maar hij heeft geld nodig voor zijn Oranje-legioen. In Engeland kan hij mogelijk een lening krijgen. En dan zijn er nog de huwelijksplannen. Zijn zoon Willem de bruidegom van prinses Charlotte, de vermoedelijke erfgename van de Britse kroon.

Op 18 april is hij in Götenborg, klaar om aan boord te gaan. Dan komt de eerste tegenslag. Een zware storm verhindert het uitvaren. En weer moet de prins wachten. Eindeloos lang wachten. Het lijkt wel of hij zijn hele leven moet verdoen met wachten op plannen die niet doorgaan.

De stad Londen ziet hem eerst op de 25ste april (1813) terug. Hij woont in Harley Street en denkt er een dag of veertien te blijven. Als de Engelse regering meewerkt en hem een lening voor het Oranje-legioen verschaft, hoopt hij binnen een paar weken op het vasteland van Europa terug te zijn en het is dan meteen mooi meegenomen dat de Engelsen door dit bliksembezoek nog eens met zijn bestaan worden geconfronteerd. Ze zullen gaan beseffen dat hij, de gerijpte, levenswijze man, heel wat meer in zijn mars heeft dan de jonge, onervaren Willem. En het is voor de vader tevens een heerlijke gedachte dat hij vanuit Engeland onbelemmerd briefwisseling kan onderhouden met zijn oudste, die in Spanje onder Wellington dient. Vier jaar lang heeft hij de jongen niet gezien. *Ik verheug me erop als een kind, dat ik binnenkort nieuws van Guillaume zal hebben,* heeft hij vanuit Stockholm aan zijn moeder geschreven. *Mijn voldoening zou nog groter zijn wanneer ik de hoop kon koesteren hem te zien, maar daar kan op het ogenblik niet aan gedacht worden.*[36]

En ook hier in Engeland slaat het oude noodlot weer toe. De prins moet wachten! Er zijn belangrijke zaken op til en de Britse regering geeft er de voorkeur aan eerst de kat uit de boom te kijken alvorens zich vast te leggen. Een brief van de jonge Willem aan zijn moeder bezorgt zijn vader een koude douche. Want wat heeft de jongen nu weer aan zijn moeder geschreven? Dat hij zich een Pruis voelt, een zoon van het land van zijn oom? Zijn zij in die afgelopen vier jaar dat ze elkaar niet gezien hebben dan zo uit elkaar gegroeid? Daar moet iets aan gedaan worden! En zorgelijk leest en herleest de prins het epistel, dat Mimi hem heeft toegezonden.

Freneda, 7 april 1813

Mijn lieve Mama, ik kom u feliciteren en ik ben dol van vreugde dat ik weet dat u allen uit de handen van de Fransen bent gered en dat mijn oom niet langer een van hun bondgenoten is. Ik mag me dus vleien met de zoete hoop u over niet al te lange tijd weer te zien...[37] (De jongen heeft aan de Britse prins-regent verzocht hem naar de koning van Pruisen af te vaardigen.) Willem heeft danig last van heimwee gehad: *Ik heb in vier jaar werkelijk geen gelukkig ogenblik gehad,* zo schrijft hij, *tot op heden, nu ik de mogelijkheid zie groeien, dat ik mij weer voegen kan bij hen die mij het dierbaarst zijn en misschien ook strijden kan voor hem die ik als mijn enige koning beschouw, voor mijn oom en voor het land waar ik opgevoed werd en dat ik als mijn Vaderland beschouw.*[37] Geen woord over de Nederlanden. Het is om de vader de haren ten berge te doen rijzen! Dat de jongen heimwee heeft naar zijn moeder kan de prins zich nog best indenken, maar dat de zoon schrijft: *en zeg de koning dat ik me vlei met de hoop binnenkort onder het teken van De Zwarte Adelaar te strijden,*[38] is meer dan de vader verkroppen kan.

Natuurlijk, het is een jongensachtige brief. Willem is ook nog niet echt volwassen en zijn gouverneur De Constant Rebecque is nog steeds bij hem, maar de prins besluit toch zo tactvol mogelijk enig tegengif te geven.

De post gaat langzaam, berichten blijven vaak lang uit en zo kan het gebeuren dat, terwijl de vijandelijke legers van Napoleon en de geallieerden elkaar op het vasteland van Europa op leven en dood bevechten, de prins in Harley Straat 16 rustig de tijd neemt om een lange brief aan zijn oudste te schrijven. Volgens de gewoonte van zijn tijd, schrijft hij meerdere brieven, die blijven liggen tot er gelegenheid is ze aan een betrouwbare bode mee te geven.

Londen, 16 Harley Street, 10 mei 1813.

Ik heb in je brief aan je moeder gezien, zo schrijft de prins tactvol, *en de wijze waarop je je verbondenheid met de Koning van Pruisen en diens monarchie uitdrukt. Ik zou ontstemd zijn, indien je na al de goedheid die de koning je altijd heeft bewezen, deze zou kunnen vergeten en je hem de eer niet geven zou waarop hij recht heeft... Denk eraan, dat je geen Prins van Pruisen bent maar Prins van Oranje en dat het alleen maar ten gevolge van de ongelukkige tijdsomstandigheden was, dat wij ons in Berlijn vestigden, maar dat de Prinsen van Oranje tot andere dingen geroepen zijn dan om daar rond te hangen en een herdersleven te voeren, wat erg aardig is in de idyllen maar in de werkelijkheid niet lang zo zou zijn, vooral wanneer men zich capabel voelt voor iets beters en een naam heeft op te houden die grote verantwoordelijkheden oplegt.*[39]

De prins weet waarover hij spreekt. Het knaagt aan hem dat hij gedoemd is werkeloos toe te zien, terwijl anderen mee kunnen helpen Europa van het Franse juk te bevrijden. Een lange reeks van veldslagen ontrolt zich in deze lentedagen. De slag bij Lützen op 2 mei. De slag van Bautzen op 20 mei. Even is er een adempauze, een staakt het vuren. Oostenrijk durft de strijd niet zo erg aan. In Wenen is men bijna nog banger voor het buurland Pruisen dan voor Napoleon. De wapenstilstand is echter een grote misser, want Napoleon wil feitelijk helemaal geen vrede. Hij is er alleen maar op uit om nieuwe krachten te verzamelen om daarna met frisse moed de campagne opnieuw te beginnen.

En zo kan het gebeuren dat de bevrijding niet komt uit de richting waaruit men deze verwachtte. Niet in het noorden, niet in het oosten, niet door de verenigde legers van Rusland, Pruisen en Oostenrijk wordt de Fransen een gevoelige slag toegebracht. De aanval komt uit het zuiden en de jonge erfprins van Oranje bevindt zich plotseling in de draaikolk van de strijd. Hij heeft niet langer tijd voor heimwee, want zijn opperbevelhebber Wellington grijpt zijn kans. Hij verslaat op 21 juni (1813) de Fransen bij Vittoria en hij aarzelt niet zoals de Oostenrijkers. Hij zet krachtig door en veegt de Fransen heel Spanje uit en voordat Napoleon erop bedacht is, staan Wellingtons troepen aan de zuidgrens van Frankrijk en bedreigen dit land vanuit de Pyreneeën. De erfprins van Oranje wordt in de legertelegrammen vermeld wegens zijn dapperheid.

De Britse successen geven de Oostenrijkers zowaar weer moed. Men vergeet de angst voor Pruisen en sluit zich nu definitief bij de geallieerden aan. En weer begint een nieuwe reeks van veldslagen zich af te spelen. De slag bij Dresden op 27 augustus (1813). Napoleon wint. De slag bij Culm op 30 augustus. Napoleon verliest. De slag bij Katzbach, de slag bij Grossbeeren; het zijn plaatsnamen waar niemand ooit van gehoord heeft en die nu bekend worden omdat zij het toneel zijn geweest van twee nieuwe Franse nederlagen.

De herfst valt in. Het gaat niet goed in het Franse kamp. Op 16 en 18 oktober (1813) woedt een verschrikkelijke slag bij Leipzig. Napoleon wordt naar de Rijn teruggeworpen.

In Londen, in zijn kamers in Harley Street, wacht de prins van Oranje de loop der gebeurtenissen af. Het valt hem hard, maar hij beseft dat hij wachten moet. Twee weken heeft hij in april in Londen willen verblijven. Niet meer. Het zijn er vierendertig geworden. De correspondentie met zoon Willem sleept zich ook voort. De jongen heeft zich niet zomaar gewonnen gegeven. Al in het voorgaande jaar heeft hij zijn ouders geschreven dat hij het liefste zou trouwen met zijn nichtje Charlotte van Pruisen en als dat niet kon met Carolina van Hessen *en me op een van uw landgoederen vestigen om stil en gelukkig in de schoot van mijn familie te leven en onze vroegere grootheid te vergeten.*[40]

De prins heeft heel wat werk gehad om de jongen uit zijn Pruisische dromen wakker te schudden. Hij beseft heus wel dat hij niet elk woord op een goudschaaltje moet afwegen, maar het steekt hem toch geducht dat Willem meer voelt voor een afhankelijke positie in Pruisen dan voor een glorieuze carrière onder Wellington. En de vader verzucht in een van zijn brieven aan zijn zoon: *Ik wil je niet onderhouden over de hatelijkheden die ik in Pruisen heb ondervonden en waarvan ik op dit moment nog de gevolgen ondervind, die men mij op een zeer onaangename wijze laat voelen.*[41] En daarmee komt eindelijk de aap uit de mouw. De brieven van kruiperige onderwerping aan Napoleon, het verraad zo men wil, zijn de prins bitter opgebroken. Zijn zwager Friedrich Wilhelm III wil eigenlijk niets meer van hem weten en aan het Pruisische hof is hij min of meer in de situatie van een ongewenst persoon geraakt, wat zijn prestige bij de Engelse regering danig heeft geschaad. Het is helemaal zo verwonderlijk niet dat men eraan heeft gedacht om de jonge Willem naar voren te schuiven. Indien deze wat meer ambitie had getoond, zou de situatie voor de prins nog précair genoeg hebben kunnen worden. Het is nog een geluk bij een ongeluk dat de vader de zoon in zijn brieven steeds moet opjagen met zinnen als deze: *Mijn zoon is geen Prins van Pruisen, hij is Prins van Oranje en moet denken en voelen als zodanig.*[42]

Met Frits is het heel wat anders, legt de vader aan zijn oudste uit, en ook dat staat hem nog maar matig aan. Hij ziet het eerder als een offer dan als een voordeel en hij zet zijn zoon de ware stand van zaken in heldere, niet mis te verstane taal uiteen. Denkt de zoon dat zijn vader nog steeds de rang van generaal in het Pruisische leger heeft? Dat is dan een grote vergissing. En weer komt een brok waarheid te voorschijn: *...ik zie dat je veronderstelt, dat de koning van Pruisen mij het commando over een deel van zijn troepen zou toevertrouwen. In dat opzicht heb ik een absolute weigering ondervonden.*[43] Het brevet van armoe, dat zijn zwager van Pruisen aan de prins heeft uitgereikt, komt voor de dag. De koning kan hem niet gebruiken in het gezicht van de vijand. Hoogstens schiet er nog een onbelangrijke plaats als militair gouverneur in het binnenland voor hem over en als hij dan toch per se aan een veldtocht wil meedoen, dan kan dat als volontair bij het kwartier-

generaal van dat legeronderdeel dat men, gezien zijn vroegere rang, zou kunnen beschouwen als onder zijn commando te staan. Maar in de melk te brokkelen krijgt de prins in het Pruisische leger niets meer. *Ik ben daarom Oostenrijks generaal gebleven en ik neem aan, dat je in mijn plaats, ook geen haast gemaakt zou hebben om van uniform te wisselen.*[44]
Op 18 mei (1813) slaat de vader een hoopvollere toon in de briefwisseling aan. Er is kans op een ontmoeting. Hij wil hem niet al te blij maken. Wie weet, moet hij de hele veldtocht in Spanje wel meemaken, maar dat zou volgens vaders berekeningen toch maar een uitstel van een paar maanden betekenen. Zolang moet hij het zien uit te houden. *Adieu, mon très cher Guillaume. Dieu vous bénisse et vous conserve! Je vous embrasse tendrement en idée et suis pour la vie avec un attachement inviolable votre tout dévoué père et ami.*[45] (Adieu, mijn zeer lieve Willem. God zegene en beware je! Ik omhels je teder in gedachten en ben voor het leven met onverbrekelijke gehechtheid je toegewijde vader en vriend.)
Er is engelengeduld voor nodig om het lange wachten in Londen te verdragen. De prins echter wacht, verbeten en vasthoudend. Zijn komst is de Britse regering niet aangenaam geweest. Ze hadden hem veel liever niet ontvangen, maar de ongewenste gast heeft zich van de domme gehouden. Hij laat zich niet afwijzen en gesteund door Robert Fagel gaat hij stug door met onderhandelen. Hij vraagt een lening voor de oprichting van het Oranje-legioen. Omzichtig stuurt hij aan op een eventueel huwelijk tussen Willem en Charlotte van Engeland en bovendien is daar nog de kwestie van de politieke consequenties van de zo vurig gewenste bevrijding van de Nederlanden. Wat zal dan de houding van de Britse regering zijn?
Het zijn vragen waarop de Britten voorlopig geen uitsluitsel wensen te geven. Er zit zo verschrikkelijk veel aan vast! De positie van België is één knelpunt. Moet het wel of niet bij de Nederlanden gevoegd worden? En dan is er nog het penibele vraagstuk van de Nederlandse Koloniën, die de Britten onder „hun hoede" hebben genomen, nadat ze deze op de Fransen hadden veroverd. En juist omdat er voor de Britten zo grote belangen op het spel staan, is het overduidelijk dat men in Londen niet eerder tot een besluit zal komen dan wanneer uit de loop der gebeurtenissen zonneklaar zal blijken dat de bevrijding van de Nederlanden aanstaande is.
En dan hebben de Britten nogal een voorkeur voor de jonge Willem. Hem zullen ze heel wat beter naar de hand kunnen zetten dan zijn stugge vader. Vooral als hij eenmaal met Charlotte getrouwd is. De geruchten die prinses Wilhelmina destijds heeft opgevangen, hebben een grond van waarheid en ook daarom zitten de Britten met de aanwezigheid van de prins van Oranje danig in de maag. Nu de man er is, kan men hem moeilijk negeren. Toch blijft men het oude plan indachtig. Wellington, die de jonge erfprins goed

heeft leren kennen, is degene die daar een eind aan maakt. *Hij is zeer jong,* meldt hij, *en heeft geen ervaring in zaken, en zeker niet in de zaken van revoluties. Hij is verlegen en onzeker, het zal nadelig voor hem zijn om in omstandigheden gemanoeuvreerd te worden waarin hij aan het hoofd moet staan van dit soort ondernemingen. Al teveel kan er niet van hem verwacht worden.*[46]

Het is maar een geluk dat de jonge Willem in dit opzicht helemaal geen ambities heeft en vader Willem is al een eind gerustgesteld wanneer hij nieuwe brieven van zijn jongen ontvangt: *De brieven, die ik* **deze keer** *ontving,* zo prijst hij, *hebben me groot plezier gedaan. Hoewel hij nog altijd wenst op een andere plaats te kunnen dienen, was ik toch heel wat tevredener over de wijze waarop hij zich uitdrukt tegenover mij.*[47] Hij hoopt vurig dat hij de gelegenheid zal krijgen zijn zoon te zien en te spreken. Er is een kansje dat Wellington zal besluiten hem als koerier naar Engeland te zenden. Maar voor het zover is hebben de goede Mimi en de prinsessen Wilhelmina en Louise nog heel wat angsten te verduren.

Berlijn is opnieuw in gevaar! Er zijn geruchten dat Franse troepen naar de hoofdstad marcheren en er is bevel gegeven dat alle leden van de koninklijke familie de stad moeten verlaten. Zo staan weldra de reiskoetsen voor het paleisje „Unter den Linden" en Loulou vindt nog even tijd haar broer in Londen over de voorgenomen vlucht in te lichten: *Mimi en Augusta vertrekken ook in de loop van de dag en zullen dezelfde weg nemen als wij,* zo bericht ze. *...Mimi zal kleine dagreizen maken vanwege haar kleintje, dat het heel goed maakt... dat er vooral in dit seizoen niet gevreesd hoeft te worden, dat de reis haar maar in het minst kwaad zal doen en alle wegen moeten nu in voortreffelijke staat zijn.*[48] Het loopt gelukkig allemaal met een sisser af.

En dan – plotseling – goed nieuws! De jonge Willem heeft zich heldhaftig gedragen in de strijd in Spanje. *Iedereen is dol van vreugde.*[49] Nu weet iedereen de prins te vinden en feliciteert hem met het gedrag van zijn oudste en de stemming van de trotse vader wordt er nog beter op als hij op de vijftiende augustus (1813) een telegram ontvangt met het bericht dat de „Fancy" is geland met een boodschapper van Wellington aan boord, die niemand anders is dan de jonge Willem in eigen persoon.

Om drie uur in de morgen van de zestiende verschijnt hij in Harley Street. Hij heeft dan al rapport uitgebracht in de ministerraad in Downing Street en in Carlton House aan de prins-regent en juichend schrijft de prins aan zijn moeder: *U zult zich gemakkelijk de vreugde kunnen voorstellen, die ik bij die gelegenheid gevoelde... Mijn kind maakt het in alle opzichten goed, hij is weinig veranderd, bruin geworden en groot genoeg om mij over het hoofd te zijn gegroeid, hij is door geen enkel ongeluk getroffen, behalve dan het paard dat hij gedurende de achtentwintigste verloren heeft.*[50]

Het is begrijpelijk dat er heel wat tussen vader en zoon wordt afgepraat in de volgende dagen. De prins kan gerust zijn. De jongen heeft volstrekt geen politieke aspiraties. Diep in zijn hart voelt hij zich min of meer slachtoffer van de ambities van zijn vader. Als het niet anders kan, zal hij de Engelse Charlotte wel trouwen, maar een vervulling van zijn hartewens is dit zeker niet. De vader is wel zo wijs zijn zoon niet te dwingen. Hij zet alleen maar uiteen dat een militaire carrière in Pruisen ook lang niet alles is. *Ik laat hem zijn eigen zaken helemaal zelf regelen, daar ik reden heb aan te nemen dat hij volkomen in staat is alles te besturen wat daarmee in verband staat en redelijk genoeg is om rekening te houden met de omstandigheden en wat zijn eigenbelang vereist.*[51]

Alles verloopt zoals de vader zich heeft gewenst. Uiteindelijk komt de jongen zelf tot de slotsom dat hij naar Spanje terug moet gaan om daar verder te vechten onder commando van Wellington. De reis naar Duitsland gaat niet door. Die heeft zijn vader hem uit het hoofd gepraat. Later, in de winter, als het oorlogsseizoen voorbij is, dan zal hij moeder Mimi kunnen gaan opzoeken.

Wie niet teruggaat naar Spanje, dat is Willems gouverneur. De Constant Rebecque is wèl van plan om naar Pruisen terug te gaan, al heeft dat niet de volle instemming van de prins, die hem graag bij de hand zou hebben voor het geval dat hij hem nodig mocht hebben.

Trouwens, strikt nodig heeft hij hem nog niet. Want nog is Napoleon niet verslagen. Wel zijn er heel wat geruchten in omloop: Napoleon is in Dresden, Napoleon staat aan de Spree. Het verblijf van de erfprins duurt intussen heel wat langer, dan men aanvankelijk aangenomen heeft en hij kan zelfs nog zijn vaders verjaardag op 24 augustus mee helpen vieren, wat deze dan ook bijzonder veel genoegen doet: *Ik was er gelukkig mee tenminste één van mijn kinderen bij me te hebben op deze dag.*[52]

Het is al half september als hij de jongen naar Plymouth vergezelt en hem aan boord ziet gaan van de „gunbrigg L'Alcates". *De scheiding heeft me heel wat gekost, daar ik al helemaal gewend was aan het gezelschap van mijn zoon.*[53]

Veel tijd tot het voeden van zijn heimwee krijgt de prins echter niet. Eind september komt er eindelijk schot in de onderhandelingen met lord Castlereagh. De Britse regering is niet langer afkerig van de oprichting van een Oranje-legioen. Men wil er wel aan meehelpen, maar op financiële hulp – en daar gaat het nu juist om – hoeft de prins voorlopig niet te rekenen. De Britse schatkist is uitgeput, zo zegt men. En ook nu houdt men een slag om de arm. Het definitieve, het officiële antwoord van de Britse regering blijft uit. En weer moet de prins wachten. Hij moet er zich mee bezighouden aan de oprichting van twee bataljons te denken. Denken kan hij ook aan de huwelijksplannen voor de jonge Willem. Hij wil vooral niet te happig doen. Afspraak is dat de Oranjes zich zo passief mogelijk zullen opstellen om zodoende de oppositie de wind uit de zeilen te nemen. Die rol convenieert de prins voorlopig ook nog het beste. Hij moet ook aan het geluk van zijn zoon denken *hoewel hij geneigd is zich hiervoor (dat is: het huwelijk) te lenen, en hoewel hij daar dagelijks minder grote afkeer van krijgt, wenst hij dit echter niet en hij zou niet ongelukkig zijn wanneer dit niet plaats had, zolang hij in onzekerheid verkeerde of dit zijn persoonlijk geluk ten goede zou komen.*[54]

Over de bruid-in-spe is de prins niet bijster te spreken. *Het ongeluk is, dat dat jonge persoontje zeer verwaarloosd is en dat het moeilijk is om een jong iemand van achttien jaar zo te behandelen, als met twaalf jaar heel gemakkelijk zou zijn geweest.*[55]

Als De Constant Rebecque naar Pruisen vertrekt, is de toestemming tot de oprichting van het Oranje-legioen eindelijk officieel. De toestand van de manschappen, die in Pruisen worden aangeworven, is echter erbarmelijk. Zelfs de officieren onder hen lopen in vodden. Ze hebben geen van allen ook maar een cent op zak en alles, kleding, schoeisel, voedsel en wapens, moet worden aangeschaft. Het is de oude prinses Wilhelmina die het legioen uit de grond stampt. Zij gaat grote geldleningen aan en zij verschaft het onderpand. In overleg met de prins wordt het gehele bezit van de Oranjes met hypotheken bezwaard. Alle landgoederen, de familiejuwelen, de overgebleven kunstschatten, letterlijk alles wordt op het spel gezet. Ook Loulou draagt haar deel bij. Als Napoleon wint, zullen de Oranjes straatarm zijn.

Er is nog iets dat prinses Wilhelmina tot stand brengt. Haar kleinzoon Frederik wordt door haar toedoen overgeplaatst. Bij de slag van Leipzig heeft hij zich onderscheiden en het IJzeren Kruis verworven. Nu zal hij onder graaf von Bülow gaan dienen, die met het tweede armeekorps oprukt naar de Nederlandse grenzen. Indien het land door Pruisische troepen bevrijd wordt, zal tenminste deze jonge Oranje erbij zijn.

Van een opstand in de Nederlanden is echter nog niets te bespeuren, al broeit het wel onder de ogenschijnlijk zo kalme oppervlakte. Het gewone volk leeft in armoede en de hogere standen zijn furieus over het feit dat hun zonen gepresт worden om zich zogenaamd vrijwillig te melden als Garde d'Honneur van het contingent voor de Departementen van de Monden van de Maas. Zelfs de naam van de Nederlanden is bij de inlijving bij Frankrijk verloren gegaan. Een professor Kemper in Leiden raadt aan tot lijdelijk verzet. De bevolking moet zien dat de jongens gedwongen worden. Ze zullen met geweld uit hun huizen gesleept dienen te worden! Het wordt dan ook een verbeten strijd tussen de Franse autoriteiten, die er op uit zijn om schandaal te vermijden, en de ouders, die op raad van Kemper daar juist op

uit zijn. Ten slotte zijn het echter toch de Hollanders die het onderspit moeten delven en zelfs een man als Gijsbert Karel van Hogendorp ziet zijn zoon, nadat alle pogingen om hem met een zoet lijntje mee te krijgen gefaald hebben, met geweld opgehaald worden.
Alle protesten, ook die van andere ouders, zoals Donker Curtius, Van Bylandt, Van IJzendoorn en De Warin, hebben niet mogen baten. Sommige jongens zijn gevangen genomen en in de Gevangenpoort opgesloten of, zoals Willem van Hogendorp, met geweld weggevoerd. Ze hebben het verfoeide uniform moeten aantrekken, dat de keizer voor dit keurkorps ontworpen heeft; het laaiend rood van de broek, het donkere groen van de dolman en de korte bontjas, ook weer opvallend prachtig gevoerd met groen en wit flanel. Ze haten het uit de grond van hun hart.
Hun tegenstand gaat zover dat ze bij hun gedwongen monstering domweg weigeren het „Vive l'Empereur! " uit te roepen. Dat voert tot een vermakelijk incident. De Franse heren zwaaien, na een gloedvolle rede van een van hen, enthousiast met de hoed. Maar er volgt geen gejuich, geen eerbetoon voor de keizer. De Nederlanders sluiten de lippen vast opeen en zwijgen! En confuus door dit pijnlijk zwijgen zetten de Fransen de hoed dan maar weer op het hoofd en gaan weg. Wat moeten ze anders?
In de beslotenheid van de werkkamer van Gijsbert Karel van Hogendorp zetten drie mannen een plan op. Nederland moet vrij. Oranje moet terug. Eens, lang geleden, in de dagen van het incident bij Goejanverwellesluis[5] [6] is Gijsbert Karel dienaar en adviseur van de prinses van Oranje geweest. De stugge, hooghartige pensionaris van Rotterdam heeft de Oranjes gesteund waar hij maar kon. Hij heeft de val van dat huis meegemaakt en betreurd, al was en is hij nog reëel genoeg om in te zien dat de oude misstanden wel moesten verdwijnen en dat een nieuwe tijd zich met onweerstaanbare kracht had aangediend.
Gecollaboreerd met de Franse autoriteiten heeft Gijsbert Karel nooit ofte nimmer. Het heeft hem zijn ambt gekost en na zijn ontslag heeft hij zich teruggetrokken op het landgoed Adrichem om daar, gekweld door werkloosheid en jicht, als ambteloos man verder door het leven te gaan, het aan zijn broer Dirk overlatende gemene zaak met de vijand te maken. Gijsbert Karel heeft schone handen en naarmate het jaar 1813 van week tot week voortglijdt in steeds groter wordende onzekerheid, is hij daar misschien ook wel trots op.
Toch is ook hier sprake van schone schijn en wie in later jaren de aantekeningen in zijn dagboek leest, raakt minder onder de indruk van de smetteloosheid van zijn reputatie. Gijsbert Karel heeft waarlijk niet zo'n harde strijd met zichzelf gevoerd om voor de verlokkingen van het nieuwe regime niet te bezwijken. Integendeel. Als hij maar de kans had gehad! Want wat

anders moet men denken van zinnen als: *Ik ben ervan overtuigd, dat ik er niet goed aan zou doen mijn diensten te weigeren, indien de koning* (Lodewijk Napoleon) *deze zou vorderen. Ik zou mij dan hiertoe geroepen achten en ik zou gehoorzamen.*[57]

Maar – en daar zat hem nu juist de kneep – Lodewijk Napoleon had hem niet geroepen. Hij was wel wijzer. En Van Hogendorp, die zijn gedwongen aan de kant staan zo moeilijk verdroeg en die in een slecht humeur thuis placht te komen als hij in gezelschap had horen spreken over de privileges die de Fransman aan anderen had geschonken, heeft in later jaren Lodewijk Napoleon voor diens houding innig dankbaar te zijn.

Met schoon gebleven handen kan hij in het jaar 1813 aan de slag en kiest zorgvuldig betrouwbare bondgenoten uit. Leopold, graaf van Limburg Stirum, is weliswaar in intellectueel opzicht zijn mindere, maar hij heeft een eigenschap die hem van onschatbare waarde maakt. Als geen ander man van zijn stand weet hij wat er leeft in het hart van het gewone volk. En de gewone man heeft op zijn beurt vertrouwen in deze militair. De bakker, de slager, de turfdrager en de Scheveningse visser, zij allen kennen en vertrouwen hem.

Van Limburg Stirum heeft heel voorzichtig inlichtingen verzameld over de militaire sterkte in de Nederlanden en in het geheim wapens laten verzamelen en verbergen voor de strijd die komt.

Adam Frans Julius, baron van der Duyn van Maasdam is de andere vertrouweling die Gijsbert Karel zich kiest. Van Maasdam is niet ambitieus. Ook hij heeft werkloos moeten toezien hoe het vaderland werd vertrapt en ook hij is bereid alles te geven voor de vrijheid. En omdat hij vrij is van enige politieke ambitie, kan hij beter dan wie dan ook met mensen van allerlei richting omgaan en hen beïnvloeden. Zelfs een stugge en gereserveerde man als Van Hogendorp heeft later moeten erkennen dat hij voor Van Maasdam zijn hart had kunnen openen.

Het is maar een kleine kring vertrouwelingen die daar vergadert in het huis van Van Hogendorp op de Kneuterdijk. De invloed van de kring op oud-regenten en notabelen is maar zwak. Van deze mensen zullen ze het niet moeten hebben.

Ook in Londen is van hun plannen nog maar bitter weinig bekend. Nog op 15 november 1813 klaagt de prins in een brief aan zijn moeder dat de post uitblijft: *Mijn zeer lieve moeder, we zitten hier in een zeer onaangename positie. Er zijn vier postzendingen waarop gewacht wordt en dat in een tijd waarin de gebeurtenissen zich met de snelheid van de bliksem voordoen en waarin het een vereiste is dagelijks geïnformeerd te worden over wat zich afspeelt. Daar men de wind niet bevelen kan, moet men zich onderwerpen en geduld oefenen, maar het is erg jammer... De Franse berichten ontbreken*

3. De latere Willem II als erfprins in Brits uniform en met de keten van het Gulden Vlies in 1814. De successen tegen Napoleon en zijn grote populariteit stegen hem zo naar het hoofd dat hij deelnam aan intriges om koning van Frankrijk te worden. Komplotten die zijn vader haastig in de doofpot stopte. Gravure F. de Lignon naar J. Oldewaere. (Atlas van Stolk.)

ook sinds een paar dagen en ons bereiken alleen maar allerlei soorten van geruchten, die onze positie steeds moeilijker maken vanwege de wensen die zij doen opkomen en de plicht deze weer te onderdrukken totdat er meer positieve berichten zullen zijn, die ons in staat zullen stellen te oordelen met begrip van zaken. Als deze toestand nog langer aanhoudt denk ik eraan nog een bezoek te brengen aan Park Place, waar Lord Malmesbury vandaag of morgen zal terugkeren...

P.S. Men zegt dat de conscriptie zonder tegenstand plaatsvindt. Dat is onbegrijpelijk...[58]

Twee dagen later, op de zeventiende november 1813, roept Gijsbert Karel de prins tot Hoge Overheid uit. Er is geen vooroverleg geweest. Er is niet onderhandeld met welke grote mogendheid dan ook. Van Hogendorp en de zijnen roepen de prins van Oranje terug en aanvaarden in zijn naam het Algemeen Bestuur.

Op twintig november, om drie uur in de middag, loopt in Londen een telegram van de Britse geheime dienst binnen: *Complete revolt in Holland. Dutch baron on his way to Prince of Orange. Texel fleet is muting.*[59] (Complete opstand in Holland. Nederlandse baron op weg naar de Prins van Oranje. De Texelse vloot is aan het muiten.)

Het roer is om. Na zoveel jaren definitief om!

Jacob Fagel en Hendrik de Perponcher staan al op 21 november oog in oog met de prins, die zij uit naam van het Algemeen Bestuur uitnodigen om naar de Nederlanden terug te keren.

En dan gaat het snel. De prins gunt zich amper tijd om een paar korte briefjes naar huis te schrijven: *daar ik het veel te druk heb en veel te verheugd ben om in staat te zijn in detail antwoord te geven.*[60] Moeder Wilhelmina zal geduld moeten hebben. Haar brieven echt beantwoorden kan haar zoon nu niet. Zus Loulou krijgt ook maar een paar zakelijke regeltjes: *Men geeft ons hier al wat noodzakelijk kan zijn en wat voorradig is aan troepen, schepen, munitie en ook wat geld.*[61]

De Britse regering is behoorlijk onder de indruk van wat er in de Nederlanden, zonder enige hulp van buitenaf, is gepresteerd, maar het is de prins duidelijk dat hij er nog lang niet is. *Nu is het zaak erop toe te zien zich te handhaven. Mijn taak is groot en hoe meer het schijnt, dat zij alleen maar rozen oplevert, des te meer laten de doorns zich gevoelen. Enfin, het is een plicht en men moet zowel het goede als het kwade aanvaarden...*[62] Toch is er nog even tegenslag. Een sterke wind verhindert het prinselijk schip om uit te varen. En weer moet de prins wachten. Na zoveel jaren geduld oefenen toch weer wachten. Hij had op de 26ste november al in Den Haag willen zijn. Het komt er niet van. De 28ste gaat traag voorbij. Het is nog een geluk dat er zoveel te doen is. De 29ste kruipt om en dan op 30 november komt de grote dag. Willem van Oranje landt op het strand bij Scheveningen. Hij wordt verwelkomd op de plek waar zijn vader eens afscheid nam. Hij heeft het gevoel dat hij droomt.

* * *

Alleen en ongewapend wierp hij zich in de armen van zijn volk.[63] Het is geen grootspraak van Gijsbert Karel van Hogendorp als hij dit later over de komst van de prins in de Nederlanden zegt. Hij is er ook de man niet naar om de zaken mooier voor te stellen dan zij zijn. Want de prins neemt grote risico's. De Fransen zitten nog in het land; ze zitten stevig genesteld in het noorden, in het zuiden en in het oosten. Zelfs op 20 december (1813) zijn de vestingen en stellingen van Delfzijl, Coevorden, Deventer, Den Helder, Naarden en Gorinchem nog altijd in Franse handen. Wel zijn ze rondom ingesloten, maar ze zijn er. In het zuiden is het niet beter. Daar hebben de Fransen het eiland Walcheren nog in handen en ook het fort Bath en het Land van Cadzand. Ook Nijmegen is bezet gebied, Bergen op Zoom, Den Bosch en Grave.

Zo, met de Fransen nog in het land, keert de prins naar het vaderland terug. Er zijn geen buitenlandse troepen aan te pas gekomen om deze Oranje in zijn glorie te herstellen. De omwenteling heeft zich zonder noemenswaardige hulp voltrokken en dat zal in de toekomst een pluspunt blijken. De nieuwe vorst zal niet aan de leiband hoeven te lopen!

Wel trekken Russen en Pruisen begin december de oostelijke grenzen over en daagt ook in die gebieden de fel begeerde bevrijding. Van „bijltjesdag" is echter geen sprake. Het verleden wordt in de doofpot gedaan. Niemand heeft zin oude koeien uit de sloot te halen en de prins sluit zich bij die stemming aan. Dat is een wijs beleid voor een man die zelf ook niet brandschoon uit de strijd tevoorschijn gekomen is.

Oranjegezinden en patriotten werken nu nauw samen om de soevereiniteit van land en vorst te herstellen. En het is waarlijk geen toeval dat de proclamatie in het eerste nummer van het Nederlandse Staatsblad is opgesteld door een „patriot", Cannenman, en ondertekend door een „prinsman", Van Hogendorp. Voor Gijsbert Karel is dit een symbool *van een verbond tussen twee partijen thans zoo verenigd, dat hunne namen niet meer bestaan.*[64]

En toch beleeft diezelfde Van Hogendorp heel wat minder genoegen aan het herstel van het Huis van Oranje dan – oppervlakkig gezien – wel voor de hand zou liggen. Het kan niet anders of het moet hem verdriet doen dat zijn oudste broer Dirk tot de enkelingen behoort aan wie geen vergiffenis wordt geschonken. Zijn collaboratie met de vijand gaat niet in de doofpot! Dit is des te schrijnender omdat van het verleden met al zijn fouten doorgaans niet

meer wordt gerept. Zelfs niet over wat eens de graaf Van Bylandt-Halt in verbittering over deze prins heeft gezegd: *Ik heb ondervonden wat het zegt in ballingschap te leven, die toestand kon ik niet langer verdragen en ik bevind mij gelukkig weder in mijn vaderland te leven, onder welk bestuur het dan ook zij, tenzij die vervl... erfprins mogt terugkomen, om er weder enig gezag uit te oefenen.*[65]
Nu is die vervloekte terug. Op 30 november 1813, als hij nog aan het ontbijt zit, ontvangt Van Hogendorp bericht dat het Britse fregatschip „The Warrior" voor de kust van Scheveningen is gesignaleerd. Een zoon van schipper Pronk heeft de boodschap in Den Haag gebracht. Hij is in galop naar het huis van de graaf Van Limburg Stirum gereden. En blij als een kind, heeft de graaf zijn zoon met het nieuws naar Gijsbert Karel gestuurd.
Heel Den Haag trekt uit. Al wat benen heeft loopt naar Scheveningen. Alle rijtuigen en koetsjes worden ingespannen. Alleen Van Hogendorp blijft thuis. Misschien is het de jicht die hem daartoe dwingt. *Een hevige jichtaanval en een uitgeput lichaam na de bovenmenselijke inspanning van de laatste weken, maakten dat hij amper kon staan. Hij strompelde van zijn bed naar de ligbank.*[66] Het is niet helemaal duidelijk of hij niet kan of niet wil. Mogelijk maakt hij op deze dag een handig gebruik van zijn kwaal en dwingt hij daarmee de prins hem de eer te bewijzen dat deze naar hem, Van Hogendorp, toe komt.
Op het Scheveningse strand zijn geen hoogwaardigheidsbekleders om de prins te begroeten. Twee gewone Scheveningse schippers, Pronk en Van der Duyn, rijden met een door drie paarden getrokken visserskar de zee in. Pronk zit op een van de paarden. Hij heeft een reusachtige oranje sjerp om het lichaam gebonden. Van der Duyn reikt de prins de hand en trekt hem met een zwaai op de voorkrat van de wagen. *Welkom, Majesteit,* zegt hij met zijn harde stem, *Welkom, Majesteit in het Vaderland.*[67]
Het volk juicht. Het volk loopt met de kar mee tot vlak voor het hotel „Zeerust". De Keizerstraat ziet zwart van de mensen. Bij de pastorie stapt de prins over in een rijtuig en voort gaat het, naar Den Haag.
De upper ten, de notabelen, kortom het neusje van de Haagse zalm, laat zich niet zien. Zelfs de oude Oranjeklanten onder hen niet. Ze blijven weg! Ze kiezen het zekere voor het onzekere en willen de kat liever eerst uit de boom kijken. Laat dat domme volk maar juichen! Stel je voor dat Napoleon nog eens terugkomt. Je kunt nooit weten met al die Fransen nog in het land...
Op de Kneuterdijk, in zijn ziekenkamer, zit Van Hogendorp en wacht af. *Hij bleef, dien dag der dagen, alleen; ik had niemand bij mij. Zou de Prins, van zijn toestand onderricht, niet aanstonds naar* **hem** *toekomen?*[68] *Ik wachtte lang... Naderhand zeide mij de heer van der Duyn, dat hij den Prins ver-*

scheidene malen opgewekt had om naar mij toe te gaan... De Prins trad eindelijk binnen. Hij hield in zijn hand een langen blikken koker, die hij mij overgaf. Ik zeide hem, dat nu alle mijne wenschen vervuld waren, en strekte eene hand uit in verwachting van de zijne. De hand kwam ook, maar niet ongevraagd... In den koker stak zijne eerste publicatie...[69]
Een koker en geen hand. Van zulke kleinigheden hangt het welslagen van de samenwerking af. De stemmen van beide mannen blijven stroef en een echt gesprek komt maar moeilijk op gang. Ach, het bezoek duurt maar even. De prins heeft niet veel tijd en dat is hem niet kwalijk te nemen. Hij neemt spoedig afscheid. Nu wel met een handdruk, maar die komt Van Hogendorp koel voor, in ieder geval niet warm genoeg.
Het is een wonderlijke dag voor Gijsbert Karel. Hij heeft gewaagd en gewonnen en staat, door ziekte gekluisterd, terzijde als een buitenstaander en het zijn anderen die de prins omringen en op hem inpraten. Dat is niet gemakkelijk te verwerken. Zeker niet voor een man met zo'n heerszuchtig en trots karakter als Van Hogendorp.
De prins logeert ook niet bij hem. Hij gaat een paar huizen verder, naar de familie Collot d'Escury. Daar verleent hij de volgende dag audiëntie. Daar stromen de mensen binnen. En Van Hogendorp is er weer niet bij. Ook kan hij niet aanwezig zijn bij de dank- en bidstond in de Grote Kerk. Thuis, in zijn stoel, kan hij de tekst, die dominee Verwey gekozen heeft, in zijn bijbel nalezen: *De Heer heeft grote dingen bij ons gedaan.*[70]
Hij is ook de grote afwezige als de prins op 2 december (1813) in Amsterdam het hoogste gezag aanvaardt. Niet als koning, al heeft het volk hem wel met die titel begroet, maar als Soeverein Vorst.
Van Hogendorps ziekte blijft aanhouden. Hij heeft zwaar het pootje en is in de dagen kort na de bevrijding zo goed als invalide en het hele huishouden moet aan hem worden aangepast. Twee van zijn dochters nemen al het schrijfwerk van hem over. Dat moet wel. Hij kan zijn handen nog maar nauwelijks bewegen.
Toch blijft hij het middelpunt van de beraadslagingen over de redactie van een nieuwe grondwet. Zonder grondwet kan er niet naar behoren geregeerd worden en het is in Van Hogendorps huis dat de commissie voor de nieuwe grondwet vergadert. De grote zaal is er voor geschikt gemaakt en het is ook zijn, al in 1812 geschreven, ontwerp dat nu door de commissie wordt getoetst. Er is ook kritiek, er zijn wijzigingen. Van Hogendorp moet een fikse veer laten. Hij had zich al gezien in het ambt van raadpensionaris. *Maar de commissie ruikt lont en schrapt de Raadpensionaris. Zij kende van Hogendorp's regeerziek karakter, verregaande ingenomenheid met eigen denkbeelden, en stroeven omgang. In de vergadering van 6 Jan. zeide Roëll met zoovele woorden, dat hij een tweede editie van Oldebarnevelt vreesde. De*

Raadpensionaris „zou schier op gelijke lijn met den Koning staan." Hogendorp verloor het met 7 stemmen tegen 5.[71]

Hij probeert alles zoveel mogelijk zelf in de hand te houden. En zelfs in zijn slaap- en werkkamer kan hij nu besprekingen voeren. Alles is er op ingericht dat men zelfs daar hoge gasten kan ontvangen. De vraag is echter wel of de hoogste gast zich er zo dikwijls laat zien als Van Hogendorp wenselijk acht. Overigens, het tempo dat de Soevereine Vorst ontwikkelt is moordend. Van Hogendorp kan beslist niet meekomen, maar er is ook zo verschrikkelijk veel te doen. De vijand moet het land uitgejaagd worden en nieuwe wetten dienen gemaakt en aanvaard te worden.

Als het getij veilig lijkt („veilig" is hier een groot woord), komen ook de prinsessen van Oranje terug. Eerst Mimi met de kleine Marianne. Ze heeft het op de reis voorzichtig aan gedaan. Het kleintje mag niet oververmoeid, of erger nog, ziek raken. De schrik zit er na de dood van Pauline nog geducht in.

Ook prinses Wilhelmina en haar dochter Louise keren terug. De oude Wilhelmina is wel wat beducht voor de ontvangst. Maar het valt geweldig mee, ze wordt door de bevolking vriendelijk begroet. Het oude zeer is vergeten. Een grote invloed op haar zoon heeft de oude vrouw echter niet. Willem I wenst geen raad. Ook niet van Mimi. En het komt maar wat goed uit dat zijn zachte, vriendelijke vrouw in politiek opzicht niet de minste aspiraties heeft.

Vier maanden lang wordt door de leden van de commissie voor de grondwet over het ontwerp van Van Hogendorp gedelibereerd en de vorst draagt ijverig een steentje bij. Wat er ten slotte uit de bus komt is een compromis. Van Hogendorp zal vice-voorzitter van de Raad van State zijn. Het is al 30 maart 1814 wanneer in de Nieuwe Kerk te Amsterdam de beëdiging van de grondwet door de Soevereine Vorst plaatsvindt.

En weer – de geschiedenis herhaalt zich – speelt Gijsbert Karel de rol van grote afwezige. Hij heeft er alle reden toe. De jicht, die ellendige kwaal waar hij maar niet af kan komen, zit hem weer eens danig dwars en misschien nog meer zijn trots, zijn onmogelijk karakter. Amsterdam zit in die dagen tjokvol. Boeren, burgers en buitenlui, letterlijk iedereen wil binnen of buiten de Nieuwe Kerk de plechtige gebeurtenis bijwonen. Alle logementen en hotels zijn volop bezet en er is voor Van Hogendorp geen plaats meer in de herberg. Daarom heeft hij de Soevereine Vorst vriendelijk verzocht of hij in het Paleis op de Dam mag komen logeren. Hij zal geen last veroorzaken, want hij brengt een knecht en een meid mee, die hem zullen verzorgen.

Het is een ongebruikelijk verzoek en Willem heeft er volstrekt geen oren naar. Hij houdt zich van de domme en laat Van Hogendorp rustig thuisblijven. Alleen! Want vrouw en kinderen gaan wèl naar Amsterdam. Zij hebben wèl een logeeradres gevonden en zullen een week lang wegblijven om alle feestelijkheden mee te maken. Als Van Hogendorp gewild had, zou hij denkelijk met zijn gezin van alles hebben kunnen genieten.

Zijn afwezigheid valt natuurlijk op en een man als Falck – Willems onmisbare rechterhand – lacht hem er glashard om uit. *De Vorst had geen zin in de meid,*[72] zegt hij Van Hogendorp in het gezicht.

De weigering heeft Gijsbert Karel ongetwijfeld gestoken. Maar hij is er de man niet naar om zich lang met beuzelingen op te houden. *Groote zaken beuren mij op, de détails brengen mij om het leven*[73] zegt hij van zichzelf. En er zijn nog heel wat grote zaken af te handelen! Daar is het Congres van Wenen, waar de nieuwe grenzen van Europa zullen worden vastgesteld. Het congres danst, dat is waar. Maar het neem ook besluiten. De Noordelijke en Zuidelijke Nederlanden zullen worden samengevoegd tot een grote bufferstaat ten noorden van Frankrijk. Voortaan zullen Holland en België één zijn. Naar de wens van de bevolking wordt niet gevraagd. Naar de wensen van de Soevereine Vorst trouwens ook niet. De Nassause landen, die Napoleon hem ontnam, krijgt hij niet terug. Die blijven in het bezit van zijn neef, de hertog van Nassau. Het groothertogdom Luxemburg wordt de Oranjes toebedeeld als schadevergoeding voor het geleden verlies. Het besluit treft de vorst bijzonder pijnlijk. Hij is erg aan zijn Nassause landen gehecht, maar er zit niets anders op dan in de uitspraak van het congres te berusten.

Er is nog een teleurstelling die de Oranjes in die dagen pijnlijk treft. De huwelijksplannen voor de jonge Willem gaan smadelijk de mist in. De Soevereine Vorst is hierin niet zonder schuld. Hij had moeten beseffen dat een huwelijk van twee erfgenamen van twee tronen een uiterst delicate zaak was. Als hij niet zo stug aan de oorspronkelijke plannen vastgehouden had, als hij wat soepeler was geweest, had hij de buit misschien nog wel binnen hebben kunnen halen. Er waren twee varianten mogelijk geweest: Willem de echtgenoot van de erfgename van de Britse troon en Frederik, die beste, brave Frits, die gerust een potje bij zijn vader kan breken, erfgenaam van de Oranjetroon. En waarom zou Frits niet met Charlotte hebben kunnen trouwen?

Het komt er niet van. Van der Duyn van Maasdam, die als huwelijksmakelaar naar Londen is gezonden, wijt het aan de inhaligheid van de vorst. Willem I wil alles hebben. Ten slotte laat het meisje het afweten en de jonge Willem komt met de kous op de kop uit Londen terug.[74]

Beresterk is de Soevereine Vorst en zijn werklust valt niet af te remmen. Hij confereert onophoudelijk over allerlei zaken en zijn tempo ligt zo hoog dat Van Hogendorps zwakke gestel onder de druk dreigt te bezwijken. Zijn arbeidsuren worden ingekort. Het moet!

En dan – terwijl het Congres van Wenen nog volop aan de gang is – komt de grote klap. Napoleon is uit Elba ontsnapt. Hij is op het vasteland van Europa terug en verzamelt zijn oude troepen. Het congres gaat in paniek uiteen en het oude Franse soldatenlied wordt in Frankrijk opnieuw gezongen:

Nous allons voir le grand Napoleon
Vainqueur de toutes Nations[75]

Lodewijk XVIII, koning van Frankrijk, neemt haastig de wijk. Het is hoog tijd, want op 21 maart (1815) bericht de „Moniteur Universel" dat *de Koning en de Prinsen in den afgeloopen nacht* zijn *vertrokken.* Dat is maar goed ook, want het persbericht gaat in één adem verder: *Z.M. de Keizer* (dat is Napoleon) *is hedenavond in zijn paleis der Tuilerieën aangekomen.*[76]
Lodewijk XVIII vlucht naar de Nederlanden. De oude tijden zijn plotseling terug. Er zijn geruchten over Franse troepenbewegingen en men waant zich terug in de spannende weken vlak na de bevrijding. Er wordt gezegd dat Napoleon van plan is de gevluchte Franse koning te ontvoeren en men denkt terug aan de tijd dat de Britse gezant adviseerde een oorlogsschip gereed te houden, dat de Soevereine Vorst en zijn familie in geval van nood weer naar Engeland terug kon brengen.
De Soevereine Vorst denkt niet aan vluchten. Integendeel. Van Hogendorp raadt hem dringend aan zich met spoed te laten inhuldigen als Koning der Nederlanden. Zo krijgt Willem dan toch de titel die hij eigenlijk al in 1813 had willen hebben, maar die hij uit politieke overwegingen toen niet had aanvaard. Nu is hij plotseling koning, majesteit!
Nu het gevaar dreigt, is hij heel wat minder bang dan de Franse Lodewijk XVIII. Lodewijk heeft de wijk naar Engeland willen nemen, maar is op dringend advies van zijn raadgevers eerst in Ostende blijven steken en later naar Gent afgezakt. Willem I is uit heel wat harder hout gesneden. Hij gaat naar Brussel om daar zijn nieuwe onderdanen een hart onder de riem te steken. Mimi en de kleine Marianne gaan mee. Ze wonen in het paleis van Laeken. Wel is er een vluchtroute bepaald voor het geval dat de grond hen al te heet onder de voeten mocht worden, maar daar blijft het bij en zelfs de oude prinses Wilhelmina komt een poosje in Laeken logeren.
De aanwezigheid van de Oranjes in Brussel en Laeken verhindert de komst van Lodewijk XVIII in die stad. Twee koningen en twee hofhoudingen in één stad is wat al teveel van het goede en de verjaagde Fransman beseft dat hij in Brussel niet de eerste viool kan spelen. Dus gaat hij naar Gent, waar hij zich honderd dagen bezighoudt met niets doen, slapen en copieus eten. Hij is een echte smikkelaar, die vooral van de oesters niet genoeg kan krijgen. Als hij wakker en helder is, speelt hij een partijtje whist. *Gedurende de honderd dagen verliet Lodewijk XVIII maar zelden zijn slaapkamer. Alleen 's avonds zocht hij zijn ministers op in de raadzaal en de buitenlandse*

ambassadeurs, die hem in zijn vernedering gevolgd waren. Daar werd men geacht te waken, te werken voor het belang van Frankrijk... Op een dag vertelde ons de oudere mevrouw d'Hane, de edele wachtpost was stomdronken, dat de hertog du Berry dronk als een postillon... Het viel me in te gaan luisteren, ik hoorde niets, dan, om te kijken... ik deed de deur op een kier open en ik zag de koning en zijn raadslieden vast in slaap... En de volgende dag redigeerde monsieur de Chateaubriand hun dromen in levendige stijl, in dichterlijke, opgewekte zinnen. Hij kondigde heel Europa aan dat de vorst de gehele nacht met zijn ministers had gewerkt voor het heil en de rust van Frankrijk en de wereld.[77]
Voor het overige, als de jicht hem niet kwelt – want ook deze koning lijdt aan jicht – pleegt Lodewijk de tijd die hij wakende doorbrengt te doden met het maken van wandelritten in een met zes paarden bespannen rijtuig en het bezoeken van hier en daar een concert of toneelstuk. Aan geldgebrek lijdt deze Lodewijk niet; bij zijn vertrek heeft hij zo'n slordige vijf miljoen van huis meegenomen.
Napoleon rukt met zijn troepen door de zuidelijke Nederlanden op en bereikt de stad Gent net niet. Hij verliest de slag bij Waterloo. De keizerlijke garde sneuvelt en de onbenullige dikzak Lodewijk kan naar Parijs terug.
Victoire, victoire, schrijft de aan de schouder gewonde kroonprins Willem opgewonden aan zijn ouders, *we hadden een magnifieke slag tegen Napoleon.*[78] Aan het leed van de gewonden en de doodsstrijd van duizenden neergemaaide soldaten gaat hij voorbij. Misschien vindt hij het niet mannelijk om daarover te schrijven. Wellington echter, reageert heel anders. Hij rijdt op zijn paard in de nacht over het slagveld met de talloze doden. Hij hoort het jammeren van de gewonden en het verdriet, de pijn en de dood van zovelen doen hem neerslachtig schrijven: *Next to a battle lost, the greatest misery is a battle gained.*[79]
Voor de Nederlanders komt de romantiek op de eerste plaats. Ze reageren enthousiast op de aangedikte verhalen over de moed en het heldendom van de prins van Oranje. Niet Wellington, maar de jonge Willem is in hun ogen de Held van Waterloo. Hij wordt enorm populair en dat wekt dan weer de jaloezie van zijn vader. Maar nog komt het tussen koning en kroonprins niet tot een openlijke uitbarsting.
De conflictstof ligt anders wel hoog genoeg opgetast in die eerste naoorlogse jaren en narigheid kan dan ook eenvoudig niet uitblijven. Er is heel wat werk aan de winkel. De samenvoeging van de Noordelijke en Zuidelijke Nederlanden tot één koninkrijk maakte een nieuwe grondwet, de tweede binnen zo korte tijd, en een reeks van andere wetten noodzakelijk.
Opnieuw is Van Hogendorp voorzitter van de commissie voor de grondwet en opnieuw schrijft hij een lijvige schets. Hij geeft advies, hij keert zich tegen

de door de koning gewenste protectie-wetten en steekt daarmee de hand in een wespennest. Gedwarsboomd door de visie van Van Hogendorp doet de koning verwoede pogingen om het hem onwelgevallig advies uit de circulatie te houden. De strijd om de macht brandt in alle hevigheid los en uiteindelijk is het Van Hogendorp die het onderspit delft.
Met een beetje meer inschikkelijkheid had de strijd gemakkelijk kunnen worden voorkomen. Maar wie de gedenkschriften leest van mannen als Van der Duyn van Maasdam en Van der Capellen beseft dat daar wel een klein psychologisch wonder voor nodig zou zijn geweest. Want welk portret tekent Van der Duyn van Maasdam van de grote Gijsbert Karel van Hogendorp?
Zeker, hij looft diens *uitgebreid en helder verstand*[80] en noemt hem ervaren in alles wat regeringszaken betreft. Gijsbert Karel heeft bovendien een *edel en moedig hart.*[81] Maar de waslijst van gebreken liegt er toch waarlijk ook niet om. *Hij,* Van Hogendorp, *bezit in alles eene overdreven eerzucht, die somtijds zich vernedert om tot kleingeestige, betreurenswaardige en ijdele nietigheden af te dalen; hij koestert een hoog denkbeeld van zich zelven en heeft niet alleen de behoefte om alles te beheerschen, wat hem omringt, maar ook als een orakel, welks minste ingevingen kracht van wet hebben, gehoord te worden; hij heeft in een woord, het meest despotieke karakter en den meest heerschzuchtigen geest, die men zich denken kan...*[82]
En dat is nog lang niet alles. De toon maakt de muziek en vooral aan de juiste toon ontbreekt het de stugge Van Hogendorp in hoge mate. Van der Duyn van Maasdam schrijft over de *vele nuttige en opmerkenswaardige zaken, die hij op een wijze voordraagt, even onaangenaam voor zijn toehoorders als voor zichzelven. Dit gaat zoo verre, dat die pedante en somtijds trotsche manieren hem talrijke vijanden berokkenden.*[83] En hij voegt er als het ware zuchtend aan toe, dat zijn *trotsche en pedante manieren... ongelukkig medewerkten om den eersten grond te leggen tot zijne oneenigheid met den Koning der Nederlanden.*[84]
Trouwens, koning Willem I komt er bij Van der Duyn van Maasdam ook niet zo best af. *Deze onderscheidde zich door een niet minder heerschzuchtigen geest dan zijn minister, maar had een veel minder omvattend verstand*[85] wat de zaak er ook niet gemakkelijker op maakt. Ook de koning is maar al te zeer *begeerig zich met alles te bemoeijen, zoowel met nietige dingen als met die, welke hem noodzakelijk moesten bezighouden; voor het overige gedreven door eene vermoeijende zucht naar werkzaamheid zonder enig bepaald doel, altijd onledig met bezigheden, die eigenlijk een eerste kommies verrigten moest, en dat zoowel uit smaak als gewoonte, als uit overdreven angst iets van zijn gezag te zullen verliezen, eindelijk ook nog uit vrees van den schijn te hebben, in zijn bestuur aan den invloed van anderen*

onderworpen te zijn; eene zeer eigenaardige vrees van een bekrompen en besluiteloozen geest.[86] En dat is nog niet eens alles. Willem I zou *zwak van karakter* zijn, *weinig openhartig* en *schroomvallig*[87] , terwijl de vele jaren in ballingschap en de eindeloze reeks van teleurstellingen, die hij had moeten verwerken, hem bovendien nog tot een uitermate wantrouwig man gemaakt zouden hebben.
Beide kemphanen, zowel koning als minister, ontbreekt het aan diplomatie. Gijsbert Karel is niet slim genoeg om met behulp van zijn veel groter intellect de koning te manipuleren zonder dat deze argwaan gaat krijgen en de koning verstaat niet de kunst partij te trekken van de waarlijk niet geringe kwaliteiten van een man als Van Hogendorp *en gebruik te maken van een geluk, dat hij niet wist te waarderen.*[88]
Niet alleen de koning is tegen de heerszuchtige Van Hogendorp gekant. Er zijn anderen, mannen zoals een baron Van Nagell van Ampsen en een Falck, die majesteit wèl beïnvloeden en het vuurtje van onenigheid lustig aanblazen. Zij staan Van Hogendorp naar diens politieke leven en dragen uiteindelijk bij tot zijn verdwijning van het toneel. *Deze twee Staatsdienaars, listig, spotziek en sluw genoeg om alles wat belagchelijk was dadelijk op te merken en door eene behendige spotternij te doen uitkomen, slaagden er weldra in den grooten staatsman aan de kaak te stellen...*[89]
De spot is een vlijmscherp wapen en jammer genoeg geven Gijsbert Karels minder goede eigenschappen het zijn tegenstanders in de hand. De strijd om de macht wordt verbeten voortgezet, intriganten spelen ongehinderd een rol, wat er uiteindelijk toe zal leiden dat Van Hogendorp zich definitief uit het politieke leven terugtrekt. Het is een proces van jaren. Over Willem I maakt hij zich dan allang geen illusies meer: *De sluyer is verscheurd, de begoocheling verdwenen.*[90]

II. IN DE DOOFPOT

Stug is Nederlands eerste Willem, stug en eigengereid. Het volk heeft daar weinig last van. Het volk heeft de eigen zorgen om het dagelijks brood en laat hem rustig begaan. De Oranjenaam is voor het volk waarborg genoeg en men staat ook teveel op een afstand. Het volk weet lang niet alles, wil het niet weten ook. De Franse overheersing heeft het volk murw gemaakt.

Willem I is geen beminnelijk man. Daarin verschilt hij veel van zijn oudste zoon. Dat ondervindt ook zijn gloednieuwe schoondochter Anna Paulowna.[1] Ze is geen welkome schoondochter geweest. Haar huwelijk met de prins van Oranje (zo wordt de jonge Willem nu genoemd) is het resultaat van Russische intriges. Als haar zuster Katharina Paulowna niet tussen Willem en Charlotte gestookt had, om daarna zelf een huwelijk met Willem te overwegen, een plan dat zij als een gloeiende baksteen had laten vallen toen de koning van Württemberg in haar gezichtskring kwam opdagen, als Katharina niet gestookt had, zou van een huwelijk tussen Willem en Anna Paulowna nooit sprake zijn geweest. Maar Katharina had wel gestookt en Anna had genoegen moeten nemen met de kruimels, die voor haar waren overgelaten.

Het Russische huwelijk van zijn zoon heeft nooit de instemming van de koning gehad. O, zeker, hij heeft de vaderlijke toestemming gegeven. Hijzelf heeft voor zijn zoon om de hand van Anna gevraagd. Maar het was niet van harte. En de nieuwe schoondochter krijgt ondanks haar rijkdom en trots heel wat schimpscheuten van schoonpapa te verwerken. Moeder Mimi is heel anders. Moeder Mimi is zacht en goed. Ook voor haar schoondochter. *Une vraie ange,*[2] noemt Anna Paulowna haar. Koning Willem komt er heel wat slechter af in haar wekelijkse brieven naar huis. Hij heeft niets engelachtigs. Integendeel. Na een fikse twist omhelst hij haar *met de uitdrukking van een echte, valse Judas op het gezicht.*[3] Het is mogelijk dat het zwangere vrouwtje na dagenlang durende twistgesprekken met haar schoonvader danig overdrijft, maar het is een feit dat zij bitter teleurgesteld is over 's konings

4. Links: koningin Wilhelmina (Mimi) in de eerste jaren van de regering van Willem I. Litho De Jobard naar J. Paelinck. (Gemeentearchief Den Haag.)
Rechts: koning Willem I in 1819. Dit schilderij door J. Paelinck was bestemd voor het paleis van de gouverneur-generaal van Nederlandsch Oost-Indië. (Dienst voor 's Rijks verspreide kunstvoorwerpen.)

houding tegenover haar, de Keizerlijke Hoogheid, dochter en zuster van twee Russische tsaren.

De koning roept geen liefde op. Hij wordt niet bemind, eerder gevreesd en in haar ontgoocheling staat de jonge Anna Paulowna waarlijk niet alleen. Er is in Den Haag nog een jongmens dat het moeilijk heeft met koning Willem I. Dat is Sirtema van Grovestins, een jongeman die in 1819 benoemd wordt tot secretaris van het kabinet des konings. Hij heeft die functie niet gezocht, misschien omdat hij zijn *geest vervuld* weet *met al wat dichterlijk*[4] is. En met poëzie moet men bij Willem I nu eenmaal niet aan boord komen. Van Grovestins *haakt naar het grootsche, verhevene, dat de staatkunde kan opleveren.*[5] Hij ziet niet in dat juist deze misplaatste illusie van het grootse en verhevene van enige staatkunde hem een flinke kater zal bezorgen. En als hij nu maar in wat minder „verheven" taal met de koning gesproken had! Nu lijdt hij schipbreuk en hij wijt dit aan zijn koninklijke werkgever, die toch al niet weet wat hij met dat dichtertje aan moet vangen wanneer deze *tot dien man eene poëtische taal voerde, goden waardig, of wanneer ik mij eenige van die gedachten, uit Tacitus of Marcus Aurelius geput, liet ontvallen...*[6] Het ontgaat Van Grovestins niet en hij vervolgt: *dan zag hij mij met eene mengeling van verwondering en medelijden aan en antwoordde mij in het platste, droogste proza, dat maar te bedenken was...*[7] De koude douche mist zijn uitwerking niet *en dat al mijn illusiën als met een tooverslag vernietigde!*[8] *Gij kunt dus begrijpen wat ik moest gevoelen toen ik... in onmiddellijke aanraking kwam met den prozaïschen alledaagschen geest des konings, wiens beperkt verstand... de vlugt van mijne jeugdige en schitterende verbeeldingskracht met geweld tegenhielden.*[9]

Lang heeft het miskend genie van Van Grovestins zich niet hoeven te bedenken voordat hij tot de slotsom komt dat hij het niet met de koning heeft getroffen. De arme jongen vergaat het zoals alle andere romantici. Het voorwerp van de verering is op een voetstuk geplaatst en tuimelt dan naar beneden, het aan hem, Van Grovestins, overlatend de brokstukken op te rapen. Binnen veertien dagen is het pleit beslecht, maar de jonge heethoofd beseft toch wel dat hij zijn ideeën niet wereldkundig maken kan. Hij houdt het nog twee jaar in het kabinet des konings uit. *Ik zweeg... maar dat stilzwijgen knaagde inwendig.*[10]

Pas in 1821 komt het tot een uitbarsting op het kantoor. *Mijne verontwaardiging, mijne verachting stortten zich uit in een vloed van tranen...*[11] Geen wonder dat collega Hofmann hem stomverbaasd staat aan te kijken en hem *een dwaas* noemt, *een kind en wat al niet meer.* Maar de stortvloed van tranen is niet te stuiten, Van Grovestins brult onbekommerd verder en geeft de vrije loop aan de *tranen, die de toorn somtijds ontlokt en de ziel verligting geven.*[12]

Gelukkig trekt Van Grovestins zelf de consequenties uit zijn huilbui. Hij ziet wel in dat hij niet langer kan blijven en verzoekt om verlof om een lange buitenlandse reis te maken. Vermoedelijk is men daar lang niet rouwig om. De koning heeft zelfs al over hem verzucht: *Het is iemand met wien men niets kan uitrigten,*[13] en hij heeft daarmee de spijker op de kop geslagen. Want wat kan men verwachten van een jonge secretaris, die zo met zichzelf is ingenomen dat hij na jaren nog over die periode schrijft dat hij *...telkens, als ik de deur van het kabinet wilde openen, eene inwendige stem meende te hooren, die mij toeriep: „Ga heen, uw plaats is niet onder deze blinden."*[14]
Het is maar goed dat de koning nooit van deze visioenen van zijn secretarisje geweten heeft. Hij zou er hem nog meewariger om aangekeken hebben dan hij al deed en er waarschijnlijk mee geëindigd zijn met hem de deur te wijzen.
Wat bescheidener in zijn oordeel over zijn medemensen is Van Grovestins ook in later jaren niet geworden. Hij deinst er in ieder geval niet voor terug onverbloemd over de eens zo vereerde koning te schrijven: *Ik vond alles klein; eene onbeduidendheid die tot wanhoop leidt, onhoudbare stellingen, gemis aan logika; kortom, het gebeurde dikwerf, dat ik mij meer koning gevoelde door mijne gevoelens, dan de koning, die ik voor mijne oogen had,* al komt hij gelukkig dan nog wel tot het inzicht dat hij toch werkelijk te jong was *om het te durven wagen mijne raadgevingen aan te bieden.*[15]
Star en stug is deze koning der Nederlanden. Een jongen als Van Grovestins loopt er te pletter op. Maar ook Van der Duyn van Maasdam, het soepele, diplomatieke lid van het driemanschap dat Willem I uit de ballingschap teruggeroepen had, uit zijn kritiek. Een krachtige figuur ziet hij in de koning niet en daar heeft hij waarschijnlijk groot gelijk in. *In zijn jeugd was hij een lichtzinnig echtgenoot, en ik geloof, dat hij thans zwakheid aan de dag legt, ook zwak als vader voor zijnen tweeden zoon en voor zijne dochter...*[16] zo zegt hij. En dat is wel een merkwaardige uitspraak!
Frederik gaat immers door voor modelzoon. Altijd rustig en bedaard, betrekkelijk laat getrouwd met een Pruisisch prinsesje, een kind bijna nog, zodat men nog wat moet wachten voordat zij groot genoeg is voor een huwelijk, hoort men van schandalen rond hem geen woord.
Over Willem, de kroonprins, de HELD VAN WATERLOO, wordt heel wat afgefluisterd. Zowel voor als na zijn huwelijk met de keizerlijke, maar o zo snibbige Anna Paulowna vlindert hij rustig rond en men kan met de beste wil van de wereld niet beweren dat hij een ingetogen leven leidt. Hij verkeert bij voorkeur in slecht gezelschap en het gaat met hem van kwaad tot erger, totdat zijn reputatie in de laatste maanden van het jaar 1819 zo'n klap krijgt, dat hij tot aan de dag van zijn dood onder de gevolgen daarvan zal hebben te lijden. Hij raakt verstrikt in een complot dat zo gevaarlijk is dat er

voor de koning niets beters op zit dan met dubieuze middelen de hele zaak in de doofpot te stoppen en het deksel er zo stevig op vast te klinken dat het voor altijd een mysterie zal blijven, waarnaar men slechts gissen kan. En gegist wòrdt er in het opgeschrikte koninkrijk der Nederlanden!
De prins van Oranje heeft in Brussel Bouwens van der Boyen ontmoet, een louche figuur, die zich met een wonderbaarlijke reeks van voornamen mag tooien. Pierre Marie Matthieu Claudius Civilis Bouwens van der Boyen, zo heet hij voluit. Zoon van een republikeins magistraat te Amsterdam, die reeds ten tijde van Napoleon naar Noord-Frankrijk is uitgeweken en daar een reeks kinderen in de wereld heeft gezet. Het is een naam die zelfs de ouder wordende Willem II nog de rillingen van angst over de rug zal doen lopen. Maar nog is dat in de schoot van de toekomst verborgen.
In Brussel dus is de prins tegen Bouwens van der Boyen aangelopen, een bondgenoot van de Franse klaplopers en malcontenten, die na de val van Napoleon en de terugkeer van de Bourbons op de Franse troon een veilig heenkomen in Brussel hadden gezocht. Nog een andere Nederlander had deel van de dubieuze vriendenkring van de prins van Oranje uitgemaakt. Zijn naam? Adam Adriaan Boers, zoon van een Leids advocaat en eens secretaris van Zutphen. Stiefzoon van een zekere Pagenstecher.[16a]
Alras hadden zij zich meester gemaakt van den persoon van den Erfprins[17] *wiens zwakheid ten opzichte van drank, spel en vrouwen, hun niet verborgen gebleven was. Zij zorgden wel, dat hij van dat al volop kreeg, en tochten, vooral naar Spa, waar de Prins „onder invloed" groote bedragen verloor veroorzaakten niet alleen den verliezer groote moeilijkheden.*[18]
In deze kliek nu moeten allerlei politieke kuiperijen aan de orde van de dag zijn geweest. De koning van Frankrijk zou onttroond worden en plaats moeten maken voor niemand minder dan de prins van Oranje. Het zijn slechts hersenschimmen, maar daarom niet minder gevaarlijk. De prins heeft stellig gemeend grote politiek te bedrijven en hij heeft er zelfs zijn zwager, de tsaar, over aangeschreven en om diens hulp verzocht. Het heeft hem slechts een schrobbering van tsaar Alexander bezorgd, die hard is aangekomen en bedremmeld had hij verklaard van de zaak te zullen afzien.
Maar wat in 1819 in Amsterdam voorvalt, spant toch wel de kroon. Dit is al te erg. Dit mag niet ontsluierd worden en vastberaden heeft koning Willem I het hele vieze zaakje in de doofpot gestopt. Desondanks is er vooral in Amsterdam grote consternatie. *Een man die nauwe zakenrelaties onderhoudt met alle grote handelshuizen van Amsterdam en die aanstonds naar Engeland moet vertrekken, kwam expres uit Amsterdam hierheen* (Den Haag) *om mij onder de grootste geheimhouding mede te delen, dat een samenzwering tegen den persoon des konings ontdekt was; dat meerdere arrestaties waren verricht, maar dat men de personen niet kende; dat men*

5. Het voormalige logement van Amsterdam aan het Plein heeft vanaf 1814 vele Oranjes als bewoners gehad: de prinsessen Wilhelmina en Louise van 1814 tot 1820, prins Frederik na 1820, Willem II in zijn eerste huwelijksjaren en Willem III van 1839 tot 1849. Tegenwoordig is het bekend als het Ministerie van Buitenlandse Zaken. Litho door P.A. Beretta, omstreeks 1835. (Gemeentearchief Den Haag.)

elkaar in het oor fluisterde, dat personen in dienst van de Prins van Oranje hierbij betrokken waren...[19] Zo schrijft de diplomaat Hatzfeldt op 27 november 1819 aan koning Friedrich Wilhelm III van Pruisen.
Hatzfeldt is dadelijk op onderzoek uitgegaan, maar zijn collega's weten niets of doen alsof. Zelfs de ambassadeur blijkt onkundig te zijn. En de minister van justitie, Van Maanen, houdt zijn kaken stijf op elkaar en zegt desgevraagd alleen maar dat hij weliswaar op de hoogte is, maar *dat het hem niet veroorloofd is hem* (Hatzfeldt) *een staatsgeheim te onthullen, dat alleen maar bekend was aan den Koning, den Prins van Oranje en nog een vierde persoon; maar dat het publiek nimmer de namen en het motief van de gearresteerden zou kennen.*[20]
Dat laatste blijkt al te hoog gegrepen. Vooral in Amsterdam is de opschudding groot. Geen wonder, want de Directeur van Politie, M. Wiselius, was met voorbijgaan van alle justitiële autoriteiten – zelfs de procureur-generaal wist nergens van – tot een aantal arrestaties overgegaan. De heren van het gerecht zijn bijzonder ontsteld. Dit druist in tegen alle rechtsregels. Ze waren overal buiten gelaten. Er wordt letterlijk van alles verteld en iedereen draagt ijverig zijn steentje bij.
Twee dagen later weet Hatzfeldt heel wat meer en meldt aan zijn koning: *...ik geloof dat ik heden met enige zekerheid kan zeggen, dat de gearresteerde personen zijn; een zekere generaal Stedtman, die in Namen bevel voerde, maar die werd ontslagen daar het bewijs van een smokkelpartij in het groot geleverd was; een Belg*[21] *genaamd Bouwens, een slecht sujet, gehuwd met een Française, eertijds regeringsambtenaar van lagere rang en sedert lang berucht bij de politieautoriteiten van Brussel en Parijs; een zekere Pagenstecher, die niet uit dit land*[22] *afkomstig zou zijn en wiens naam ik in Silezië meen gehoord te hebben.*[23]
De vierde naam is Hatzfeldt dan nog onbekend. Het is de oud-marineofficier Van der Meulen, die door Wiselius opgepikt is. Wel weet Hatzfeldt te vertellen dat tot de arrestaties besloten was nadat de prins van Oranje een of meer brieven uit Parijs had ontvangen en hij trekt uit het feit dat de arrestaties met voorbijgaan van de procureur-generaal zijn uitgevoerd, de conclusie dat dit duidt op *een zaak van hoogverraad of een andere misdaad, die de veiligheid van de Staat in gevaar kon brengen; want zonder zodanige grote oorzaken zou de Koning, die altijd de grondwet in zijn geheel wil handhaven, niet besloten hebben tot zulk een ongrondwettige stap... De drie gevangenen zouden gisteren onder zwaar escorte in de nacht van Amsterdam naar hier zijn overgebracht; ze hebben een militaire en burgerlijke wacht in de gevangenis en het geheel wordt met de grootste geheimhouding behandeld.*[24]
Vanzelfsprekend zijn er allerlei geruchten, die ook Hatzfeldt volledigheids-

halve opsomt. In Amsterdam zou een opstand beraamd zijn; de koning is niet langer populair. Enzovoort, enzovoort.
Weldra meent hij in ambtelijke kringen een opvallende matheid te bespeuren en kan al spoedig berichten dat de Nederlandse regering *in grote verlegenheid*[25] verkeert omdat er niet genoeg bewijs is gevonden om tot vervolging over te kunnen gaan. Hadden ze nu maar die procureur-generaal niet voorbij gelopen, die had misschien tot grotere voorzichtigheid gemaand! Hatzfeldt voorspelt dat de verdachten grote kans lopen te worden vrijgesproken indien het tot een proces komt en hij weet zelfs de naam van een van hun advocaten te noemen.
Van een proces is echter geen sprake en heel Nederland wrijft zich de ogen uit als het kennis neemt van een Koninklijk Besluit d.d. 5 december 1819 – de verjaardag van de kroonprins.

> *Wij Willem, enz.*
> *Herzien de bij ons op den 14 den en 17 den November laatstleden ingekomene rekesten van Adam Adriaan Boers, gecustodieerde in het verbeterhuis te Amsterdam, daarbij Onze koninklijke ontferming en goedertierenheid verzoekende wegens de schanddaad door hem gepleegd en smeekende, dat Wij hem de uitstekende gunst zouden bewijzen om zijn lot te bepalen, en dat diensvolgens zijne zaak moge worden gehouden buiten kennis van den dagelijkschen regter;*
> *Herzien de bij Ons op den 29 sten November ingekomene schriftelijke akte, waarbij gecustodieerde zich verbindt om, wanneer het Ons mogt behagen hem de vrijheid te verleenen om van hier te vertrekken naar eene der koloniën van den Staat, nimmer wederom buiten Onze bewilliging eenen voet te zetten binnen de Nederlanden, mitsgaders om tot op het oogenblik zijns vertreks te blijven onder zoodanige verzekerde bewaring of onder zulk een gestreng toezicht, als Ons zoude mogen behagen, alles onder zoodanige onderwerping en afstand, als bij die akte breeder is uitgedrukt, en welke met de bovengemelde rekesten van den suppliant aan de minute dezer zal worden geannexeerd;*
> *Onzen Minister van Justitie gehoord;*
> *In aanmerking nemende dat de zonderlinge en voorbeeldlooze aard der zaak waarin de suppliant is gewikkeld, en van welker afgrijselijkheid hij getoond heeft geheel doordrongen te zijn, niet gedoogt dat dezelve het onderwerp worde van eenige openbare behandeling, en tevens uit kragte van Onze Soevereine magt genadig agt willende slaan op de dringende bede van den suppliant, om hem te veroorloven van buitenslands zijne schanddaad te boeten;*
> *Hebben goedgevonden en verstaan:*

Onzen Minister van Justitie te magtigen en te gelasten, gelijk wij doen bij dezen:

1. *Om door den directeur van politie te Amsterdam aan den suppliant bij monde te doen aanzeggen, dat Wij, aannemende de verklaring, verzekering en overgifte door den suppliant bij bovengemelde rekesten en akte gedaan, denzelven gelasten om onverwijld te vertrekken naar de kolonie Suriname met Onzen te Hellevoetsluis zeilree liggende brik* de Kozak, *gevoerd door den luitenant Heye;*
2. *Om de noodige maatregelen te nemen, ten einde de suppliant uit zijne custodie worde ontslagen en op eene behoorlijke wijze onder de noodige voorzorgen aan boord van hetzelve schip worde gebragt, aldaar worde ingenomen en zich met hetzelve als passagier naar Suriname begeve, zonder dat het mogelijk zij zich gedurende den overtogt te kunnen bedienen van gelegenheden, die zouden mogen voorkomen, om zich aan het vervorderen zijner reize naar Suriname te onttrekken, omtrent welke laatste punten Onze Minister van Justitie zich zal behooren te verstaan met Onzen Minister voor de Marine.*[26]

De mens wikt en God beschikt, zoals het spreekwoord zegt. De koning kan wel gelasten dat Boers geen gelegenheid tot ontsnapping mag krijgen, maar die kans komt eerder dan iemand gedacht zou kunnen hebben. „De Kozak" lijdt schipbreuk bij Margate en Boers ziet zijn kans schoon en ontsnapt. Via Engeland vlucht hij naar Frankrijk en loopt daar nog een poosje op vrije voeten rond totdat hij uiteindelijk toch naar Suriname vertrekt.

Dat buitenkansje is niet aan Bouwens van der Boyen beschoren. Op 11 december 1819 volgt een tweede Koninklijk Besluit van soortgelijke strekking. Hij zal met het schip *Wilhelmina* naar Java worden afgevoerd. Hij schijnt als hoofdverdachte beschouwd te worden, want het Koninklijk Besluit staat wat uitvoeriger stil bij de verklaring van Bouwens *van na de schanddaad door hem gepleegd geene andere uitzicht te hebben, dan op de goedertierenheid van zijnen Koning, in wiens handen hij geheel de beschikking stelt van zijn volgend lot, in het vaste voornemen zich aan die beschikking met gelatenheid te onderwerpen, wat ook over hem mogt worden besloten.* Het Koninklijk Besluit citeert er nog de smeekbede van de verdachte bij: *dat over hem en zijn toekomstig lot mogt beschikt worden op eene wijze, die hem niet alle vooruitzichten afsnijdt.*[27]

Nu hij in de nesten zit, put Bouwens van der Boyen zich uit in vele, schone beloften. Het doet de lezer goed om te zien dat hij vast van plan is *door zijn volgend gedrag, ook aan Ons zijn waar berouw te doen kennen en nog*

eenmaal een nuttig lid der samenleving te worden.[28] De inlandse bevolking van de regio Kembang Aroem heeft aan den lijve mogen ondervinden wat dat goede gedrag inhoudt. Voor een paar jaren verstreken zijn, zullen zij voor zijn medogenloze uitbuiting letterlijk op de vlucht slaan. Zover is het intussen nog niet, maar Falck, die afschriften van al deze stukken bewaart, zal later een aantekening maken van de schuldenlast waaronder dit heerschap in Indië gebukt gaat: *30 Juni 1825 gaf hij uit Djojocarta het bedrag zijner schulden op: ruim zeventig duizend Spaanse matten.*[29] Uiteindelijk wordt ook hij naar Suriname verscheept.
Bij zijn vertrek uit de Nederlanden heeft dit „nuttig lid der samenleving" nog een fraaie aanbevelingsbrief van de Directeur van Politie, Wiselius, meegekregen. Hij is aan mr. Isaäc Bousquet gericht, die op aanbeveling van Wiselius als ambtenaar naar de Oost is uitgezonden.
Wiselius schrijft: *De Heer P.M.M. Bouwens van der Boyen* (het Claudius Civilis laat hij weg) *die u dezen zal overhandigen, is een jongman, welke ik uwer gunst, hulp en bescherming met hartelijkheid aanbeveel.*
De reden, waarom hij naar Batavia vertrekt, is in zekeren zin niet vereerend voor hem, daar hij de onvoorzichtigheid heeft gehad zich door intriganten te laten inwikkelen in eene trame, die voor Nederland van de allerjammerlijkste gevolgen had kunnen zijn, zoo niet de Voorzienigheid mij, als middel in Hare hand, gebezigd had om deze te doen ontdekken en stuiten. Ik ben evenwel op de volledigste wijze (ratione officii zelfs) overtuigd geworden, dat hij niet heeft geweten wat hij deed, noch waar men hem toe gebruikte. De zaak zelve is een allergewichtigst staatsgeheim, waaromtrent hij u geene inlichtingen kan of mag geven. Doch daar Z.M. niet minder dan ik, van zijne onnoozelheid in het geval overtuigd, hem vergiffenis heeft geschonken, maak ik ook geene zwarigheid om hem aan te bevelen. En Wiselius besluit met de merkwaardige volzin: *Vooral niet daar ik het doe aan u, die (de) wereld genoeg kent en weet hoe ligt jongelieden van eene levendige verbeeldingskracht en met warm bloed door listige verleiders van het regte spoor kunnen worden afgevoerd.*[30]
Het is niet de enige brief die over Bouwens van der Boyen naar Java wordt afgezonden. Ook de minister van justitie, Van Maanen, klimt in de pen en geeft in *eenen secreten brief*[31] opening van zaken aan niemand minder dan de gouverneur-generaal. Het is dan vlak voor Kerstmis, om precies te zijn op 23 december 1819, dat hij hem schrijft dat Bouwens van der Boyen *gedurende den overtogt onder het toevoorzicht van den kapt.luit. van Blommestein, kommanderende een detachement matrozen* zal zijn gesteld. Wat de zaak zelf aangaat, laat de minister weten *dat de zoo zonderlinge als hoogst belangrijke zaak... behalve aan den Koning, slechts aan* vier *personen bekend was, (ni fallor) Wiselius, van Maanen, de Mey en de Prinses-*

Douarière, zoo niet de vierde persoon gezocht worden moet in iemand die men eigenaardiglijk een illusteren complice zoude kunnen noemen.[32]
De „secrete brief" blijft geheim. De gouverneur-generaal zal er wel het zijne van gedacht hebben. Toch is de inhoud van de brief niet verloren gegaan, dankzij Falck, die er een afschrift van heeft gemaakt en deze tussen zijn papieren bewaarde.
Blijft over de vraag, wat de oude prinses Willemijn met deze wonderlijke zaak van doen heeft. Heeft ze iets opgevangen en haar kleinzoon bewogen de koning te waarschuwen? Of heeft ze slechts tussen beiden bemiddeld? Al eerder heeft men haar hulp ingeroepen als koning en kroonprins, vader en zoon, weer eens botsten. Nog altijd is zij een spil in het familieleven, zij is het die oplossingen bedenkt en ervoor zorgt dat bestaande moeilijkheden niet op de spits worden gedreven. In ieder geval schijnt ze ook in deze zaak opnieuw in vertrouwen te zijn genomen.
De hele zaak loopt met een sisser voor de andere betrokkenen af. Generaal Stedtman komt weer op vrije voeten en spant zowaar een proces wegens laster aan tegen de uitgever van het „Advertentieblad". Zonder veel succes overigens. Het „Advertentieblad" wint de strijd met vlag en wimpel.
Ook Van der Meulen en Pagenstecher komen vrij. De smet echter op de reputatie van de prins van Oranje wordt niet afgewist, die blijft tot in lengte van dagen kleven. Het is een kwalijke zaak en zelfs Gijsbert Karel van Hogendorp heeft hem er in een (nu verloren gegane) brief over aangeschreven. De teneur van die brief is echter duidelijk uit het antwoord van de prins af te lezen: *Ik wil mijn erkentelijkheid doen uitkomen voor de vrijmoedigheid waarmee u mij spreekt over de arrestatie van de Heren Boers en Bouwens. Ik weet dat mijn naam door deze zaak gecompromitteerd is en dat dit niet anders dan een slecht effect kan hebben op het publiek, maar u kent mij genoeg om mij te geloven wanneer ik u verzeker, dat ik toen ik als eerste kennis had van de omstandigheden die de arrestaties veroorzaakt hebben, deze onmiddellijk aan de Koning heb doen weten en deze zaak geheel in zijn handen heb gelegd, wat mij tot stilzwijgen noopt. Wees verzekerd dat ik zeer gevoelig ben voor dit blijk van belangstelling dat u mij gegeven hebt... maar ik geloof dat er situaties in deze wereld zijn, waarin men niet vermijden kan dat men verkeerd beoordeeld wordt en men daar niets anders tegenover kan stellen dan een verachtend stilzwijgen wat betreft de valse aantijgingen, die overigens zichzelf vaak tegenspreken.*[33]
De prins heeft mooi praten, maar zelfs de diplomaten, die alles op alles zetten om de ware toedracht te achterhalen, vertrouwen hem niet. En dat wordt nog erger als kort daarna de vermoedelijke erfgenaam van de Franse troon, de hertog de Berry, vermoord wordt. Dadelijk komt men weer met de zaak van Bouwens en Boers op de proppen. Is deze moord het resultaat van

dat complot? De Britse gezant is er zeker van. Hatzfeldt niet. Hij bezoekt opnieuw minister Van Maanen en put uit dat gesprek de stellige overtuiging dat de prins in deze nieuwe misdaad niet gemengd is, maar wel medeplichtig is geweest aan de intriges van Bouwens van der Boyen en zijn kornuiten.
Overigens gonst het in Den Haag (en elders) van geruchten en men vertelt elkaar gretig hoe onverschillig de prins het bericht van de moord heeft opgenomen. Ook Hatzfeldt doet daar een boekje over open: *Daar zijn Echtgenote* (Anna Paulowna) *zwanger was, durfde men haar dit nieuws niet mede te delen; de Prins nam het op zich en heeft zich daarvan op een gekscherende manier gekweten door tegen haar te zeggen: „De hertog van Berry is mortibus, dat is te zeggen, hij is gedood.''* En Hatzfeldt voegt er scherp aan toe: *Deze bijzonderheden, even stuitend als waar, moeten een lange regeringsperiode doen wensen voor de Koning, die tenminste de wens heeft het goede te doen en een gevoel van waardigheid bezit.*[34]
Het valt niet te ontkennen dat Willem I het maar moeilijk heeft met zijn oudste zoon. Toch heeft hij zich ingespannen om niets te laten blijken van de tussen hen gerezen moeilijkheden. Dat zal later wel anders zijn! Maar op de verjaardag van de prins, begin december, wordt het gebruikelijke grote diner ten hove gegeven, waarbij ook de diplomaten aanwezig zijn. Het valt de aanwezigen op dat *de Koning onophoudelijk en bijna met gemaaktheid met de Prins, zijn zoon, gesproken heeft, die naast hem zat.*[35] De diplomaten zien het aan en denken er het hunne van. *Wat een verschil met de prins Frederik, zijn broer, die zich met de grootste tact gedraagt... geen enkele twijfel laat bestaan over zijn gevoelens en uitstekende principes, nooit de grenzen van zijn positie overschrijdt en altijd het respect dat hij aan zijn vader verschuldigd is weet te verbinden met de consideratie en vriendschap die hij zijn broer toedraagt, hoewel hij diens fouten wel beseft. Indien de Voorzienigheid hem had bestemd om op een dag over dit moeilijk te regeren koninkrijk te heersen, zou hij ervoor geknipt zijn om daarin te slagen; hij is ferm en heeft waardigheid...*[36]
Niet alleen Hatzfeldt heeft zo'n goede dunk over prins Frederik. Deze nog zo jonge man wordt algemeen geacht en boezemt vertrouwen in en het is waarschijnlijk geen toeval dat de sleutel tot het mysterie van de kolonie Frederiksoord juist in zijn handen is gelegd. In Frederiksoord wonen immers twee kinderen die in de bedelaarskolonie als vondelingen worden grootgebracht: Willem en Marianne der Nederlanden!

III. DE TWEE WEZEN

Voorname betrekkingen noodzaken dijkwijls tot wrede bevelen; en wanneer een jong edelman, dol verliefd op een jong meisje, zeker wel heel lief, maar... dan moet men toch waken voor de eer van dat doorluchtig geslacht en men laat de vrucht van deze misdadige liefde eenvoudig verdwijnen.

Vrij naar „DE TWEE WEEZEN"[1]

Doofpot en mysterie liggen sinds de zomer van het jaar 1820 onafscheidelijk bijeen op de pas ontgonnen terreinen van de Maatschappij van Weldadigheid te Frederiksoord. En daar kunnen de nieuwbakken kolonist Teunis Berkenkamp en zijn vrouw Magteltje ten Heuvel een woordje over meepraten.

Ook zij hebben de bevrijding van 1813 meegemaakt. De Fransen waren verdwenen. Oranje kwam terug. De vlaggen hadden gewapperd en hun magen bleven leeg.

Teunis en Magteltje vormen geen uitzondering. Bijna tien procent van de bevolking is in 1820 straatarm en de kosten van de armverzorging is vooral in de grote steden tot recordhoogte gestegen, om van het grote aantal wezen en vondelingen – men schat de oogst aan vondelingen op zo'n twintig- à dertigduizend per jaar! ! – nog maar niet eens te spreken.

In 1817 had de nood een treurig toppunt bereikt. De oogsten in West-Europa waren totaal mislukt en de armoede was uitgegroeid tot zo'n nationale ramp dat zelfs de rijken erdoor verontrust werden. En dat zegt wat!

Ook Willem I komt in het geweer en de „Opregte Haarlemsche Courant" kan op 2 januari (1817) berichten: *Z.M. de Koning is heden middag naar het Luxemburgsche vertrokken, vergezeld van prins Frederik, men neemt aan, dat de moeilijkheid, waarin het Groothertogdom zich ten aanzien der levens-*

6. Idyllische voorstelling van een kolonistenvrouw uit Frederiksoord. De gedwongen kindertransporten naar die kolonie, die 's nachts onder politiebewaking werden uitgevoerd omdat men bang was voor opstootjes, waren heel wat minder idyllisch. De Star, 1820. (Universiteits-Bibliotheek, Amsterdam.)

middelen bevindt, aanleiding tot deze reize heeft gegeven... Z.M. heeft met de meest mogelijke vaderlijke bezorgdheid zich omtrent aller belangen doen onderrigten.

Dat het in Frankrijk nog erger is, dat daar hongersnood heerst en zelfs de officieren en manschappen van het Nederlandse bezettingsleger in Noord-Frankrijk geld inzamelen om in het bezette gebied ten minste *de nood der armen te verligten*[2] schenkt de Nederlandse armen geen troost. Weeshuizen en armgestichten raken overvol; speculanten drijven de graanprijzen steeds hoger op totdat op 1 februari (1817) deze plotseling zakken. Dit geeft vanzelfsprekend wel enig soelaas, maar het kwaad is daarmee nog niet in de wortel aangetast. De armoede blijft. Er moet iets gedaan worden en een stroom van goedbedoelde pamfletten met aanwijzingen breekt los, maar geen hongerige maag raakt er gevuld van.

Heel anders van opzet zijn de geschriften van generaal Van den Bosch. Hij heeft Indische jaren achter de rug en weet wat armoe en honger voor het gewone volk betekenen. In Indië zijn experimenten op betrekkelijk kleine schaal uitgevoerd en hij wil ze hier ook bewerkstelligen. Johannes van den Bosch laat in zijn redenering de schrijvende tijdgenoten ver achter zich. Hij graaft dieper. *De diepste oorzaak der armoede zoekt hij in het eigendomsrecht, dat ophopingen van kapitaal in handen van weinigen mogelijk maakt. Deze krijgen daardoor de macht over de produktiemiddelen en dus over de arbeid van hun medemensen. De grote massa is afhankelijk geworden en draagt een lot, dat erger is dan slavernij.*[3]

De generaal zet een plan van landontginning uiteen, dat revolutionair genoeg is en in Den Haag diepe indruk maakt. Zij redenatie is vrij simpel. Biedt aan de armsten van de armen werkgelegenheid aan. Haal ze weg uit de verpeste sfeer van hun gore stegen en sloppen en breng ze naar het platteland. Daar zullen ze frisse lucht kunnen inademen. Geef hen een fatsoenlijk onderdak, voedsel, kleding, een lapje grond en leer hen het boerenwerk. Over enkele jaren zullen ze welvarende keuterboertjes zijn.

Het optimisme van Van den Bosch vindt overal in het land weerklank. Het enthousiasme voor zijn heilsplan is groot. Overal in steden en dorpen worden comités opgericht, die tot doel hebben contribuanten te werven. De Maatschappij van Weldadigheid komt van de grond. De regering werkt mee en ook over de koninklijke belangstelling hoeft men zich niet te beklagen. Willem, de prins van Oranje, neemt het erebaantje van voorzitter op zich, maar in feite is het prins Frederik die zich voor de Maatschappij van Weldadigheid zal inzetten.

Generaal Van den Bosch gaat op stap en koopt in het Drentse een groot en onontgonnen gebied tussen Steenwijk en Vledder aan; het is arme, onvruchtbare heidegrond. De kolonisten zullen het ontginnen en vruchtbaar maken

door de inhoud van hun giertonnen te vermengen met heideplaggen. De generaal heeft er een hele theorie over opgezet. Mest moet er zijn, veel mest! Mest van de koe en de geit, menselijke mest ook, rechtstreeks uit het *sekreet.*[4]
In kolonie I worden de eerste huisjes gebouwd. Elk huisje heeft een lapje grond, een huiskamer met bedsteden en een schuur, benevens een kleine stal; alles onder één kap. Van de stal mondt een primitief riool uit in de mestput. Van het sekreet in de schuur eveneens. Men werkt nog niet met een stankbocht en het stinkt penetrant.
Latere kolonisten, onder wie Teunis Berkenkamp en zijn vrouw, krijgen het wat beter. Zij treffen een met riet gedekt kolonistenhuisje aan met slaapkamertjes in plaats van bedompte bedsteden. Ook het „sekreet" is verbeterd. Het is niet meer in de schuur, maar buiten het huisje gebouwd en de lucht binnenshuis is dragelijk geworden.
De Rotterdammer Teunis Berkenkamp en zijn vrouw Magteltje komen tussen maart en juni 1820 terecht in het 31ste huisje van kolonie III, die Willemsoord zal gaan heten. Ze zijn kinderloos, maar in de week van 21 juni tot 2 juli hebben zij al vijf verdienende wezen in huis. Het zijn *Johan Jacob Tam (den 3 Junij van Rotterdam),* vermoedelijk dertien jaar oud. Zoals alle kinderen boven de zeven jaar verdient hij zijn eigen kost. Twaalf gulden voor veldarbeid en zevenentachtig cent met spinnen, totaal f 12,87; hiervan uitbetaald aan het huisgezin f 11,67. Voor de spaarbank tweeëndertig cent, voor zakgeld achtendertig cent en niets ingehouden. *Maartje Anna Tam,* eveneens *den 3 den Junij van Rotterdam,* is pas zeven jaar oud, maar ook zij verdient de kost. Met spinnen. De staat van inkomsten vermeldt achter haar naam: f 4,52 verdiend met spinarbeid, f 1,70 met verschillende voorwerpen, totaal f 6,22. Uitbetaald aan het huisgezin f 6,07, voor de spaarbank 0,0, voor zakgeld 15 cent, ingehouden niets. Het meeste verdient *Johannes Timberg,* ook al weer *den 3den Junij van Rotterdam.* De veertienjarige jongen haalt f 15,17 met spinarbeid plus f 2,60 voor verschillende voorwerpen en pleegvader Teunis Berkenkamp kan van deze jongen f 15,70 opstrijken. *Leendert Koop* brengt met zijn negen jaren heel wat minder in. Hij doet nog geen veldarbeid, maar zijn opbrengst ligt toch nog f 2,20 boven die van *Christina 't Hoen,* die met spinarbeid en verschillende voorwerpen een totaal van f 7,70 inbrengt. Misschien moet het zeventienjarige meisje moeder Magteltje in huis met de kinderen helpen en is daarom haar loon zo laag.
De resultaten van hun arbeid worden gepubliceerd in het tijdschrift „De Star", het maandelijkse mededelingenblad van de Maatschappij van Weldadigheid. Erg terughoudend is men daarin niet, de uit de armhuizen opgediepte kolonisten en wezen worden met naam en toenaam genoemd. Bij de lijst van verdiensten in „De Star" wordt bovendien met voldoening opge-

merkt *dat deze kinderen alle met den veld- en spinarbeid onbekend waren bij hunne aankomst; dat velen hunner destijds naar de infirmerie hebben moeten gezonden worden, om van hunne huidziekten en hoofdzeer genezen te worden...* En het jaarverslag sluit met de woorden: *Nog is het opmerkelijk dat geen één kind, noch der Weezen, noch der andere kolonisten, boven de twee jaren, tot dusverre in de kolonie gestorven is,... en dat de huidziektes (en op twee of drie na ook alle hoofdzeer) genezen zijn. Wanneer men dergelijke zaken voor de deugdzaamheid eener inrigting heeft aan te voeren, kan men gerustelijk de tegenwerking der eigenbaat en wangunst afwachten.*[5]

Dat laatste zinnetje is natuurlijk een teken aan de wand. Men hoeft niet van wangunst te spreken als er geen kritiek is. En er is kritiek. Het project verslindt geld. Men kan geen kolonisten huisvesten alvorens huizen te bouwen, de kost gaat hier letterlijk voor de baat uit. De koloniebevolking moet worden gevoed voordat het land ontgonnen is en voordat de eerste schrale oogsten kunnen worden binnengehaald. Er moeten wegen worden aangelegd om de oogst te vervoeren en personeel moet aangesteld worden om toezicht op de kolonisten te houden. En al luiden de berichten nog zo fraai, bijvoorbeeld dat het nieuwjaarsfeest (1821) *in alle koloniën van Frederiksoord en Willemsoord vrolijk is gevierd* en *dat de kolonisten voor ieder huisgezin 2 flesschen punch, met een gepaste hoeveelheid witbrood hebben bekomen. Daar de voorraad van arak niet toereikte om daarvan ook de kolonie 3 te voorzien is aldaar bij het brood de nodige voorraad van goed bier uitgedeeld.* Het feest is volgens de generaal opperbest geslaagd, want: *De kolonisten hebben zich onder het maken van muzijk onschuldig vervrolijkt.* En hoogtepunt van hoogtepunt: *Eenige fatsoenlijke lieden uit de omtrek hebben het koloniaal feest met hunne tegenwoordigheid vereerd.*[6]

Er valt uit de kolonies goed en kwaad te melden. Dokter Schuurman van Steenwijk heeft in de herfst van het jaar 1820 honderd mensen *gratis ingeënt met de vaccine.*[7] De pokken heersen nog volop en de dokter neemt liever het zekere voor het onzekere.

Maar er zijn ook strubbelingen. Het uniform, dat de kolonisten verplicht zijn te dragen, is niet erg populair. Daarom neemt de Permanente Kommissie in Den Haag op 17 juni (1821) daar een besluit over. De kolonisten moeten het teken van hun afhankelijkheid blijven dragen. Zij onderwerpen zich zonder veel tegenspraak. *Een enkel huisverzorger, geweigerd hebbende zich daaraan te onderwerpen, heeft zijn gevraagd ontslag bekomen.*[8] Hij moet maar zien hoe hij het verder rooit.

Er heerst een patriarchale tucht. De mannen doen veldwerk onder toezicht van oud-onderofficieren en de onderdirecteuren moeten volgens hun instructie *ieder huisgezin... ten minste éénmaal in de veertien dagen bezoeken, en*

7. Kolonist uit Frederiksoord in instellingskledij. De Star, 1820. (Universiteits-Bibliotheek, Amsterdam.)

bij zijn wekelijksch, schriftelijk aan zijn Directeur in te dienen rapport, naauwkeurig zijn opmerkingen ten aanzien van de behandeling en het gedrag van ieder huisgezin te vermelden.[9] In dit milieu komen Willem en Marianne der Nederlanden op 5 juli 1820 terecht. Trouwens, uit alle hoeken en gaten van het land komen de kolonisten, de wezen en vondelingen. De armmeesteren en regenten van arm- en weeshuizen zien de kans van hun leven om eindelijk van hun bestedelingen af te komen. Contracten met de Maatschappij van Weldadigheid worden gretig afgesloten. Wees- of armkinderen gaan tegen jaarlijkse betaling van zestig gulden per hoofd en met bijvoeging van twee behoeftige gezinnen, voor ieder zestal kinderen gratis naar Frederiksoord. Dat juist de moeilijkste gevallen opgezonden worden, is begrijpelijk. De grote schoonmaak gaat beginnen!
Alkmaar, Hoogeveen, Kampen, Monnickendam, Enkhuizen en De Rijp, zij zenden hun wezen en armen. Rotterdam pronkt ook op de lijst van contractanten. De Commissie van Oppertoezicht over het Algemeen Armbestuur van die stad stuurt vierentwintig kinderen. Kosten f 1.440,– per jaar en acht huisgezinnen gratis. Teunis Berkenkamp en zijn Magteltje horen daar ook bij, maar niet – maar niet – de kinderen Der Nederlanden. Zij staan te boek onder contracten met bijzondere personen.
Op de keper beschouwd zijn Teunis Berkenkamp en zijn vrouw geen echte Rotterdammers, want in 1805 zijn ze van Haarlem naar Rotterdam getrokken, maar zo nauw kijkt het armbestuur nu ook weer niet. Opgezonden is opgezonden en in Frederiksoord zal men voor dit kinderloze echtpaar stellig emplooi hebben. Daarin vergissen de heren zich waarlijk niet, al valt dat emplooi wel heel anders uit dan zij zich gedacht zullen hebben.
Begin juli krijgt Magteltje Berkenkamp-ten Heuvel een vreemde opdracht van de directie van Frederiksoord. Ze moet op reis gaan. Met de jaagschuit naar Utrecht en daar blijven wachten op de dingen die komen gaan. Ze ontmoet in Utrecht een in het zwart geklede, gesluierde dame, die haar twee kinderen overgeeft. De jongen is een klein lopertje van een jaar of twee. Dat zou hij althans moeten zijn als er in de stukken niet met de geboortedatum geknoeid is. Of dat werkelijk het geval is geweest, is niet zeker. Het tweede kindje, een meisje, zou volgens het contract drie maanden oud moeten zijn geweest, maar Magteltjes ervaren ogen taxeren haar op negen maanden of daaromtrent. Met de kleintjes in haar kielzog keert Magteltje naar Frederiksoord terug. Het meisje moet zij bij zich houden en grootbrengen in het propvolle kolonistenhuisje in kolonie drie. Het jongetje wordt bij een ander gezin ondergebracht in kolonie één. Hij zou op 5 mei 1818 geboren zijn. Vijf weken na de oprichting van de Maatschappij van Weldadigheid. Men zou bijna gaan denken dat Frederiksoord speciaal in aanzijn werd geroepen om hem daar onder te brengen. Namen hebben de kinderen niet en voorlopig

duidt de directie van Frederiksoord hen aan met Floris en Emma. Het zijn vermoedelijk de namen van paarden in de stallen van de directeur, Johannes van den Bosch. Wil hij daarmee zeggen dat hij in het legioen van bedelaars, wezen en vondelingen over wie hij het bewind voert, twee raspaardjes ondergebracht weet?

Vanzelfsprekend is er aan hun plaatsing in Frederiksoord heel wat meer voorafgegaan dan Magteltje Berkenkamp wel weet. Zij heeft de kinderen alleen maar in de armen geduwd gekregen.

Een zekere P. Nederlander te Leerdam betaalt f 120,– per jaar voor het levensonderhoud van de twee kleintjes. Het is een royale geste voor deze particulier, waar toch wel een merkwaardig luchtje aan zit als men bedenkt dat er geen familie Nederlander in Leerdam woonachtig is. Die naam komt in de boeken van de burgerlijke stand van die plaats helemaal niet voor.

Het is een duistere zaak, die niet in Frederiksoord, maar in Den Haag in de boezem van de Permanente Kommissie – of het dagelijks bestuur zo men wil – van de Maatschappij van Weldadigheid zijn beslag heeft gekregen. En de weerslag daarvan vindt men in de notulen van deze commissie van de vergadering van 4 juni 1820 van genoemde commissie, waar in punt 17 de gang van zaken als volgt geschetst wordt: *17. Brief van P. Nederlander, Leerdam, 1 Juni, bericht dat hij zijn waren naam nog niet kan opgeven, en zendt tot securiteit van het fournissement van f 60,– jaarlijks per hoofd twee Weense metallique obligaties, ieder à f 1000,– met 16 half jarige coupons, waarvan de eerste gezegd wordt te vervallen 1 juli 1820; Verzoekt de kinderen zonder kontrakt aan te nemen, en over de accusatie der recepten een renversaal te zenden voor de effecten, waarvan de interesten voor het bedoelde einde kunnen worden zo lang het fournissement moet geschieden. -- Besloten den brief in advies te houden, totdat bij den heer P. van Hemert de waarde der coupons zal zijn geinfirmeerd.*[10]

De heren van de Permanente Kommissie gaan niet over één nacht ijs en dat kan men hen niet kwalijk nemen. Trouwens, enige voorzichtigheid is wel geboden, want met de twee Weense Metallique obligaties is het toch niet helemaal zo gesteld als de briefschrijver doet voorkomen. En dus wordt in de vergadering van 11 juni 1820 de zaak opnieuw ter tafel gebracht en wel onder punt 1 van de agenda. *1: Besloten aan P. Nederlander, poste restante, te Waalwijk, te melden dat de P*(ermanente) *K*(ommissie) *met het door hem gedane depôt van 2 Weense metallique obligatieën genoegen zoude nemen, indien de daarbij zijnde coupons beginnen met Juni 1820, maar dat er wel zijn, 16 coupons overeenkomstig zijne missive, doch die beginnen met 1 Juni 1821, en dat dus de P*(ermanente) *K*(ommissie) *hier mede alleen genoegen kan nemen, in dien het eerste jaar door toezending van coupons aangevuld of vooruitbetaald wordt; waarop antwoord van den heer Nederlander wordt verzocht; zijnde voorts de 2 metallique obligatieën gedeponeerd onder de heer van Riemsdijk.*[11]

Weer gaat een week voorbij, weer vergaderen de heren van de Permanente Kommissie en weer ligt een brief van de heer P. Nederlander op de vergadertafel en in de notulen van 18 juni 1820 staat onder punt 26 te lezen: *P. Nederlander, Waalwijk, 15 Juni zendt in 4 Koupons over 1820, tot redres van het abuis begaan met de 2 à f.1000.– Metallique Weener Obligaties. Besloten, als na het gevraagde recief van zijn Ed. te zenden; en te melden dat de kinderen direkt kunnen vertrekken, en hij zich wegens de verzending met den heer Ameshoff kan verstaan – De koupons – gelijk de overige en de effekten zelven – gedeponeerd onder heer van Riemsdijk.*[12]

In de vergadering van 30 juni 1820 ligt een nieuwe definitieve brief van de anonieme heer P. Nederlander ter tafel. Of hij voor allen leesbaar en zichtbaar ligt is onbekend. Het schrijven is gericht aan de

Hoog Geleerde Heer
Den Heere Proffessor P. van Hemert
President der Afdeling van Correspondenten
der Maatschappij van Weldadigheid
's Gravenhage

De inhoud spreekt voor zichzelf.

Gorinchem den 29 Junij 1820

Hoog Geleerde Heer!
Om so spoedig doendelijk de eer te hebben het bij UHooged. laatste letteren gevraagde te beantwoorden, neem ik daar nu nog, op mijne doorrijse van Utrecht komende de eerste gelegenheid om UHoogEd ter kennisse te brengen, Ik heden morgen twee kinderen voor de kolonie Frederiksoord aan de Heer Ameshoff toe gesonden heb; met so Ik hoop voldoende rijs kosten etc. dog so er its aan te kort mogt komen zal Ik steeds bereid wesen te voldoen en in mijn debet te lijden.
De namen der twee kinderen vind UHooggel. hier nevens, en sonder voor de zelven meer te willen verlangen als alle andere kinderen behandelt worden soude het mij egter zeer aangenaam wesen, bij tijd en gelegenheid geinformeert te mogen worden in welk huisgezin die in gedeeld zijn, en den naam van hun opzienders en directeur der kolonie te mogen weten, hetwelke UHoog geleerde mij zeer verpligten soude als dan Poste restante op hier Gorinchem de goedheid te hebben zulks op te geven, dan daar Ik nu eersdaags naar Westphalen vertrek, hoop

Ik tegen het najaar nog een paar Kinder van daar op gelijke voet en onder gelijk verband in de Kolonie te mogen op senden, in welker verwagting Ik de eer heb met hoogachting te zijn

UHoog geleerde onderd. dienaar
P. Nederlander[13]

Op de volgende bladzij van het in tweeën gevouwen blad komen de namen en geboortedata:

Willem Nederlander, geboren den 5 Mey 1818
Marianne Nederlander, geboren den 14 Maart 1820
gereformeerde religie[14]

Van Rotterdam, waar de jongen geboren zou zijn, is in deze brief geen sprake. Mogelijk dat het in voorgaande brieven vermeld is, maar daar zij ontbreken is dit niet meer na te gaan. De plaats van verzending van de brief is niet gefingeerd, dat is wel zeker. Er staat een stempel GORCUM FRANCO op het adres van de heer Van Hemert.
De commissie notuleert onder agendapunt 20: *Brief van P. Nederlander Gorinchem, 29 Juni, meldt de 2 kinderen naar de kolonie te hebben verzonden, geeft de namen en den ouderdom, verzoekt bij gelegenheid te mogen weten bij wie zij in gekwartierd zijn. Belooft nog een paar kinderen uit Westphalen te zullen brengen. Besloten zodra de kinderen aangekomen zijn den heer Nederlander te zullen informeren waar zij zijn.*[15]
De commissie vergadert driftig in deze dagen. Er zijn notulen van 5 en 7 juli in de archieven aanwezig. Agendapunt 16 op 5 juli handelt over de kosten van het transport, die niet voor rekening van de Permanente Kommissie mogen komen. Maar ook dit wordt opgelost en in de notulen van 7 juli 1820 staat onder agendapunt 14 vermeld: *Besloten om heer Ameshoff te autoriseeren, de 2 kinderen van Nederlander, onder behoorlijk opzigt, op de beste wijze naar de kolonie te expedieeren* en onder punt 15: *Besloten den direkteur van de aankomst der kinderen te verwittigen en die op de beste wijs in te delen.*[16]
Helemaal vlotten doet het nog niet, want de heer Ameshoff pleegt plotseling verzet, wat dan ook weer zijn neerslag in de notulen, nu van 12 juli 1820, vindt in de mededeling onder punt 19: *Kassier Ameshoff, 11 Juli, --- bericht den heer Nederlander te hebben aangeschreven om geen kinderen beneden de 6 jaar ter expeditie te zenden. In handen van den heer van Riemsdijk.*[17]
Waarom wilde kassier Ameshoff, die in Amsterdam zijn standplaats had, opeens geen kinderen beneden de zes jaar ter expeditie toegezonden krijgen? Frederiksoord neemt zuigelingen op. Waarom dan deze niet? Omdat de

moeder ontbreekt? Of omdat de expeditie bij gebrek aan vrouwelijke hulp te lastig wordt? Magteltje Berkenkamp ziet een gesluierde dame. Het is wel duidelijk dat het commissielid Faber van Riemsdijk hierin het verlossende woord heeft gesproken. Maar van wie de kinderen nu werkelijk zijn? De archieven zwijgen, want niet alle notulen zijn meer ter inzage aanwezig. Er ontbreekt nogal wat tussen de notulen van 9 tot 31 mei 1820 en uit de notulen die er nog wel zijn blijkt dat onze anonieme heer Nederlander nog tenminste drie andere brieven geschreven moet hebben en wel één uit Leerdam en twee uit Waalwijk. En of er nog mondeling contact is geweest?
Hoe het zij, de kinderen kunnen nu onder hun „echte" namen in het register van de kolonie worden ingeschreven. De namen Floris en Emma worden geschrapt, maar de achternamen blijven onveranderd. En dat is nu juist het merkwaardige van de zaak. In het zogenaamde inbrengregister staat niet Nederlander, wat een correcte gevolgtrekking van de gevoerde correspondentie zou zijn, maar *der Nederlanden.* En zo komen de kinderen, die op 5 juli 1820 in de kolonie zijn ingebracht, aan hun mooie, raadselachtige namen: Willem en Marianne der Nederlanden.
Zelfs Rotterdam komt nu nog even om de hoek kijken. Want kassier Ameshoff is een Pietje Precies. Op 24 juni 1820 schrijft hij opnieuw aan de Permanente Kommissie. Bij het feit dat de kinderen jonger zijn dan zes jaar heeft hij zich inmiddels neergelegd. Hij schrijft: *Uit Uwen brief van 19 dezer no. 107 aan P. Nederlander te Waalwijk geschreven, heb ik gezien, – dat de bewuste twee kinderen nu dadelijk naar de kolonie kunnen worden verzonden* (ach, het klinkt alsof het postpaketjes zijn!), *en Z.Ed. zich ten met den Heer A(meshoff) te Amsterdam kan verstaan enz. De Rotterdamsche sub commissie zendt mij eene seer onduidelijke berigt van Expeditie, waarover heden zo wel als aan den Heer P. Nederlander zal moeten schrijven.*[18]
Nu dat is waarlijk de enige onduidelijkheid in deze zaak niet. De arme kinderen Der Nederlanden, die tot levenslange armoe veroordeeld zullen zijn, hebben over heel wat meer onduidelijkheden te klagen! Wat zullen zij gedurende hun leven wel over hun hardvochtige ouders gedacht hebben, wanneer zij, door ziekte en tegenslag bijna brodeloos geworden, om genadebrood moeten smeken?
Terug naar de brief van de brave kassier Ameshoff. Een andere hand maakt er de volgende aantekening op: *is Antwoord op brieven van 19, 20 dezer no 109, 129 v. 23 Juni. Ontvangen 20, 23 dezer, 24 dezer per diligence.*[19]
De vragen echter blijven. Willem en Marianne. Waarom, waarom toch krijgen zij de namen van twee koningskinderen? Van een bijzonder blijk van vorstelijke genade is hier geen sprake. Ware het wel zo geweest, dan zou het ongetwijfeld breed uitgemeten zijn in het fameuze mededelingenblad „De Star", dat bij het bezoek van de prins van Oranje in kolonie III (waar

Sub No. 4. Staat der jaarlijks te ontvangen Bestedingspenningen, voor de tegen. kontrakt in de Koloniën gevestigde Perſonen of Huisgezinnen.

KONTRAKTANTEN.	OVERGENOMENE PERSONEN OF HUISGEZINNEN.	GELDEN.
Wees- of Armenkinderen, tegen f 60.00 per hoofd, met bijvoeging van twee behoeftige huisgezinnen voor ieder zestal, gratis.		
ALKMAAR. (Regenten van het Aalmoezeniershuis.)	6 kinderen.	*f* 360.00
KAMPEN. (Armen-Weeshuis.)	6 „	560.00
HOOGEVEEN. (Regenten van het Armenhuis.)	12 „	720.00
MONNICKENDAM. (Regenten van het Gereformeerde Weeshuis.) .	12 „	720.00
ENKHUIZEN. (Direkteuren van het Burgerweeshuis.)	6 „	360.00
DE RYP. (De Schout der Gemeente.)	6 „	360.00
ROTTERDAM. (De Kommisſie van Oppertoezigt over het Algemeen Armbeſtuur.)	24 „	1,440.00
DORDRECHT. (Burgemeesteren van)	78 „	4,680.00
STEENWYK. (Armmeesteren der Gereformeerde Gemeente.) . . .	6 „	360.00
——— (Sub-Kommisſie.)	1 „	60.00
SCHIEDAM. (Regenten der Stads-Armenkamer.)	6 „	360.00
VLAARDINGEN. (Armmeesteren der Gereformeerde Gemeente.) .	6 „	360.00
HARLINGEN. (Weesvoogden van het Algemeen Weeshuis.) . .	6	360.00
HARDERWYK. (Weesvoogden van het Algemeen Weeshuis.) . .	6 „	360.00
DOKKUM. (Wees- en Armenvoogden.)	3 „	180.00
AMERSFOORT. (Regenten van het Weeshuis.)	6 „	360.00
BEEMSTER. (Algemeene Armen-Direktie.)	6 „	360.00
UTRECHT. (Regenten van de Aalmoezeniers-Kamer.)	6 „	360.00
KOOG AAN DE ZAAN. (Wees- en Armenvoogden.) . . . . . NB. *Deze zijn tegen f 25:— per hoofd overgenomen, uit hoofde er geene huisgezinnen* gratis *zijn bijgevoegd.*	16 perſonen.	400.00
ZWOLLE. (Het Armbeſtuur der Hervormde Gemeente.) . . . . NB. *Idem als voren.*	8 „	200.00
TOTAAL	226	*f* 12.720.00
Perſonen, tegen f 25.00 per hoofd, uit de ¼ der kontributie.		
KAMPEN. (Sub-Kommisſie.)	12 perſonen.	*f* 300.00
GORINCHEM.	12 „	300.00
ENKHUIZEN.	6 „	150.00
ZWOLLE.	14 „	350.00
HARLINGEN.	12 „	300.00
DOKKUM.	4 „	100.00
STEENWYK.	6 „	150.00
SCHIEDAM.	10 „	250.00
TOTAAL	76 perſonen.	*f* 1.900.00
Kontrakten met bijzondere perſonen.		
. . . SNOUCK, V. L., te *Enkhuizen.*	1 perſoon.	*f* 75.00
De Luitenant-Kolonel A. L. ZWEIFEL, te *Voorburg.*	1 „	60.00
Mr. J. D. VAN DER PLAATS, te *Leeuwarden.*	1 „	60.00
P. NEDERLANDER, te *Leerdam.*	2 perſonen.	120.00
Het Armbeſtuur der Lutherſche Gemeente te *'s Hage.*	2 „	120.00
TOTAAL	7 perſonen	*f* 435.00

RECAPITULATIE.

Kontrakten, voor kinderen à *f* 60.00, met bijvoeging van huisgezinnen *gratis*	226 kinderen,	*f* 12,720.00
Voor perſonen tegen *f* 25.00 per hoofd, uit de ¼ der kontributie	76 perſonen,	„ 1,900.00
Kontrakten, met bijzondere perſonen aangegaan, ...	7 „	„ 435.00
TOTAAL		*f* 15,055.00

8. Een eerste aanwijzing dat de kinderen Der Nederlanden in Frederiksoord beland waren vindt men in De Star, het mededelingenblad van de Maatschappij van Weldadigheid. De Star, 1820. (Universiteits-Bibliotheek, Amsterdam.)

Marianne wordt opgevoed) ter gelegenheid van de opening van de door hem geschonken school in lyrische bewoordingen diens bezoek beschrijft: *Z.K.H. gewaardigde zich, in enkele huizen der Kolonisten binnen te treden. Met vrouw van BAADE, trad Hoogstdezelve in een gesprek, hoorde met genoegen haar vol geestdrift spreken over haren gelukkigen toestand; bezag de pas gerooijde aardappelen, de mistvaalt, en vraagde naar hare koeijen. ... Een stuk minder wel staande haver viel terstond den Prins in het oog. ... Ook aan het huis van JANSSEN was Z.K.H. zeer tevreden.*[20]
Geen woord over een bezoek aan het huis van Teunis en Magteltje Berkenkamp – geen woord over de kinderen Der Nederlanden – en toch wordt juist deze prins als vader van deze „twee wezen" gedoodverfd. Terecht of ten onrechte? Eén ding is zeker: het handschrift van de brief van P. Nederlander uit Gorinchem is het zijne niet. De kinderen Der Nederlanden moeten het doen met het weinige dat moeder Magteltje in later jaren vertelt. *Zij werden te Utrecht overgenomen van een dame, in 't zwart gekleed, en op een schip naar Frederiksoord vervoerd...*[21] En die mededeling biedt ook maar bedroevend weinig houvast. Zwart is een veel gedragen kleur in een tijd waarin het gewoonte is voor overleden verwanten en vrienden langdurig te rouwen. Bovendien geldt de kleur zwart als deftig. En Utrecht? Is die plaatsnaam een aanwijzing van bijzondere betekenis? Denkelijk niet. Utrecht is in die tijd een knooppunt, waar diligences uit noord en zuid samenkomen. Het enige wat in dit verhaal opvalt is de terminologie „dame" en niet „vrouw". Gelukkig heeft moeder Magteltje nog wel iets meer te vertellen, namelijk *dat zij nu en dan met de kinderen Willem en Marianne verzocht werd uit wandelen te gaan, waarbij zij zich op een bepaald punt van de weg posteerden en een rijtuig voorbij zagen rijden, waarin een heer en dame waren gezeten, die dan veel belangstelling voor de kinderen toonden.*[22] Het moet voor de volwassen geworden kinderen een schrale troost geweest zijn dat er tenminste toch nog iemand naar hen had omgekeken.
En toch – alweer een dame. Ditmaal niet in het zwart, maar met veel belangstelling. Het lijkt veelbelovend, maar het verhaal gaat weer uit als een nachtkaars, als men bedenkt dat het een komen en gaan is van belangstellenden uit binnen- en buitenland. Het experiment van generaal Van den Bosch maakt school. Buitenlandse gasten willen zelf zien, zelf horen. Maar niet alleen de aanloop van buitenlanders is zo groot dat een plaatsje als Steenwijk er in betrekkelijk korte tijd zichtbaar welvarender op wordt. Ook een figuur als jonkvrouwe Hoofman uit Haarlem heeft de kolonie met haar gezelschap bezocht en vijftigduizend gulden geschonken. En dat is waarlijk geen gering bedrag.
Jacob van Lennep en zijn jonge vriend Dirk van Hogendorp, die omstreeks diezelfde tijd een voetreis door Nederland maken en dan ook Steenwijk en

de kolonie Frederiksoord aandoen, merken de sporen van de groeiende welvaart op. *Overal was men* (dat wil zeggen in Steenwijk) *bezig huizen te bouwen of te vertimmeren, en alle winkels waren met menschen volgepropt.*[23] Na een wandeling van zo'n kwartier of vijf komen zij bij Frederiksoord *in het groote logement van SCHUTTELAAR aan.*[24]
In de voorzaal vonden wij verscheidene reisgezelschappen: een groot boek lag op eene der tafels, met het oogmerk dat elk der reizigers er zijne aan of opmerkingen nopens de Colonie in zoude plaatsen: doch het was alleen vervuld met lamme verzen, hoogdravende lofuitingen op den generaal VAN DEN BOSCH en elendige reflecties van oppervlakkige beschouwers.[25] Het is duidelijk dat bezoekers die hun komst geheim willen houden, het grote boek ontwijken. En als men bedenkt dat de generaal Van den Bosch in de eerste jaren na de oprichting de kolonie zelf heeft geleid en het directeurshuis bewoont en dus persoonlijk de meer hooggeplaatste bezoekers heeft verwelkomd, valt het gemakkelijk te begrijpen dat enig bezoek voor de „twee wezen" zonder al teveel moeite voor de buitenwereld geheim kon worden gehouden. Alleen moeder Magteltje weet meer. Zij heeft denkelijk scherpe, wereldwijze ogen. De kinderen zijn op kosten van de anonieme P. Nederlander te Waalwijk, Gorinchem of Leerdam (men heeft het voor het uitzoeken) in Frederiksoord geplaatst. Wat moet men nu voor P. lezen? Pieter of Prins? Het lijkt een doorzichtige aanwijzing. Net zoals de namen Willem en Marianne wijzen naar een roemrucht, doorluchtig geslacht. En dan schiet ons meteen dat schone verhaal te binnen, dat in verminkte vorm in „Koning Gorilla" te lezen valt; hoe Rotterdamse burgers eens voor hun verbijsterde ogen Nederlands kroonprins, de Held van Waterloo, „bij kop en kont" uit een patriciërshuis de Blaak op zagen gooien.
Vondelingen en naamloze, verlaten kinderen zijn in de Nederlanden rond 1820 volstrekt geen zeldzaamheid. Er komen er zo'n twintig- tot dertigduizend per jaar ter wereld. Het is een schrikwekkend getal. De ongewenste kinderen van de rijken zullen veelal in een zogenaamde *geheime kraamuitleg* geboren worden om later verdonkeremaand te worden. In de zuidelijke Nederlanden gaat het nog gemakkelijker, zeker in de eerste jaren na de door het Congres van Wenen bevolen samenvoeging van noord en zuid tot een sterk en verenigd Koninkrijk der Nederlanden. In het zuiden heersen de bischoppen en zij verzetten zich met hand en tand tegen de invoering van de burgerlijke stand. Kinderen laten inschrijven in het geboorteregister van stad of dorp? Geen sprake van! Het kerkelijk huwelijk en het sacrament van het doopsel is voor de katholieke Belgen genoeg en wie zijn ongewenst kind liever niet in de boeken van de burgerlijke stand ingeschreven wil zien, behoeft slechts naar het zuiden af te zakken. Bovendien is er nog de invloed van de Napoleontische wetgeving

en al worden de wetten veranderd, ideeën zijn machtig, zeker als zij een uitweg bieden in dagen van nood.

Het is niet allemaal goud dat blinkt in de kolonie Frederiksoord, zelfs niet in de eerste hooggestemde jaren, waarin de ontgoocheling nog niet toegeslagen heeft en de schuldenlast nog niet tot catastrofale hoogte is gestegen. In oktober 1820 vermeldt „De Star" hooggestemd: *De oogst is volbragt, en heeft eene voorraad in de schuren der kolonisten en in de magazijnen der Maatschappij opgeleverd, die treffend afsteekt bij de voormalige bekrompenheid der menschen en onvruchtbaarheid der gronden.* Men schrijft over *de aangekochte koeijen die ook trekarbeid leveren,* maar: *Aan den huisverzorger TANNER en huisvrouw is de inwoning in de kolonie ontzegd, uit hoofde dat hij zijne zedelooze, ongehuwde dochter, in een hoog zwangeren staat, tegen het uitdrukkelijk bevel der Permanente Kommissie, in zijne woning opgenomen, en den Onder-Direkteur, die hem bevolen had dezelve uit de kolonie te verwijderen, op verregaande wijze gehoond en beledigd had.*[26] Commentaar wordt op dit bericht niet in „De Star" gegeven. Het is duidelijk hoe de Permanente Kommissie in Den Haag over zedeloze, ongehuwde moeders denkt. Weg ermee! De straat op!

Ook met de „Israëlitische" familie Winninck heeft de Permanente Kommissie het aan de stok. Deze wordt verdacht *van aardappelen gerooid en clandestien verkocht te hebben, alsmede, van hare naburen turf gestolen te hebben, en die deswege vreesde in regten betrokken te worden, heeft heimelijk de kolonie verlaten.*[27] Of er werkelijk gestolen is, heeft men nog niet kunnen bewijzen. Het doet er niet toe. „De Star" heeft het oordeel al klaar. Als het waar mocht blijken *zal die familie in Regten worden vervolgd, waar deze zelve zich ook bevinden moge.* Op erg veel clementie zullen ze wel niet mogen hopen.

Toch schijnt men zelf wel te voelen dat er iets scheef dreigt te gaan, want *Geene Sub-kommissie, geen bijzonder lid der Maatschappij, late zich ooit door logenachtige vertelsels van onwaardige uitbannelingen of misdadige deserteurs misleiden tot geloofgeving aan al te groote gestrengheid of partijdigheid der Koloniale Direktie. Neen, het is altijd veeleer naar den al te zachten kant, dat dezelve overhelt, en geene voorwerpen* (! ! !) *zijn tot nog toe uit de koloniën verwijderd, dan die zulks, ja, die meer verdiend hadden en wier langer aanzijn aldaar de noodlottigste gevolgen dreigde.*[28] Geen mensen, maar voorwerpen. Duidelijker kan niet gezegd worden hoe „De Star" over de kolonisten denkt. Frederiksoord is dan ook een gesloten inrichting. Wie er eenmaal opgenomen is, kan slechts met gevraagd en goedgunstig verleend verlof het terrein van de kolonie verlaten.

Hoe het met de opvoeding van de wezen en vondelingen gesteld is? Men mag van de pleegouders, die zelf in bittere armoe geleefd hebben, niet al teveel

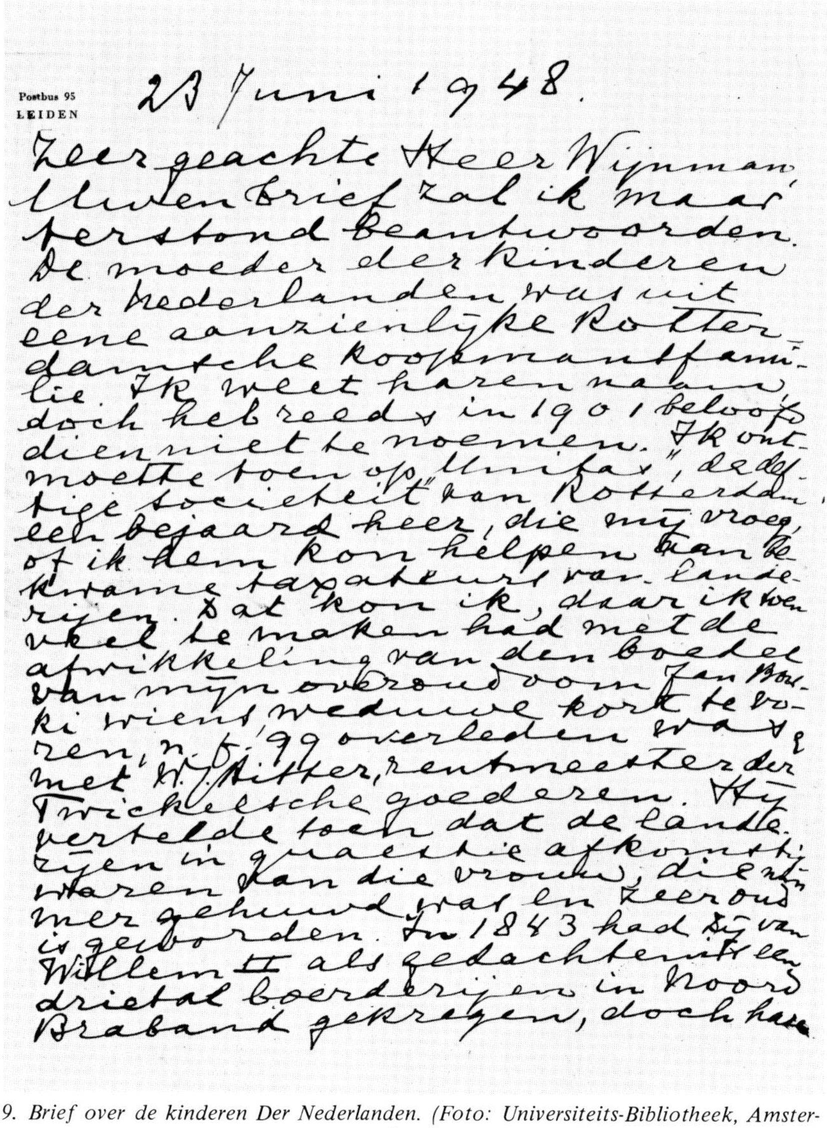

Postbus 95
LEIDEN

23 Juni 1948.

Zeer geachte Heer Wijnman
Uwen brief zal ik maar
terstond beantwoorden.
De moeder der kinderen
der Nederlanden was uit
eene aanzienlijke Rotter-
damsche koopmansfami-
lie. Ik weet haren naam,
doch heb reeds in 1901 beloofd
dien niet te noemen. Ik ont-
moette toen op „Unifas", de def-
tige societeit van Rotterdam,
een bejaard heer, die mij vroeg,
of ik hem kon helpen aan be-
kwame taxateurs van lande-
rijen. Dat kon ik, daar ik toen
veel te maken had met de
afwikkeling van den boedel
van mijn overoudoom Jan Bor-
ski wiens weduwe kort te vo-
ren, n.l. '99 overleden was
met H.J. Ritter, rentmeester der
Twickelsche goederen. Hij
vertelde toen dat de lande-
rijen in quaestie afkomstig
waren van die vrouw, die nim-
mer gehuwd was en zeer oud
is geworden. In 1843 had zij van
Willem II als gedachtenis een
drietal boerderijen in Noord
Brabant gekregen, doch haar

9. Brief over de kinderen Der Nederlanden. (Foto: Universiteits-Bibliotheek, Amsterdam.)

verwachten. Meestal hebben zij met bedelen de kost opgeschooid en het kan bijna niet anders of hun opvoedingsmethoden zijn ruw, soms zelfs zo hardhandig dat er een berichtje over in „De Star" verschijnt, zoals bijvoorbeeld het nieuws van de oktoberaflevering van het jaar 1822: *Ook is de huisverzorger A. van Schaik in de kol. 3; die zich veroorloofd had, om één der bij hem ingedeelde weesmeisjes met een touw met knoopen zoodanig te slaan, dat rug en armen daarvan de kenmerken droegen. ... uit hoofde van dit verregaande wangedrag, het verblijf in de kolonie ontzegd en hij van daar verwijderd geworden.*[29]

En opnieuw rijst de vraag: Waarom, waarom toch zijn deze twee kinderen, die toch met onmiskenbare opzet de namen Willem en Marianne der Nederlanden toebedeeld hebben gekregen, zo jong al in de bedelaarskolonie Frederiksoord opgenomen? En die vraag klemt temeer, daar, zover bekend, alle bastaarden van het Huis van Oranje goed verzorgd zijn geworden. Meestal werden de moeders nog voor de geboorte aan een passende partij uitgehuwelijkt. De Oranjes zijn nimmer krenterig geweest tegenover hun natuurlijke spruiten. Het raadsel blijft onopgelost, de stukken hebben nooit bestaan of zijn verdwenen. Is hier soms sprake geweest van een romantisch gevoel, dat het leven van de plattelandsbevolking ten onrechte romantiseerde? Wie de versjes over Frederiksoord leest, zou het bijna gaan denken.

Beschouw, o wandelaar! 't gezegend Frederiksoord,
Waar armoê en behoeft' gelukkig ongestoord,
Door werkzaamheid en vlijt al 't nodige kan vinden,
Gerugsteund door de hulp van achtbre menschenvrinden,
Weldadige Maatschappij! elk streve uw daden na,
Men noemt dit welig oord: Neêrlands Arcadia.[30]

De waarheid ziet er anders uit en het duurt niet lang of de Maatschappij van Weldadigheid krijgt de wind tegen. De baten groeien niet hard genoeg, de ontginningen kosten teveel. Het is duidelijk dat generaal Van den Bosch in zijn begrotingen te optimistisch is geweest. Het enthousiasme van het eerste, prille begin bekoelt en men mort. De Maatschappij zou nagenoeg in vrijmetselaarshanden zijn. Vrijmetselaars die, tot groot ongenoegen van velen, de jeugdige prins Frederik omringen. Het gaat niet goed met Frederiksoord, maar de kinderen Der Nederlanden worden niet weggehaald. Zij worden niet, zoals andere bastaarden uit het Huis van Oranje, zorgvuldig opgevoed in een net burgergezin. Zij blijven waar zij zijn en het zijn prins Frederik en ongetwijfeld ook zijn rechterhand Faber van Riemsdijk die de sleutels van dit mysterie in handen houden. De kinderen blijven in Frederiksoord. In de doofpot.

Frederiksoord zullen zij eerst verlaten wanneer zij bijna meerderjarig zijn. Marianne is twintig jaar oud als ze in het huwelijk treedt met Jan Wardenier,

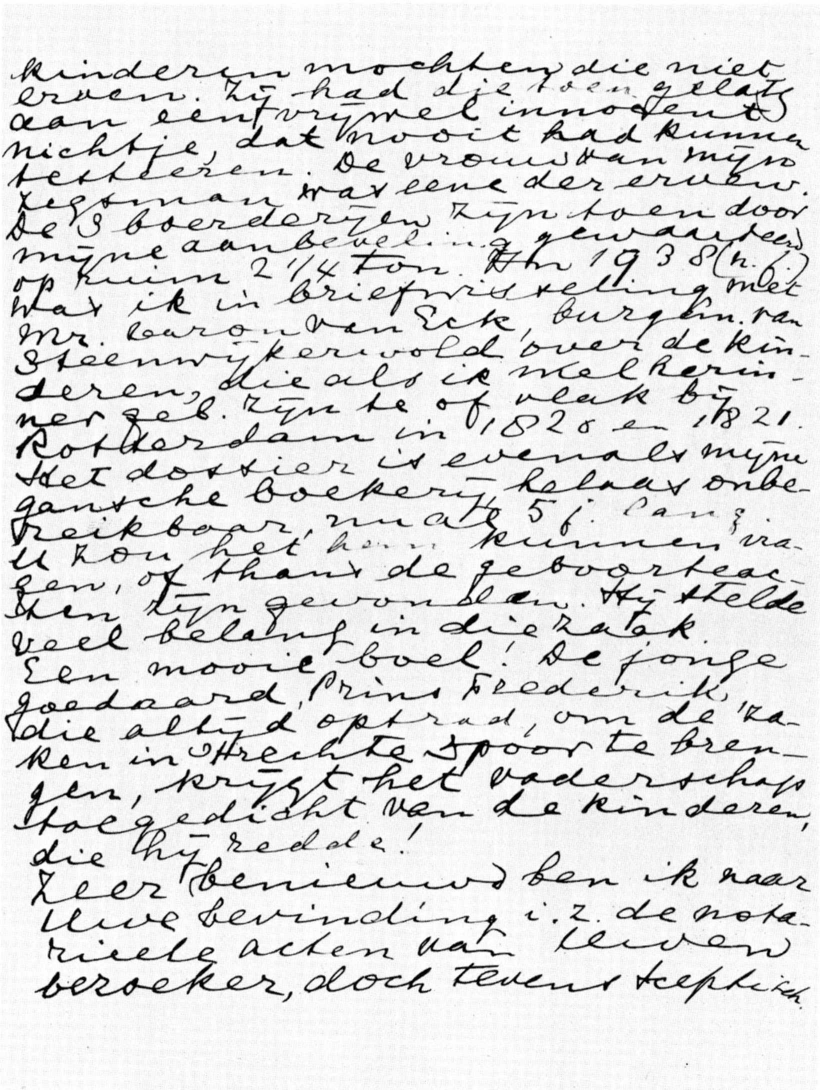
kinderen mochten die niet
erven. Zij had die toen gelaten
aan een vrijwel innocent
nichtje, dat nooit had kunnen
testeeren. De vrouw van mijn
zegsman was eene der erven.
De 3 boerderijen zijn toen door
mijne aanbeveling gewaardeerd
op ruim 2 1/4 ton. Ao 1938 (n.b.)
was ik in briefwisseling met
Mr. baron van Eck, burgem. van
Steenwijkerwold over de kin-
deren, die als ik mij herin-
ner geb. zijn te of vlak bij
Rotterdam in 1820 en 1821.
Het dossier is evenals mijne
gansche boekerij helaas onbe-
reikbaar, na de 5 j. lang
U zou het hem kunnen vra-
gen, of thans de geboorteac-
ten zijn gevonden. Hij stelde
veel belang in die zaak.
Een mooie boel! De jonge
goedaard, Prins Frederik,
die altijd optrad, om de za-
ken in 't rechte spoor te bren-
gen, krijgt het vaderschap
toegedicht van de kinderen,
die hij redde!
Zeer benieuwd ben ik naar
Uwe bevinding i.z. de nota-
rieele acten van leeuwen
bezoeker, doch tevens sceptisch.

10. Vervolg brief over de kinderen Der Nederlanden op bladzijde 79. (Foto: Universiteits-Bibliotheek, Amsterdam.)

van beroep arbeider en zoon van een kolonist. Ach, het is maar een heel eenvoudige trouwplechtigheid op die eerste oktober 1840 in het gemeentehuis van Steenwijkerwold. De bruid beseft nog niet eens dat zij officieel als Marianne der Nederlanden te boek staat en tekent de trouwakte simpelweg als M. Nederlander. Het is toch een groot vraagteken waarom de officiële papieren van Willem en Marianne altijd spreken van Der Nederlanden, terwijl de anonieme opzender van de kinderen zich P. Nederlander heeft genoemd en in zijn bewaard gebleven brief van 29 juni 1820 de kinderen aldus heeft genoemd. Is er toch iemand geweest die dit spelletje niet heeft willen meespelen?

Hoe het zij, de bruid kan geen geboorteakte overleggen en moet het doen met een akte van bekendheid. Getuigen van naam heeft ze ook al niet. Haar pleegvader en schoonvader ondertekenen als voogd en toeziende voogd over dit nog minderjarige meisje. Maupie Polak tekent ook. Hij is arbeider, evenals de anderen vermoedelijk kolonist, en dan zijn er nog de twee bodes: Geert Houwer en Hendrikus ten Wolde.

Willem der Nederlanden is aanvankelijk geplaatst in kolonie I, huis 52 bij de weduwe Richard. Daar blijft hij tot 10 november 1829, de dag waarop hij naar Wateren wordt uitgezonden. Wateren ligt in de nabijheid van kolonie VII; de Maatschappij van Weldadigheid heeft er in 1823 een landbouwinstituut opgericht, waar jongens opgeleid worden tot ambtenaar bij de Maatschappij. Aan het hoofd van dit instituut staat een zekere Mulder, leerling van de Groningse professor Th. van Swinderen en gespecialiseerd in de Pestalozzi-methode door een driejarig verblijf in het instituut Fellenberg in het Zwitserse Hofwyl.

De elfjarige (?) Willem der Nederlanden krijgt in Wateren zijn kans, maar het kind is er òf nog niet rijp voor òf totaal ongeschikt, want op 15 maart 1830 – dus na vier maanden – is hij in Frederiksoord terug en hij wordt nu bij zijn „zusje" Marianne in het huis van Teunis Berkenkamp en diens vrouw Magteltje geplaatst.

En ook met die plaatsing in de kostschool van Wateren is iets vreemds aan de hand. *De leerlingen werden uitgezocht in de vrije koloniën en bleven er van hun 14de tot hun 21ste jaar.*[31] Volgens de geboorteopgave van onze anonieme vriend P. Nederlander kan Willem op 10 november 1829 precies elf jaar, vijf maanden en vijf dagen oud zijn. Veel te jong dus om in het gezelschap van veertien- tot eenentwintigjaren te verkeren, veel te jong ook om met vrucht het uitgebreide leerprogram te volgen. Of weet men soms heel goed dat het kind een paar jaartjes ouder is dan de gegevens van de onvolprezen P. Nederlander doen denken? Is hij soms al veertien jaar? Tenslotte schijnt er ook met de geboortedatum van zijn zusje (?) danig te zijn gefoefeld. Dat op 11 maart 1820 geboren kind werd zo'n negen maanden

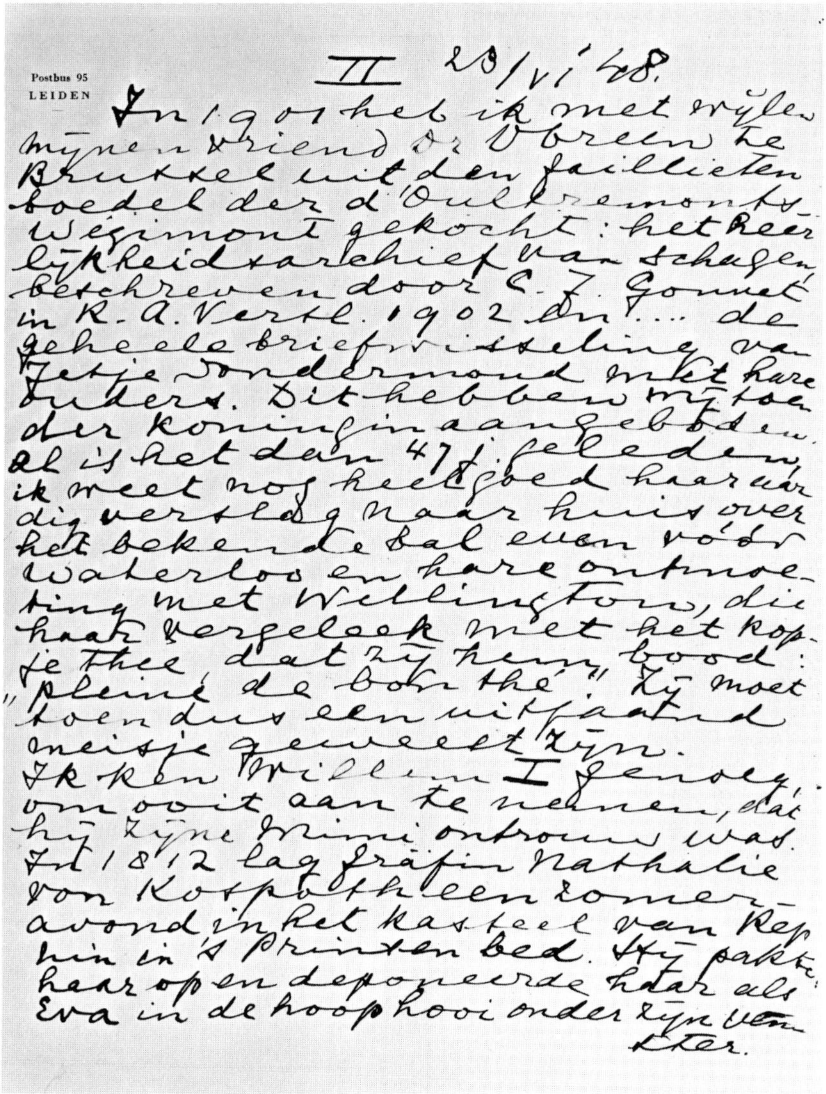

Postbus 95
LEIDEN

II 23/VI '48.

In 1905 heb ik met wijlen mijnen vriend Dr Obreen te Brussel uit den failllieten boedel der d'Oultremont-Wégimont gekocht: het heerlijkheidsarchief van Schagen beschreven door C. J. Gonnet in R. A. Versl. 1902 bl. ... de geheele briefwisseling van Jetje Sondermond met hare ouders. Dit hebben wij toen der koningin aangeboden. Al is het dan 47 j. geleden, ik weet nog heel goed haar uitvoerig verslag naar huis over het bekende bal even vóór Waterloo en hare ontmoeting met Wellington, die haar vergeleek met het kopje thee, dat zij hem bood: "pleine de bon thé". Zij moet toen dus een uitgaand meisje geweest zijn.

Ik ken Willem I genoeg, om ooit aan te nemen, dat hij zijne Mimi ontrouw was. In 1812 lag gravin Nathalie von Kospoth een zomeravond in het kasteel van Kephin in 's Prinsen bed. Hij pakte haar op en deponeerde haar als Eva in de hoop hooi onder zijn venster.

11. *Vervolg brief over de kinderen Der Nederlanden. (Foto: Universiteits-Bibliotheek, Amsterdam.)*

oud geschat toen zij op 5 juli van dat jaar de kolonie binnenkwam en elke vrouw, elke moeder, zal u meteen vertellen dat dat niet kan!
In tegenstelling met Marianne, die de dag na haar huwelijk uit de kolonie wordt ontslagen, blijft Willem der Nederlanden lang, al te lang, in de kolonie hangen. Eerst op 2 december 1846 verlaat hij Frederiksoord en wordt *gehuwd ontslagen.*[32] Hij is dan met Jacoba Scholtens getrouwd, dochter van de kastelein Gerrydt Scholtens en op 30 mei 1825 te Groningen geboren. Zo verlaten de „twee wezen" uiteindelijk de bedelaarskolonie Frederiksoord, maar zij blijven in Steenwijkerwold wonen en, wat erger is, zij kunnen het op de lange duur in de vrije maatschappij niet bolwerken en komen in Frederiksoord terug, armoelijders als zij zijn en niet in staat hun grote gezinnen – Willem heeft zes kinderen die de volwassen leeftijd bereiken en Marianne zelfs acht – naar behoren te verzorgen, maar daarop komen wij later terug. Een andere vraag dringt zich eerst aan ons op. Hoe en waardoor is het uitgelekt dat deze twee ongelukkige armoedzaaiers van hoge, om niet te zeggen vorstelijke afkomst zouden zijn? Willem der Nederlanden is al acht jaar dood als eindelijk in Rotterdam een tipje van de sluier, die zijn afkomst bedekt, wordt opgelicht bij een toevallige ontmoeting van twee heren in de deftige sociëteit „Unitas" en hoe dat ging staat vermeld in de hiernavolgende brief:

Postbus 95   23 Juni 1948
Leiden
Zeer geachte Heer Wijman,
Uwen brief zal ik maar terstond beantwoorden. De moeder der kinderen der Nederlanden was uit eene aanzienlijke Rotterdamsche koopmansfamilie. Ik weet haren naam, doch heb reeds in 1901 beloofd dien niet te noemen. Ik ontmoette toen op „Unitas" een bejaard heer, die mij vroeg of ik hem kon helpen aan bekwame taxateurs van landerijen. Dat kon ik... Hij vertelde toen dat de landgoederen in quaestie afkomstig waren van die vrouw, die nimmer gehuwd was en zeer oud is geworden. In 1843 had zij van Willem II als gedachtenis een drietal boerderijen in Noord Brabant gekregen, doch haar kinderen mochten die niet erven. Zij had die toen gelaten aan een vrijwel innocent nichtje, dat nooit had kunnen testeeren. De vrouw van mijn zegsman was eene der erven. De 3 boerderijen door mijne aanbeveling gewaardeerd op ruim 2 ¼ ton.[34]
Wat moet men van dit alles zeggen? Al is de leugen nog zo snel, de waarheid achterhaalt ze wel? Misschien!
Blijft over de zaak van de brieven van die fameuze P. Nederlander uit Waalwijk, uit Gorinchem, uit Leerdam – overal poste restante – en volslagen onvindbaar, al is het wel de vraag of men wel zo ijverig naar hem heeft

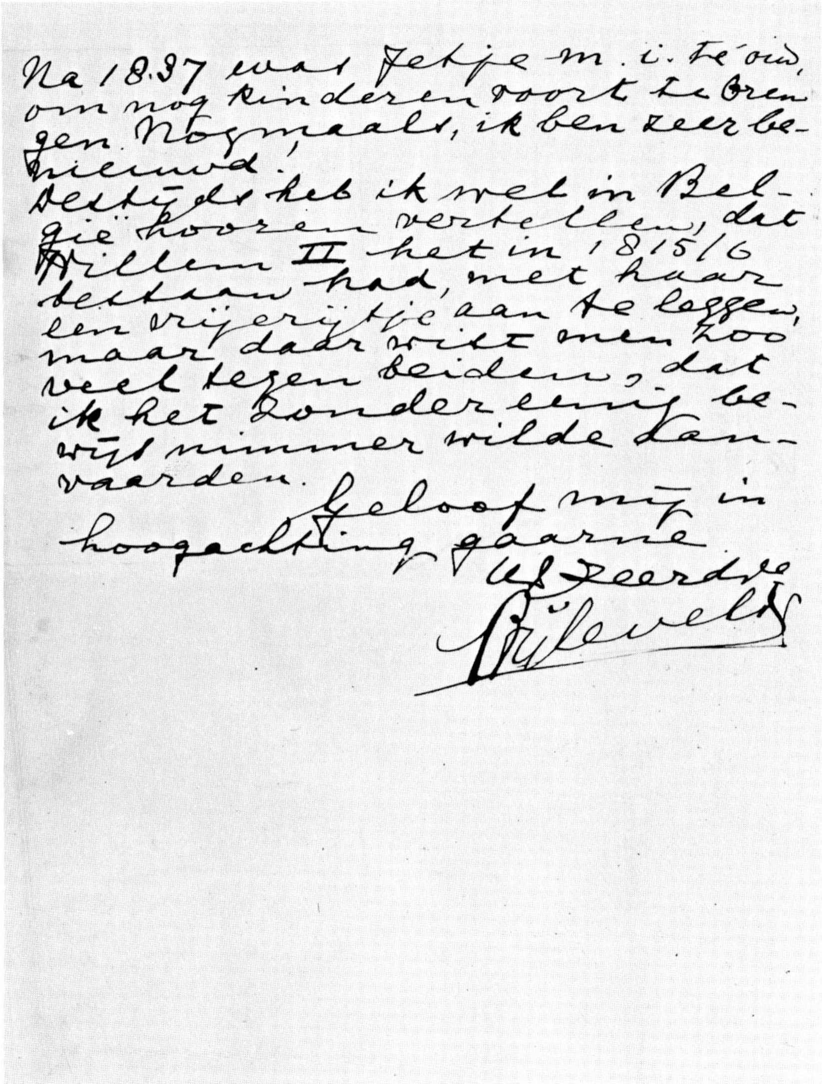

Na 1837 was Jetje m. i. te oud, om nog kinderen voort te brengen. Nogmaals, ik ben zeer benieuwd!

Destijds heb ik wel in België hooren vertellen, dat Willem II het in 1815/6 bestaan had, met haar een vrijerijtje aan te leggen, maar daar wist men zoo veel tegen beiden, dat ik het zonder eenig bewijs nimmer wilde aanvaarden.

Geloof mij in hoogachting gaarne

UEd. Zeerdw.

12. Vervolg brief over de kinderen Der Nederlanden. (Foto: Universiteits-Bibliotheek, Amsterdam.)

gezocht. Beweerd wordt wel dat het handschrift in die brief van niemand anders is dan van de jeugdige prins Frederik der Nederlanden. Maar met die bewering moet men toch wel voorzichtig zijn. Ik heb meer dan één brief van prins Frederik uit de jaren twintig van de negentiende eeuw zorgvuldig met het schrift van P. Nederlander vergeleken.
De conclusie? Alle brieven die als vergelijkingsmateriaal dienst deden vertoonden opmerkelijke verschillen. *Een mooie boel! De jonge goedaard, Prins Frederik, die altijd optrad, om de zaken in 't rechte spoor te brengen, krijgt het vaderschap toegedicht van de kinderen die hij redde!* [35]
Nog kennen wij de waarheid niet. Nog is de sluier niet ten volle opgeheven. Nog blijven deze „twee wezen" waar ze in armoe en verdriet geleefd hebben en ten slotte zijn gestorven. In de doofpot!

IV. MARIANNE

Van de kleine Marianne in de bedelaarskolonie naar die andere Marianne in het koninklijk paleis is een hele stap. In Frederiksoord een kind van onbekende ouders, dat alleen door haar naam opvalt en door het feit dat een onbekende dame soms naar haar komt kijken. Op het Noordeinde een aanbeden, maar schromelijk verwend – en dus verwaarloosd – dochtertje.
Drie jaar oud is de kleine Marianne wanneer ze uit Pruisen naar Nederland komt. Drie jaar en ze heeft nog nooit haar oudste broer gezien. *Mon général* noemt ze hem, als een lange jongeman in uniform zich over haar heen buigt. Weer wat later maakt ze kennis met de met juwelen behangen Anna Paulowna. Het kleine meisje en de keizerlijke Anna zijn schoonzusters geworden.
In 1817 wordt een erfprins geboren. Weer een Willem, de derde in de rij. Een jaar later volgt zijn broertje Alexander. Broer Frederik trouwt betrekkelijk laat met de Pruisische Louise. Het gaat allemaal langs het meisje in de kinderkamer heen. Marianne is een kleine eenzame in het koninklijk gezin. Natuurlijk vindt ze het mooi om tante te zijn. Maar het houdt niet veel in. Haar vader en moeder en haar gouvernante, dat zijn de centrale figuren in haar kinderleven. En Bonnick, haar trouwe verzorgster. Moeder Mimi is lief en zorgzaam. Ze is een en al oog en oor waar het haar dochtertje betreft en al haar liefde voor de gestorven Pauline wordt op dit kind overgebracht. En zelfs de stugge, voor anderen zo moeilijke koning, is week als was in de handen van zijn dochtertje.
Toch, als het koninschap zijn tol gaat eisen en de koningin nog maar betrekkelijk weinig tijd voor haar dochtertje overhoudt, gaat ook de opvoeding van deze Marianne over in vreemde handen. Hier geen Magteltje Berkenkamp, hier geen vrouw uit een armgesticht, maar een gouvernante, afkomstig uit een van de eerste families van het land. Het is voortaan een gravin Bentinck die in de kinderkamer de teugels in handen houdt.
Bonnick is gebleven. Die trouwe ziel blijft bij het kind. Ze heeft het vanaf haar eerste levensdag gekoesterd en verzorgd en mogelijk ook gevoed. Van

Engelse afkomst als zij is, wordt zij als „nurse" betiteld, terwijl in het midden blijft of zij als „nurse" of „wetnurse" (min) is aangesteld. Er is misschien wel niemand met wie het kind zo vertrouwd is als juist met deze verzorgster. En Bonnick koestert haar en Bonnick zorgt totdat een kwalijke gebeurtenis een spaak in het wiel steekt.
Bonnick komt in opspraak. Hoe en waarom valt niet meer na te gaan. Maar het schandaal is ernstig genoeg om de koning tot ingrijpen te brengen. Bonnick moet weg. Ze mag het kind Marianne niet meer zien. En Bonnick gaat. Met schande beladen. Terug naar Engeland.
De vriendelijke koningin is de eerste die zich laat verbidden. Zij heeft medelijden met Bonnick en op 1 april 1823 schrijft ze in een brief aan haar vroegere hofdame Zezette, die nu als mevrouw Falck en echtgenote van de Nederlandse gezant te Londen door het leven gaat, over de in nood geraakte verzorgster van haar dochtertje. De koningin prijst Zezette voor haar goedheid voor die arme Bonnick en voegt eraan toe: *Veuillez pour l'amour de Marianne et moi lui continuer...* [1] (Wil uit liefde voor Marianne en mij voortgaan haar die te bewijzen.) Maar het heimwee blijft. Bij Bonnick en bij het kind. Maar bij Bonnick vooral.
De koningin laat zich door het gerezen schandaal niet beïnvloeden en gaat rustig voort met het zenden van geschenken. Als Marianne haar vijftiende verjaardag viert, krijgt Bonnick een cadeau. Net als vroeger. Alleen is het ditmaal geen hoed, zoals haar gewoonte was, maar een bedrag aan geld. Bonnick krijgt zelfs verlof om aan Marianne te schrijven. Niet rechtstreeks, daar is geen sprake van. Maar de briefjes die zij insluit bij haar brieven aan de koningin worden aan Marianne doorgegeven. En het kind beantwoordt deze. Vermoedelijk zonder dat mevrouw Bentinck daar iets van te horen krijgt. Toch is het toezicht streng. *Ik heb ook een brief van Bonnick gekregen, bijgesloten in de* (brief) *aan Mama en ik heb haar meteen geantwoord, maar omdat Mama deze* (brief) *controleerde heeft dit gemaakt, dat ik hem niet op donderdag kon verzenden en dat ik de postdag moest afwachten.* [2]
Haar brieven worden nu volwassener. De tijd van kinderlijke, nietszeggende brieven is nu voorbij. *Ik schrijf u terwijl u in de armen van de slaap rust... Het is nu 6 uur, de dag breekt aan, maar een „Flambeau" verlicht mij terwijl ik in een donkere hoek van het appartement gezeten ben.* [3] Geen woord dat er op duidt dat ze weet dat Bonnick gevraagd heeft haar te mogen bezoeken. De koningin heeft bemiddeld, maar *De koning keurt het plan totaal af, gezien de wijze waarop men haar heeft laten vertrekken is het onmogelijk haar vrije toegang tot Marianne te verlenen, zij zou zich tot een, hoogstens twee keer, gedurende haar verblijf moeten beperken, dat zou een streep door haar rekening zijn en bijzonder penibel voor Marianne.* [4] Neen, het is beter dat Bonnick wegblijft, want *over een of twee jaar zou het beter te*

doen zijn, als de zaken, zoals zij aan de koning schrijft haar verblijf in dit land absoluut noodzakelijk maken, dan zal zij het tijdstip om naar Den Haag te komen zo moeten kiezen, dat wij er dan niet zijn. De koning draagt mij op haar over dit onderwerp te schrijven aangezien hijzelf dit niet kan doen. Ik begrijp niet, dat die goede Bonnick niet voelt, dat ze hier niet anders dan onaangenaamheden en vernederingen te incasseren zou krijgen door hier zo snel na het schandaal terug te keren. Marianne voelt dit goed aan en schrijft u te trachten Bonnick dit plan af te raden – zij weet niet van de brief af die deze aan de koning gericht heeft – ik zal proberen in een zo zacht als maar mogelijk is gestelde brief haar de schaduwzijden van haar reisplan te doen begrijpen, lieve Zezette, wil zo goed zijn haar te doen inzien, dat zij beter aan zou doen ervan af te zien of deze (reis) *gedurende onze afwezigheid te ondernemen.*[5]
Ook Marianne draagt haar steentje bij om Bonnick om te praten: *Niemand zou liever zien, dat zij hier was, dan ik.*[6] Ze valt haar moeder bij. Bonnick moet nog een jaar of twee wachten: *dan zou ook het schandaal minder recent zijn en alle ogen zouden minder naar die kant gericht zijn.*[7]
Het is een uitgemaakte zaak. Bonnick kan niet, mag niet komen. Het schandaal is te groot geweest. Welk schandaal? En ook hier tast men in het duister. De doofpot heeft zijn werk gedaan. Maar het is wel opvallend dat van een weerzien geen sprake is en dat ook de koningin deze zaak zoveel als maar mogelijk is traineert totdat Marianne verloofd is. Vreest men dat de goede naam van het jonge meisje in opspraak zou kunnen komen? De voorzorgen zijn zo streng dat men eenvoudig niet aan een gewoon conflict, zoals dat onder bedienden in een groot huisgezin wel meer voorvalt, laat staan aan een hof, kan geloven. En welke rol Marianne's gouvernante, mevrouw Bentinck, hierin gespeeld heeft, daarnaar kan men slechts raden.
Bonnick is bijzonder teleurgesteld dat haar reisplan niet door kan gaan en mevrouw Falck zal denkelijk heel wat met haar te stellen hebben gehad. Marianne is haar daar dankbaar voor. *En dank zij u smaakt ze het geluk en heb ik de voldoening haar van tijd tot tijd te schrijven en bericht van haar te ontvangen.* Dit alles buiten mevrouw Bentinck om. En de prinses voegt eraan toe: *Wat is het vriendelijk van u om haar zelf te gaan opzoeken, weinig personen van uw rang en status zouden zoveel doen.*[8]
Bonnick zelf is heel wat minder erkentelijk. Ze klaagt en ze jammert onophoudelijk en kan zich maar niet verzoenen met het feit dat zij het verloren paradijs niet meer betreden mag. Ze zal en ze moet haar „kind" terugzien en weer schrijft de geduldige Zezette een brief aan Marianne. Maar de prinses kan er ook niets aan doen. *Wat betreft dat wat u zegt over mijn arme vriendin, dat doet mijn hart bloeden, want ik heb haar nooit voor een ogenblik vergeten en zij is altijd aanwezig in mijn hart en 's avonds en*

's morgens rijzen mijn gebeden voor haar tot God. Hoe kon ze geloven dat ik haar zou kunnen vergeten, haar die ik altijd zo teder heb liefgehad. Ik heb allereerst op haar brief geantwoord, maar Mama had geen tijd deze (brief) *te verzenden.*[9]

Al is de koningin dikwijls laks in het beantwoorden van brieven en moet zij zich dikwijls hierover excuseren, toch dringt zich wel de gedachte op dat zij het doet om tijd te winnen en haar zeventienjarige dochter naar vermogen af te schermen. Zij schijnt vooral beducht te zijn voor mogelijke reacties van mevrouw Bentinck, indien zij te horen zou krijgen dat Marianne nog steeds contact met de in ongenade geraakte Bonnick onderhoudt. Ook Marianne vermijdt het noemen van namen en als zij Bonnick een opsomming stuurt van haar verjaarscadeaus, dan laat zij opzettelijk het geschenk van mevrouw Bentinck achterwege, *aangezien ik dacht dat die herinnering niet aangenaam voor haar zou zijn.*[10] En zo blijft voorlopig alles bij het oude. De koning verzet zich met kracht tegen de overkomst van Bonnick en alle pleidooien zijn tevergeefs. Zelfs Marianne lukt het niet hem van gedachten te doen veranderen. Er komt zelfs geen verandering in zijn standpunt als de koningin de verloving van haar dochter kan aankondigen.

Het Loo, 30 juni 1828.

Ik heb, lieve Zezette, het schrijven aan u steeds uitgesteld in de hoop u te kunnen aankondigen, dat het lot van Marianne eindelijk beslist is, ik zal nu niet de eerste zijn die u daarvan verwittigt, zoals ik graag geweest was, maar ik heb de laatste veertien dagen geen tijd gehad om te schrijven en ik durfde datgene wat geheim moest blijven betreffende de prins Gustaaf van Zweden niet eerder aan de post toe te vertrouwen. Marianne heeft slechts haar genegenheid geraadpleegd en gaat helemaal akkoord met alle argumenten, die de weegschaal ten gunste van deze jonge prins doen doorslaan en wiens achtenswaardig karakter dat door Marianne zeer gewaardeerd wordt, haar een gelukkige toekomst belooft; de jonge mensen beminnen elkaar teder en hecht en het is een grote geruststelling voor mijn ziel het lot van mijn lief kind in zulke goede handen over te geven; de veelvuldige afwezigheid van het jonge paar om in Wenen te verblijven zal zonder twijfel moeilijk voor mij zijn, maar... Marianne zal gelukkig zijn en dat is voor mij de hoofdzaak. Ziehier, twee brieven van Marianne voor u en voor Bonnick, ik hoop nog altijd van de koning toestemming te verkrijgen om haar in het najaar hier te laten komen, maar heb tot nog toe geen succes bij mijn onderhandelingen gehad...[11]

Marianne daarentegen lijkt heel wat minder optimistisch gestemd, wat haar verloving betreft. Waar bij de koning en koningin het feit de doorslag heeft gegeven dat hun dochter regelmatig in de Nederlanden zal kunnen ver-

blijven, schrijft de achttienjarige heel sobertjes: *Net als u beschouw ik mijn beste jaren als vervlogen, want tot nog toe heb ik nooit werkelijke moeiten gekend. Nooit was er een kind gelukkiger onder het ouderlijk dak, alle personen die me omringden wijdden zich aan mijn geluk en ik had een wens maar uit te spreken of hij werd vervuld; ik genoot een vrijheid zo groot als een vrouw maar kan genieten... De toekomst zal me niets schenken dat in evenwicht zal zijn met het goede van mijn eerste jaren.*[12]
Geen woord over haar bruidegom, in haar hele brief geen enkel woord. Ze heeft het alleen maar over haar gevoelens en de lezer vraagt zich onwillekeurig af of het met de liefde wel zo best is gesteld als de goede Mimi wil doen voorkomen. Misschien kent Marianne haar toekomstige man nog niet zo goed. Een paar maanden later schijnt het klimaat toch verbeterd te zijn. Ze noemt hem dan *een beste jongen,*[13] die een goede reputatie heeft. En dat zal wel verdiend zijn, want *waarom zou men een Prins vleien die niet het recht heeft iets te verwachten en die door zijn hoogachting of vriendschap niets voor u zou kunnen bereiken, maar veel meer voor u zou kunnen bederven.*[14]
Ook hier treft weer het zakelijke. Want een beste jongeman met een goede reputatie is meestal voor een meisjeshart niet genoeg. Er is meer voor nodig om verliefd te worden! En dat meer is er niet. Wel komt er een opsomming van verstandelijke argumenten los. Een heel prettig kant aan dit toekomstige huwelijk is dat zij dikwijls in de Nederlanden zal kunnen zijn. Het ouderlijk huis zal ze niet helemaal hoeven te verlaten. Het verwende moederskind komt hier om de hoek kijken en die eigenschap is voor een huwelijk maar een povere basis. In de Nederlanden zal ze twee huizen, twee kleine paleizen, mogen bewonen *los van het Weense, want de prins blijft in dienst van Oostenrijk op dezelfde voet als hij vandaag is.*[15] En daarmee raakt ze het zwakke punt dat deze verloving bedreigt. Want Gustaaf van Zweden is een statenloze banneling, uitgestoten uit zijn land, dat door de vreemdeling Bernadotte geregeerd wordt.
Anna Paulowna, de trotse keizerlijke en koninklijke hoogheid, die als prinses van Oranje heel wat invloed heeft, is met de verloving van haar schoonzusje om andere redenen bitter weinig ingenomen. Erger nog, ze bereidt zich voor op de aanval. De Russische keizerlijke familie heeft nog een rekening te vereffenen met Gustaafs vader, die vreemde figuur, die nog altijd door Europa zwerft. Dat de jonge Gustaaf zo onschuldig als een kind is aan de gedragingen van zijn als krankzinnig bestempelde vader, in een tijd toen hijzelf nog niet eens geboren was, doet er in haar ogen weinig toe. Hem kan nog altijd verweten worden dat hij een protégé is van vorst Metternich, de grote Oostenrijkse staatsman, de vijand van Rusland ook en dat is voor Anna genoeg om te proberen een spaak in het wiel te steken. Want Rusland en

Ruslands politiek gaan bii haar voor en boven al het andere. En wat is er lang geleden dan eigenlijk aan het Russische hof voorgevallen? Anna Paulowna kan het zich met geen mogelijkheid meer herinneren. Ze was een kind van slechts één jaar oud geweest toen de jonge Gustaaf VI Adolf met een groot en schitterend gevolg een bezoek aan Sint Petersburg had gebracht. Bijna was hij verloofd geweest met de veertienjarige grootvorstin Alexandra. Bijna had hij ingestemd met de huwelijksplannen die Ruslands keizerin Katharina de Grote had gesmeed voor dit knappe kleindochtertje. Bijna. Maar in zijn jeugd was Gustaaf VI al even onberekenbaar gebleken als nu in zijn ouderdom. Toen iedereen dacht dat de verloving een feit was, weigerde hij op de vastgestelde verlovingsdag botweg om het huwelijkscontract te tekenen. Het kon hem geen zier schelen dat de machtige Katharina, keizerin aller Russen, met haar kroonjuwelen getooid in haar vertrekken moest zitten wachten totdat het hem – het minderjarige koninkje – behagen zou het contract met zijn handtekening te bekrachtigen. De koning daagde niet op, de kerkelijke verlovingsplechtigheid ging niet door en er zat voor de keizerin niet anders op, dan iedereen na zes uur vruchteloos wachten naar huis te sturen. Het was een klap in het gezicht van de hele keizerlijke familie geweest.

De hele zaak was er niet beter op geworden toen hij in het volgende jaar (1797) smoorverliefd geworden was op de knappe Friederike von Baden. Zelden had een koning een ongelukkiger huwelijkskeus gedaan. Friederike – het kind was pas zestien jaar – was een domme en dwaze koningin geworden, die niet voor rede vatbaar was. *Als je maar niet altijd koning wilde zijn – dan zou ik 't hier niet zo vervelend vinden,*[16] was haar stereotype klacht geweest als haar man genoodzaakt was haar te berispen. Het was snel bergafwaarts met het jonge koningspaar gegaan. Gustaaf VI Adolf had zich door zijn capriolen zo gehaat gemaakt dat hij op 13 maart 1809 door opstandige officieren was gevangen genomen. Wel was hij nog even door een geheime deur gevlucht, maar dat was niet afdoend geweest. Zijn achtervolgers hadden hem ingehaald en met handen en voeten om zich heen slaand was hij het paleis binnen gedragen en in de Witte Zaal ruw in een stoel neergedrukt, waar hij de rest van de dag volkomen verslagen was blijven zitten. Die avond had hij afstand van de troon gedaan ten behoeve van zijn zoon, maar het was al te laat. Twee maanden later was hij met al zijn nakomelingen *voor eeuwig van de rechten op troon en scepter*[17] vervallen verklaard.

De neergang van Gustaaf VI Adolf werd compleet toen zijn vrouw hem drie jaar later verliet en echtscheiding aanvroeg. Er gingen geruchten dat ze met de Franse gouverneur van haar zoon zou zijn getrouwd en ook werd het mogelijk geacht dat de man haar minnaar was.

De zoon van dit vreemde echtpaar zal nu in het huwelijk treden met prinses Marianne. Het is een onbegrijpelijke huwelijkskeus en men mag zich wel afvragen wat de koning bewogen heeft om deze kandidaat voor zijn enige dochter te accepteren. Misschien is hij voor het geld gezwicht. De jongen heeft namelijk de roep bijzonder rijk te zijn. En Willem I kent nu eenmaal de waarde van het geld. De lange jaren van armoe in ballingschap hebben hem tot begerig man gemaakt. Ook dat weet Anna Paulowna. Van het begin af aan heeft ze laten doorschemeren dat zij prins Gustaaf nu niet bepaald zo'n begeerlijke partij vindt voor een prinses der Nederlanden. Heeft de koning nu werkelijk niets beters kunnen vinden dan een prins uit een onttroond vorstenhuis, die min of meer als banneling door Europa zwerft en genadebrood eet uit de hand van Metternich? En dan van zo'n vader, die als kolonel Gustavsson met veertig manschappen van stad tot stad trekt?
Zodra de verloving van Marianne een feit is, komt Anna in actie. Het Huis van Oranje mag niet onder invloed komen van de vijanden van Rusland! Ze schrijft een lange brief aan broer Constantijn. *We hebben hier een nieuw probleem door de plannen voor een huwelijk van mijn schoonzuster Marianne met Prins Gustaaf, die zich de titel Prins van Zweden toeëigent. Naar mijn mening zou het een treurige zaak zijn haar op deze wijze te doen trouwen; ze zou een onderkomen hebben in dit land en een in Wenen, zonder ergens een vaste positie te hebben en wat een bron van zorg en vrees in de Europese politiek. Het is betreurenswaardig! Ik bid je, lieve Broer, geef mij langs een veilige weg inlichtingen over die Prins Gustaaf, zijn persoonlijkheid? zijn gedrag?, hoe hij van wiens karakter Mariannes lot zo totaal zal afhangen zich gedraagt in Wenen? Hij scheen mij lichamelijk erg lomp en onhandig toe, zijn gezicht is bij het praten prettig genoeg en wat hij zegt is mooi, maar hij heeft een zekere graaf Polier-Vernaud bij zich, zijn gewezen leraar, die hem nu in alles naar voren schuift en die zelf in Metternichs zak zit. Weet jij iets over hem of niet?* [18]
Broer Constantijn vindt de kwestie schijnbaar belangrijk genoeg om er met spoed op te antwoorden. Ook bij hem gaan de belangen van Ruslands heersers altijd voor. Eigenlijk had hij zelf tsaar moeten zijn, maar hij heeft feestelijk voor de met bloed bevlekte troon bedankt en resideert, in een functie die veel weg heeft van die van onderkoning, in Warschau. Dat maakt de correspondentie met zijn zuster Anna gemakkelijk. Had ze naar Rusland moeten schrijven, dan was er heel wat meer tijd mee heengegaan. Veel nieuws kan Constantijn haar niet melden: *...moet ik zeggen dat ik hem zelf helemaal niet ken, daar ik hem nooit ontmoet heb. Alle meningen, die ik over hem heb gehoord, variëren sterk, zodat ik geen behoorlijke opinie kan vormen.* [19]
Wel heeft hij eens een formeel briefje van rouwbeklag van hem ontvangen bij

de dood van tsaar Alexander en een even formeel bedankje gestuurd, maar daar is het bij gebleven. *Eens heeft hij in Wenen getracht in dienst te treden bij het regiment dat de namen van wijlen onze keizer droeg. Ik weet niet om welke reden, want hij kan, gezien de vroegere gebeurtenissen, weinig toegenegenheid voor hem gevoeld hebben. Aan de andere kant wordt openlijk geroddeld, dat hij zelfzuchtig is, in diskrediet en met een gebrek aan kapitaal; ik weet niet of dat waar is of niet; ik herhaal alleen maar wat ik gehoord heb...* De gouverneur, die hem vergezelt en alle woorden in zijn mond legt, komt er nog veel slechter vanaf: *...ze zeggen dat hij een intrigant en oplichter is en eens zijn leraar of gouverneur was; te zelfder tijd was hij volgens sommigen de minnaar, volgens anderen in het geheim de echtgenoot van zijn overleden moeder en op het ogenblik moet hij de agent zijn van P*(rins) *Metternich en zijn manusje van alles.*[20] Persoonlijk heeft broer Constantijn de gouverneur nooit ontmoet, wel diens broer, die hij sarcastisch beschrijft als *een man door de natuur gemaakt tot een prima minnaar voor vrouwen die zo iemand nodig hebben* en met een spotlach voegt hij eraan toe: *de woorden van het spreekwoord: geen geld, geen Zwitsers zijn op hem van toepassing.*[21]

Anna's antwoord laat wat op zich wachten; waarschijnlijk ziet zij de ontwikkelingen nog even aan. Of ze zelf daarbij een stevig steentje aandraagt, laat ze in het midden. Met voldoening bericht ze haar broer over de moeilijkheden die zich opstapelen. De Zweedse koning heeft fel geprotesteerd tegen het feit dat Gustaaf zich nog de titel Prins van Zweden aanmeet en de Hollandse hofkringen vragen zich onzeker af hoe hij dan wel genoemd moet worden. Bovendien schijnt het *dat de eerste goede indruk waardoor H.H.M.M. overrompeld werden, beetje bij beetje begint te vervluchtigen, met achterlating van alleen maar een vleugje van allerlei soort verlegenheid, die het voorgenomen huwelijk met zich mee zou brengen. In dit alles ben ik bedroefd om mijn schoonzuster Marianne... want ik kan geen kans op geluk in deze toekomst voor haar voorzien. Ze zou in een scheve positie komen...*[22]

Maar voordat een definitief besluit genomen wordt, krijgt Marianne nog uitzicht op een gelukkige week met haar Bonnick. Het is de koningin die het startsein tot deze hereniging geeft in een brief van 11 augustus 1828 aan mevrouw Falck.

Wij hebben eindelijk met veel moeite gisteren toestemming gekregen om Bonnick te laten komen... Ge zijt zo goed, lieve Zezette, dat ge haar misschien zult toestaan de overtocht met u op dezelfde pakketboot te maken, daarna denk ik dat het beste zal zijn met de diligence van Rotterdam naar Utrecht te reizen en vandaar naar het Loo.[23] Er zullen kamers voor Bonnick gehuurd worden in de herberg. Dat is waarschijnlijk het logement „De

13. Prinses Marianne als jong meisje. Litho naar F. Krüger. (Stichting Atlas van Stolk.)

Nieuwe Kroon", waar gasten van de koninklijke familie wel vaker worden ondergebracht. Alle reis- en verblijfkosten zijn voor rekening van de koningin. De koning wil er kennelijk niets mee te maken hebben. Het is al mooi genoeg dat hij eindelijk toestemming geeft. Alleen met de duur van haar verblijf zal hij zich wel bemoeien. De koningin rekent op een of twee weken en dan moet Bonnick *rechtstreeks naar Engeland*[24] terugkeren, want achteraf omhangen is er niet bij. Verder schijnt er geen vuiltje aan de lucht te zijn en opgewekt schrijft ze over Mariannes verloving: *Alles belooft geluk in dit samengaan, haar bestaan zal heel wat onafhankelijker en prettiger zijn dan wanneer ze koningin zou zijn en ik wens haar geenszins een kroon toe.*[25]
Niets duidt er nog op de wolken die komen opzetten. Het hof vertrekt kort daarop voor het winterseizoen naar Brussel. Daar zal de uiteindelijke beslissing over de huwelijksplannen genomen moeten worden. Anna Paulowna krijgt een zware klap te verwerken. Haar moeder sterft plotseling en bitter is haar verdriet bij de intrek in het nieuwe paleis, dat door haar man is gebouwd nadat het oude door een brand, die hen allen het leven dreigde te kosten, was vernield. Ze is zo terneergeslagen dat ze haar testament laat opmaken en broer Constantijn tot executeur testamentair benoemt.
De winter valt in. Zo somber en donker als Anna het in de Nederlanden nog niet eerder heeft meegemaakt: *We hebben een winter het Noorden waardig en genoeg sneeuw om er zelfs in Rusland over op te scheppen... en van tijd tot tijd hebben we zo'n zware mist om dankbaar genoeg te zijn voor de uitvinding van kaarsen, zonder welke wijzelf als het bijbelse licht dat in de duisternis schijnt, zouden moeten zijn...*[26]
Versomberd schijnt ook de toekomst van Marianne. Haar huwelijksplannen zijn roemloos ten onder gegaan, opgeofferd als ze zijn aan het almachtig staatsbelang. Het mag dan zijn dat Anna Paulowna geïntrigeerd heeft, ook prins Willem had zich heftig tegen de verloving van zijn zusje met de Prins van Zweden verzet. Het feit dat Gustaaf zich ook na de abdicatie van zijn vader als koning van Zweden zijn oude titel was blijven voeren, was voor de Prins van Oranje het breekpunt geworden. In zijn ogen had het Huis Wasa afgedaan en was het definitief verdrongen door het Huis Bernadotte. Dat – en wie zou het kunnen ontkennen? – was bittere realiteit. Oranje en Nederland zouden verstrikt kunnen raken in minder vreedzame acties van deze troonpretendent.
De koning echter, die de verloving van zijn lievelingetje min of meer als een privékwestie scheen te beschouwen, had het er heel wat minder moeilijk mee. Hij had getracht de zaak te sussen en toen zoon Willem het er niet bij had laten zitten en dadelijk, al vlak na de officieuze verloving op 18 juni (1828) en nog voor de officiële viering van dit heuglijke feit, moeilijkheden had gemaakt en er een storm was opgestoken in de boezem van de Oranje-

familie, die tot een breuk tussen broer en zuster dreigde te leiden, had hij bemiddeld.
De vader was voor zijn dochter in de bres gesprongen en had aangeboden persoonlijk met de gepikeerde prins Gustaaf te spreken en tegenover hem de bezwaren van Nederlands kroonprins uiteen te zetten. Daarmee had hij weliswaar verhinderd dat de prins van Oranje een brief op poten aan zijn aanstaande zwager ging schrijven, maar alle briefwisseling tussen beiden verhinderen kon ook hij niet. Zelf was hij ook aan het schrijven geslagen. In een Franstalige brief (die nog in het Koninklijk Huis Archief[26a] bewaard wordt) aan zijn ontevreden zoon zette hij de visie uiteen dat het omstreden huwelijk *geen politieke, veel minder nog een Europese aangelegenheid was.*[27] De genegenheid van het verloofde paar moest als basis van deze verbintenis gezien worden.
Het is mogelijk dat de prins door de zienswijze van zijn vader toch nog kopschuw is geworden en om verdoezeling van zijn mening te voorkomen een korte brief aan de onwelkome gast op Het Loo schreef, die weinig goeds voorspelde, al zal zijn woordkeus allicht heel wat gematigder zijn geweest dan toen de ruzie tussen hen beiden in alle hevigheid op het paleis Het Loo was losgebarsten.

Mijn Prins,

Het komt mij essentieel voor, dat Uwe Koninklijke Hoogheid, in de omstandigheden, waarin wij ons bevinden, geheel mijn mening wete, wat de verbintenis betreft, die Zij met mijn zuster zal aangaan: evenals zijzelf ook op de hoogte van mijn grondgedachte te dien opzichte is, welke misschien niet zo is, als Uwe Koninklijke Hoogheid zich die voorstelt en zou wensen aan te treffen.
Mijn Vader zal de grote goedheid hebben zich er mee te belasten Uwe Koninklijke Hoogheid op de hoogte te stellen van de beweegredenen, die mij zouden doen wensen, dergelijke banden niet door mijn zuster aangeknoopt te zien. Ik heb haar in dat opzicht niets verborgen en wens dat Zijne Majesteit u niets bewimpelt van mijn gedachte, welke op de beraamde verbintenis betrekking heeft. Hetgeen mijn Vader u zal zeggen, zal u misschien pijnlijk aandoen, Mijn Prins, maar gegeven, dat nu eenmaal mijn mening aldus is, ben ik tegenover u evenals voor mijzelf verplicht u haar als van man tot man te doen toekomen en ik ben zeker, dat mijn Vader, die de zeldzame goedheid had zelf aan te bieden als mijn intermediair in deze voor mij werkelijk moeilijke aangelegenheid op te treden, u niets zal verhelen, maar dat de zaak zelf, door haar uit zijn mond te vernemen, voor u minder pijlijk zal worden.

Ik ben, Mijn Prins, met gevoelens van hoogachting, van Uwe Koninklijke Hoogheid

de toegewijde neef
w.g. Willem, Prins van Oranje.[28]

Het schot voor de boeg dat de prins hiermee aan Mariannes verloofde had gegeven, schijnt aanvankelijk maar weinig te hebben uitgehaald. Misschien had de koning de gegrondheid van de bezwaren van zijn zoon niet genoeg onderkend of had hij de zaken tegenover prins Gustaaf toch bewimpeld; het antwoord van de jonge prins was in ieder geval weinig geruststellend geweest.
...nooit zal ik van deze verbintenis bij Haar (Marianne) *in enige politiek opzicht partij trekken,*[29] had hij in zijn antwoord van 24 juni beloofd, maar wat hij erop liet volgen was heel wat minder geschikt geweest om de angstige vermoedens van Willem en zijn Anna Paulowna tot bedaren te brengen. Gustaaf voelde zich wel degelijk troonpretendent! *Verre van enige intrige, en sterk in mijne rechten, stel ik, Uwe Koninklijke Hoogheid, mijn vertrouwen in God, die, na soortgelijke beproevingen over uw familie te hebben laten komen als die, welke nog op de mijne drukken, haar eindelijk gelukkig in haar vaderland heeft doen terugkeren...*[30]
Het is duidelijk dat als het alleen maar aan Gustaaf van Zweden gelegen had, Marianne koningin van Zweden geworden zou zijn en het waren ook juist deze aspiraties die tot een uiteindelijke breuk hadden geleid.
Tsaar Nicolaas had pressie uitgeoefend op de Prins van Oranje en hem onomwonden laten weten dat hij Gustaaf nooit erkennen zou als prins, laat staan als koning van Zweden. De Britse regering was de tsaar bijgevallen. Europa was door het Congres van Wenen verdeeld en zo zou het blijven. De grenzen en ook de rechten van de regerende vorsten zouden niet mogen worden aangetast.
De druk was zo groot geworden dat koning Willem I uiteindelijk besloten had wat water bij de wijn te doen. Niet langer zou er in officiële stukken sprake zijn van Z.K.H. Gustaaf, Prins van Zweden en in het ontwerp van de toestemmingswet (die wonderlijk genoeg wel als wetsontwerp bij de Kamers zou worden ingediend, maar te gelegener tijd als toestemming in het Staatsblad zou verschijnen) had men er een onschuldiger omschrijving voor de persoon van de bruidegom voor in de plaats gezet: *Zijne Koninklijke Hoogheid, den Prins Gustaaf, zoon van den voormaligen koning van Zweden Gustaaf IV.*[31] Tegen deze vondst, die na langdurige diplomatieke onderhandelingen het daglicht zag, zou wel niemand bezwaar kunnen maken.
Niemand? Gustaaf had zich plotseling en hardnekkig tegen de hem toege-

dachte titulatuur verzet en wat erger was, hij bleef ook weg. Tegen alle afspraken in kwam hij niet meer bij zijn bruid terug en bleef ook staan op zijn al eerder geuit verlangen *dat de Prins van Oranje de huwelijksvoltrekking te Brussel niet zou bijwonen. Dit om te vermijden, dat de aanstaande bruidegom, die iets dergeljks niet meer zou kunnen verdragen, opnieuw van de zijde van zijn toekomstige zwager een scène te doorstaan zou krijgen als die welke hij in de boezem van de familie indertijd op het vreedzame Paleis Het Loo had moeten doorstaan.*[32]

Arme Marianne! Op een echte gelukkige verlovingstijd kon zij niet terugzien toen haar vader eindelijk de knoop had doorgehakt en aan de graaf Van Reede opdracht had gegeven een allerlaatste brief te schrijven, waarin niet alleen gewag werd gemaakt van *het verregaand verschil van inzichten, dat zich bij de eerste opening van de beraamde verbintenis voordeed, met het standpunt dat men nu te zien krijgt...* maar ook: *Dientengevolge zie ik mij door de Koning opgedragen, u te kennen te geven, dat Z.M. opgeven van het huwelijksplan, dat voorwerp zijner dierbaarste wensen had uitgemaakt en in gemeen overleg een einde maken aan overeenkomsten, die niet meer datgene beloven, wat zij te verwachten hadden gegeven, verkiest boven te late spijtbetuigingen... welke men thans nog kan voorkomen...*[33]

Ach, het waren ingewikkelde zinnen geweest voor een simpele zaak. De verloving was voor het Nederlandse hof niet aantrekkelijk meer en als Gustaaf niet genegen was om op het allerlaatste ogenblik bakzeil te halen, kon hij beter de geschenken, portretten en brieven van Marianne terugsturen. Hij zou dan de zijne krijgen.

Zonder tegenpruttelen had Gustaaf in de verbreking van de verloving berust, al was het wel een streep door zijn rekening en ook een streep door de Oostenrijkse politiek, die zijn aspiraties van harte steunde. De verloving was met stille trom en als een nachtkaars uitgegaan en er blijft koningin Mimi niets beters over dan in de laatste dagen van december 1828 wat triest aan mevrouw Falck te schrijven: *Er zijn heel wat dingen veranderd sinds Wij het Loo verlaten hebben, dat heeft ons heel wat beslommeringen bezorgd en is groten deels oorzaak van de vertraging.*[34]

Bijna heeft Marianne de bruidsjapon aan gehad. Waarschijnlijk was deze al ontworpen en genaaid. Bijna was ze de vrouw van Gustaaf geweest. Is haar hart nu gebroken? Is een pril geluk aan scherven gevallen? Haar moeder denkt van niet: *Marianne is gelukkig en tevreden en ingenomen dat ze nog in het ouderlijk huis zal blijven.*[35] Maar de koningin is een discrete vrouw. Toch zegt Marianne het haar na, al heeft ze er wel drie maanden voor nodig voor het zover is! *Ik ben heel tevreden en gelukkig, lieve Zezette, en alle veranderingen die plaats gevonden hebben nadat wij elkaar op het Loo ontmoetten doen mij geenszins verdriet...*[36]

Beseft ze dat ze ontsnapt is aan een politiek avontuur, dat voor haar wel eens kwalijke gevolgen had kunnen hebben? Ach, het kind is bijna opnieuw verloofd. Er worden plannen gesmeed om haar te koppelen aan een Pruisische prins. Albert, of Albrecht zoals hij officieel genoemd wordt, is Mariannes volle neef, de jongste zoon van Mimi's broer, Friedrich Wilhelm III, en de diepbetreurde en welhaast legendarische koningin Louise van Pruisen. Uit het moederloze kind is een knappe, wereldse maar ruwe man gegroeid. In 1825 is zijn zuster Louise als bruid van prins Frederik naar de Nederlanden vertrokken. Hun huwelijk is harmonisch. Louise is wat koppig, maar Frederik geeft haar wel toe. Nu zal Marianne haar Albert naar Pruisen volgen en ook gelukkig worden. Tenminste, dat hoopt men.

Marianne is nu geen kind meer en wordt ook niet langer als zodanig behandeld. En gravin Bentinck is niet meer haar gouvernante. *Madame Bentinck heeft ons sedert enige dagen verlaten, een beetje uit haar humeur omdat ze haar plaats door een ander ingenomen ziet... en besloten zich in Engeland te vestigen; ik moet erkennen, dat ik, in haar plaats dit besluit niet genomen zou hebben en ik wens alleen maar dat ze er zich op den duur wel bij gevoelen zal... het speet Marianne erg van haar gewezen gouvernante te scheiden... De gravin Bentinck weet nog altijd niets af van de briefwisseling met Bonnick, zeg er daarom niets over wanneer u Mylady ontvangt.*[37]

Ook Marianne is beducht dat mevrouw Bentinck, of beter gezegd lady Jemina, zoals ze zich in Engeland noemen laat, iets over haar omgang met Bonnick te horen zal krijgen. Hierin is zij niet open. Wel schrijft de gouvernante met elke post en antwoordt zij getrouw, maar daar blijft het bij. Bonnick heeft haar wel opgezocht, ongelukkigerwijze op het uur van het diner en is smadelijk weggezonden. *Wat een verschil met u, lieve Zezette...*[38]

Het is duidelijk dat de vete tussen nurse en gouvernante wordt uitgevochten tot in de huizen van de Londense society, maar de oorzaak daarvan komt nooit boven water.

Trouwens, er is nog meer dat in Mariannes jeugdjaren onopgehelderd blijft. Daar is de figuur van George Anne, markies van Thouars, deugniet en getalenteerd dichter uit een straatarme Hugenotenfamilie, die zich wel de titel van een markies van Thouars aanmatigt, maar die, op de keper beschouwd, daar niet het minste recht toe heeft.

De koning heeft zich in 1826 over de jongen ontfermd en hem aan het hof gehaald. Hij wordt aangesteld als page en krijgt een militaire opleiding in Breda. Dat ligt in de lijn van de tradities in zijn familie. De grootvader van George is generaal geweest. Nog leven zowel de vader als de grootvader van de negentienjarige jongen, maar van hen – weggezakt in armoede als ze zijn – is geen heil te verwachten. *Eene kans uit duizenden voor den jongen*

George de Thouars om zich voorgoed los te maken uit de ellendige omstandigheden thuis.[39]
Het is boter aan de galg gesmeerd. De jongen werkt niet genoeg. Hij drinkt. Hij drinkt meer dan goed voor hem is, hij zuipt. En werpt hij werkelijk een visje uit naar de koningsdochter Marianne? Gelukt het hem haar in een onbewaakt ogenblik te verschalken? Of is het grootspraak? George is nu niet bepaald een jongen die gemakkelijk zijn handen thuis houdt waar het vrouwelijk schoon betreft. Later, als hij van het hof weggetrapt is, zal hij beweren dat hij bijna de schoonzoon is geweest van koning Willem I. Is dat werkelijk zo geweest? Of hebben wij hier te maken met een wens, een droombeeld, dat alleen maar bestaan heeft in een verward brein van een verwarde jongen, wiens gedrag *zo onmogelijk is, zo ongebonden,* dat hij nog geen jaar *in Den Haag gehandhaafd kan blijven. Er bestaat zelfs een anecdote, dat hij den koning zeide, dat de Oranjeboom niets betekende, vergeleken met den eik der Thouars.*[40]
De koning heeft schoon genoeg van de wilde sprongen van zijn protégé en trapt hem, als hij bovendien nog brutaal wordt, de dienst uit. Het is het tweede ontslag in Mariannes omgeving waarover een sluier hangt, die niet opgelicht wordt. Voortaan neemt de markies de Thouars de houding van een verstoten minnaar aan. Hij wijdt gedichten aan zijn „verloren" liefde, maar vertelt in één adem aan zijn medestanders ook dat Marianne *reeds vroeg verdorven* is geweest.
Dat zal in later jaren ook de mening van Eylart Meeter zijn, die in zijn geschrift „Holland; Its Institutions, Its Press, Kings and Prisons" ronduit over haar zegt: *Marianne was, zoals ik al heb gezegd, het lievelingetje van Willem I en daarom, als alle lievelingetjes, bedorven. Toen hij ten slotte de losbandigheid van zijn beminde dochter moest vaststellen, nam hij de eerste de beste echtgenoot van koninklijke bloede die hij te pakken kon krijgen... Zij was een knap blondje met mooie teint... Zij begon haar carrière toen zij nog maar zeventien was. Zij moedigde niet alleen jonge vrijers aan, van wie zij wist dat zij hen nooit zou bezitten, maar gaf zich tevens over aan onnatuurlijke gruweldaden, die hier geen nadere bespreking verdragen. Maar vóór die tijd had zij al geflirt. Hoeveel jonge mannen om haar gezucht hebben, weet ik niet; maar ik ben van mening dat niemand anders dan zij het hoofd van de arme markies de Thouars op hol heeft gebracht... Hij hield werkelijk met heel zijn hart van haar. Hij begon verzen te schrijven en produceerde een paar uitstekende gedichten die in Nederlandse tijdschriften werden gepubliceerd. Zijn muze stond in voortdurende dienst van de prinses, maar Marianne bleek zo wispelturig te zijn dat hij spoedig op een andere dan de Parnassus nectar overging en verlichting voor zijn smart zocht in misbruik van sterke drank, en aldus de eerste stap zette op de fatale weg der dronkenschap.*[41]

Het is ongetwijfeld sterke taal die de republikein Meeter daar gebruikt. Hij is een fervent beoefenaar van de chronique scandaleuse, maar wie de wonderlijke keus voor een huwelijk met Gustaaf van Zweden beschouwt, moet zich toch wel in gemoede afvragen of hier toch niet van een noodsprong van de zijde van de koninklijke ouders sprake is geweest. Want alle gekleurdheid van het kleurrijke boek van Meeter ten spijt, moet men toch wel erkennen dat een banneling geen passende partij is voor een rijke koningsdochter in het begin van de negentiende eeuw.

Erg lang heeft George de Thouars om zijn „aangebeden" prinses niet getreurd. *Na zijn verdwijning* (van het hof) *wist hij blijkbaar niets beters te doen, dan het slechte voorbeeld zijns vaders te volgen en op 20 j.leeftijd te gaan trouwen met een zekere Sophie Dorothée Friederike Schaaff.*[42] Een onbekookt huwelijk zonder ouderlijke toestemming. Het is al eerder voorgekomen in het geslacht van de Thouars en het heeft wel veel zorg, maar opmerkelijk weinig zegen gebracht. Zo vergaat het ook George. *Thuis* durft hij *blijkbaar niet te verschijnen.*[43] Thuis is het zo al armoe troef. Hij trekt naar Denekamp, waar in februari 1821 een dochtertje geboren wordt: Nanny. Een tweede meisje volgt in 1830. Haar naam? Marianne! Ook geboren in mei: 22 mei 1830. Het kind zal net zo arm en verwaarloosd door het leven gaan als die andere Marianne, het vondelingetje dat veilig is weggestopt in een kolonistenhuisje op Frederiksoord.

Maar terug naar Marianne, de koninklijke prinses in de paleizen van Brussel en Den Haag, voor wie een nieuwe bruidegom is gezocht en gevonden.

Een huwelijk met Albert van Pruisen heeft vele voordelen, zo houdt men haar voor. Men kent de familie van haver tot gort en maakt er zelf deel van uit. Men mag bovendien verwachten dat een bruidegom uit zulk een aanverwant geslacht zal zijn als een appel, die niet ver van de boom valt. Bovendien is Marianne een aardig blondje met een fikse bruidsschat. Het moet toch wel heel vreemd lopen als men onder de Pruisische neven voor haar geen man op de kop tikken kan.

Ditmaal is men wat voorzichtiger en houdt alles strikt geheim en gelukkig valt een reis naar Bonn in het voorjaar van 1829 niet al te veel op. Er zit immers niets vreemds in dat Mimi samen met haar dochter haar Pruisische familie bezoekt?

En toch – ze zijn nog maar nauwelijks in Brussel terug of hofhouding en stad gonzen van geruchten. Dan laat de koningin ook maar alle verdere geheimhouding varen en schrijft aan haar lieve Zezette een briefje over de nieuwe plannen. *Het is het plan van Marianne met haar neef Albert van Pruisen, hoewel de officiële berichten daarover nog niet gegeven zullen worden heeft het opgehouden een geheim te zijn en men spreekt er in de hofkringen over en in de stad. Marianne is heel wat tevredener dan verleden jaar en ik*

kan alleen maar zeggen dat de wederzijdse verbondenheid tussen de jonge verloofden die al vanaf hun kindertijd duurt, een familie die haar niet vreemd is, die ze liefheeft en die haar liefhebben, een huishouden in de plaats waar zij geboren is doen hopen op een gelukkige toekomst.[45]
Familiebanden! Het is een povere basis voor toekomstig geluk. Maar welke prinses mag hopen op liefde? Ook Marianne beziet haar tweede verloving van de praktische kant. Ook in haar brieven geen woord over liefde, geen woord over haar bruidegom, geen woord over geluk. Het is alsof zij alle toespelingen daarover ontwijkt. Weet ze misschien al dat aan het hof ook minder mooie dingen over haar aanstaande gefluisterd worden, dat hij niet de man is voor wie men hem houdt, dat hij – hoe jong ook – al een liederlijk leven achter de rug heeft?
De combinatie is echter wel mooi uitgedacht. Albert is als jongste zoon van Friedrich Wilhelm III een volle neef van Mariannes moeder, een tantezegger. Broer Frederik ziet zijn zusje trouwen met zijn zwager en ook Anna Paulowna kan tevreden zijn. Albert is ook de zwager van haar broer Nicolaas, de machtige tsaar aller Russen. Ze is er dan ook mee ingenomen en bericht aan Constantijn: *Het enige wat men er nu van zeggen kan is, dat zij gelijk zijn in leeftijd, daar er alleen maar een verschil is van zes maanden. Ik ben vol bewondering voor de manier waarmee de Pruisische familie bezig is zichzelf uit te huwelijken, zij zullen binnenkort de voorouders zijn van het hele menselijke geslacht.*[46]
Tsaar Nicolaas kan tevreden zijn. Metternichs invloed is uitgeschakeld en de familiebanden met de Romanows zullen door dit huwelijk worden versterkt. Dat koning Willem I wat minder nauwe relaties met het Pruisische hof onderhoudt en dat hij er zelden op bezoek gaat – ach – wat hindert dat? Het huwelijk van Marianne zal ook dat gaan uitwissen.
De plechtige verloving wordt op de 11de november gevierd. Maar voor het zover is, heeft de Oranjefamilie nog een paar opwindende dagen doorgemaakt. Fritz, die verstandige, bezadigde Frederik, kent zijn eigen belang niet. Of juist wel? Het is maar hoe men het bekijkt. In ieder geval begaat hij een bijna onvoorstelbare daad. Hij weigert een kroon. Ook deze zoon van Willem I zou een troon kunnen bestijgen en nog wel voordat zijn oudste broer koning geworden was. Maar Fritz houdt het hoofd koel. Hij denkt er niet aan zich in een dubieus avontuur te storten en weigert in te gaan op het voorstel dat zowel Rusland als Engeland hem doen. Fritz stelt zich niet kandidaat voor de Griekse troon en bevindt zich daar wel bij.
Wat onlangs in Brussel gebeurd is, dat is veel erger. Daar worden prins Willem en Anna Paulowna plotseling verwikkeld in een schandaal dat zijn weerga niet kent. Het is de nasleep van de diefstal van Anna's juwelen. In de morgen van zesentwintig september 1829 heeft de Spaanse conciërge van

het nieuwe kroonprinselijke paleis ontdekt dat er ingebroken is in de appartementen van Anna Paulowna. De inbrekers hebben die nacht vrij spel gehad. Het paleis was onbewaakt en Anna was met de kinderen in het buitenhuis bij Tervueren. De overige familie had vrolijk gedanst op een bal bij prins Frederik.
In de vroege morgen zijn alleen maar de sporen van een ladder, een paar scherven van een ingeslagen ruit, wat bloeddruppels en een paar uitgebrande zwavelstokken de stille getuigen van deze roof. Een groot deel van Anna's juwelenschat is verdwenen en ze mag nog blij zijn dat de inbrekers twee koffers met juwelen over het hoofd hebben gezien. De buit is miljoenen waard.
De gevolgen van deze roof zijn voor het kroonprinselijk paar mogelijk nog erger dan de diefstal zelf. Een stroom van geruchten en laster ontlaadt zich boven het hoofd van de prins van Oranje. Want hij en hij alleen zou opdracht gegeven hebben tot deze geruchtmakende inbraak ter delging van zijn enorme schuldenlast.
Het schandaal doet het Huis van Oranje veel kwaad. Van alles wordt erbij gehaald. Heel de kwestie van Willems dubieuze vriendenkring komt aan de orde. Men spreekt over zijn omgang met een zekere Pereira, zoon van de Portugese consul in Sint Petersburg, die er maar een wonderlijke kennissenkring op na houdt. Pereira is geen geschikte vriend voor de prins, zegt men luidkeels nu het kalf verdronken is. Willem zou hem dikwijls aan kleedgeld geholpen hebben en Pereira zou zelfs in het bezit van een loper zijn, waardoor hij vrij toegang tot de prinselijke vertrekken zou hebben gehad. Voor Pereira zou het een koud kunstje geweest zijn om een inbreker binnen te laten. Maar de inbrekers hebben een ladder tegen de muur geplaatst en een ruit ingeslagen. Dus toch geen Pereira? Of waren die sporen een afleidingsmanoeuvre? Bovendien zegt de politie dat de dader helpers van buitenaf gehad moet hebben.
De Russische gezant Gourieff licht tsaar Nicolaas op zijn wijze over het voorgevallene in. Het treft wel heel ongelukkig dat deze diplomaat nooit op goede voet met Anna Paulowna heeft gestaan. Tot aan de dag van de diefstal had hij er zich uitsluitend toe bepaald bij de prins van Oranje in het gevlei te komen en had hij de trotse Anna volgens haar zeggen behandeld *als een nul.*
Gourieff heeft de tsaar heel wat te zeggen over de persoon van Pereira. Anna Paulowna ook: *...zal ik je alleen maar kunnen zeggen, dat er geen enkele voorzorgsmaatregel was genomen om mijn appartementen te Brussel te bewaken, aangezien Willem absoluut niet wenste schildwachten te plaatsen op het terras, dat aan mijn kamers grenst. Dat er geen levende ziel in het hele appartement was op de dag van de diefstal; dat de bediende, die beneden*

14. Zoetelijke huwelijksprent, compleet met minnegodje, Nederlandse Maagd en wolken, van prinses Marianne en prins Albert van Pruisen. Litho naar L. de Wildenberg, 1830. (Gemeentearchief Den Haag.)

moest slapen er zich niet bevond; dat het juist diegene was, die door Pereira was aanbevolen en dat hij diezelfde nacht aanwezig was bij een orgie bij de lieden van Machado, een personage waaraan Pereira zicht heeft gelieerd.
Ach, Anna weet zelf niet meer wat ze van haar Willem geloven moet. Ze heeft al zoveel met hem meegemaakt in haar eerste huwelijksjaren. Veel fiducie schijnt ze niet in hem te hebben, want ze besluit met: *Het zal je wel niet onbekend zijn, dat het vermogen van Willem met schulden beladen is, zelfs veel meer dan ik weet; dat hij lening na lening aangaat en dat men op dit punt geen goede mening van hem heeft.*[47]
Ook Willem schrijft aan de tsaar, ook hij schrijft over Pereira, maar houdt hem, zoals overigens te verwachten was, beschermend de hand boven het hoofd. Pereira kan het niet geweest zijn, zegt Willem. Maar de geruchten woekeren voort. Het is een uitgezochte kans voor Willems vijanden om de Held van Waterloo geducht zwart te maken. En zelfs de discretie en zelfbeheersing die Anna Paulowna na de eerste schrik aan de dag legt, worden tegen haar man gebruikt. Willem heeft in ieder geval de schijn tegen zich en aan de in het zuiden toch al zo wankele populariteit van het Huis van Oranje is een fikse slag toegebracht. Het is een zware schaduw die over de verlovingsdag van de jonge Marianne valt en die een afschaduwing schijnt te zijn van de nacht die zij aan de zijde van Albert van Pruisen zal binnengaan.

V. ZWAAR WEER

September 1830.
Na de dringende vertoogen en de verstandigste raadgevingen, sedert twee jaren met de beste bedoelingen gegeven, heeft de uitmuntende C... (graaf Mercy-Argenteau, hofmaarschalk van de koning te Brussel) *den Koning bij diens laatste oponthoud in Brussel in duidelijke bewoordingen... gewaarschuwd, door, toen hij gereed stond om in het rijtuig te stappen, aldus tot hem te spreken:*
„Sire, er is nog iets, dat mij ernstige ongerustheid baart; de overheden zijn het hier niet eens. Er zijn drie magten, die elkander kruisen en onderling schadelijk zijn, terwijl er geen enkele bij is, die goed kan heeten. Den eenen of anderen dag, kunnen er onlusten uitbarsten; wie zal dan het bevel voeren; wie zal dan het bestuur op zich nemen?"
Waarschijnlijk ongeduldig geworden, omdat hij op het oogenblik tot zijn vertrek bepaald, opgehouden werd, (ik ken die schoolmeesterachtige naauwgezetheid) wilde onze man (koning Willem I) *niet in zijn zorgelooze rust gestoord worden, of wel hij steunde helaas! nog altijd op zijne persoonlijke bekwaamheid, om alles in orde te kunnen brengen, of verliet zich ook nog op zekere protestantsche fataliteitsleer: onze man, zeg ik, geeft dezen verknochten staatsdienaar, dezen verlichten man ten antwoord: „Ja, ja, gij heeft gelijk, zij zijn niet al te eensgezind; maar wij moeten zien, en ik hoop dat alles zich nog wel schikken zal; beter welligt dan gij denkt."*
De heer M... (graaf Mercy-Argenteau. Het is niet duidelijk waarom de schrijver eerst C en dan M gebruikt voor een en dezelfde persoon) *verslagen en verontwaardigd tevens, maakte een diepe buiging en zeide:*
„Sire! Ik hoop het ook."
Tien dagen later barstten de eerste onlusten in Brussel uit.[1]
Van Grovestins, die de dagboekfragmenten van de graaf Van der Duyn van Maasdam in later jaren bijeenzamelt en uitgeeft, plaatst hier een bittere voetnoot bij: *De koning wilde met alle geweld naar het Loo om er de*

genoegens van het buitenleven te smaken.[2] Daarmee doet hij de vorst waarschijnlijk onrecht. Men heeft aan het hof de dreigende storm wel degelijk zien aankomen. Anna Paulowna had er in haar brieven naar huis al eerder over geklaagd dat de *heerlijke Brusselse tijd*[3] hard op weg was in *die moeilijke Brusselse tijd* te veranderen. Zelfs Marianne weet ervan. Is zij het niet die pinnig heeft geschreven dat ze al haar bezittingen uit Brussel heeft meegenomen? Ze heeft het als aanstaande bruid gemakkelijk kunnen doen zonder opschudding te veroorzaken. Maar de oorzaak is minder feestelijk dan de argeloze waarnemer gedacht zal hebben. *Ze zullen geen speld van mij in handen krijgen.*[4]

Ze staat nu vlak voor haar huwelijk met Albert van Pruisen, dat in september gesloten zal worden. Maar voordat het zover is, zal de koning eerst nog de enerverendste verjaardag van zijn leven moeten doormaken. Achtenvijftig jaar is Willem I nu en de slechte berichten uit Brussel beuken als hamerslagen op hem neer. Er is oproer uitgebroken! En herinneringen aan voorbije revoluties bestormen zijn brein. Revolutie! Het is een angstaanjagend woord dat nog niets aan actualiteit heeft ingeboet. Want hebben de Fransen in de afgelopen maand juli nog niet netjes hun koning Charles X gewipt? Dat was al een hele schok geweest, al had Willem I zich wel zo kunnen beheersen dat Van der Duyn van Maasdam in zijn dagboekbladen aangetekend had, dat *de koning vrij kalm* onder het nieuws was gebleven, *maar zijn zonen zijn zeer geschokt en verbitterd.*[5]

Nu zit Louis Philippe als koning op Frankrijks troon en men moet maar afwachten of hij zich niet in de Belgische troebelen zal mengen. Nu het te laat is, wil Willem I naar Brussel teruggaan. Hij vreest geen gevaar, aan hem is toch niets verloren. Zijn zoon Willem zal in de Noordelijke Nederlanden moeten blijven en *zich bewaren voor de natie*[6] zo zegt hij, maar misschien vertrouwt hij zijn onevenwichtige zoon die taak eigenlijk niet toe.

In de praktijk pakt het heel anders uit. De koning blijft waar hij is en de prinsen Willem en Frederik rijden in galop naar het zuiden. Ze laten er geen gras over groeien en zijn vroeg in de morgen al op pad. Marianne zal waarschijnlijk zonder haar broers bruiloft moeten vieren.

In de laatste dagen die aan de grote dag voorafgaan, neemt ze schriftelijk afscheid van de trouwe Bonnick en van Zezette Falck: *want nu ik me ga verwijderen uit deze kontreien zal ik nog maar zelden nieuws kunnen ontvangen of geven en dan nog maar alleen heel langzaam; maar hoever verwijderd ik ook van u zal zijn, lieve Zezette, u zult altijd mijn vriendschap en dankbaarheid behouden.*[7] Over enkele dagen zal zij prinses van Pruisen zijn en zich al zodanig moeten gedragen. Nieuwe banden zullen worden aangeknoopt en oude vriendschappen worden verbroken. Het is de prijs die zij voor het huwelijk zal moeten betalen.

Ik heb mijn pen opgenomen om u over mijn huwelijk te berichten; het zal op de veertiende van deze maand voltrokken worden en ik hoop, dat het zal bijdragen tot het geluk van de Prins aan wien ik mijn leven zal wijden. De tweede van de volgende maand zal ik mijn oude en geliefde vaderland verlaten, dat zal een verschrikkelijk ogenblik zijn en ik vrees het zozeer, dat ik er niet aan wil denken.[8]
Nog steeds geen woord van liefde voor de man met wie zij in het huwelijk zal treden. De angst en de verstandelijkheid waarmee ze de toekomst tegemoet ziet ligt er duimendik op, al zegt ze dan nog zo braaf: *Voor het overige blijft me niets te wensen over en ik zou aan mijn lot ook niets willen veranderen, ik beschouw mezelf als gelukkig en vergelijk me voortdurend met andere prinsessen, vergeleken met wie, vind ik, nog erg in het voordeel ben.*[9]
En weer haalt ze in haar brief de verstandelijke argumenten aan, die haar met dit huwelijk moeten verzoenen. *Ik treed een familie binnen, die ik vanaf mijn kindertijd ken, een familie die de mijne is, ik kom aan in een land waar ik geboren ben en mijn eerste jaren sleet. De koning was altijd heel goed voor mij en ik ben met vriendschapsbanden met alle leden van de familie verbonden. Bovendien is Berlijn niet zo ver verwijderd van hier als men wel denkt en de reis hierheen zal gemakkelijk zijn. Als ik redelijk ben moet ik tevreden zijn en dat ben ik ook...*[10] Maar toch, de angst van het negentienjarige kind kruipt waar hij niet gaan kan en blijft aan haar toekomstbeeld knagen. Marianne, het verwende moederskindje, kan maar moeilijk scheiden: *het is echter wel natuurlijk dat de situatieverandering wel emoties bij me wakker zal maken en dat ik om het vaderlijk huis en om mijn vaderland een paar tranen vergiet.*[11]
En zo, op veertien september 1830 en temidden van alle opschudding die de Belgische opstand met zich meebrengt, treedt Marianne in de tot trouwzaal omgetoverde balzaal van het paleis Noordeinde met Albert in het huwelijk. Vijfhonderd gasten wonen de plechtigheid bij. Het is alsof er geen revolutie of opstand bestaat. Niets wijst er op dat een burgeroorlog op het punt van uitbreken staat. Mariannes broers zijn weer terug, de prins van Oranje is andermaal held geweest en haar bruidsjapon is van de fijnste Brusselse kant. Maar de bruidegom leeft *„los”.* En de dominee die het huwelijk inzegent preekt te lang en is zo goed als onverstaanbaar. Heel Den Haag viert een wonderlijke prinsessebruiloft; de stad is feestelijk verlicht en even lijkt het of er geen moeilijkheden met opstandige Belgen zijn.
Ook schoonzuster Anna Paulowna heeft zich voor het huwelijksfeest prachtig uitgedost in een statiejapon met een meterslange sleep. Ze heeft weliswaar niet zo heel veel sympathie voor haar zoveel jongere schoonzusje, maar haar huwelijk volgens rang en stand, dat door tsaar Nicolaas met zoveel

instemming is begroet, verzoet veel. En nu Marianne voor het onherroepelijk afscheid van het ouderlijk huis komt te staan, voelt Anna medelijden met haar zachte, vriendelijke schoonmoeder, die binnenkort van haar oogappel zal moeten scheiden. *Een verschrikkelijk ogenblik,* verzucht ze tegen broer Nicolaas, *een verschrikkelijk ogenblik voor de koning, de koningin en eveneens voor ons allen.*[12] Is het een wonder dat ze in deze dagen aan haar afscheid van Rusland terugdenkt? En ze is vastbesloten om haar schoonouders het verlies van hun enige dochter zoveel mogelijk te vergoeden: *laat mij hun een bewijs geven van de dankbaarheid, die mijn hart vanwege hun goede werken vervult.*[13] De laatste sporen van wantrouwen tegenover haar man lijken door de Belgische storm te zijn uitgewist. Ze rept niet eens meer over de diefstal van haar juwelen. *Ik stel er oneindig veel prijs op het ongeluk van de familie te delen en ik verzeker je, lieve Nikki, dat Willem mij nimmer dierbaarder is geweest dan thans.*[14]
Brief op brief zendt Anna Paulowna in deze bange dagen aan haar lieve Nikki, de tsaar. Ze hoopt vurig op zijn inmenging. Nicolaas is machtig genoeg om de Belgische opstandelingen naar zijn wil te dwingen! En steeds weer vloeien woorden van liefde haar uit de ganzepen: *Want ik heb Willem lief en niet de Koninklijke Prins...* en *Ik voel me zo gelukkig door hem deze compensatie te geven, dat ik nu eerst het geluk van rijk te zijn besef. Dit, lieve Nikki, is mijn revanche voor de jaren van verdriet.*[15]
In de stormen van de revolutietijd verlaat Marianne begin oktober haar vaderland. In Berlijn aangekomen, smeekt ze haar schoonvader om hulp. Het wordt haar eerste teleurstelling in het nieuwe land. Al haar woorden zijn vergeefs. Ze is een vrouw en telt niet mee. Friedrich Wilhelm III is nog altijd de weifelaar van voorheen. Inmenging past niet in de Pruisische politiek en zwager Willem moet zelf maar zien hoe hij zijn Belgische boontjes dopt.
Toch gaat het nog niet zo slecht met Marianne in die eerste huwelijksjaren. Wel wordt er veel van haar aanpassingsvermogen gevergd. Zij, die als jong meisje al zo'n afkeer van bals en partijen had, moet nu haar partijtje mee gaan blazen in het gecompliceerde hofleven aan het stijve Pruisische hof. En het is niet ondenkbaar dat haar dit evenzeer verveelt als vroeger. Maar: *de lieve Marianne, zij is gelukkig en tevreden en men is zeer content met haar,*[16] schrijft moeder Mimi trots.
Het Pruisische hof heeft inderdaad alle reden om tevreden te zijn. Marianne zal moeder worden en vervult daarmee haar hoogste plicht en verzaligd schrijft de goede Mimi: *Mariannes gezondheid was tot nog toe perfect, ze is totaal gelukkig in haar huishouden en er is geen betere echtgenoot dan Albert. Marianne van haar kant is ook vol tederheid, toegeeflijkheid en vriendelijkheid. De hele familie wenst haar alle goeds toe en de Berlijners*

15. Prinses Marianne in 1830. Als dank voor een kostbaar huwelijksgeschenk schonk prinses Marianne aan de stad Amsterdam dit schilderij door Wiertz. (Gemeentemusea Amsterdam.)

aanbidden haar, ook gedraagt ze zich zeer tactvol.[17] Alle zorgen en angsten schijnen overbodig te zijn geweest.
Na negen maanden brengt Marianne, ver verwijderd van het Hollands-Belgisch gekrakeel, in 1831 haar eerste kind ter wereld. De baby die geboren wordt is maar-een-meisje, Charlotte, en het kan bijna niet anders of een lichte teleurstelling steekt de kop op. Nog heeft Marianne haar echtelijke plichten niet naar behoren vervuld. Pruisische prinsen verlangen zonen. Want pas dat streelt hun vadertrots!

VI. „ZENDT DE KAT NAAR ENGELAND, EN ZE ZEGT MIAAUW ALS ZE TERUGKOMT"

In Den Haag sleept het Hollands-Belgische drama zich eindeloos voort. De grootmeester van de koningin legt er zelfs een dagboek over aan om zijn jonge vriend Van Grovestins en zijn zwager Van der Capellen op deze wijze op de hoogte te houden van wat er zoal aan het hof voorvalt. Hij weet opperbest dat het briefgeheim niet langer gerespecteerd wordt en zorgt ervoor dat de bladen van zijn dagboek in de vorm van brieven door vertrouwde personen aan Van Grovestins en Van der Capellen in handen worden gespeeld.

Dit schrijft hij als de eerste berichten van de hevige gevechten in Brussel Den Haag bereiken:

23 September 1830. De handschoen is dus geworpen en met bloed bevlekt is zij opgeraapt. Welke gevolgen deze overwinning ook na zich moge slepen, altijd zullen zij verschrikkelijk zijn, voor den met bloed bevlekten troon.[1]

Prins Frederik heeft zijn hoofdkwartier van Mechelen verplaatst naar Vilvoorde en de prins van Oranje bevindt zich op het ogenblik bij of in Brussel, maar erg succesvol is hij niet, want: *Zaturdag 25 (september 1830). Na drie dagen van brant en moord tusschen de opstandelingen in Brussel en de nederlandsche troepen was men nog even ver gevorderd... en bij magte om de benedenstad, aan de vlammen ten prooi te geven, door er bommen en houwitzers in te werpen...*[2]

Hij is het stellig niet met de publieke opinie eens als hij kritisch de politiek van regering en parlement onder de loep neemt. Meer dan iemand anders heeft hij oog voor het feit dat de gevolgen van de opstand niet meer terug te draaien zijn en bitter merkt hij op: *Het is iets fraais, om zo maar in der haast en zonder eenige stellige bepaling,* (in het parlement) *te beslissen dat er herstel plaats zal hebben... is zulks wel mogelijk? en zullen de mogendheden er genoegen mee nemen? Van dat alles geen woord.*

Met betrekking tot het andere vraagstuk, over de noodzakelijkheid van ver-

andering dezer grondwet, die overigens zulke heerlijke vruchten heeft opgeleverd, dat half-liberale half-feodale monster, ben ik er zeer over verwonderd, dat men niet eenstemmig van gevoelen was, haar overeenkomstig den geest des tijds te wijzigen. Men zal van deze vergadering, die misschien voor het laatst te zamen gekomen is, met andere woorden kunnen zeggen: Zendt de kat naar Engeland, en ze zegt miaauw als ze terugkomt.[3] Zijn kritiek blijft niet tot het optreden van de ministerraad en het parlement beperkt, ook koning en kroonprins krijgen er geducht van langs.

Dat blijkt uit de aantekening op 5 oktober, wanneer de prins van Oranje zich *na eene zeer lange besluiteloosheid des vaders gisteren naar Antwerpen heeft begeven... Z.K.H. heeft mij gisteren avond doen ontbieden, zoveel mogelijk mijnen onderhoorigen in te lichten omtrent het doel dezer reis, dat daarin bestaan zou, zich als schijn-gemachtigde des konings te vertoonen, om de voorslagen aan te hooren, welke naar men hem verzekerd heeft, gedaan zullen worden; verder om naar omstandigheden te handelen, om zoo veel te herwinnen als mogelijk zal zijn en daar ginds zelf te gaan beheeren, wat nog niet verloren is.* Over dat laatste heeft Van der Duyn van Maasdam geen illusies. *Wat dit laatste betreft is geheel België, uitgezonderd Antwerpen, stellig verloren,* schrijft hij droogjes. *In dit gesprek, dat hoogstens een kwartier duurde, en waarvoor ik zeer bezorgd was, heb ik opnieuw de gelegenheid gehad, mij van de stijfhoofdigheid des vaders en van de onvoorzichtige lichtzinnigheid des zoons te overtuigen. Welke menschen! Mijn hemel! In welke handen zijn wij gevallen!* [4]

Op 8 oktober (1830) zit hij nog dieper in de put en verzucht: *Wat er van dit alles worden zal, weet God alleen; vooral indien de laatste hoop (naar mijn inzien) namelijk de poging die door den Prins van Oranje te Antwerpen wordt aangewend, mislukken mogt.*[5]

Van die laatste hoop komt al helemaal niets terecht en de opstand, die in Brussel begonnen is, breidt zich nu in snel tempo over heel België uit, de troepen in de kazernes slaan aan het muiten. Overal is het onrustig; er zijn ongeregeldheden in Brugge, Oostende, Ath, Doornik, Nieuwpoort, Philippeville, Ieperen, Dinant, Namen, Charleroi en Luik. Maar nog is Antwerpen in Hollandse handen.

De koning is bezorgd over de goede afloop en hatelijk noteert Van der Duyn van Maasdam: *Zijne Majesteit is niet in zijn schik... zelfs wanneer men het meest gunstige aanneemt, zal het altijd eene bittere pil zijn, die de* **burger** *koning en de* **vaderlijke** *monarch bij uitnemendheid moet slikken.*[6]

Even gloort er nog hoop: *Er is nu, hoewel misschien te laat een groote stap gedaan, door een kleine, dat wil zeggen, korte maar krachtige en beslissende proclamatie van den Prins van Oranje, die gisteren te Antwerpen werd afgekondigd. Z.K.H. verklaart de belgische nationaliteit onafhankelijk van*

Holland *te erkennen, en zich aan het hoofd te zetten van de beweging, welke deze onafhankelijkheid verdedigt, voor welke hij, (de Prins) bereid is zijn bloed te storten! ! !* [7] Het is een ongehoorde stap, die de koning diep moet grieven; het is ook een wanhopig bod op leiding van een Belgisch zelfbestuur.
De proclamatie van de kroonprins slaat bij de koninklijke familie in als een bom en alles raakt in rep en roer. Vooral Anna Paulowna is haar zenuwen bijna niet meer meester. Ze snelt naar de koningin en bezweert haar toch te geloven dat Willem zijn vader altijd trouw zal zijn. Ze gaat zelfs zover dat zij aanbiedt zichzelf daarvoor als gijzelaarster bij de koning garant te stellen. Vanzelfsprekend weigert de koning dat aanbod. Zowel hij als de koningin spreken haar troostend toe, maar Anna is zo over haar toeren dat ze haar schoonmoeder smeekt de hele dag bij haar te mogen blijven. Dat mag, de koningin vraagt haar heel vriendelijk te blijven eten en de dag loopt ondanks alle narigheid nog redelijk goed af, maar Anna is en blijft wanhopig. *Bid voor ons,* schrijft ze aan broer Nicolaas, *want ik erken dat alleen de Goddelijke Voorzienigheid ons uit deze wrede omstandigheden kan verlossen.* [8]
De proclamatie van de prins heeft niet de gehoopte uitwerking en zijn situatie wordt steeds hachelijker, of zoals *het antwerpsch blad teregt aanmerkt, de toestand waarin de prins verkeert, is niet alleen hagchelijk, maar wordt ook belagchelijk.* [9] Er blijft de prins ten slotte dan ook niets beters over dan met hangende pootjes naar het noorden uit te wijken. Zijn afscheidsproclamatie is in mineur. *Ik heb getracht u al het goede te doen, waartoe ik in staat was zonder dat het mij gelukt is het nobel doel te bereiken... ik ga nog een smartelijker plicht vervullen, door mij van uwen grond te verwijderen...* [10]
De terugweg wordt de prins bijna onmogelijk gemaakt door een koninklijk bevel zich vooral niet in Den Haag te vertonen. Hij zal het beste doen stilletjes beneden de Moerdijk te blijven, in Willemsdorp bijvoorbeeld. Als de eerste storm geluwd is, zal hij naar Soestdijk kunnen gaan of beter nog: naar Engeland. Willem kiest voor Engeland. In Engeland heeft hij misschien nog een kans. Daar hebben de grote mogendheden een conferentie over de moeilijkheden met België belegd.
In deze vernederende dagen doet Anna haar uiterste best om Willem uit de impasse te halen waarin hij door eigen onvoorzichtigheid geraakt is. Ze reist naar Willemsdorp en gaat vandaar terug naar Den Haag om de koning persoonlijk te spreken en in haar brieven aan broer Nicolaas vertelt zij erover. *Ik had een ruwe aanval van de Koning te doorstaan, die er totaal op tegen was, dat Willem naar Den Haag zou komen, omdat, zei hij, dit de val van de troon zou verhaasten. Ik nam de vrijheid hem te zeggen, dat deze veel meer verhaast zou worden indien het er de schijn van had, dat er onenigheid*

bestond tussen de Koning en de Koninklijke Prins, tussen vader en zoon. Het valt niet gemakkelijk de koning om te praten, de stugge, eenzelvige man smelt in tranen weg. *Hij schreide veel; ik vroeg toestemming hem voor vierentwintig uur hier te brengen om zijn vader te bezoeken, zijn moeder en zijn kinderen. „Neen, neen", zei hij tegen mij, „want als hij hier vierentwintig uren is, zal ik er niet langer zeker van zijn, dat ik mijzelf van hem los kan maken." Hij vertelde mij onder andere, dat hij wenste al in ballingschap te zijn want dan kon hij zijn zoon dicht bij zich hebben en gelukkig zijn. Dit alles zal je tonen dat hij een goede, tedere vader is, maar dat zij hem opstoken.*[11]

Toch geeft de koning niet dadelijk toe. De Russische ambassadeur Gourieff komt eraan te pas en zijn Britse collega draagt ook een steentje bij. Moeder Mimi komt eveneens in het geweer. Haar zachte krachten overwinnen en Willem wordt door zijn vader uitgenodigd naar Den Haag te komen en het is Anna die hem in triomf afhaalt en het grote nieuws vertelt. En zo heeft Van der Duyn van Maasdam opnieuw de gelegenheid om een fraaie bladzij aan zijn merkwaardig dagboek toe te voegen.

1 Nov. 1830. De prins is gisteren morgen zeer vroeg alhier aangekomen; hij heeft zich met de koninklijke familie naar de kerk begeven (het is toevallig zondag); *ondanks de wrevel, het geschreeuw en de vrees, is hij bij het uitgaan der kerk goed door het volk ontvangen... Maar met dat alles moeten wij bekennen, dat het er treurig met ons volkskarakter uitziet: Veel geschreeuw en weinig wol!*

Ik heb den prins gisteren ontmoet op het diner ten Hove, waar alles toeging alsof er niets gebeurd was.[12]

De prins blijft niet in Nederland, hij vertrekt naar Engeland om daar de conferentie van de grote mogendheden bij te wonen. Zijn aandeel is niet indrukwekkend en zijn verblijf in Londen wordt binnen de kortste tijd gekenmerkt door feesten en partijen. Vrouwen en feestvieren en dat kost geld!

Twee maanden duurt de conferentie, men gaat van besluit naar besluit, van protocol naar protocol en in Den Haag zijn de berichten het gesprek van de dag. Ieder zegt er het zijne van, zo ook Van der Duyn van Maasdam. Het is 29 december 1830 wanneer hij mokkend schrijft: *Ziedaar dan de ontknooping van het stuk, zoo niet de sluiting van het tooneel: het zesde protokol! (Het werd tijd, want wij worden op het laatst een weinig bespottelijk). Het zesde protokol, dat de erkenning der belgische onafhankelijkheid inhoudt, en de scheiding der twee deelen van het voormalig Koningrijk der Nederlanden beslist, zal een eind maken... aan magtelooze en zeer onvoorzichtige pogingen, waartoe stijfhoofdigheid soms verleid zou kunnen worden...*[13] Van der Duyn van Maasdam heeft maar weinig goede woorden

over voor de man die hij eens op de troon heeft helpen zetten en al te weinig respect voor het onafgebroken zwoegen en slaven voor wat Willem I als het beste voor het land ziet. *Onze man,* zo zegt hij over Willem I, *is stapelgek of wel in de hoogste mate verblind, ja, ongeneesbaar in zijn aanschouwing van zaken! Zoudt gij willen gelooven... dat hij niet alleen het voor hem verloren België wil heroveren, maar ook nog de hoop koestert daarin te zullen slagen... Nog fraaijer: het met de wapenen heroverde België, zou... door zijn opstand geen regt meer hebben om met het koningrijk één geheel deel uit te maken, het is buiten de wet, dat wil zeggen buiten de regten die de grondwet het gaf. Men kan toch in waarheid, die gewesten niet als slaven behandelen... En door dit valsche en trouwelooze lokaas hoopt men de schutteryen en vrijwilligers over de grenzen te krijgen! ! ! Welke hersenschimmen! welk een goochelspel! welk een man en welk een karakter! Een toevallig en onverwacht gesprek, dat ik heden met dit onbegrijpelijk en verfoeyelijk wezen gehad heb, deed mij die dwaasheid, of liever dien afgrond van kwade trouw, en van onbekendheid met menschen, met zaken en met den geest des tijds ontdekken. Ik dacht er wezenlijk niet aan het terrein te verkennen, en achter zijn geheimen te komen; en zie nu eens, wat ik ontdekt heb.* [14]
Alsdus schrijft Van der Duyn van Maasdam anno 1830. Men kan toch waarlijk niet zeggen dat hij zich loyaal jegens zijn koning opstelt of dat Willem I alleen maar door ja-knikkers is omgeven.
Na de jaarwisseling wordt de stemming er niet beter op.
28 February 1831.
Nu is onze man niet alleen fatalist, maar hij is gek geworden. Verbeeld u, maar neen, gij kunt dit niet: weet dan, dat hij droomt van (risum teneati) [15] *een tweede Waterloo. Hij heeft het mij gezegd en wel, sprekende van de kansen van den oorlog, die hij de dolheid heeft te willen wagen.*
Een dergelijk staaltje... is hetgeen de prins VAN ORANJE voor weinige dagen schreef, ik heb het gelezen: Ik ben nog altijd de kandidaat (voor den Belgischen troon) van de groote mogendheden, die dit ten aanhore van gansch Europa verklaard hebben. Waar is die verklaring te lezen? Nergens, naar ik weet, maar Zijne Doorluchtige Hoogheid zegt en gelooft het misschien? [16]
Van der Duyn van Maasdam ziet het allemaal maar somber in en ook de koning schijnt weinig vertrouwen te hebben in de goede afloop, al houdt hij zich nog groot. Intimi weten wel anders te vertellen, dat blijkt bij het jaarlijks weerkerende koninklijk bezoek aan de stad Amsterdam, waarbij Van Maasdam natuurlijk ook van de partij is; hij noteert op *Zaturdag, 6 april* namelijk het volgende: *In den schouwburg werd mij verteld, dat men den koning 's morgens, vóór den aanvang der publieke audientie, in een armstoel had zien zitten, zoo moreel als physiek in die mate ter neêrgeslagen en*

afgemat, dat de persoon, die hem in dien toestand aangetroffen heeft en **hoorde spreken**, *er bijzonder door getroffen was, en dit als een slecht voorteeken beschouwde.*[17]

Gelukkig is er in de familiekring enig soelaas voor alle doorstane narigheden voorhanden. Marianne komt logeren, samen met haar man Albert en haar dochtertje. De tegenwoordigheid van dit lievelingskind geeft de ouders wat anders om aan te denken, al blijven de staatszaken kwellen. De kandidaten voor de Belgische troon volgen elkaar in snel tempo op en de grote mogendheden laten ze even snel weer vallen. Uiteindelijk is het Leopold van Saksen-Coburg die de grootste kansen maakt. Hij is de weduwnaar van de Engelse erfprinses Charlotte en de Britten, die voor dit vorstelijk personage toch geen emplooi meer hebben, steunen zijn kandidatuur van harte. Na eindeloos geharrewar betreedt hij op 17 juli Belgische bodem. Dan is het uit met het geduld van de Nederlandse regering; Leopold wordt tot vijand verklaard en de koning maakt bekend dat hij besloten heeft *de onderhandeling door eene krijgsmacht te doen ondersteunen.*[18] De prins van Oranje wordt tot opperbevelhebber benoemd en op 1 augustus 1831 rukt het Nederlandse leger naar de grenzen op. Leopold roept de hulp van Frankrijk in, maar kan de legers van de prins van Oranje niet dadelijk keren. Wat zich nu voltrekt zal de geschiedenis ingaan onder de naam van de Tiendaagse Veldtocht. Diest wordt bezet (5 augustus), bij Hasselt worden Leopolds troepen teruggedreven (8 augustus). Daar is de slag van Bautersem (11 augustus), waar de Belgen opnieuw worden verslagen, en uiteindelijk bezet de prins van Oranje de stad Leuven en stemt toe in de wapenstilstand waarom Leopold verzocht heeft. Hij moet wel, de dreiging van een Franse inval is zo groot dat de Nederlandse regering op het politieke vlak bakzeil heeft moeten halen en in Londen door Robert Fagel laat verklaren dat bij een Franse inval de Nederlandse troepen naar hun basis zouden terugkeren. De Fransen binden op hun beurt ook in en de Tiendaagse Veldtocht is ten einde. De prins keert op 20 augustus naar de Nederlanden terug en het is nu de taak van politici de zaak in der minne te schikken. Dit gebeurt en op 15 oktober kunnen de Nederlandse onderhandelaars Van de Weyer en Falck een vredesontwerp van vierentwintig artikelen naar de koning brengen. Iedereen verwacht dat Willem I er wel mee akkoord zal gaan. Het is een redelijk verdrag, dat aan de hele kwestie voorgoed een einde zal maken.

Ook de brief die prinses Marianne op 16 oktober vanuit Den Haag aan haar goede oude bekende mevrouw Falck schrijft, ademt een rustige toon. *Die goede Bonnick heeft mij dinsdagmorgen uw tweede brief toegezonden; wat is het vriendelijk van u om mij via haar te hebben geschreven; ik verzeker u dat ze niet ondankbaar is en met de grootste verering over u spreekt, ze heeft geen woorden om haar dankbaarheid voor de grote goedheid die u*

16. *Tafereel uit de Tiendaagse Veldtocht. (Atlas van Stolk.)*

haar bewezen hebt uit te drukken en zij betreurt het meer dan zij zeggen kan dat ge Engeland gaat verlaten... Marianne heeft haar oude kindermeid teruggezien. *Ik vond dat Bonnick er goed uitzag, beter, zo komt het mij voor, dan drie jaren geleden en niet verouderd in de tussentijd; ik heb haar driemaal gezien, twee keer bij Mama in het Paleis en een keer bij mij thuis. Albert is ook zeer vriendschappelijk voor haar geweest, maar Papa heeft mijn verwachtingen in dit opzicht overtroffen.*[19] Kennelijk is ook, wat de koning betreft, alles vergeten en vergeven en is haar komst een blij, een menselijk intermezzo in deze zware tijd. Wat de buitenwacht betreft liggen de zaken nog moeilijk. Haar aanwezigheid moet niet teveel opvallen. *Ik heb de goede vrouw geraden niet te vragen om iemand te* (mogen) *bezoeken en geen onderzoek naar wat dan ook te doen, tenzij men haar opzoekt.*[20]

Vier maanden is het nu al dat Marianne in haar oude vaderland vertoeft en nog altijd worden Albert en zij door de koning van Pruisen niet haar huis teruggeroepen. Daar is dan ook een speciale reden voor. De cholera woedt nog altijd in Berlijn *en daar wij geen enkele order van de Koning hebben, weten we absoluut niet waaraan wij ons te houden hebben; ik profiteer van deze onzekerheid en geniet zolang mogelijk van het geluk bij de mijnen en in mijn oude Vaderland te zijn.*[21]

Het is een logeerpartij waarvan Marianne nog meer dan zes weken kan genieten, dan pas is het uur van vertrek geslagen. Het is een afscheid waaraan Van der Duyn van Maasdam in zijn befaamde brieven-dagboek een paar regeltjes wijdt. Niet om het vertrek zelf, maar om de sombere woorden die de directeur van het kabinet van de koning, Hoffmann (hij is het die Van Grovestins om zijn hysterische huilbui eens uitlachte), bij die gelegenheid heeft gesproken. *Ik heb den direkteur van het kabinet des konings bij gelegenheid van het vertrek van mevrouw de prinses Albert van Pruissen een merkwaardig woord horen uiten. Terwijl hij gewaagde van de smart, welke deze nieuwe, in de tegenwoordige omstandigheden, zeer droeve scheiding aan zijnen heer en meester veroorzaakte, voegde er bij: „O, mijnheer! zal men elkander hier, en op deze wijze wel weder zien? Hij, dus hij! die in de gelegenheid is, vele dingen te weten en te kennen... ook hij vreest! ... Hij dus, hoewel vreemdeling, ziet en gevoelt, dat de al te sterk gespannen boog kan en moet springen.*[22]

Maar zover komt het niet. De koning protesteert, hij geeft geen kamp en van een ratificatie van het voorgestelde vredesverdrag is geen sprake. De koning wil afwachten of het getij in België toch nog niet ten gunste van zijn visie zal keren en nog op 14 maart 1832 krijgt de Russische gezant Orloff heel wat van hem te horen: *„De kwestie van de Belgische onafhankelijkheid”*, zei de *koning, „is een* **heel nieuwe** *kwestie. Ik ben nooit over dit onderwerp gehoord. Ben ik dan geen koning? Ben ik dan geen souverein? Men heeft die*

17. Prinses Marianne. Litho naar W. Krüger. (Gemeentearchief Den Haag.)

protokollen geredigeerd met een onverschilligheid en een haast waarmee men een bladzij vult. Maar heeft nooit mijn toestemming afgewacht, terwijl men zich haastte de politieke zelfstandigheid van België te erkennen. Ik houd vast aan principes. Ik houdt er niet van om met meneer Leopold te onderhandelen... Als ik mijn koninkrijk niet verdedigen mag, dan zou ik Holland naar het voorbeeld van mijn voorvader Willem III onder water kunnen doen lopen en naar Indië vertrekken."
„Dat heeft hij gezegd, Sire, maar heeft hij het gedaan? "
Bij dit antwoord kon de koning zijn lachen niet houden en maakte een einde aan het gesprek...[23]
Het eind is nog lang niet in zicht. De grote mogendheden beginnen er genoeg van te krijgen en men besluit tot een embargo op de Nederlandse schepen. Het helpt niet, de koning is niet op de knieën te krijgen, maar uiteindelijk komt men onder druk van de stad Amsterdam toch zover dat men tot de Conventie van Londen kan geraken. Het is een overeenkomst tussen Engeland, Frankrijk en Nederland. Het embargo wordt opgeheven, de wapenstilstand blijft van kracht en tot een rij van voorlopige bepalingen wordt besloten, dit alles in afwachting van een definitief traktaat. Zo sleept de hele kwestie zich eindeloos voort. De koning verwacht alles van de tijd en meent *dat er ligtelijk of hier of daar toch iets in Europa kon gebeuren, waaruit oorlog onstond...*[24]
Hoe zijn mentaliteit in die jaren is, wordt het beste geïllustreerd door een gesprek dat hij op 11 september 1833 voert met Van Assen:
„De zaken gaan achteruit."
„Indien U.M. dit zegt, dat wordt het tijd om te sluiten... Voor geweld moet men wijken."
„En dan van de wal in de sloot."
„Ik wilde wijken, terwijl er nog ruimte achter ons is om veilig te staan en nieuwe krachten te verzamelen voor de toekomst... U.M. zegt immers zelve, dat het achteruitgaat. Door **nu** *te wijken, zal U.M.* **dan** *geëerd zijn en voldoening genieten van alle hare opoffering."*
„Voldoening! die is er niet meer voor mij. Ik wacht geene belooning op deze wereld... Wij moeten desnoods te zamen te gronde gaan... Wilt gij, dat het geheele leger naar huis zou kuyeren? "
„Waarom niet, daar wij toch één tegen vijf zijn?... Verleden jaar beschouwde men Leopold nog als een zetschipper, doch nu hij een zoon heeft, is hij princeps geworden. Lodewijk Philips zal hem niet zoo gemakkelijk weg laten jagen..."
„Ik laat mij niet coujonneeren door mijns gelijken... Het verveelt de Heeren, en daarom willen zij er een einde aan hebben..."[25]
En zo gaat het eindeloos, eindeloos door. De koning blijft bij zijn vol-

hardingspolitiek en het land ondervindt daarvan de gevolgen. De kritiek steekt de kop op, schuchter in het begin, later luider. Van der Duyn van Maasdam is waarlijk de enige niet die wat op zijn vorst heeft aan te merken.

VII. HUWELIJKSPERIKELEN

De kleine Charlotte is amper een jaar oud als Marianne opnieuw in het kraambed ligt. Het is dan 1832 en het is duidelijk dat Albert er geen gras over heeft laten groeien. Dimaal is het een zoon, door zijn vader zo vurig gewenst en toch heerst er geen feestvreugde. Het jongetje sterft vlak na de geboorte. Alle moeite en pijn zijn voor niets geweest.
Was het kind niet levensvatbaar? Of is het beschadigd tijdens een moeilijke bevalling? Wie zal het zeggen? De medische wetenschap staat nog niet op een hoog peil. Hoe kan het ook anders in een tijd waarin een preutse overgevoeligheid het de artsen verhindert een vrouw naar behoren te onderzoeken; zij het geboorteproces niet met eigen ogen mogen aanschouwen en tastend onder lakens en dekens hun verloskundige arbeid moeten verrichten. Dat heeft al heel wat levens gekost en Marianne mag nog blij zijn dat ze het er zonder kleerscheuren heeft afgebracht.
Voor de tweede maal in hun huwelijk moet Albert van Pruisen afwachten, geduld hebben en er het beste van hopen. Er komen de eerste jaren zelfs helemaal geen kinderen meer. Is dat toevallig of een teken van een langzaam verslechterende relatie?
Neen, het leven is niet zo rooskleurig. Het gaat niet zo voorspoedig met Marianne als wel wenselijk is en het gaat ook niet goed met de lieve, wat teruggetrokken Mimi, Nederlands koningin. Ze heeft zware jaren achter de rug en stellig ook daardoor heeft haar toch niet al te sterke gezondheid geducht geleden. Haar zenuwen zijn even prikkelbaar en zwak als die van haar zoon Willem. Ze begint zichtbaar af te takelen. Vrouwen worden vroeg oud in de negentiende eeuw. Ze vermagert schrikbarend en ziet dikwijls lijkbleek en meewarig merkt haar entourage op *dat zij met al haar geld, geen gezondheid kan kopen.*
Toch gaat ze in 1836 nog van huis voor een lange reis. Ze wil Marianne bezoeken, haar oude vaderland terugzien en haar broer, de koning.
De koningin reist met passend gevolg. Haar hofdame, madame von Estdorff,

zit naast haar in de *reiscoupé,* evenals de heren Snouckaert van Schauburg, vader en zoon.
Twee volgkoetsen begeleiden haar. In de eerste hebben de hofdames Van der Goltz en d'Oultremont een plaatsje gevonden, samen met eigen kameniers. De kamerdienaars en de kameniers van de koningin volgen in een aparte koets. De hoffoerier reist vooruit. Zijn taak is het om verse postpaarden op de kop te tikken en de *nachtkwartieren* te bestellen. Van hem hangt in hoge mate af of de reis een plezierig verloop zal hebben of niet.
De jonge baron Snouckaert van Schauburg houdt een reisjournaal bij. Het is vermoedelijk de eerste buitenlandse reis die hij met de koningin meemaakt en hij heeft heel wat op- en aan te merken. Hij is een echte Hollander en grif bereid het Hollandse vingertje op te steken bij al wat hem in het buitenland mishaagt en een hele lijst van klachten wordt in het dagboek opgesomd. Dat begint al dadelijk over de grens. *De post op deze Hannoversche stations was slecht bediend; de wegen nogal goed, maar land en bewoners lelijk.*[1] De kleine steden onderweg worden *afschuwelijk lelijk* bevonden met *monsters van huizen en vreeselijk slecht gestraat,* erger nog dan Amersfoort of Woerden. *In de dorpen veel welvaart, doch inwoners en huizen lelijk en smerig. Wat den hier reizenden Hollander moet vreemd voorkomen is, dat men onderweg geen eene buitenplaats ziet.* Tegen zoveel kritiek kan de beschrijving van *overheerlijke hoogten, dalen en valleien* nauwelijks op.
De baron kijkt echter hoog op tegen de Pruisische kadaverdiscipline. Hij prijs de *voorbeeldlooze keurigheid, orde en naauwgezetheid* die hij ontmoet en vol respect constateert hij dat de wegen in Pruisen goed onderhouden worden. Hij ziet *gestadig werkvolk hieraan bezig, onder opzicht van eenen invaliden of oud-militair nog steeds gekneveld en veelal met medailles etc. gedecoreerd.*
Desondanks is zijn oog Hollands-kritisch gebleven en hij gnuift als hij beschrijft hoe de koningin in de stad Minden door de gouverneur van de vesting *(eene sterke vesting)* een ontbijt krijgt aangeboden, hoe zij hiervoor bedankt, *doch... in het rijtuig een kop bouillon etc. heeft gedronken; op de stoep alle de burgerlijke en militaire autoriteiten in volle uniform, ook de vrouw van de gouverneur, dewelke bij het komen en gaan de zoom van het kleed der koningin „ganz unterthänig küsste".*
Op woensdag 4 mei is iedereen al vroeg uit de veren. Het valt toch op dat men voor vroeg opstaan niet bang is. De koningin ontbijt regelmatig om een uur of half zes. Dat is ook deze woensdag het geval *en om 6 uur vertrokken.*
En verder gaat de reis, richting Magdeburg, waar het hele raderwerk van een koninklijke ontvangst in beweging is gekomen. *Om 7 uur 's avonds onder het luiden der klokken en het lossen van geschut in Magdeburg aangekomen en afgestapt Zur Stadt London; hier uit Berlijn, per surprice vindende*

prinses Marianne (hare koninklijke moeder in de armen vliegende) als ook Prins Karel van Pruisen... en onzen gezant aan het Pruisische hof... allen in groot uniform en Prins Karel met het groote lint der Orde van de Leeuw. Om 8 uur zijn wij allen aan tafel gegaan; kort daarop onverwachte aankomst van prins Albert... Het is al militarisme wat de klok slaat: *onder het eten militair muzijk en daarna de taptoe; een eerewacht aan het logement, en twee schildwachten voor de kamer der koningin.* En toppunt van heerlijkheid: *Hoogstderzelver aankomst, op hoog bevel, naar Potsdam geseind door de telegraaf ('s nachts verlicht kunnende worden).*
Snouckaert van Schauburg krijgt volop gelegenheid om zijn hart op te halen, de ene militaire manoeuvre volgt op de andere en hij geniet in Potsdam van de aanblik der gardesoldaten *die als boomen in het gelid staan.*
Alleen de gebouwen hadden beter onderhouden kunnen zijn. De propere Hollander komt onmiddellijk bij hem boven als hij schrijft over de huizen: *morsig en vuil; somtijds zelfs zwart* en hij moet ook niets hebben van de kinderhoofdjes waarmee de straten geplaveid zijn: *en nergens klinkers of kleine steentjes zóó als bij ons. Deze twee artikelen geven den steden een mislijk en lelijk aanzien en loopen den zindelijken natuurlijk dadelijk in het oog.*
En dan dreigt er eensklaps roet in het eten te vallen door een staatsbezoek van twee Franse prinsen. De Nederlanders hebben de feitelijke afscheiding van België – officieel is er nog niets geregeld – nog lang niet kunnen verteren en alle frustaties, veroorzaakt door de Franse houding in het geschil, worden weer springlevend. Snouckaert van Schauburg foetert dat het een aard heeft en het valt hem bitter zwaar als hij, in zijn functie van kamerheer, de beide prinsen bij hun bezoek aan de koningin moet helpen verwelkomen: *en tegen half 7 u. kwam die geheele vervloekte Fransche winkel met hunne ossebloedkleurige pantalons in 's konings rijtuigen aanrijden... Hare Majesteit ontving hen minzaam...* Daarna worden de bezoekers bij prins Albert en prinses Marianne gebracht. Daar is de ontvangst misschien wel even minzaam, maar *Marianne had zich expres geheel in het wit gekleed, als zijnde dat de kleur der Bourbons, en zij had Papa en mij verzocht om toch goed onze Oranje kokarden te toonen; zij was furieus die Franschen te moeten ontvangen; doch het schijnt dat Papa van Pruissen zijn geheele familie uitdrukkelijk aangezegd heeft om hun met alle beleefdheid en onderscheiding te recipiëeren, alhoewel het hoonend is... voor ons Hollanders om, na al het gebeurde, in kontact te moeten koomen en beleefd te moeten zijn met dat vervloekte vee...*
Gelukkig rekent de gekwetste kamerheer de jonge prinsen de politieke zonden van hun vader niet aan. *Het zijn nog kinderen,* zo schrijft hij vergoelijkend en doet hen daarmee meteen grof onrecht aan, want de „kinderen"

zijn zesentwintig en tweeëntwintig jaar oud. De kamerheer kan echter altijd wel een stok vinden om iemand te slaan, vooral als het Fransen zijn. Toch voegt hij er met ongeëvenaard zelfinzicht aan toe: *...maar de naam alleen van Franschen is genoeg om ons van kwadaardigheid de haren ten berge te doen rijzen.*
Veel beter is hij te spreken over de eindeloze reeks van feesten die hij meemaakt: *men voelde en zag dat men aan een hof was, dat weet te leven,* al blijft zijn taak wel beperkt tot het gedurig meesloffen in het gevolg van de koningin. De arme man heeft geen enkele taak die belangrijk kan heten. En het is misschien wel juist omdat hij niets te doen heeft dat het Franse gezantschap met de prinsen aan het hoofd hem zo'n doorn in het oog zijn. Vooral een van hen, Charles Bresson, moet het in zijn journaal ontgelden: *...die smeerlap, die reeds in September 1830, als geheim agent van Louis Philippe, te Brussel ons zoo vijandig is geweest en ons zóó veel kwaad berokkend heeft door zijn geknoei ten voordeele van de Fransche muiters. Het idee om met dien stinkerd onder één dak te moeten zijn, doet telkens mijn bloed kooken.*
Er helpt echter geen moedertje lief aan, de kamerheer moet beleefd blijven en nog vragen om aan de Franse prinsen te worden voorgesteld ook!
Hij put echter troost uit de *fraaye muzijk der gardes aan tafel, dat na de gewone ouverture dadelijk* **onze** *volksliederen speelde; dit deed regt goed; vooral in het aanstootelijk gezelschap van die Fransche smieken!*
Maar nog altijd zint hij op wraak. Hij is niet voor niets als gewoon schutter gedetacheerd geweest bij de staf van het hoofdkwartier tijdens de Belgische opstand en het spijt hem geducht dat hij bij zijn voorstelling aan de Franse prinsen geen kans heeft gekregen daar een giftige toespeling op te maken. *Ik had gehoopt, dat mijn Metalen Kruis hem in 't oog zou zijn gevallen, en dat hij mij (om een praatje te maken) welligt gevraagd zou hebben of ik meegediend had; als wanneer ik mijn antwoord reeds vooruit klaar had en heel tranquil zou geantwoord hebben: que j'avais l'honneur de marcher contre* **les rebelles** *le sac sur le dos et le fusil au bras, doch dat was mis.* De Franse prinsen keken wel uit en wachtten er zich voor de hand in zijn wespennest te steken. En in machteloze frustratie gaat de kamerheer voort: *...spreekt hij hierover nog dan moet ik dat woordje „rebelles" nog aan hem kwijt raken en onder de neus wrijven.*
Zover komt het echter niet; de Franse prinsen vertrekken en de lucht klaart weer op en de laatste dagen van de koninklijke logeerpartij worden met allerlei uitstapjes en festiviteiten opgevuld. En dan, betrekkelijk kort voor de terugreis naar de Nederlanden, komt de naam Van Rossum voor het eerst in Mariannes omgeving ter sprake. Nog is het onschuldig, nog is er geen schande aan verbonden, alleen maar schrik.

Zondag 26 Junij. Deze ochtend omstreeks half 3 u. met het aanbreken van den dag, werd ik wakker door praten en loopen achter in het huis en op de binnenplaats en hoorde ook een rijtuig komen en gaan; ik wist volstrekt niet wat dit beduidde, tot dat een half uur later onze fourier Diehl, die naast mij woont weer op zijn kamer kwam, als wanneer ik hem riep en hij, geheel ontsteld, mij aan mijn bed kwam verhalen, dat onze lakkei W. van Rossum een uur te voren plotselijk overleden was. Het was dezelfde die gisteren avond om half 11 u. met ons van Schönhausen was teruggekeerd, een zeer braaf man, 44 j. oud en nalatende eene vrouw en vier kinderen. Hij had nog met zijn kameraden gesoupeerd, was om half 12 u. vrolijk en gezond naar bed gegaan en een paar uur later was hij de eeuwigheid reeds ingetreden! Hij moet een beroerte gehad hebben; zijne kameraden waren wakker geworden door het geluid en den doodsnik die hij gaf, en dachten dat hij hardop droomde; maar toen zij met het licht bij hem kwamen, was hij reeds dood!

De dood van een gewone lakei maakt vanzelfsprekend niet zo heel veel indruk op het hoge gezelschap. Als de kamerheer niet zo weinig omhanden gehad zou hebben, had er waarschijnlijk geen letter over in zijn journaal gestaan. Hij brengt de dag dan ook door zoals tot nog toe gebruikelijk is: lunch bij prinses Marianne en 's avonds naar de schouwburg met een souper daarna, ook weer bij Marianne.

Alleen 's middags heeft hij nog even tijd om zich om Van Rossum te bekommeren: *ik ben toen direct onzen armen van Rossum gaan zien, doch de man was al onherkenbaar; ik heb echter gezorgd dat er dezen nacht bij hem gewaakt zou worden.* En daarmee is ook voor de kamerheer de kous af. Dood is dood. Van Rossum zal wel begraven worden.

En prinses Marianne? Wie goed leest, merkt een lang niet altijd verholen kritiek. Marianne is wispelturig. Marianne haalt zich de kritiek van haar Pruisische schoonfamilie op de hals. Eerst door zich demonstratief in het wit te kleden bij de ontvangst van de Franse prinsen en later door even demonstratief de voorkeur te geven aan een en dezelfde danspartner. Flirten past niet voor een getrouwde vrouw, maar ze heeft haar eigen willetje en zet door. Ook tegenover haar zachte, ziekelijke moeder is ze niet altijd even aardig. Dat blijkt vooral op de terugreis. In de buurt van de Nederlandse grens besluit zij een uitstapje te maken. Afgesproken wordt waar en wanneer ze de koningin weer zal ontmoeten. Maar ze houdt zich niet aan haar woord. Welnee, ze laat de koningin schandelijk lang wachten, zo lang zelfs dat deze ontmoedigd de reis alleen voortzet en als Marianne zich dan eindelijk bij het reisgezelschap voegt, vraagt iedereen zich in stilte af, wat ze dan toch heeft uitgevoerd.

Prinses Albert noemt de kamerheer haar dan. Bij het schrijven in zijn reisjournaal noemt hij haar familiaar Marianne, maar als er iets aan te merken

valt niet. Dan is het prinses Albert. Er valt veel aan te merken, want gemakkelijk, dat is deze dochter van Willem I zeker niet. En de hofhouding van de koningin bedenkt wrevelig dat ze wel iets meer rekening mocht houden met de verzwakte gezondheid van haar lieve moeder.
Het gaat bergafwaarts met koningin Mimi en langzaam, heel langzaam vallen de symptomen van haar sluipende ziekte meer en meer in het oog. Ze begint sterk te vermageren en haar gelaatskleur is ongezond. Is het een wonder dat ze zich meer en meer in haar privé vertrekken terugtrekt? Ze is altijd een wat stille figuur op de achtergrond geweest. Willem I heeft aan haar geen vrouw die zich ten koste van een ieder op de voorgrond dringt en dat komt hem wonderwel van pas.
Zacht en eenvoudig is ze haar weg als koningin der Nederlanden gegaan. Ze heeft haar plichten niet verzuimd, ze heeft deelgenomen aan het openbare leven, zoals van haar werd verwacht. Maar het gelukkigst is ze wel geweest in de veilige beslotenheid van haar schildersatelier en in de gezellige uurtjes bij de theetafel, die ook door de koning zo hoog worden gewaardeerd.
De stad Amsterdam heeft het voorrecht van haar laatste officiële optreden en men is er danig geschrokken van het feit dat ze zo verouderd is, dat ze zich zo moeilijk beweegt. En toch, op de tiende mei breekt er nog een zonnestraal door, waarvan de zieke koningin volop geniet. De „Opregte Haarlemsche Courant" publiceert er een klein berichtje over:
's-Gravenhage, 10 Mei. Men heeft het heugelijk berigt ontvangen, dat H.K.H. prinses Albert van Pruissen, dochter des konings, voorspoedig verlost is van een zoon. Eindelijk heeft Marianne haar grootste huwelijksplicht dan toch vervuld en is Albert vader geworden van een zoon! En de „Opregte Haarlemsche" kan aan het blijde bericht nog een veelzeggend regeltje toevoegen: *Naar men verneemt, vertrekt H.M. de Koningin aanstaande Maandag naar Berlijn.* Nu het zover is dat Marianne eindelijk moeder is geworden van een gezonde, levensvatbare jongen, kan ziekte noch zwakte de gelukkige grootmoeder tegenhouden en al loopt ze nog zo moeilijk, ze zet door. Op vijftien mei vertrekt ze met klein gevolg naar Berlijn. Ze wil haar kleinkind zien, de stem van haar dochter horen.
Het gaat goed met Marianne. De doktoren zijn duidelijk tevreden en voordat tien dagen verstreken zijn, staat ze uit het kraambed op *en er zullen geen verdere bulletins worden uitgegeven.*[2]
Broer Fritz en schoonzuster Louise vertrekken eveneens naar Berlijn om de doopplechtigheid bij te wonen. Albrecht zal het jongetje heten en, net als zijn vader, Albert genoemd worden. Het worden heerlijke dagen voor de zieke koningin. Voor de laatste maal ziet ze haar Pruisisch vaderland en haar familieleden weer. De dagen en weken vliegen voorbij. Het is lente, het wordt zomer. Haar thuisreis naar de Nederlanden wordt nog voor enkele dagen uitgesteld.

Al op 3 juli wordt ze volgens de kranten in Den Haag terug verwacht. Fritz en Louise zullen haar op de reis vergezellen, maar het pakt allemaal anders uit. Wel komt Willem I op de derde juli uit het Loo terug, maar hij ziet zijn vrouw niet arriveren. Heeft zij geen afscheid kunnen nemen van haar oude vaderland of dwingt ziekte haar tot uitstel? Het zijn vragen waarop geen antwoord komt.
Andere reizigers trekken in Den Haag de aandacht. *Z.M. de koning van Wurttemberg, reizende onder de naam graaf von Teck is met zijn twee dochters hier aangekomen.*[3] Het is niet zomaar een bezoek, de koning hoopt tenminste een van zijn meisjes op de huwelijksmarkt te slijten. Vermoedelijk zijn er onderhandelingen aan voorafgegaan. Voor een koningskind wordt gewikt en gewogen, gerekend vooral. Aan het hart denkt men niet, dat wordt geen inspraak vergund.
Officieel heet het dat de koning en zijn dochters in Scheveningen vakantie zullen houden en ze logeren in een gerenommeerd hotel, dichtbij het hertenkamp. Willem I ontpopt zich als een voortreffelijk gastheer en natuurlijk blijft de prins van Oranje niet achter. Ook hij haast zich om zijn zwager van Württemberg te verwelkomen. Eenentwintig jaar geleden waren ze ongeveer tegelijkertijd met een Russische grootvorstin in het huwelijk getreden. De Württemberger met Katharina Paulowna, Willem met zijn Anna en nu denkt men eraan een huwelijk tussen hun kinderen te arrangeren. Marie of Sophie met Willem of Alexander. Het is om het even.
En zo komt de zieke koningin Mimi bij haar thuiskomst in een maalstroom van feestelijkheden terecht. Er is een groot diner ten hove, er zijn bezoeken aan de schouwburg en de kroonprins en Anna Paulowna geven feesten ter ere van Anna's verwanten. Niet dat deze bij Anna nu zo bijzonder welkom zijn. Want Anna Paulowna heeft iets tegen de op stapel staande huwelijksplannen. De verwantschap tussen haar zonen en de meisjes uit Württemberg is te groot, volgens de leer van de Russische Kerk is het zelfs bloedschande. Misschien valt het haar nog moeilijk om aan een huwelijk voor haar jongens te denken. Ze heeft vier opgroeiende kinderen nu en Willem, de oudste, is al twintig. Dat is een leeftijd om zoetjesaan over een huwelijk te gaan denken. Marie of Sophie. Willem heeft maar te kiezen. Marie, de bedeesde, de bedachtzame, of Sophie, de spring-in-het-veld, de onevenwichtige, de slordige, die zoveel van het karakter van haar jong gestorven moeder geërfd heeft.
Willem kiest voor Sophie. Zonder veel nadenken, want hij is een jongen die snel verliefd wordt. Het gaat misschien niet zo diep, maar hij is toch weg van het blonde nichtje met de koele, blauwe ogen. Anna Paulowna heeft die ogen ook gezien. Blauw zijn ze en ijskoud. Vooral als ze de erfprins ermee aanziet.
Anna Paulowna toont zich niet toeschietelijk en ook Sophie van Württem-

berg is maar weinig met de huwelijksplannen, die haar vader heeft uitgedacht, ingenomen. Ze heeft gehoopt dat Marie het hart van een van de prinsen zou veroveren, maar na een paar dagen komt ze bedremmeld tot de conclusie dat zijzelf de uitverkorene is.
De oudere heren in de familie juichen de keus van de erfprins van harte toe. Willem I is er sterk voor, evenals de prins van Oranje en zijn broer Frederik. En de koning van Württemberg is allang blij dat hij een van zijn dochters kan slijten. Als het meezit zal zijn Sophie eens een kroon dragen. En wie is er zo dom om dan nog neen te zeggen? Niemand immers.
Als de kennismaking lang genoeg geduurd heeft, gaan de Württembergers voldaan naar huis terug. Sophie is opgelucht dat zij zonder kleerscheuren uit het gezelschap van de Oranjes is ontkomen. Toch vreest zij de toekomst. Gesteld dat Willem haar achterna reist, gesteld dat hij haar ten huwelijk vraagt. Wat dan? Achter haar zusje kan ze zich niet langer verschuilen. Marie maakt geen kans.
Als de Württembergers goed en wel verdwenen zijn, duiken nieuwe gasten op in het Loo. Ditmaal zijn ze zonder uitzondering welkom. Marianne en Albert zijn in de Nederlanden aangekomen om de verjaardag van de koning te helpen vieren. Marianne is vooruit gereisd met de kleine Charlotte. Ruim zeven jaar is ze nu, het wordt al een groot kind. Op Hendrik na, die in Oost-Indië zwerft, is de hele familie op de verjaardag van Willem I present. Het wordt een vrij stille verjaardag, die in schril contrast staat met de viering zeven jaar geleden, toen de Belgische opstand alle feestvreugde vergalde. Toch hangt er ook nu een schaduw en met angst in het hart ziet Marianne aan hoe ziek en hoe zwak haar moeder wel is. Ze kan haar ogen niet voor de feiten sluiten en als zij eind augustus de thuisreis onderneemt, komt er een pijnigend angstgevoel in haar op. Zij zal haar moeder niet levend terugzien. Maar de plicht wenkt. Ze is een getrouwde vrouw en moeder van kinderen. Ze heeft haar jongetje in geen weken gezien. Ze kan niet alleen maar dat doen, waar zij zin in heeft. Het wordt een lange, omslachtige reis; van het Loo in een rijtuig naar Harderwijk en van Harderwijk met de stoomboot „Hercules" naar Amsterdam en vandaar uit naar Berlijn. Wanneer zal ze terugkomen? Volgend jaar misschien? Of eerder? En hoe?
In de stille bossen van het Loo slijt de koningin haar stille dagen. Aan een terugkeer naar Den Haag wordt nog niet gedacht. Nog schijnt de septemberzon, nog is het warm. Den Haag, de drukte van de residentiestad, dat is van later zorg. Ja – dan – later.
Op de vierde oktober komt het koninklijk echtpaar dan toch terug in het paleis Noordeinde. Er is geen speciale berichtgeving, behalve de gebruikelijke kranteberichtjes. Ook het kroonprinselijk paar keert terug op de Kneuterdijk, maar de tweede zoon Alexander blijft nog op Het Loo om te jagen.

Prins Hendrik zwerft op zee. Of doet op reis een of ander exotisch land aan. De berichten uit de Oost komen met een onvoorstelbaar slakkegangetje binnen.
Op 12 oktober geeft de onvolprezen „Opregte Haarlemsche Courant” een verslagje van zijn doen en laten: *De thans ontvangen Javasche Couranten van 31 Mey tot 15 Juny j.l. vermelden de gelukkige terugkomst van Z.K.H. Prins Willem Frederik Hendrik uit de Molukko's.* De jongen is van Ternate naar Ambon (Amboina) gereisd en vervolgens naar Surabaja teruggekeerd. De krant van die dag heeft nog meer te vertellen: *'s Gravenhage, 10 oktober. Z.K.H. prins Alexander, tweede zoon van Z.K.H. den Prins van Oranje is uit Gelderland in deze residentie teruggekeerd.*
Geen woord over de toestand van de koningin. Wel over die andere vrouw, eens koningin van het koninkrijk Holland. Hortense de Beauharnais leeft niet meer. Onder het kopje FRANKRIJK staat te lezen: *Parijs, 9 October. Eene telegrafische dépêche gisteren avond aangebragt, vermeldde het overlijden van de hertogin van St. Leu, gewezene koningin van Holland.*[4] De arme vrouw is na een lang en bitter lijden aan kanker bezweken. Maar geen enkele aanwijzing dat ook de lijdensweg van Nederlands koningin ten einde gaat. Toch sterft ook zij. En wel op 12 oktober (1837). De redaktie is blijkbaar door het nieuws zo overrompeld dat het bericht in kleine opmaak en zelfs zonder rouwrand in de volgende editie verschijnt.

> *'s Gravenhage, 12 October. Heden namiddag is het navolgende waardoor gewis alle Nederlanders diep getroffen door zullen zijn, officieel aangekondigd.*
> *Het heeft der Goddelijke Voorzienigheid behaagd Hare Majesteit de Koningin heden middag te 1/4 voor een ure, tot zich te nemen.*
> *Gedurende den laatsten tijd van Hoogstderzelver verblijf op het Loo aan eene toenemende verzwakking geleden hebbende, welke echter Harer Majesteits terugkomst op den 4 den dezer in deze residentie niet heeft verhinderd, zijn hare krachten daarna steeds blijven afnemen, en is Hare Majesteit, nadat, vooral sedert gisteren avond, haar toestand meer en meer en spoedig verergerd was, zachtelijk ontslapen.*

Geen woord over de doodsoorzaak. Misschien weten de artsen zelf niet waaraan hun patiënte is bezweken en misschien weerhoudt een zekere preutsheid hen ervan de ziekte bekend te maken. En zo blijft de lezer niet anders over dan maar wat te gissen.
Marianne in Berlijn is per ijlbode gewaarschuwd dat het afloopt met haar moeder. Ze haast zich wat ze haasten kan, maar als ze in snel tempo naar huis reist worden in de Nederlanden *wegens het treurig sterfgeval van Neder-*

18. Al in 1826 is koningin Wilhelmina sterk verouderd. Pastel door F. Krüger. (Oranje-Nassau-Museum.)

lands dierbare koningin... de klokken... bij herhaling geluid[5] en hebben *personen van alle rangen en stand... zich beijverd om aan het hotel van den Prins van Oranje, ten teken hunner innige deelneming, hunne namen in te schrijven.*[6]
Vanzelfsprekend onthaalt de krant haar lezers op een In Memoriam, waarin gerept wordt van *De zachte deugden, welke de Koningin versierden, de milddadigheid, door welke zij zich onderscheidde, haar lieftalligheid en echt christelijke godsvrucht.*[7] Het is het ideaalbeeld van die tijd, de vrouw op de achtergrond, thuis, vroom, lief en milddadig.
Al met al heeft de dood van zijn vrouw de koning op een allerongeschiktst ogenblik getroffen. Natuurlijk heeft hij ook gezien dat zij minder werd. Maar het heeft hem niet verhinderd de hele zomer lang het land door te reizen en provincies, dorpen en steden te bezoeken, waar een ieder van zijn *vaderlijke belangstelling*[8] getuige is geweest.
Maar nu de dood hem zijn vrouw ontroofd heeft, moet de koning een van zijn belangrijkste plichten verzaken. De Staten-Generaal dienen op 16 oktober te worden geopend. Hij laat het nu door twee staatsraden namens hem doen en de korte, niet zo heel veel zeggende troonrede staat de volgende dag traditiegetrouw in de krant.
De kranten hebben nog meer te vertellen: *Gisteren middag zijn H.H.K.K.H.H. prins en prinses Albert in deze residentie aangekomen. Hoe roerend de ontmoeting van de koninklijke vorstin, wier vurige wensch, hare geliefde moeder nog levend te zien, niet mogt vervuld worden, en haren edelen, eerbiedwaardigen vader was, laat zich ligtelijk beseffen.*[9]
Het is niet het enige onheil dat de Oranjes in deze dagen bedreigt: *Gisteren bestond er groote vrees, dat het koninklijk gezin door een nieuwe ramp zou worden getroffen.*[10] Bijna was er nog een andere begrafenis op het programma gekomen *daar de eenige zoon van prins Fredrik zich in een zeer zorgelijken toestand bevond.*[11] Nog loopt alles goed af, de ziekte neemt een gunstige keer en het jongetje in zijn wieg is weliswaar nog erg zwak *doch neemt langzamerhand in beterschap toe.*[12]
De rouw wordt afgekondigd en het programma van de begrafenis wordt bekendgemaakt. Ook zal het *koninklijk lijk, behoorlijk gekist zijnde, staan op de estrade van den troon, in het paleis; de zaal zal gedrapeerd zijn en verlicht zijn met waskaarsen op kandelabres geplaatst. De voorzaal zal mede met waskaarsen verlicht zijn...*[13]
Het wordt een betrekkelijk sobere plechtigheid, al worden wel alle regels van het protocol in acht genomen en de kranten van 28 oktober brengen verslag aan de lezers uit. Wat hebben ze te vertellen? Dat de herauten met hun wapendragers zich aan weerszijden van de ingang hebben opgesteld en dat *de lijkkoets en daarvoor gespannen 8 paarden bijzonder fraay gedrapeerd en*

met rouwkleeden omhangen[14] waren. De pracht en de praal van het koningschap hebben de koningin begeleid tot aan de grafkelder te Delft.
In de dagen die volgen wikkelen de bijbehorende rouwplechtigheden zich af. Op zondag gaat de hele koninklijke familie in zware rouw naar de kerk en luistert naar de speciale preek van de hofprediker Dermout. Hij heeft een passende tekst voor de eenvoudige Mimi gekozen: *Wiens lof niet uit de menschen is, maar uit God.*[15]
Prins Hendrik is nog afwezig. Dat is niets bijzonders. Hendrik is zeeman. Hij weet nog niet eens wat er gebeurd is. Neen, Hendrik is de grote afwezige niet. Dat is Willem, de erfprins, over wiens afwezigheid de krant met geen woord heeft gerept. De erfprins gaat op vrijersvoeten. Hij heeft in Stuttgart de onwillige Sophie het hof gemaakt. Nog is er niets beslist. Nog hoopt zijn moeder dat het huwelijk niet doorgaat en is de reden van zijn reis een welbewaard geheim gebleven. Na Duitsland heeft hij Italië bezocht en zo is zijn bezoek aan Stuttgart maar weinigen opgevallen. Alleen het feit van zijn terugkomst is aanleiding tot een bericht: *'s Gravenhage: 5 November. Z.K.H. de erfprins is van zijne reis naar Duitschland en Italie, gisteren avond te zeven ure in goeden welstand in deze residentie teruggekeerd.*[16]
Over eventuele geruchten met betrekking tot een mogelijke verloving geen woord. Misschien zijn er geen geruchten, hoewel er in hofkringen toch wel aan een huwelijk voor de oudste kleinzoon van de koning gedacht wordt.
In Stuttgart wacht Sophie in grote onzekerheid een huwelijksaanzoek af. De brief blijft lang uit. Ze wacht en ze hoopt. Misschien is ze toch niet in de smaak gevallen. Misschien heeft hij een andere prinses gezien. Uiteindelijk komt het aanzoek toch. Het is alleen maar vertraagd door de rouw. Sophie zal een kroon kunnen dragen. Als ze het aanneemt. Als ze ja zegt. Het meisje zwicht. Murw gepraat door de zakelijke argumenten van haar vader, aanvaardt ze de ongewenste bruidegom. Om de kroon, om de troon, om het geld, om de status. Maar haar hart snikt schreiend neen!
Ach, de arme Sophie mist eenvoudig de kracht om zich tegen de ambitieuze plannen van haar vader te verzetten. Want vrouwen hebben geen recht op verzet. Een vrouw moet onderdanig aanvaarden wat over haar beslist wordt. Vrouwen worden verkocht en laten zich verkopen. En Sophie wordt verkocht. Tegen beter weten in. Door haar vader, die ze aanbidt. Sophie verwijt het hem niet. Sophie wijt al haar ongeluk aan haar koper.
En zo krijgt schoonmoeder Anna Paulowna alle reden om over haar zo onwelkome schoondochter bij broer Nicolaas te klagen: *Maar ik werd getroffen door het feit, dat ze veel ouder en volwassener schijnt dan mijn zoon, die bij haar vergeleken een kleine jongen lijkt. Het is zeker dat zij van haar kant, niet van hem houdt, maar er is een flinke dosis ambitie waardoor ze hem slikt, met het oog op een briljante toekomst. Als je het zag, zou je het met me eens zijn.*[17]

VIII. DE KONING TROUWT EEN MUITERSWIJF

De overleden koningin is geen arme prinses geweest en de nalatenschap, die haar drie kinderen te verdelen krijgen, is aanzienlijk. Tijdens haar leven heeft ze uit de opbrengst van haar bezittingen heel wat liefdadige instellingen gesteund. Die taak komt nu in hoofdzaak neer op de schouders van haar schoondochter Anna Paulowna, die wel de uitgaven van haar schoonmoeder overneemt, maar niet de inkomsten. Anna zucht daarom wat over de financiële consequenties, die aan haar nieuwe positie van eerste vrouw van het land verbonden zijn, maar ze is toch zo plichtsgetrouw dat ze doet wat van haar verwacht wordt.
Wel valt het goed Heinrichau bij de verdeling van het moederlijk erfdeel aan de kroonprins toe en beschikt hij voortaan over grotere inkomsten dan voorheen. Maar daar heeft Anna weinig aan. De prins van Oranje is een slecht econoom; hij zit onder de schulden en heeft van het zakentalent van zijn vader niets maar dan ook niets geërfd. In dat opzicht heeft hij veel meer weg van zijn moeder. Ook zij werd bedrogen en uitgebuit totdat haar man had ingegrepen en de goederen in haar naam voorbeeldig had bestuurd.
De heerlijkheid Heinrichau is een mooi erfdeel, waarmee zelfs een kroonprins best tevreden kan zijn. Feitelijk is het een hele verzameling van landgoederen – Heinrichau, Alt-Heinrichau, Maschwitz, Taschenberg, Zesselwitz, Wiesenhof en Bernsdorf[1] – die door aankoop of vererving in één hand zijn samengekomen en die de naam dragen van Heinrichau, de zetel van het bestuur, een oud kasteel dat, ondanks de aangebouwde oranjerie, in feite een voormalig klooster is.
Tot Heinrichau behoren ook de schatplichtige dorpen: Boelmsdorf, Raetsch, Berzdorf, Reumen, Frömsdorf, Taschwitz, Krelkau, Peterwitz en Zesselwitz. Met vijfentwintig onderhorige hoeven, twee grote bossen, het Buchwald en het Schönjonsdorfer Wald, is Heinrichau een waarlijk vorstelijk bezit. Het is niet het enige domein dat de koningin aan haar oudste zoon heeft nagelaten. Ook het goed Schönjonsdorf valt hem toe, dat zijn moeder tegelijk met de

kloostergoederen van Heinrichau in 1812 op raad van haar man heeft aangekocht.
Ook Albert van Pruisen heeft niet te klagen. Hij heeft een rijke en onafhankelijke vrouw. Maar juist dat laatste begint hem parten te spelen! Marianne neemt het niet meer dat haar man zich met andere vrouwen afgeeft. Albert is haar niet trouw. Is het misschien ook wel nooit geweest. Al ten tijde van hun bruiloft had hij een slechte naam en ook de jonge Snouckaert van Schauburg heeft de symptomen van een bedenkelijke levenswijze wel degelijk gesignaleerd. Natuurlijk had hij zijn woord gegeven om er niets van te laten uitlekken dat hij prins Albert ijverig doende had gevonden in de kleedkamers van een paar mooie actrices na de voorstelling in de schouwburg. Hij heeft beloofd te zwijgen. Want zoiets blijft onder mannen nietwaar?
Maar het lekt natuurlijk wel uit. Marianne komt meer te weten dan haar lief is. Ze laat het er niet bij zitten en de verhouding tussen de echtelieden verkoelt.
Ook Frederik erft van zijn moeder. Hij krijgt het landgoed Seitsch en beheert het heel wat beter dan zijn oudste broer, die grote hypotheken opneemt op Heinrichau. Marianne deelt gelijk met haar broers op. Zij erft het slot Camenz en beheert dit nieuwe bezit met veel verstand.
Het lijkt wel of met de dood van de koningin de Oranjefamilie eensklaps gedoemd is om aan huwelijksperikelen te gronde te gaan. Het huwelijk van Willem, de erfprins, met de blonde Sophie van Württemberg gaat ondanks de aanvankelijke protesten van het meisje wel door, maar is van het begin af aan ongelukkig.
En ook de koning, een oud man in de ogen van zijn tijdgenoten, begeeft zich plotseling op vrijersvoeten. Hij is wat vereenzaamd na de dood van zijn vrouw. Wel heeft de kroonprins de landgoederen „Buitenrust" en „Zorgvliet" aangekocht om wat dichter bij *den grijsaard* te zijn, maar van zijn goede bedoelingen is niet zoveel terechtgekomen. Willem is dikwijls in Tilburg. Tot groot verdriet van zijn vrouw, die maar al teveel afweet van de geheime vermaken van haar man in die stad. Al twee, drie jaar geleden heeft zij er zich bitter over beklaagd tegen haar broer, tsaar Nicolaas. *Wat is er verder om aan je te vertellen, lieve vriend! Helaas, het is beter om er maar over te zwijgen. Maar de dingen waarover wij in Dux spraken, hebben zulke vormen aangenomen, dat ik er van de ene dag op de andere de ongelukkigste gevolgen van verwacht. Herinner jij je wat ik je verteld heb over een minderwaardige smaak en die losbandigheid?... Wanneer je wist waaraan ik soms word blootgesteld, zou je hart ineenkrimpen. Dit zijn geen geheimen, iedereen kan het zien en ik twijfel niet aan de opinie die men zich daarover vormt.*[2]

Maar wat had tsaar Nicolaas anders kunnen doen dan zijn zuster trachten te troosten met de opmerking dat ze toch de liefde van haar kinderen nog heeft? Zo'n rein leven lijdt hijzelf nu ook weer niet.
De huwelijksplannen van koning Willem I slaan bij de familie in als een bom, al schijnt dit in het allereerste begin niet zo te zijn. Ze hebben geweten dat hun vader een eenzaam man geworden was en dat hier en daar een welmenend bezoekje de troosteloosheid van zijn bestaan niet had kunnen opheffen. Voorbij zijn de gezellige theeuurtjes met de lieve Mimi. Voorbij zijn de uren van licht en ontspanning. Haar zachte stem klinkt niet meer. Er wordt niet meer zo gelachen als vroeger of muziek gemaakt; haar palet en schilderdoos liggen stil. Voorbij is ook haar zachte bemiddeling als het weer eens spant tussen koning en kroonprins. Voorbij. Het is een hard woord voor de man die alleen is overgebleven in de sombere vertrekken van het paleis Noordeinde.
Wel is de hofhouding van de koningin op uitdrukkelijk verzoek van de koning blijven voortbestaan. Ze zijn er nog allemaal, die haar vroeger omringden. Van der Duyn van Maasdam, haar grootmeester en eens de man die zich met Van Hogendorp tot het uiterste heeft ingespannen om de Oranjes terug te brengen in de Nederlanden. Sindsdien heeft hij veel kritiek op Willem I gehad, maar dat heeft er toch niet toe geleid dat hij het vette erebaantje van grootmeester der koningin heeft opgegeven. Ook de hofdames zijn gebleven: Charlotte van Estdorff, Julie von der Goltz en Henriëtte d'Oultremont brengen nu de gezelligheid aan in de theeuurtjes, daarbij ijverig gesecondeerd door godinnen van het tweede plan, te weten de dames De Constant Rebecque, Van Stamfort en Van Wassenaer.
En dan raakt de koninklijke weduwnaar toch nog verliefd. Hij heeft het er maar wat moeilijk mee, want hij droomt van twee vrouwen. Julie von der Goltz en Henriëtte d'Oultremont maken evenveel kans. De koning heeft al altijd een zwak voor Julie gehad. Ook tijdens het leven van de zachte Mimi. De leden van de hofhouding weten het heus wel. Julie gooit de hoogste ogen. Een huwelijk met Julie is niet onmogelijk. Heeft 's konings zwager, Friedrich Wilhelm III van Pruisen, niet Augusta, gravin van Harrach, naar het altaar geleid, nadat zijn welhaast legendarische koningin Louise was overleden? Niemand had er aanstoot aan genomen. Sinds het morganatisch huwelijk in 1824 was zij tot ieders tevredenheid als vorstin von Liegnitz aan de zijde van haar koninklijke echtgenoot door het leven gegaan.
Van zulk een huwelijk droomt koning Willem I. Julie of Henriëtte? De koning twijfelt, de koning aarzelt. Met zijn merkwaardig vlugge dribbelpasjes – veel te klein in verhouding tot zijn gestalte – bezoekt hij zowel de een als de ander. Anton Rheinhard Falck ziet het allemaal met een lachje aan. Falck, die zijn koning kent als geen ander. Falck, die getrouwd is met de

gewezen hofdame Zezette Roisin. Falck, die ook alles afweet van de perikelen van Bonnick. Falck, die in Londen ambassadeur is geweest en nu is benoemd tot eerste Nederlandse gezant in Brussel.

Die benoeming is werkelijk een grote stap voor de koning geweest. Plotseling, op 1 februari 1839, heeft hij zich bij het onvermijdelijke van een scheiding tussen Holland en België neergelegd. Al eerder, met name in de kabinetsraad van 6 februari 1838, was er op zulk een stap aangedrongen. Maar de koning had koppig geweigerd en vijftien dagen later zijn weigering nogmaals koppig onderstreept: *Nog kan ik dit niet doen.*[3] Hij overlegt er nog eens over met Falck. En dan ineens, op de vierde maart, geeft hij aan het diner – tot Falcks grote verbazing – aan de prins van Oranje kennis van zijn genomen besluit.

De kroonprins weet niet hoe hij het met zijn vader heeft en schrijft hem nog om middernacht een lange brief, die in de volgende zinsnede culmineert: *Ik vraag me af waarin de noodzaak gelegen is, de Staten-Generaal weigeren u geen enkele subsidie; uw bondgenoten pressen u er niet toe...*[4] Maar de koning zet door. Even koppig als hij volhardt heeft in zijn kapitalen verslindende volhardingspolitiek, drijft hij ondanks alle teleurstellingen en conferenties nu zijn zin door.

Dat is de oorzaak dat Falck nu als eerste gezant van het gehalveerde koninkrijk der Nederlanden naar Brussel kan gaan. Niet als ambassadeur, zoals voorheen in Londen, maar als gezant en gevolmachtigd minister. Falck kiest de wijste partij en doet in het belang van het land graag een stapje in rang terug. Maar voor hij vertrekt, wijdt hij in zijn dagboek nog even een paar spitse woordjes aan de amoureuze beslommeringen van zijn vorst: *Na mijn terugkeer uit Duitsland duurde het niet lang of ik begon te merken, dat de dames van wijlen Hare Majesteit minder dan ooit tevoren eensgezind met elkaar waren. Het gebrek aan sympathie was vooral zichtbaar bij de gravinnen van der Goltz en d'Oultremont. Toen mijn vrouw, die meer speciaal de vriendin van deze laatste was, bij een vriendschappelijke lunch bij haar in het Huis ten Bosch, daar binnen 12 of 15 dagen op drie achtereenvolgende malen de koning ontmoet had, twijfelde ik niet langer aan het werkelijke motief van de nauwelijks verborgen droefheid en woede van Madame van der Goltz. Ze zei levensmoe te zijn, beklaagde zich vagelijk over de ondank der mensen en ze zei me op een dag... dat de Koning zich bij middelmatigheden aanpaste, zo zeer zelfs dat hij aanleiding gaf dat men ging geloven, dat hij niet anders nodig had, enzovoorts. En het is vanwege de schikkingen, die prinses Albert* (dat is prinses Marianne) *getroffen had om haar vader te plezieren, dat men de arme koning met drie of vier zo verschillend aangelegde vrouwen alle avonden in zijn calèche zag uit rijden gaan, het hoofd ongedekt alsof hij vreesde, dat men hem ervan zou verdenken enige autori-*

teit uit te oefenen over zijn gezellinnen in de onschuldige pleziertjes. De jongste onder hen scheerde langs de 47 (jaren) *wat... voor prinsessen de bloei van hun jaren is.*[5]
Al spoedig wordt Falck in de gerezen moeilijkheden betrokken; in eerste instantie door Henriëtte d'Oultremont, de vriendin van zijn vrouw, die – als hij in de maand juli wat onschuldige grapjes tegen haar maakt – plotseling ernstig wordt en zich begint te beklagen over de onaangename kanten van haar positie aan het hof en met name over de *chicanes, de plagerijen en de kwaadaardige insinuaties van Madame van der Goltz. Zij wilde zich daaraan onttrekken door het hof te verlaten, niet zoals zij al lange tijd gedacht had in de maand september en voor een reis naar Italië, maar dadelijk en opdat haar souverein door haar vertrek verlost zou worden van de plagerijen waarvan hijzelf het mikpunt was en waarvan het beter geweest zou zijn indien hij de moed gehad zou hebben zich daarvan met een daad van gestrengheid te verlossen.*[6]
De koning heeft ook zelf schuld aan de moeilijkheden waarin hij geraakt is. Willem I is een aarzelaar; hij kan niet tot een besluit komen. En Falck vervolgt zijn verhaal met de opmerking, dat *zijn voortdurende attenties aan het adres van de ene hem niet weerhouden en de bezoeken aan de andere niet deden onderbreken;*[7] er werd wederzijds geklaagd, aan de oude tijden in Berlijn werd gedacht. *Dikwijls hoorde hij zich als een soort ultimatum toevoegen: Of Henriëtte vertrekt of ik. En hij aarzelde, hij balanceerde en dan dacht hij dat hij besloten was de minst jonge te laten vertrekken en dan*

...il retournait encor
de la fille d'Hélène à la veuve d'Hector.[8]

Al heeft Henriëtte zich dan beklaagd, toch gelooft Falck aanvankelijk niet dat het zo'n vaart zal lopen. Hij kent de vrouwelijke jaloezietjes; het zal allemaal wel meevallen. En wat de koning betreft; Falck kent zijn vorst. *Zou onze eerbiedwaardige souverein in zijn ononderbroken behoefte om met vrouwen te keuvelen... driemaal daags de trap die naar Henriëtte voerde beklimmen of die naar Julie?*[9] En hij geeft Henriëtte een raad, die hij later wellicht betreuren zal. Ze moet niet toegeven, dat zou lafheid zijn, maar ferm standhouden. En dan maar eens afwachten wat Julie van der Goltz gaat doen.
Lang hoeft Falck niet in onzekerheid te blijven. Een gesprek met Henriëtte op de volgende dag ontneemt hem alle illusies. *„U raadt me mijn vertrek niet te verhaasten, maar wanneer de Koning het wonderlijke idee heeft met mij te willen trouwen?" Ik viel van mijn voetstuk. Een huwelijk met de Koning!*

19. Koning Willem I in alle glorie van zijn koningschap bij de opening van het parlementaire jaar in 1826 te Brussel. Litho door Van Hemelryck uit de serie Les Rencontres de Guillaume I, 1829.

„Ja, maar een morganatisch huwelijk, zoals dat van de prinses von Liegnitz. Hij heeft er met mevrouw van Wassenaer over gesproken en met madame van der Goltz zelf. Vandaar de recente woedeaanvallen van de laatste en de dagelijks duidelijker wordende animositeit van de andere dames. De graaf van der Duyn is er over voorgelicht. Als oude vriend van het Koninklijk Huis en grootmeester van onze arme koningin, heeft hij zich verplicht geacht het initiatief te nemen tot de ernstigste vermaningen. Na de koning kreeg ik ook mijn beurt. Ik was verwonderd en gekwetst door zijn hardheid. Hij heeft me verantwoordelijk gesteld voor de funeste consekwenties, die hij voor zulk een echtvereniging voorziet. Van alle kanten wordt ik met kilheid behandeld; het is niet om uit te houden."

„Dat des te minder," antwoordde ik, *„omdat u een lange tijd voor u hebt. Een wetsontwerp over een kwestie die geheel vreemd is aan onze zeden, de raad van ministers, de Raad van State, de Staten-Generaal – dat is een eindeloze zaak! U moet absoluut vertrekken en wel zo snel mogelijk. Doe u best om de koning zover te krijgen dat hij toestemt."*

„Ik zal hem uw raad meedelen, want hij weet dat ik u raadpleeg en hij heeft dat niet verkeerd gevonden. Heb intussen de vriendelijkheid om mij een paspoort te bezorgen."[10]

In feite is het huwelijksaanzoek dan al zo'n twee maanden oud. Al in mei, dus nog enkele weken voor het ongelukshuwelijk van erfprins Willem met de blonde Sophie van Württemberg, heeft de koning Henriëtte gevraagd zijn vrouw te worden. Ze is er niet dadelijk op ingegaan. Ze heeft bedenktijd gevraagd en – grootste aller fouten! – dan deze dan gene om raad gevraagd. Wat in het diepste geheim had behoren te worden besloten, was door koning en gravin in de hofkring uitgebazuind. En het excuus van Henriëtte dat ze het huwelijksaanzoek niet had zien aankomen, wordt in feite door niemand voor waar opgenomen. Want welke vrouw ziet zoiets niet aankomen?

Een mooie vrouw is Henriëtte beslist niet. Ook niet in de ogen van haar tijdgenoten. Haar gestalte is groot en schraal. Maar haar geest is aantrekkelijk. Ze is een ongelooflijk boeiende persoonlijkheid en kan heel ironisch uit de hoek komen. Schoonheid is lang niet alles. De koning kiest zich een vrouw met wie hij praten kan.

De koning raadpleegt zijn minister van justitie, de staatssecretaris Van Doorn en Anton Rheinhard Falck. Zij allen raden het huwelijksplan af. Niemand durft het aan om met zo'n voorstel bij de Staten-Generaal aan te komen.

Toch, hoe goed, hoe redelijk hun argumenten ook zijn, de koning gaat er niet voor opzij. Falck heeft goed praten als hij zijn vorst waarschuwt dat het huwelijkswetje nooit door het parlement zal worden aangenomen.

Iedereen zijn rol en zijn plicht, antwoordt Willem I, *ze doen maar wat ze niet laten kunnen... maar wat mij betreft, ik ben vastbesloten mij het voorrecht niet te laten ontnemen die de wetten aan de minste burger garanderen; ik zal eerder afstand van de troon doen dan berusten in de gedachte dat ik alleen maar gesalarieerde handen* (tot mijn beschikking) *zal hebben om mij in mijn laatste ziekten te verzorgen en mijn ogen te sluiten.* [11]

Falck doet er maar het zwijgen aan toe. Wat moet de man ook antwoorden op zo'n emotionele uitbarsting? En bij een volgend bezoek, op 6 augustus, houdt hij zich maar of de koning alle plannen in die richting heeft laten varen, maar daarbij komt hij toch echt wel van een koude kermis thuis. De koning maakt hem al gauw duidelijk dat hij doorzetten zal. *Monsieur surtout, mijnheer vooral zou moeten weten, dat ik niet zo gemakkelijk bakzeil haal, en wat deze zaak betreft, waar het alleen maar om mijn belangen gaat en waarin de belangen van de staat niet gemengd zijn, zal ik nooit toegeven... Al wat mijn zonen interesseert is, dat zij aan mijn vrouw niet de titel en rang van Majesteit zullen moeten geven.* [12]

Als hij dit zegt, heeft Henriëtte het land al verlaten. Wel heeft hij er zich in het begin tegen verzet en vastgehouden aan zijn plan om op 24 augustus – zijn verjaardag – zijn voornemen te hertrouwen publiek te maken en kort daarna tot de huwelijkssluiting over te gaan, maar hij is voor Henriëtte's smeekbeden gezwicht. Bij het afscheid heeft hij haar doen beloven dat zij op het eerste verzoek bij hem zou terugkeren. Het is een kleine pleister op de wond, die zij hem heeft toegebracht door de diamanten trouwring, die hij aan haar vinger schoof, te weigeren. Later, heeft ze gezegd, later als alles goed is.

De positie van Henriëtte is in die eerste maanden van afwegen van alle pro's en contra's lang niet gemakkelijk geweest. Ze heeft ook aan de prins van Oranje geschreven. In een zonderlinge mengeling van nederigheid en ironie, heeft ze hem om raad gevraagd.

Van het begin af aan had ze zichzelf tot de prins willen wenden, maar: *De koning had er plotseling de voorkeur aan gegeven er zelf over te spreken, daarop had hij zo dikwijls een triest beeld opgehangen van het isolement waarin hij zich bevond en van de noodzaak om misschien op een dag een soort zwarte zuster* (non ter verpleging) *te hebben, dat ik bijna aangeboden had om de geloften af te leggen en terug te keren indien het noodzakelijk zou zijn om hem te verplegen! maar Z.M. is daarvoor niet genoeg gesteld op het kloosterlijk habijt! Ik zou ook oud genoeg zijn om voor hem, ook zonder geloften van welke aard dan ook, deze diensten te verrichten, indien de koning niet twee gouvernantes had, die hem dit niet toestaan; hun bestuur begint de koning zwaar te vallen. Ongelukkigerwijze heeft de koning zich in de kaart laten kijken en sindsdien heerst er opstand in de harem. Ze zijn van plan hun ontslag aan te vragen en mijn gezellinnen mee te slepen.*

Dit moet na de feestdagen losbarsten. Ik zou gaarne zien, dat U.K.H. mij zegt wat zij denkt dat ik in deze omstandigheden moet doen, indien zij het beter vindt dat ik vertrek wil mij dit dan zeggen en de koning doen besluiten om mij te laten vertrekken. [13]
Ergens is het wel duidelijk dat Henriëtte ook zonder huwelijk haar goede zorgen over de koning uitstrekken wil. Maar wonderlijk genoeg grijpt de Held van Waterloo de aangeboden kans niet. Het is stellig niet uit preutsheid gebeurd, want een ingetogen leven leidt hijzelf allerminst. Ook raadt hij haar niet het land te verlaten, wat hij wel had moeten doen als hij eerlijk zou zijn geweest, want hij is met zijn vrouw stellig op dit huwelijk tegen. Hij houdt zich echter op de vlakte en schrijft diplomatiek-klagelijk: *...hoe kan ik dan ook, nu de zaken zover zijn gekomen u raad geven wat u te doen overblijft, mijn positie van zoon verbiedt mij dit nu, daar ik geacht zou kunnen worden zowel rechter als belanghebbende te zijn in deze voor u, ik erken het, zo moeilijke aangelegenheid, maar toch niet onoverkomelijk voor een mens, die zo rijkelijk is begaafd met kwaliteiten van hart en verstand.* [14]
Henriëtte laat zich door zijn vriendelijke non-interventie niet om de tuin leiden. Ze wil weten waar ze aan toe is en schrijft een tweede, niet mis te verstane brief. Ze is bereid het land te verlaten en van een huwelijk af te zien, als de prins en zijn familieleden haar daartoe aanzetten en ze besluit met de woorden: *Ik wens de koning toe, dat hij iemand anders moge vinden, die aan zijn verlangens en die van zijn familie voldoet, maar ik twijfel eraan dat zij zo toegewijd zou kunnen zijn als zij die de eer heeft te zijn met de allermeeste eerbied*

van Uwe Koninklijke Hoogheid
de zeer nederige en zeer gehoorzame dienaresse
Henriëtte d'Oultremont [15]

De prins laat er geen gras over groeien. Hij denkt er niet aan zich door Henriëtte de zwarte Piet te laten toeschuiven en haastig wuift hij alle verantwoordelijkheid weg.
Het is met verwondering dat ik vanmorgen uw brief ontving, waarin u me zegt besloten te hebben binnen 8 of 10 dagen te vertrekken en u dit besluit motiveert door de inhoud van mijn brief van gisteren, welke echter niets anders uitdrukte dan mijn bedoeling mij er niet in te mengen om redenen van plicht en fijngevoeligheid... [16]
Henriëtte weet echter genoeg en besluit het land te verlaten. Bij het afscheid belooft ze trouw te schrijven en een schuiladres is snel gevonden. Haar brieven zullen worden gericht aan de secretaris van het kabinet des konings E.W. Hoffmann, in vroeger dagen de collega van Van Grovestins, wiens tranenvloed hij eens met zoveel verbazing had gadegeslagen.

20. *De kinderen uit het huwelijk van prinses Marianne met prins Albert van Pruisen. Van links naar rechts Charlotte (1831-1855), Albert (1837-1906), onder Alexandrine (1842-1906). (Hohenzollern Jahrbuch.)*

Vier dagen na haar vertrek schrijft Henriëtte inderdaad haar eerste brief uit de ballingschap, die zij zichzelf heeft opgelegd, en de koninklijke minnaar zal er ondanks alle verdriet om geglimlacht hebben. Dit schrijft ze (zogenaamd) aan de heer Hoffmann: *Ik hoop mijn lieve Heer Hoffmann, dat mijn vertrek de kalmte onder mijn gezellinnen hersteld heeft! Dat de gezichten minder lang zullen zijn, de tongen minder scherp, de zenuwen minder belaagd, de krampen in de borst en ander lijden gekalmeerd en dat deze vredige staat ook vrede schenkt aan onze Heer en Meester voor wie ik altijd een diepe toewijding en aanhankelijkheid zal behouden, of ik nu ver verwijderd van zijn persoon zal zijn of dichtbij.*[17]
Zo, trefzeker en humoristisch als altijd, maakt ze haar koning het hof en het kan niet anders of hij moet gesterkt zijn in zijn verlangen haar tot zijn vrouw te maken. En hij moet zich geërgerd gevoeld hebben bij het lezen van het volgende verslag. *Op het moment, dat ik het Huis ten Bosch verliet ontving ik een lang epistel van onze goede mevrouw von Estdorff, die een opsomming inhield van alle ongelukken, die ik over het land zou brengen indien een zeker plan verwerkelijkt zou worden. Het is werkelijk beangstigend! (De schone Helena heeft bij haar belegering van Troye niets gedaan dat daarmee te vergelijken is. Het is waar, dat zij toen al tachtig jaar oud was en dat ik alleen maar op iets meer dan de helft kom.)*[18]
Woorden van leed en van liefde giet zij over de koninklijke weduwnaar uit: *...in de hoop nuttig te zijn voor iemand die ik zo lief heb en hoogacht, en dan beschuldigd te worden van trots, van ijdelheid, intriges en God weet welke laagheid meer! Werkelijk, wanneer ik daaraan denk, geloof ik midden-in een droom te verkeren, een pijnlijke nachtmerrie en ik zou deze drie maanden van mijn leven uit willen wissen... Zend uw nieuws, zeg me hoe gaat het met de gezondheid van de persoon waarin wij het meeste belang stellen. Heeft hij nog een goede en een slechte dag? Wanneer vertrekt prins F(rederik)? Ziet hij er vriendelijk uit? Adieu, mijn lieve meneer Hoffmann, blijf mij uw vriendschap, die mij zo kostbaar is, verder schenken.*[19]
Eén ding is duidelijk. Als het aan Henriëtte ligt, zal de koning haar niet vergeten!
Voorlopig blijft het echter stil in de gezapigheid van de Hollandse dreven. Wat het hof in opschudding heeft gebracht, is nog niet tot de buitenwereld doorgedrongen. Het vertrek van een hofdame van wijlen de koningin is voorlopig geen nieuws. Het blijft stil om Henriëtte en zij schijnt ongemerkt in dat oer-Hollandse voorwerp – de doofpot – verdwenen te zijn.
Echter niet voor lang, voordat de eerste week van oktober verstreken is, barst het schandaal openlijk uit. Maar de koning wijkt niet en bij de afscheidsaudiëntie, die hij in deze dagen aan Falck even voor diens vertrek naar Brussel verleent, zegt hij bitter: *Wat uitgesteld is, gaat niet verloren.*

Men zal niet van mij kunnen zeggen, dat ik mij het slachtoffer heb laten maken van de publieke opinie, die zich nooit verheven zou hebben zonder de intriges, die gesmeed werden door mensen, die mij het naast staan.[20]
De oorlog tussen koning en kroonprins is begonnen. Om een vrouw – neen – om meer dan een vrouw: om een troon!

IX. BERLIJNSE JAREN

Terwijl haar vader in Den Haag een verbeten strijd voert om zijn toekomstig huwelijksgeluk, ziet Marianne in Berlijn haar relatie met haar echtgenoot verslechteren. Ze is daar niet onschuldig aan. Verwend groot kind, dat zij nog altijd is, heeft ze de neiging al te zeer op haar rechten te staan en dat wordt er, sinds ze na de dood van haar moeder financieel bijna geheel onafhankelijk is, niet beter op.
Tegen Henriëtte d'Oultremont zet ze zich niet af. Het is meer de angst voor de gevolgen van de huwelijksplannen van haar vader dan afkeer van de persoon van de bruid, die haar ertoe brengt zich heel gematigd tegen de ongeluksplannen van haar vader te keren. Zelf eenzaam geworden in een onbevredigend huwelijk met haar soldateske Pruisenprins, is ze in staat de mate van zijn verlatenheid te peilen en wat ze daarin opmerkt doet haar verdriet. Met bezorgdheid ziet ze de gang van zaken aan, want al in de eerste maanden van het jaar 1840 bereikt de strijd een nieuw hoogtepunt. De koning hoopt op een spoedig huwelijk – *voor Pasen*[1] schrijft hij opgewekt aan zijn Henriëtte – *voor Pinksteren* constateert hij wat later; maar Pasen en Pinksteren gaan voorbij zonder dat er van een huwelijk sprake is.
De koning is ook niet erg tactvol. Op het feest ter ere van de verjaardag van de erfprins brengt de koning een dronk uit. Op de jarige en de afwezigen! *Ik weet niet of hij het begrepen heeft, maar ik neem aan van wel, gezien de uitdrukking van zijn gezicht.*[2] Enkele weken later voegt hij een codicil toe aan zijn testament. Tweehonderdduizend gulden legateert hij aan zijn Henriëtte en een uitkering van twaalfduizend gulden per jaar als *blijk van zijn liefde, achting en toegenegenheid, die ik voor dezelve heb en die zij in alle opzichten zo zeer verdient.*[3]
Is het daarom dat zijn tegenstanders opeens tot een nieuwe aanval overgaan? Is er soms een lek op het notariskantoor? Of heeft men te maken met een weldoordacht plan om de koning tot aftreden te dwingen?
Tot nog toe heeft de prins van Oranje zich afzijdig gehouden. Voor het oog

van de wereld althans. Maar nu, bij het vervroegde jaarlijks bezoek van de koning aan de stad Amsterdam, geeft hij zijn handlangers opdracht om toe te slaan. De prins heeft zich altijd al met dubieuze figuren omringd, onder wie een zekere jonkheer R.L. van Andringa de Kempenaer, een gevaarlijk intrigant. Misschien gelooft de prins nog dat deze een gewillig werktuig is, de waarheid is echter anders. De Kempenaer is een bloedzuiger, die zich eerst tot werktuig verlaagt om dan later zijn geheime wetenschap tegen zijn vorstelijke opdrachtgever uit te spelen.

De kroonprins moge dan een hoge dunk van hem hebben, zelfs een man als Eylart Meeter veracht hem. En dat zegt wat! Meeter beschrijft De Kempenaer als volgt: *Hij was krachtig gebouwd, niet erg lang en hij had regelmatige gelaatstrekken en fel doordringende ogen... In het gesprek was hij òf te teruggetrokken of te mededeelzaam; wanneer hij opgewonden raakte door teveel wijn of tegenspraak, snoefde hij als een praalhans, zijn taal werd dan buitengewoon vulgair en stuitend. Hij sloeg de schokkendste godslasteringen en gemeenste woorden uit... Zelfs de profiteurs, die hem in zijn dagen van roem en invloed omringden konden zijn vuilbekkerij en grillig humeur niet langer verdragen... Hij schaamde zich niet om op klaarlichte dag door de straten van Den Haag te lopen... in gezelschap van notoire oplichters en meisjes van verdachte zeden. Zijn allen zeer achtenswaardige verwanten hadden alle betrekkingen met hem verbroken en beschouwden hem als een kwalijke loot aan hun stamboom. Men kon hem niet royaal noemen, hij was gewoon verkwistend; hij smeet met geld als hij aan het drinken was of als hij een of ander politiek of wellustig doel op het oog had.*[4]

Het is deze man die in Amsterdam een intrige tegen de koning op touw zet. Hij brengt een bezoek bij de hoofdredacteur van het Handelsblad, die danig door zijn optreden geïmponeerd is *...Ridder der Militaire Willemsorde, een man blakende van ijver en moed voor het belang des Konings en Zijn Huis... zoo leerde ik hem kennen, onder de dringende aanzoeken waarmede hij mij als bestormde, om toch, eer alles verloren ging Het Handelsblad als wapen te gebruiken.*[5]

Zo groot, zo alles overweldigend is de spraakwaterval die De Kempenaer over het hoofd van de hoofdredacteur uitstort, dat deze aan het twijfelen slaat. *...Alle andere middelen, zo zeide hij, waren uitgeput... alle voorstellingen en bemoeyingen afgestuit tegen het zoo hardnekkige en dwaze besluit des Konings.*[6]

Toch gaat hoofdredacteur Van der Biesen niet over één nacht ijs. Hij vraagt zekerheid. Hij wil honderd procent zeker zijn dat het gevaar waarover De Kempenaer spreekt reëel aanwezig is en neemt geen genoegen met diens verzekering dat de prins van Oranje achter zijn démarche zou staan.

Op 9 maart 1840 heeft Van der Biesen daarom een persoonlijk gesprek met

de kroonprins, ergens in een salon in het paleis op de Dam. *Zijne Koninklijke Hoogheid bevestigde alles wat de Heer de Kempenaer mij had gezegd en bevestigde mij, dat Zijne Koninklijke Hoogheid nog als het eenige en laatste redmiddel beschouwde, dat Het Handelsblad de zaak aangrepe...* Het Handelsblad hoeft het overigens niet alleen te klaren, de prins heeft nog andere ijzertjes in het vuur en verzekert *dat ook van andere zijden bemoeyingen zouden worden in het werk gesteld om de pogingen van Het Handelsblad te ondersteunen.*[7] Voor het overige kan Van der Biesen van de kroonprinselijke dank verzekerd zijn. Is het een ridderorde, die nu als een zon voor het geestesoog van de hoofdredacteur opgaat of een grootkruis?
De aanval wordt volgens afspraak onmiddellijk ingezet en de lezers van Het Handelsblad worden de volgende dag al opgeschrikt door een somber hoofdartikel, dat begint met een onheilspellende volzin.
Wij hebben als dagbladschrijvers eenen treurigen pligt te vervullen, hetgeen wij tot heden toe niet konden gelooven, doch hetwelk ons nu uit ontwijfelbare bronnen wordt medegedeeld, dat namelijk Z.M. de Koning het stellige voornemen heeft opgevat, zich in den echt te begeven met Mevr. de Gravin Henriëtte d'Oultremont.[8] Een gefingeerde ingezonden brief is ter ondersteuning van het hoofdartikel in hetzelfde nummer opgenomen. De zogenaamde brief somt de geruchten op, die in Amsterdam en Den Haag de ronde zouden doen. Waarom is de koning zo vroeg in het jaar naar de hoofdstad gegaan? Om staatszaken of om zijn huwelijksplannen door te zetten? *Tot ons diep leedwezen moeten wij erkennen, dat de Natie in slaap is gewiegd... Er wordt meer dan ooit allerwege van het aanstaande huwelijk des Konings gesproken!*[9]
Dan is het hek van de dam. Het Handelsblad gaat verder op de ingeslagen weg en publiceert dagelijks, nieuwe, gefingeerde, ingezonden stukken. Van der Biesen houdt De Kempenaer dagelijks op de hoogte van de ontvangen reacties, hij laat de stemming nauwkeurig peilen door betaalde *intelligente sujetten*[10] en zegt de prins nogmaals – en nu schriftelijk – alle medewerking toe, al moet het wel een *diep geheim blijven dat Het Handelsblad met instemming, ook slechts met voorkennis van Uwe Koninklijke Hoogheid handelt. Van mijn kant, geef ik Uwe Koninklijke Hoogheid de heilige verzekering, dat uit mij het met Uwe Koninklijke Hoogheid gesprokene nimmer aan iemand bekend zal worden.*[11]
De opschudding in het land is enorm. Andere kranten mengen zich in de strijd, maar stellen zich wel wat genuanceerder op. Hoofdredacteur Van der Biesen raakt daardoor toch wel wat beducht voor zijn moed en verzoekt de prins zich ook tot andere kranten te wenden, aangezien hij *eenigermate huiverig* is geworden *om voort te gaan.*[12] Maar de prins van Oranje kan blijkbaar van de aanvallen op zijn arme vader niet genoeg krijgen en vraagt

bij monde van zijn vriend De Kempenaer om *op het ingeslagen spoor, en zelfs langzamerhand met nog krachtiger taal voort te gaan.*[13] Van der Biesen durft dit toch niet aan en plaatst een ander, gematigder artikel in zijn krant, waarin hij de hoop uitspreekt dat de koning *ook thans een nieuw offer aan het bescheiden verlangen zijns getrouwen volks zal brengen.*[14]
Het kwaad is echter geschied en de gevolgen zijn niet meer te keren. De spanning in het land neemt toe en een lastercampagne spoelt over de koning en Henriëtte heen en verontrust vraagt men zich af waartoe dit alles leiden moet: revolutie of troonsafstand?
De Kempenaer echter – en met hem de prins van Oranje – weet van geen ophouden. De eerste gaat voort met in het geniep met allerlei opruiende geschriften te leuren. Meeter, zelf ook geen bijzonder fris heer, zegt van hem: *Hij was in het bezit van een aantal pamfletten en karikaturen, die alle op den Koning sloegen en die hij clandestien in omloop bracht. Een van de meest felle en gemene kreupelrijmen, die ik ooit gedrukt heb gezien was getiteld „Willem Kaaskop en Jetje Dondermond... Beginselloze pamfletisten en rijmelaars waren aangetrokken om de oude Koning Willem met schande te overladen. Maar geen enkel van hunne produkten scheen de aandacht van de anders zo nauwlettende politie te wekken; er werden althans gene serieuze pogingen ondernomen om de drukkerijen te ontdekken waar deze geheime eendagsvliegen werden uitgegeven.*[15]
Zelfs een zo koppig en volhardend man als koning Willem I toch is, kan in zijn peilloze eenzaamheid de op hem uitgeoefende druk niet langer weerstaan. Hij ziet van de huwelijksplannen af. De zonen horen dat al op 24 maart (1840) en de kroonprins uit zijn dank in een zoetelijke brief. De mededeling van zijn vader had hem zo verrast dat hij zowat sprakeloos was gebleven! Nu zou alles weer goed worden! *Voor God zal in ieder geval uw offer niet onopgemerkt blijven en zijn beloning zal u zekerlijk wachten.*[16]
Het zijn mooie woorden voor een kwalijke zaak. De prins wordt geen koning, maar blijft wat hij is: kroonprins. En De Kempenaer zendt een ijlbode naar de volijverige Van der Biesen met een brief vol juichkreten. *Aan u komt de eer geheel toe... Geloof mij... uw getrouwe Vriend*[17] en Het Handelsblad schotelt zijn lezers opnieuw een hoofdartikel voor, dat culmineert in een *Ons gemoed is vol vreugde, dan dat het zou mogelijk wezen meer uit te weiden over het heugelijke nieuws, dat wij heden het Vaderland aankondigen. Eere zij God, dank, duizendwerf dank zij den geliefden Vorst.*[18]
Wel nimmer zal een „Ere zij God” de koning zo wrang en zo bitter in de oren hebben geklonken als juist in deze dagen, waarin hij opnieuw wordt overstelpt met boodschappen en brieven. Ditmaal zijn het gelukwensen. Het beurt hem niet op en in de stilte van zijn werkkamer schrijft hij bitter

bedroefd aan zijn geliefde Henriëtte: *...de zielesmart doet zich zozeer gevoelen, dat men het ondergaan moet hebben om erover te kunnen oordelen.*[19] Angstig vraagt hij zich af, wat zij van zijn besluit zal zeggen. Voelt ze zich in de steek gelaten? De onzekerheid knaagt aan hem. *Deze staat van onzekerheid is heel verschrikkelijk.*[20]

Toch gloort er nog een sprankje hoop. Henriëtte kan terugkomen in Den Haag. Nu de kwestie van het huwelijk is afgedaan, kan zij naar de Nederlanden terugkeren. Haar reis door Italië loopt nu immers toch ten einde. Het is natuurlijk een fata morgana, maar het houdt hem op de been en hij beroept zich tegen Henriëtte daarbij op zijn dochter. Marianne is haar niet ongunstig gezind. Marianne zal tot hun hereniging kunnen bijdragen als zij dat wil.

Maar wil Marianne dat wel? Marianne logeert in Den Haag bij haar vader in het stille Huis ten Bosch. Ze heeft hem zo goed en zo kwaad als het kon bijgestaan in deze inktzwarte dagen en op 29 maart begint ze aan een lange brief aan de gewezen hofdame van haar moeder. Ze heeft niet eerder kunnen of willen schrijven, maar nu er dan toch een koerier met post voor de familie Falck in Brussel vertrekt, grijpt ze de kans om te zeggen wat zij er werkelijk van denkt.

U bent niet onbekend met het effect van de bekendheid van de plannen van de koning; ik kom daarom op dit alles niet terug, men heeft u alteveel geschreven en ik heb doorvoeld wat u geleden moet hebben. De gedragslijn die u gevolgd hebt was uwer waardig en ik heb mij tot uw verdedigster opgeworpen, heb totaal vergeefs, ik erken het, lansen voor u gebroken...

De koning vleit zich met de hoop u binnen enkele jaren weer te zien en ik heb me er wel voor gewacht hem die hoop te ontnemen; de tijd is een machtig meester en verandert heel wat dingen. Voor het ogenblik hebt u er goed aan gedaan te schrijven, dat men uw bezittingen moet inpakken; dat zal de onzekerheid bedaren en de zwakke zielen, die geen geloof hechten aan uw woorden, gerust stellen. Ik heb de koning kalmer aangetroffen dan ik had durven hopen; hij vergeeft zijn vijanden en diegenen, die hem met goede bedoelingen veel kwaad hebben gedaan; hij weet dat ik deze brief schrijf, maar ik zal hem mijn brief niet laten zien. Mijn broers koesteren geen haat tegen u, maar men heeft alles gedaan om hen op te hitsen en zij zullen de tijd moeten krijgen om in te zien, dat u niet de intrigante bent en de ambitieuze, iets waarop men hier steeds terugkomt. Met mevrouw Von der Goltz, die ze verscheidene malen in Berlijn heeft ontmoet, heeft ze er niet over willen spreken, *bij voorbaat wetende, dat ze niet naar rede kon luisteren.* En wat Henriëtte zelf betreft, ze heeft haar in deze moeilijke tijden eerst echt leren kennen. *...en ik verzeker u, dat het mij spijt, dat de obstakels, die in de afgelopen maanden zo onoverkomelijk werden een eind*

21. Prinses Marianne als jonge vrouw. Litho. (Stichting Atlas van Stolk.)

maakten aan Papa's plannen... Het is om te huilen wanneer men bedenkt dat mijn arme vader door het goede te willen... zich beroofd heeft van het genoegen, dat hij in uw aanwezigheid schiep. De gewone kring krimpt al meer en meer in en wordt er niet plezieriger op. Ik heb bewondering voor het geduld van de koning en wilde wel, dat ik hem uit deze nagenoeg onhoudbare positie kon wegrukken, maar hoe dit te doen? ? Ik kan hier niet altijd zijn, ik heb andere plichten te vervullen, mijn plaats is bij mijn man en mijn kinderen en hoe langer en talrijker mijn bezoeken hier worden destemeer zal Papa de leegte van mijn afwezigheid voelen... De zaken gaan hier niet zoals ik wel zou wensen en dat is een kwelling voor de koning, die niet anders wil dan het welzijn van zijn land en bang is dit niet langer te kunnen opbrengen; er is een van de hak op de tak springen en ik hoop door mijn aanwezigheid dit wat te verbeteren door het vergeten van het verleden, de saamhorigheid en de goede wil te prediken, zonder welke men (het leven) *zichzelf en anderen tot een hel maakt...*
Ik zie niet af van de hoop u weer te zien, ook al zou dat niet hier zijn; ik hoop dat u ons mettertijd in Silezië of Berlijn komt opzoeken en zal u met open armen ontvangen...[21]
Ook Marianne twijfelt aan de mogelijkheid van een spoedig weerzien in Den Haag. Waarschijnlijk waant ze het onuitvoerbaar. Toch zal Henriëtte wel troost uit haar brief geput hebben. Eindelijk een mens die begrijpt dat een oudere man en een niet meer zo jonge vrouw tot een diepe en warme liefde in staat zijn. Marianne koestert het waandenkbeeld dat slechts jongeren kunnen liefhebben gelukkig niet.
Marianne's hoop Henriëtte binnen afzienbare tijd in Berlijn terug te mogen zien, wordt eerder en anders vervuld dan zij heeft kunnen bevroeden. Moe gebeukt door de ondervonden tegenstand en leeg gezogen door eenzaamheid en ook wel beseffend dat hij door zijn financieel bewind het bij het parlement verkorven heeft, grijpt de koning naar het laatste redmiddel dat hem nog overgebleven is. Hij doet afstand van de troon. Het is de tragische neergang van een hartstochtelijk man die, hoewel niet geheel onbaatzuchtig, toch *heeft geslaafd als weinigen in een koningstaak zoals hij ze begreep.*[22]
Als hij geen koning meer is, kan hij zijn huwelijksplannen uitvoeren. Trouwens, een voorwendsel is gemakkelijk gevonden. Nu de scheiding van België definitief is erkend, moet het parlement tot herziening van de grondwet overgaan en de koning spreekt geen onwaarheid als hij zegt dat hij te oud is om nu nog volgens een gewijzigde grondwet te gaan regeren. Daar heeft hij echt geen zin in. Dat moet zijn oudste zoon nu maar gaan doen, zijn troonopvolger, de prins van Oranje. Die wil toch zo graag een kroon? Hij heeft lang genoeg tegen zijn vader geïntrigeerd. Een man als De Kempe-

naer kan ervan getuigen. Als hij zijn mond opendoet! De nieuwe koning heeft alle reden om hem te vrezen.
Op de troonsafstand volgt de kroning. Het wordt een schitterend feest waaraan de oude koning niet deelneemt. Op de kroning volgt een feestelijke doop. Sophie van Württemberg heeft haar man een zoon geschonken. Een klein jongetje, dat onder de roepnaam Wiwill door het leven zal gaan. Eens zal hij als koning Willem IV het land regeren, zo hoopt men. Bij zijn doop is koning Willem Frederik, graaf van Nassau, wel aanwezig. Vier generaties van het Huis van Oranje bij het doopvont; overgrootvader, grootvader, vader en zoon, dat is toch wel een bijzonderheid.
Lang blijft koning Willem Frederik (die titel is hem bij de troonsafstand niet ontvallen) niet meer in de Nederlanden. Hij vertrekt naar Berlijn en vestigt zich in het paleisje Unter den Linden. Daar zal hij dicht bij Marianne, zijn lievelingskind, zijn en zij zal hem kunnen troosten. De arme Marianne heeft zelf ook troost nodig. Weer heeft ze het leven geschonken aan een kind en weer is het korte tijd daarop gestorven. Veel huwelijksgeluk kent ze niet.
Voor haar vader is dit geluk toch nog weggelegd. Hij slaagt er door zijn vasthoudendheid in ten slotte alle beletselen weg te ruimen en treedt, tot groot ongenoegen van zijn zonen, op 17 februari 1841 toch nog met zijn geliefde Henriëtte in het huwelijk. Het is een stille plechtigheid in een van de salons van het paleis van Marianne, die de volgende dag in een lange brief aan haar broers daarvan verslag uitbrengt.
Ziedaar, de grote stap is gedaan en God geve dat Papa nooit reden zal hebben om dit te berouwen. Ik wil graag geloven, dat zijn echtgenote de beste bedoelingen heeft om hem gelukkig te maken, maar ik vrees, dat de omstandigheden dit onmogelijk zullen maken. Ik heb niet opgehouden Papa tot op het laatste moment de keerzijde van de medaille voor te houden (daarmee) *zijn ongenoegen riskerende...*
Maar om tegelijkertijd te bewijzen, dat er geen zelfzucht in mijn tegenstand school, was ik het, die alle nodige voorbereidingen trof wat de geschenken betreft; thans, nu ik niets meer verhinderen kan, is mijn rol gewijzigd en zal ik alles doen om Papa's positie zo aangenaam mogelijk te maken en wanneer hij het donker inziet, zal ik mij er wel voor wachten datgene te herhalen, wat de kinderen hem over dit onderwerp hebben gezegd en geschreven. Bovenal zal ik al het mogelijke doen om de reis naar Holland te verhinderen en weet dat ik daarin aan uw denkbeelden tegemoet kom. Uw brief aan Papa heeft hem geen genoegen gedaan, maar ik vind deze heel natuurlijk en openhartig, kortom, zoals hij die van u kon verwachten... Uw voorstel om naar het Loo te gaan om vandaar uit de horizon te bespieden werd ingegeven door de angst Papa aan onaangenaamheden bloot te stellen... terwijl hij er niet anders dan een ballingschap in ziet waartoe gij hem wilt veroordelen.

Hier met het voorbeeld van wijlen de koning en Hare Doorluchtigheid zijn veel dingen vergemakkelijkt geworden... De gravin van Nassau heeft een akte (doen) *passeren waarin zij voor zichzelf en voor haar kinderen, indien zij die ooit mocht hebben, afziet van alle rechten van successie en Papa heeft een akte van dezelfde strekking... opgemaakt.*
De plechtigheid is zeer stil verlopen, wij dineerden daarna met onze Hoven, de getuigen en de twee geestelijken, die het huwelijk hadden ingezegend; in de avond vertrok Papa naar nr. 36 (het huisnummer van het paleis Unter den Linden), *waar zijn echtgenote het appartement links van de ingang bewoont en hij het appartement rechts. De bovenétage blijft onbewoond... Ik zal zo dadelijk een bezoek brengen aan de jonggehuwden, die 's middags de bezoekronde zullen doen en 's avonds bij ons zullen dineren, zoals gebruikelijk... Ik heb me voor de thee bij Papa aangemeld voor het geval dat dit hem beter schikken zou dan bij ons te komen. Maar het is desondanks niet zoals vroeger en ik kan me alleen maar troosten met de gedachte, dat ik tegenover Papa mijn plicht heb gedaan en dat Mama vanuit de hoge hemel haar instemming betuigt met de offers die ik breng en waarvan zij mij eens het voorbeeld gaf.*[23]
De verzoenende taal van Marianne heeft jammer genoeg niet het gewenste effect. De verbittering van de zonen tegen de vader en zijn nieuwe echtgenote is te groot. Bovendien weigert de minister van justitie de inschrijving van het huwelijk in de registers van de burgerlijke stand van Den Haag toe te staan. Zijn argument is spitsvondig: het huwelijk moge dan wel geldig zijn in Pruisen, in de Nederlanden is het dat niet. Daar gelden andere huwelijkswetten. Met alle macht probeert de regering het ongewenste huwelijk van de gewezen koning tot een onwettige verbintenis te degraderen. Deze houding voert tot een verbitterde pennestrijd tussen de oude koning en de regering, tussen vader en zonen, tussen zuster en broers. Haar karakter getrouw, komt het goede hart van Marianne op voor de onderliggende partij en ze schrijft aan broer Willen een brief zo scherp, zo bijtend en ze veegt hem zo grondig de koningsmantel uit, dat hij met bijeenraping van al zijn koninklijke waardigheid, gekwetsheid en hypocrisie haar als volgt van antwoord dient:

7 april 1841.

Mijn lieve Marianne
Ik heb geen tijd gevonden om eerder te antwoorden op uw brief van 7 maart, die de Heer van Kattendyke namens u aan mij overhandigde en ik zou er ook niet eerder op hebben willen antwoorden om niet te vervallen in dezelfde fout die de uwe karakteriseert, namelijk van in woede geschreven te zijn en ik zou grote kans gelopen hebben dezelfde fout te begaan wanneer ik meteen geantwoord had aangezien de toon van uw brief kwetsend was en kwetsender nog als een oudste broer blootstaat aan het ontvangen van zoiets

van een zuster, van wie men verwachten kan – indien men het niet met elkaar eens is – dat haar argumenten op de zachtheid en de verzoening gebaseerd zullen zijn, die het sieraad van uw sekse vormen. Gij gispt wat ik heb moeten doen, gij argumenteert over wetten en gij veroordeelt mijn daden **zonder** *ze te beoordelen, want om rechter te zijn moet men beide partijen horen en de kalmte en onbevooroordeeldheid bezitten om ieder het zijne te geven.*
Mijn positie hier is uiterst moeilijk en dat huwelijk van onze Vader heeft (mijn pad) *nog doorniger gemaakt door de verontwaardiging (zeer overdreven, ik erken het) die alle klassen in zijn greep houdt, de gedichten, de liedjes, de karikaturen, die dagelijks verschijnen zijn pijnlijk om aan te zien en hebben mij meer dan één keer de tranen in de ogen doen komen.*
Nu de zaken op dit punt aangeland zijn, kan ik met de hand op het hart, niet langer verantwoordelijk zijn voor de openbare rust indien Papa in het land verschijnt terwijl deze toestand voortduurt; het is een harde waarheid om te zeggen, maar zo is het nu eenmaal, alhoewel ik best inzien kan, dat gij in Berlijn dit niet geloven kunt; deze vijandigheid keert zich tegen ons **allen**, *gijzelf niet uitgezonderd. Fritz en ik hebben er ook ons deel van...* En heel schijnheilig beklaagt hij zich over de zwaarte van het eens zo fel begeerde koningschap. Het is alsof hij nooit Het Handelsblad tegen zijn vader opgestookt heeft. *In deze mijn positie, zou ik reden genoeg hebben om de moed te verliezen ware het niet, dat ik sedert de 7de October mijzelf beschouwd heb als een man, die door het noodlot, of beter gezegd, door de Almachtige veroordeeld is een steeds terugkerend kruis te dragen, daarom verwonder ik me over* **niets**, *maar verwacht* **alles**; *God geve mij alleen maar de kracht en het inzicht om de weg te kennen, die ik volgens Zijn Wil moet gaan gedurende de tijd die mij gegeven is om mij te wijden aan de loopbaan die ik volg en dit zal u doen verstaan, dat mijn daden* (niet begaan) *en mijn beslissingen niet genomen worden zonder oorzaak of voorafgaande overwegingen en dat ik mijn plaats ken;* **ik ben het niet,** *die mij op de plaats gezet heeft, die ik nu inneem, maar nu ik er ben, is het mijn plicht om alles te doen om er te blijven.*[24] Het is een fraaie volzin, die Willem II daar schrijft. Men zou er uit kunnen opmaken dat het koningschap hem nu niet bepaald die voldoening verschaft die hij ervan verwacht heeft.
Diep beledigd door de woorden van zijn zuster, zet hij nogmaals het standpunt van de kroon uiteen. Het omstreden huwelijk van zijn vader is alleen maar in Pruisen geldig en niet in de Nederlanden en streng is zijn toon als hij eindigt met de waarschuwing: *Ik zal verder niet ingaan op de inhoud van uw brief, maar raad u wel aan, indien gij mij weer schrijft, uw uitdrukkingen te matigen, want in uw brief van 2 maart komen zodanige voor, dat ik ze niet voor een tweede maal zou kunnen toestaan en als deze zich herhalen*

mochten, mij zouden dwingen ieder geschreven kontakt met u af te breken.[25]

Zo woedt de strijd om de registratie van het ongewenste huwelijk nog geruime tijd voort, totdat koning Willem Frederik een even listig als simpel besluit neemt. Als zijn huwelijk volgens de Nederlandse wetten dan werkelijk ongeldig is, zal hij met zijn vrouw naar Den Haag komen en daar opnieuw – en dan wettig! – in het huwelijk treden.

Dit dreigement doet de koning en zijn ministers door de knieën gaan. Een huwelijkssluiting in Den Haag? Haastig haalt men nu bakzeil en het huwelijk wordt zonder meer in het register van de burgerlijke stand van Den Haag ingeschreven.

Ook het reizen naar Nederland behoort nu weer tot de mogelijkheden en koning Willem Frederik gaat met zijn Henriëtte ook waarlijk naar Apeldoorn, maar de gehoopte verzoening met de zonen komt moeizamer op gang dan de oude man zich heeft voorgesteld. Uiteindelijk komt het er toch van, nadat een zware ziekte in 1842 zijn leven in gevaar heeft gebracht. Dan kan Frederik, die toevallig ook in Berlijn is, zelf zien met hoe grote, niet aflatende zorg Henriëtte de zieke verpleegt en hij is gelukkig eerlijk genoeg om het te erkennen en aan zijn broer Willem te schrijven dat het maar een groot geluk voor hun vader is dat hij haar tot vrouw heeft. Daarna is het ijs gebroken. De verzoening krijgt zijn beslag en ook de goede verstandhouding tussen Willem II en Marianne wordt weer volledig hersteld. Willem Frederik kan zich ongehinderd in Den Haag vertonen. Er zijn geen onlusten. Het Nederlandse volk heeft betrekkelijk weinig belangstelling meer voor zijn vroegere koning en gravin Henriëtte kan ongestoord in een katholieke kerk de mis bijwonen.

Het rustige geluk wordt echter overschaduwd door de zorgen om prinses Marianne. Haar huwelijk dreigt nu definitief op de klippen te lopen. Prins Albert van Pruisen heeft genoeg van zijn vrouw en dat leidt tot echtelijke twisten. Steeds weer doet Marianne een hartstochtelijk en soms jaloers beroep op hem. Veel effect heeft dit op haar man niet. Honend en ruw wijst hij alle toenaderingspogingen af.

Albert heeft een vaste geliefde gevonden in freule Rosalie von Rauch. Ze is een mooi meisje uit de upper ten van Berlijn. Marianne beklaagt zich over de verwaarlozing door haar man, er zijn heftige scènes, bittere verwijten. Willem Frederik houdt zijn oogappel de hand boven het hoofd. Marianne kan bij hem geen kwaad doen. Broer Frederik denkt er heel wat genuanceerder over. Hij zegt dat zijn zuster maar eens wat in moet binden. De huwelijksmoeilijkheden van Marianne werken zelfs een wat gespannen verhouding tussen Willem Frederik en zijn Pruisische verwanten in de hand. Friedrich Wilhelm III, Marianne's schoonvader, is niet meer in het land der

levenden. Van zijn goedheid heeft ze niets meer te verwachten en het treft slecht dat de nieuwe koning, haar zwager, een heel andere kijk heeft op zijn roerig schoonzusje.
De twist loopt zo hoog op dat Marianne Berlijn verlaat. Haar kinderen laat ze thuis achter. Die krijgt ze niet mee. Weg wil ze, weg uit Berlijn. Naar de eeuwige stad met al zijn kunstschatten! Naar Rome! Daar, in het zoele, zuidelijke klimaat zal mogelijk haar gezondheid ook wat opknappen.
De oude koning gaat gebukt onder de afwezigheid van zijn enige dochter. Geen kind staat hem zo na als juist zij. Hij schrijft brief op brief en tracht haar te overreden om nog een laatste poging te doen om zich met haar man te verzoenen. Ze moet toch ook aan haar kinderen denken! Drie heeft ze er nu: twee meisjes en een jongen.
Op de twaalfde december 1843 staat Willem Frederik naar gewoonte vroeg op. Hij ontbijt en gaat naar zijn werkkamer om een nieuwe brief aan Marianne te schrijven. Heeft hij die nacht een nieuw argument bedacht? Of is het alleen maar heimwee naar zijn liefste kind dat hem drijft?
Hij gaat voor zijn schrijftafel zitten, trekt een vel papier naar zich toe en begint. De eerste regels staan net op papier als hij plotseling in elkaar zakt. Een hersenbloeding! Een toevallig binnenkomende lakei vindt hem zo en slaat groot alarm. Henriëtte snelt toe. De lijfarts Dieffenbach komt aangerend. Er wordt adergelaten en ijs op het hoogrode hoofd gelegd. Maar het is te laat. Voordat Frederik, die juist die dag in Berlijn op bezoek is, het paleis Unter den Linden bereikt, is het leven al geweken. Fritz vindt alleen maar een snikkende weduwe, die bij het bed van zijn vader ligt neergeknield. *Ze wil nog niet geloven, dat alle hoop om nog enig teken van leven te zien, vervlogen is.*[26]
Op de schrijftafel ligt naast de brief aan Marianne een boek. Het is „De Navolging Christi" van Thomas à Kempis. De koning had de gewoonte er iedere morgen een hoofdstuk uit te lezen. Ook nu ligt het boek opengeslagen. Bij het hoofdstuk van de Overwegingen over de Dood.

X. UITVAART VAN EEN KONING

De bijzetting van koning Willem Frederik in de grafkelder te Delft wordt een sobere plechtigheid. Wel is er alle eerbetoon, die aan een overleden koning toekomt, maar daar blijft het toch bij. Henriëtte is afwezig, ze is rustig in Berlijn gebleven en Marianne is er al evenmin. Het is niet de gewoonte dat vrouwen een begrafenis bijwonen. Het zwakke geslacht wordt er te zwak voor geacht; hun tranen zouden de plechtigheid kunnen verstoren. En zo is het slechts aan zijn zonen en kleinzonen voorbehouden om het *koninklijk lijk* vanuit Rotterdam naar Delft te begeleiden. Den Haag ziet zijn vroegere koning niet meer terug.

Toch blijft de historie van de begrafenisdag niet ongeschreven. Een anoniem gebleven ooggetuige geeft nog in het jaar 1844 een zogenaamde levensschets uit, waarin hij de indrukken van deze teraardebestelling kwistig verwerkt.

En eenentwintig dagen later werd zijn stoffelijk overschot ter aarde besteld. Van zijn volk en zijn kinderen gescheiden... was hij... een balling in den dood. Zijn lijk werd niet rustig uit zijn woning gedragen. Zijne betrekkingen kenden dat geheimzinnig genot niet waaraan wij zooveel hechten; zij hebben het niet ondervonden, hoe balsemend het is voor het gewonde hart, als de afgestorvene, eer hij naar het graf gedragen wordt, nog eenige dagen in huis mag verblijven... Dat boven aarde zijn in de woning... is aan zijn achtergeblevenen niet geschonken; zij wisten niet welk eene zoete smart er in gelegen is om, wanneer het hun lustte, naar de kamer te gaan, waar de geliefde doode slechts schijnt te sluimeren van de vermoeyenissen des levens. [1]

Van de wijze waarop „het Koninklijk lijk" is overgebracht moet deze historieschrijver al helemaal niets hebben. En vol pathos roept hij uit: *Neen, ook in den vreemde moest het lijk nog zwerven, en gesold en heen en weer gewenteld over de wateren der zee, overnachtte het eindelijk in eene loods,* (een loods van 's Lands Werf te Rotterdam) *en vreemd en onaangenaam... moest het voor het gevoel van het koninklijk geslacht zijn, dat zij het lijk huns Vaders dáár moesten zien om het den laatsten afscheidsblik toe te werpen.* [2]

22. Uitvaart koning Willem I. Op 22 december 1843 werd zijn stoffelijk overschot vanuit Berlijn naar Nederland overgebracht. Vertrek vanuit het paleis Unter den Linden. Litho door H.J. Backer. (Stichting Atlas van Stolk.)

En verder volgt onze anonieme scribent de stoet op weg naar Delft. Hij spreekt over de *Nieuwe-jaarsdag 1844, waarop het gelui der doodsklokken tusschen de zegewenschen in klonk,* hij mijmert over *het holle Delft, alwaar het zoo stil is... om de groote dooden niet te storen, die binnen hare muren begraven zijn.*[3]
Dat „holle Delft" wordt op de begrafenisdag een drukke, lawaaierige stad. *Het volk om mij heen was luidruchtig... er werd gelachen en gejoeld en de ontelbare kwinkslagen hielden niet op dan toen de begrafenisstoet vanuit de verte werd gezien.*[4] Hij trekt er zich niet al teveel van aan, wel wetende dat de grote massa altijd eender reageert *bij het zien eener parade, of begrafenis of teregtstelling van een ter dood veroordeelden.*[5] Hij denkt liever wat na over het leven van de man die *weldra als een levenlooze stofklomp voor ons heen zou worden gedragen.*[6]
Als de stoet eindelijk voorbij trekt, kijkt de schrijver misnoegd naar het star gesloten gezicht van prins Frederik, dat geen enkel gevoel verraadt. Dan komt hij bij de koning heel wat beter aan zijn trekken. Willem II is slap op de zakdoek. *De koning scheen zijn aandoening niet te kunnen bedwingen. Ik wist niet welk een gevoel zich van mij meester maakte toen ik den Koning weenen zag om een Koning... Het was mij alsof alle onderscheid van rang en stand tusschen ons verdwenen was, en alsof ik tot hem wilde gaan en zeggen: „Broeder! Broeder! zie, wij zijn allen gelijk hier op aarde... de dood is voor u even verschrikkelijk als voor mij. O, Broeder! laat ons tezamen weenen aan elkanders borst; want nimmer heb ik het zoo diep gevoeld als thans, dat wij beiden gelijk zijn voor God! "*[7]
Ja, aan het gesnik van Willem II kan de schrijver zijn hart ophalen. Kom daar nu eens om bij die stijve hark van een Frederik! Alhoewel, onze ooggetuige vindt een uitweg voor zijn geprangd gemoed en laat de verbeelding aanvullen, wat de realiteit hem ontzegt. Frederik mag er dan wel star en koud uitzien, maar wie zegt hem dat hij, eenmaal thuisgekomen, niet *misschien bezwijken zou onder de overstelping zijner aandoeningen en eerst dan schreyende zou uitroepen: „O, mijn Vader! O, mijn Vader! "*[8]
Die gedachte lucht kennelijk op. Maar... *Minder trof mij echter dat men de kroon en eere-teekenen des overleden Konings op de kist plaatste eer men deze in de kerk droeg. Mijne verbeelding kon niet het minste verband vinden tusschen die kroon* **op** *en het lijk* **in** *de kist. Als men een treffend blijk wil geven van vergankelijkheid, plaats dan liever ten aanzien van het volk, het krakend lijk op een troon, werp een koningsmantel om de dorre ledematen, wring het een scepter in de verstijfde vuist en laat daarbij een Wapenheraut tot de menigte roepen: „Zietdaar een Koning! "*[9]
Het is een bizar tafereel dat in het nuchtere hoofd van koning Willem I wel nooit zal zijn opgekomen.

Van Rome naar Berlijn. Van Berlijn naar Den Haag. Welhaast ieder sterfgeval brengt zakelijke beslommeringen mee. Zeker als men zo rijk geweest is als wijlen Willem Frederik. En zo stroomt met de rouw het geld bij zijn kinderen binnen. De zorgen komen ook. Nu hun vader begraven is, moet de nalatenschap worden geregeld. Dat laatste is Frederiks zaak. Hij is door zijn overleden vader aangewezen als executeur-testamentair.

Het is een lang en weldoordacht testament, dat in een groot pak, voorzien van vijf zwarte waszegels met het koninklijk wapen, indertijd aan notaris Schiefbaan in Den Haag in bewaring is gegeven. Nu wordt het geopend. Men ziet het handschrift van de koninklijke erflater. Op de omslag heeft hij eigenhandig geschreven: *Dit bevat mijn uiterste wil, Paleis het Loo, 6 en November 1841, Willem Frederik.*[10]

Er staan beschikkingen in die ook Marianne ter harte gaan. Ze weet het. Haar tegenwoordigheid in Den Haag is vereist. Maar haar hart trekt naar Duitsland, naar Berlijn. Ze wil de arme Henriëtte zien en spreken. Uit haar mond wil ze het verslag over de laatste levensdagen van haar vader aanhoren. Ze wil zijn wensen vervullen. Ze wil zich met Albert verzoenen, als dat nog gaat. En hals over kop reist ze terug naar Pruisen, naar haar kinderen, naar huis.

Henriëtte reist haar tegemoet. Ze wil verhinderen dat de eerste, trieste ontmoeting in het Paleis Unter den Linden zal plaatsvinden. Op vijftien januari (1844) is Marianne in Berlijn terug en op de twintigste heeft Henriëtte tijd en gelegenheid om haar vriendin Zezette Falck te schrijven: *Het zal u gerust stellen, dat onze lieve Prinses Albert... de hemel zij dank, zich in een veel betere gezondheidstoestand bevindt dan ik had durven hopen. Ik begrijp niet waarom men in plaats van haar om het verlies van haar vader, haar beste steun, te beklagen, haar – zoals u zegt – in Holland verwijten maakt, is het haar fout, dat de verdrietelijkheden en de zorgen van zijn dochter die goede Vader gekweld hebben? Ik ben dikwijls getuige geweest van alle vreugde, die Hij in haar nabijheid genoot, onder andere tijdens verschillende bezoeken bij Haar in Silezië; het waren misschien de enige ogenblikken van genoegdoening waarvan hij nog genoot in een tijd waarin allen die zich (nu) permitteren de Prinses te beschuldigen hem alle mogelijke verdriet deden... en die hem niets wilden toestaan voor zijn persoonlijke vrede, zelfs niet een gezellin om hem te verzorgen. Oh, lieve Zezette, dit is toch wel zeker de gelijkenis van de splinter in het oog van de naaste zonder de balk in het eigen oog te zien. Eindelijk kan men hem geen last meer bezorgen; hij rust nu en zij die hem lief hadden zijn er nog om hem te bewenen en zij die hem kwaad deden om dit te berouwen en God om vergeving te vragen, hoop ik.*[11]

En ook Marianne schrijft aan Zezette: over haar vader en over haar verdriet om zijn heengaan. Maar nog meer over de toekomst.

Ik vervul zijn laatste wens door mijn uiterste best te doen om een toenadering tot de Prins, mijn echtgenoot te bereiken! Vader vergaf en ik wil zijn voorbeeld volgen! Dat is waarom ik naar Berlijn ga voordat ik naar Den Haag kom zoals mijn broers mij vragen, mijn aanwezigheid is daar noodzakelijk vanwege droevige zaken. Die in Berlijn zijn niet minder triest, maar ik heb tenminste de troost er mijn lieve, goede kinderen te vinden. Het is ook alleen maar omdat ik hen weer zal zien, dat ik mij in dit verdriet toch nog verheug, en ik zal het onmogelijke doen om hen mee te nemen wanneer ik naar Nederland ga. Om Henriëtte moet ik ook naar Berlijn gaan, want wij moeten samen schreien, over hem spreken en ons zijn liefde voor ons herinneren, het komt mij voor dat ik in haar een deel van Papa overhoud en ze heeft me geschreven dat het haar toeschijnt dat door mij lief te hebben en aan mij te denken, het Vader nog is die ze liefheeft en aan wie ze denkt. Hij heeft ons aan elkaar nagelaten. [12]
Ach, Marianne mag tijdelijk nog zo van goede wil zijn, haar kinderen krijgt ze niet mee en ze moet alleen naar Den Haag vertrekken om daar de nalatenschap met haar broers te verdelen. Van een verzoening met Albert is geen sprake meer en scherp ziet Henriëtte het gevaar dat Marianne bedreigt als zij bij haar vertrek naar het weduwengoed Rahe bij Aken aan koning Willem II de volgende regels schrijft: *Ik heb de Prinses, uw zuster, de Hemel zij dank in goede gezondheid achtergelaten, maar ze was er niet gelukkiger om. Ze schreide bijna evenveel als ik toen ze mij voor de laatste keer in het huis van haar Vader zag. Aangezien ik gedurende dertig jaar getuige ben geweest van* haar *lichamelijke en geestelijke pijn en in de laatste jaren* (dit) *zelfs* (nog) *intiemer, werd mijn hart wel verscheurd toen ik haar verliet. God behoede haar evenzeer als Uwe Majesteit.* [13]

XI. EEN VERHEVEN STANDPUNT

Nogthans het tijdstip komt, het nadert
Onze eerste Koning, nu vergaderd,
Bij stof en asch van 't voorgeslacht
Liet, plotseling en onverwacht
En kroon en troon en scepter varen.
Nu mogt het Neêrlandsch volk ontwaren
Hoe bitter schraal en slecht gesteld,
De schatkist was, hoe leeg van geld.

uit: Neêrlands Maagd, Loflied van een Kapitalist, die zijn rijkdom verschuldigd is aan art. 35 der Wet van Liefde.

De regeling van de nalatenschap van koning Willem Frederik en wat daar verder mee samenhangt wordt een bron van onrust voor de erfgenamen. Echter niet voor zijn weduwe. Pijnlijk nauwkeurig krijgt Henriëtte alles tot op de laatste cent uitbetaald wat de koning haar heeft toebedacht. Maar Mariannes aandeel is er wel mee gemoeid en al is ze niet rechtstreeks betrokken, toch krijgt ze als mede-erfgename meer dan haar lief is te horen over de moeilijkheden van haar beide broers en de ministerraad.
Frederik is door zijn vader benoemd tot executeur-testamentair en juist om Frederiks belangen ontstaat het ongenoegen en het gekrakeel wordt zo groot dat de raad van ministers en de Centrale Afdeling van de Tweede Kamer erin worden gemoeid. Zo is de laatste wrange vrucht van de regering van de eerste Willem een twistappel.
Willem II is prikkelbaar. Willem II is onredelijk. Willem II is ongetwijfeld doodziek van alle financiële perikelen die zijn regeringsperiode vanaf de eerste dag geteisterd hebben. Wel heeft vader Willem hem in dit opzicht een misselijk makende erfenis nagelaten. Het land wankelt gedurig op de rand

van een staatsbankroet, dat veroorzaakt wordt door tekorten uit de regeringsjaren van Willem I. De koning-koopman heeft gefaald en goede raad is duur. De grondwet zou ook herzien moeten worden en de staatsfinanciën zijn dringend aan sanering toe! Maar hoe? Het zijn twee levensgrote problemen waarvoor zijn zoon zich gesteld ziet en die zijn regering overschaduwen.

Er is in dit verband heel wat meer aan de koninklijke knikker dan de man in de straat wel beseft. En dat niet alle vuile was ten aanschouwe van het hele volk wordt buiten gehangen heeft de koning slechts te danken aan één man: mr. Floris Adriaan van Hall.

Van Hall is een slimme vos – een jurist – en geen financier. Maar juist hij heeft de moed de koe bij de horens te vatten. Wanneer de minister van financiën zijn ontslag neemt, wordt hij met de waarneming van dit departement belast, of zoals een onbekende hekeldichter zegt:

Naauw legde R. zijn post ter neêr,
Of Floris neemt dien dadelijk op.
Gelijk een strijdros dat zijn kop
Met fieren moed en drift verheft,
Als 't krijgsklaroen zijne ooren treft,
Zoo beurt van Hall zijn hoofd omhoog.
Zijn brede borst, zijn flonkrend oog,
Het schittren van zijn wezenstrekken
Doen nu voor 't eerst iets groots ontdekken.[1]

De jurist Floris heeft goede relaties en hij verstaat de kunst naar vaklieden te luisteren. Dit stelt hem in staat twee grote saneringsmiddelen voor te leggen aan koning en parlement, welke laatste hij daarmee de stuipen op het lijf jaagt.

Er moet bezuinigd worden en hoe! Allereerst door middel van een zogenaamde vrijwillige lening. Zogenaamd vrijwillig. Want Floris kent zijn pappenheimers en houdt een fikse stok achter de deur. Indien de vrijwillige lening mislukt en niet voltekend wordt, komt er een gedwongen lening. Men heeft maar te kiezen! Het geld moet er komen. De schatkist is leeg.

Het geld komt bijeen. Aarzelend en lang niet van harte. Want welke kapitalist steekt er nu graag geld in een bijna failliete boedel? Floris heeft van het begin af aan heel goed geweten wie er het warmste bij zat. Met een zeldzaam nummertje van brutaliteit en diplomatie was hij erin geslaagd de oude koning nog een fikse poot uit te draaien. Dat hij er nog juist op tijd mee was – een paar weken voor Willem Frederiks dood – heeft hij ook niet geweten. Al in de vroege herfst van 1843 – in de septembermaand, wanneer allerlei

saneringsplannen als herfstbladeren op zijn bureau neerdwarrelen – heeft Van Hall aan koning Willem Frederik gedacht. De schatkist is leeg: over het jaar 1840 is er een achterstand, een nadelig saldo, van zo'n slordige twaalf miljoen gulden. Als Willem Frederik dat nu eens voor zijn rekening nam. Twaalf miljoen gulden tegen 3% rente op obligaties à pari.
Rochussen, met wie Van Hall nauw samenwerkt en die hij ook in dit plan betrekt, gelooft er niet aan en schrijft: *Die poging zal wel vruchteloos blijven. Koning Willem Frederik vermeent integendeel groote vorderingen op den Staat te hebben voor het kanaal van Voorne en Terneuzen. Ik geloof niet dat Z.M. de verpligting en de noodzakelijkheid tot eenig offer zal begrijpen.*[2]
Van Hall laat zich hierdoor niet ontmoedigen; het denkbeeld is te mooi en de kluif te vet om zomaar los te laten. Dan geeft Rochussen een nader advies en eind oktober, wanneer koning Willem Frederik met Henriëtte in Den Haag verblijft, schrijft Van Hall hem een lange brief. Hij doet het met alle krullen en kwikken van nederigheid, die 's konings rang noodzakelijk maakt:
Ik waag het Uwe Majesteit eerbiedig te naderen en hoop in den toestand van het Vaderland, waarin ik weet dat Hoogst Dezelve voortdurend groot belang stelt, eene verschooning te vinden voor een stap, welke, ik gevoel het, niet van te groote vrijmoedigheid, ja, welligt, niet van onbescheidenheid is vrij te pleiten.[3]
Als hij de weg genoeg voorbereid acht, gaat hij geslepen verder: *Uwe Majesteit gelieve verder bij de inroeping van Hoogst Deszelfs oordeel nog aan te nemen de verzekering, dat de stap, welken ik zoo vrij ben te doen, door mij geheel als bijzonder persoon en niet als 's konings Minister wordt ondernomen.*[4]
Dat is taal die Willem Frederik opperbest verstaat. Brief en voorstel zijn afkomstig van een bijzonder persoon, met andere woorden, van een particulier en hij kan op zijn koninklijke duim en vingers natellen dat deze particulier er druk met zijn ambtsbroeders over overlegd zal hebben.
Dan komt de aap uit de mouw in de vorm van een rekensommetje, dat Van Hall aan de gewezen koning voorzet.
Gedurende den tijd, welke ik mede aan het hoofd van 's lands zaken heb doorgebragt, en bepaaldelijk in de laatste weken, heb ik vaak over den staat onzer financiën nagedacht.
Deze is alles behalve gunstig.

Er is nog ontdekt: een achterstand vòòr September 1840 van ongeveer	*f 12.000.000*
deficit van 1841-1842	*f 9.500.000*
daar bij komt een tekort van 1843 van ongeveer	*f 6.500.000*
	f 28.000.000

Om de uitgaven van den loopenden dienst over 1844-1845 te dekken zal eene buitengewone belasting van ongeveer f 5.000.000 moeten worden uitgeschreven, welke het nog niet zeker is dat de Staten-Generaal zullen willen of durven toestaan, en welke in allen gevalle bij de bevolking een hoogst ongunstige indruk zal maken... [5]

Stap voor stap gaat Van Hall verder op de weg naar de grote vraag, die Willem Frederik al op zijn klompen kan voelen aankomen en die uitmondt in een: *Zou Uwe Majesteit ter voorkoming daarvan niet eenige, ja zelfs een belangrijke opoffering willen getroosten?* [6]

En dan, alsof hij de koning al nee ziet knikken: *Die opoffering zeker zou aanzienlijk en koninklijk dienen te zijn, maar zij is, geloof ik, zoodanig in te richten, dat zij schijnt grooter te wezen dan zij werkelijk is.* [7]

Bliksemsnel, als een lynx die zijn prooi bespringt, volgt nu de nekslag. *De achterstand van vóór 1840* (en dat is dus gedurende de regeringsperiode van Willem Frederik) *ofschoon spruitende uit betalingen alleen gedaan ten behoeve van het Rijk, schijnt echter beschouwd te kunnen worden als alleen ontstaan tot dekking van uitgaven, welke door de wet niet waren toegestaan.* [8] Hij raakt hier aan de achillespees van de gewezen koning. Willem Frederik is niet alleen afgetreden om met zijn geliefde Henriëtte in het huwelijk te kunnen treden, maar ook omdat zijn relatie tot de Staten-Generaal grondig was verstoord. Hoe dikwijls had de Tweede Kamer niet om inlichtingen over ontstane tekorten gevraagd en nooit gekregen? Nu drukt Van Hall de gewezen majesteit met forse hand de pin op de neus: *Op grond daarvan zou ligtelijk iemand op het denkbeeld kunnen komen om die te laten voor rekening van Hem, die ze gedaan en bevolen had. Na de herziening der Grondwet zou de Minister, die daartoe zijn contraseign gegeven had, ongetwijfeld aansprakelijk zijn.* [9] Het dreigement ligt er nu dik op. Maar gladjes en o zo beleefd voegt Van Hall er nog aan toe: *Ik geloof, dat het van belang is het opperen van deze quaestie vermeden te zien. Dit doel zou kunnen bereikt worden. Uwe Majesteit zou zich op een verheven standpunt kunnen plaatsen; er zou bij de Natie een indruk teweeggebragt worden, waardoor niet alleen veel kwaad voorkomen, maar voor de toekomst veel goed gesticht wordt...* [10]

De reactie van Willem Frederik laat zich raden. Hij tast in de geldbuidel; hij laat zich manipuleren en neemt „een verheven standpunt" in. Kan hij anders, gezien het recente verleden? Neen, hij kan niet. Ach! Ach! Dank zij het Amortisatiesyndicaat heeft er een wonderlijke vermenging van gelden gedurende zijn regering plaats gehad. De koning heeft uit eigen kas grote sommen voorgeschoten waar hij dit nodig achtte en het parlement mokt over het feit dat er nimmer afdoende verklaringen zijn gegeven voor het ontstaan van de grote tekorten gedurende zijn regeringsperiode. Deze finan-

23. Kort voor zijn dood op 12 december 1843 werd koning Willem Frederik zo geportretteerd. Litho door H.J. Backer. (Stichting Atlas van Stolk.)

ciële janboel zal nu door Van Hall aangepakt gaan worden en Willem Frederik is zakelijk en redelijk genoeg om in te zien dat dit noodzakelijk is. Er zijn besprekingen en er gaat een brief uit naar de tegenwoordige koning. Willem II heeft weliswaar van financiën niet het minste verstand, maar gaat akkoord met de voorstellen van zijn vader, zoals deze ze in zijn brief formuleert:

De vorderingen welke Mij als nog ten laste van het rijk der Nederlanden toekomen, en welker regeling thans zal moeten plaats hebben, bedragen de aanzienlijke som van f 4.259.141,49, spruitende uit de volgende oorzaken:

1. *Voorschot uit Mijne bijzondere fondsen, gedaan ten behoeve van het kanaal van Gent naar ter Neuzen, groot f 2.500.277,08, uitmakende het bedrag van hetgeen door Mij deswege aan de Algemeene Maatschappij van Volksvlijt te Brussel heeft moeten worden betaald.*
   Alzoo de helft van dit kanaal op Belgisch gebied gelegen is, zou ik gelooven in billijkheid de helft van die som, alzoo f 1.298.138,54 van de Nederlandsche schatkist te kunnen vorderen.
2. *Zijnde fondsen tot daarstelling van het kanaal van Voorne benoodigd, in der tijd mede aan de Algemeene Maatschappij van Volksvlijt te Brussel voorgeschoten, en is dien ten gevolge door Mij aan die Maatschappij met de renten betaald geworden, eene som van f 2.714.103,40, welke Ik deugdelijk van het Rijk der Nederlanden te vorderen heb.*
3. *Eindelijk heeft de schatkist te Mijnen laste eene vordering groot f 141.821,21 ter zake van boven het beloop der zuivere opbrengsten, betaalde renten van de negociatie op het kanaal de Grift te Appeldoorn. Die renten en het kapitaal worden door mij geguarandeerd. Ik ben zelf houder van 494 obligatiën der 500, waaruit de negociatie bestaat.*

Al deze verschillende belangen wensch Ik geregeld te zien, en wel op zoodanige wijze, dat de schatkist geen bezwaar, wel voordeel geniet opdat Ik alzoo niet verloochene de beginselen, welke Mij steeds geleid en zoo dikwijls bewogen hebben, om aanzienlijke sommen ten behoeve van hetgeen het dierbaar Vaderland in Mijne oogen vorderde, in de waagschaal te stellen, ja zelfs, zoo noodig op te offeren.

In verband hiermede, wensch ik ook bij te dragen tot leniging, zo veel mogelijk, van den moeijeleijken toestand, waarin zich 's Rijks finantiën ten gevolge der mindere prijzen van de Oost-Indische voortbrengselen en van de vermindering der algemeene welvaart, welke te hopen, dat slechts tijdelijk wezen en ophouden zal met de oorzaken, welke die hebben aangebracht.[11]

Punt voor punt werkt hij de lijst van aanbiedingen (bijlage A) af, maar hij is toch wel zo wijs stringente voorwaarden te stellen. Voor wat hoort wat. De in het vooruitzicht gestelde belastingen op bezittingen tot regeling van de achterstand en de vrijwillige lening, dienen *kracht van wet* te *bekomen.* Ook

zal men niet opnieuw een beroep op zijn welwillendheid kunnen doen: *En in de tweede plaats, dat Ik, die in eene buitengewone gewone omstandigheid weder gaarne Mijn offer op het altaar van het Vaderland breng, door middel van deze opoffering ook vrijgesteld blijve van alle verdere bijdragen.*
Vanzelfsprekend kan deze financiële operatie niet binnen een paar weken zijn beslag krijgen en uit deze wetenschap vloeit dan ook de slotzin voort: *Nadat de wetten zijn vastgesteld, zullen tot verwezenlijking van dit Mijn aanbod te maken bepalingen in de noodige contracten kunnen opgenomen worden.*
Nu dit alles geregeld is en de eerste voorlopige documenten getekend zijn, spreekt Van Hall, die de genoten medewerking *niet genoeg roemen* kan, een treffend dankwoord *voor hetgeen door Hem ten behoeve van het Vaderland was gedaan.*
Wat was zijn edel antwoord?
Neen, gij moet mij niet bedanken. Ik bedank u, dat gij mij in de gelegenheid hebt gesteld om de Hollanders te toonen hoe lief ik hen heb. Diep geroerd verliet ik den vorst, dien ik helaas! nimmer zou weerzien.[12]
De afwikkeling van de zaken zal echter met de „Hoge Erfgenamen" van koning Willem Frederik dienen te geschieden en dat zal heel wat minder glad verlopen dan de minister zich in zijn aanvankelijk optimisme heeft voorgesteld. Want Willem II is prikkelbaar. Willem II is onredelijk en bovenal doodziek van alle financiële perikelen die hij voorgeschoteld krijgt.

XII. OPNIEUW DE DOOFPOT

Al heeft hij het met koning Willem Frederik eind 1843 zo mooi geregeld, toch is Van Hall er bij lange na nog niet. In januari 1844 komt hij voor heter vuren te staan. Hij krijgt ongenoegen met koning Willem II, de man over wie hij in zijn aantekeningen noteren zal: *Van het gedrag van Koning Willem II in de moeyelijke maanden welke er tot de volteekening der lening verliepen, verdient ook gewag te worden gemaakt. Het is overbodig te zeggen, met hoevele anonieme brieven, vol bedreigingen, niet alleen ik, maar ook de Koning bestormd werden. Zijne standvastigheid wankelde geen oogenblik en was mij tot krachtigen steun.*[1]

Toch verloopt ook dit niet zonder haperingen. In 1844 is er nog meer aan de hand en al de stuurmanskunst van een Van Hall komt in het geweer om het broze schuitje van de koninklijke eer niet te doen kantelen.

Slechts eens, en wel in Jan. 1844 korte dagen voor dat de wetten bij de Tweede Kamer in discussie zouden komen, had ik eenige onaangename dagen door te brengen.[2] Die onaangename dagen zijn aan koning Willem II te wijten. Willem II is prikkelbaar. Willem II boudeert. Wat is er aan de hand? *Bij de stukken van dit tijdperk is een dossier waarop Limburg en Luxemburg geschreven staat. Daarin bevinden zich de bescheiden waaruit van die moeyelijkheid blijkt. Tot goed begrip daarvan diene het volgende. In het voorlopig verslag van de Centrale Afdeling van 12 Jan. 1844 omtrent de wet tot regeling van den achterstand was bij § 5 en ad art. 11 van de 6e afdeeling der lasten van den achterstand door de groote meerderheid aangedrongen op de regeling van de vergoeding aan het rijk verschuldigd wegens het gemis der domeinen van Z.K.H. Prins Frederik der Nederlanden.*[3]

Het gemis van de domeinen van prins Frederik is een heet hangijzer in die dagen. Door de afscheiding van België en een deel van het groothertogdom Luxemburg zijn de domeinen, die de Oranjes indertijd als schadevergoeding voor het verlies van de Nassause landen door het Congres van Wenen waren toegewezen, bijna gehalveerd en een nieuwe regeling is gezocht en gevonden.

24. Prins Frederik der Nederlanden was belast met de regeling van de nalatenschap van zijn vader. (Orde van Vrijmetselaren te Den Haag.)

Frederiks rechten zullen worden afgekocht. Maar wie zal dat betalen? De regering denkt aan een deling der kosten, drievierde ten laste van het rijk, eenvierde ten laste van de koning. Dit alles berekend naar de inkomsten uit de domeinen.

En dan breekt het ongenoegen baan. De koning wordt kopschuw. Hij heeft weinig zin om zelf in de beurs te tasten. Broer Frederik is een zuinig man, een goed econoom. En zo spartelt Willem II tegen als Floris van Hall het concept antwoord van de regering aan de Tweede Kamer met hem bespreekt.

Het concept antwoord grijpt terug op de ontwikkeling tussen 1813 en 1830: *Bij de Stichting van het Koninkrijk der Nederlanden werd het wenselijk geacht, dat het Groothertogdom Luxemburg een integrerend deel daarvan zou uitmaken... en werd bij de wet aan mijnen beminden Broeder Prins Frederik der Nederlanden tot afkoop zijner regten eene schadevergoeding uit zekere domeinen toegekend... Het is bekend, dat Ik, niettegenstaande de persoonlijk door Mij gebragte opofferingen van bezittingen... waaruit een gedeelte van Mijn grondwettig inkomen moet worden aangevuld, niet zooveel heb terugverlangd, dat die aanvulling daaruit volledig geschieden kan. Echter heb Ik in den toestand, waarin 's Rijks middelen zich bevinden, van het verlies geen gewag gemaakt, en heb Ik bovendien besloten om, zoolang aan Mijnen Beminden Broeder Prins Frederik der Nederlanden bij de wet afgestane domeininkomsten door Hem of door Zijne mannelijke nakomelingen genoten worden, jaarlijks te beginnen met het jaar 1844, ter zake van het afzonderlijk bezit van een gedeelte van het Groothertogdom Luxemburg in 's Rijks schatkist te storten eene som van vijftigduizend gulden... en strekken zal tot eene tegemoetkoming in het verlies dat de Staat door de... op zich genomen verpligting komt te lijden.*[4]

De koning ziet weinig heil in de door Van Hall voorgestelde regeling. Vooral het feit dat de betalingen voor onbepaalde tijd gedacht zijn, weegt hem zwaar. Jaar in jaar uit een bedrag van vijftigduizend gulden in de schatkist te moeten storten, lijkt hem niet. Dat is niet zo verwonderlijk als men bedenkt dat de gulden in 1844 ongeveer vijftig maal zoveel waard is als de gulden anno 1978!

De ministerraad houdt echter aan het concept antwoord vast. Men is algemeen van mening *dat de Koning iets moest doen* en stuurt Z.M. het volgende rekensommetje thuis:

De zuivere inkomsten uit Luxemburg bedroegen	*f 868.000,–*
In plaats daarvan krijgt de Staat nu uit Limburg	*f 450.000,–*
Nadelig saldo	*f 418.000,–*
Af: vergoeding voor de uitkering aan prins Frederik door de koning te storten.	*f 45.000,–*
Nadelig saldo voor de Staat	*f 370.500,–*

Zijne Majesteit ontvangt uit Luxemburg	*f 150.000,–*
Stort voor prins Frederik in de schatkist	*f 47.500,–*
Batig saldo voor Zijne Majesteit	*f 102.500,–* [5]

De regering voegt er nog een regeltje bij: *terwijl Hoogst Dezelve bovendien bezit het regt op het inkomen, dat bij den Grondwet van 1814 aan den Souvereinen Vorst was toegekend.*[6]
Aan het rekensommetje komt nog de volgende uitleg te pas: *Die Vorst* (dat wil zeggen de Soevereine Vorst) *zou dat inkomen genieten en bezat bovendien dat van het Groothertogdom Luxemburg; maar het inkomen van dit Groothertogdom zou, zoo de afkoop van Prins Frederik* **niet** *had plaats gehad; thans aan dezen en niet den tegenwoordigen Koning toebehooren. Zijne Majesteit zou dus, zoo die afkoop* **niet** *had plaats gehad, thans niet meer hebben dan het inkomen, Hoogst Denzelven als Koning der Nederlanden toekomende.*[7]
Met andere woorden: majesteit mag nog blij zijn dat hij iets krijgt. Hij houdt er zelfs nog aan over dat het erfdeel van prins Frederik (want dat zijn de inkomsten uit de Luxemburgse domeinen) zal worden afgekocht.
En om de puntjes nu meteen maar goed op de i te plaatsen, doet de ministerraad er nog een lelijk vraagje bij: *Is het dan onbillijk, dat zij die genot hebben, ook in evenredigheid dragen in de som, welke betaald wordt om dat genot te verkrijgen?* [8]
Over de evenredigheid heeft de koning, zoals reeds eerder gezegd, zich ook niet te beklagen. Hijzelf geniet eenvierde van de winst en de Staat der Nederlanden drievierde. Op grond hiervan is ook zijn bijdrage becijferd. Men is zelfs een stapje teruggegaan en heeft zijn aandeel van f 50.000,– teruggebracht tot f 47.500,–.
Maar Willem II wil naar het betoog van de ministers niet luisteren. De man die nooit zijn boekhouding controleert (of laat controleren) vindt al die rekensommetjes maar lastig. Hij is het er niet mee eens en daarmee uit. Zijn antwoord is warrig, maar de conclusie duidelijk. De Staat der Nederlanden heeft helemaal geen recht op een bijdrage zijnerzijds. Hoe de verhouding tussen beide broers zich in deze dagen ontwikkelt, laat zich gemakkelijk raden. Frederik strijdt voor zijn erfdeel.
De tijd dringt. De Tweede Kamer wacht op antwoord. Wel zijn de ministers het er op twee na over eens dat het op de weg van de koning ligt *om aan de botsing*[9] een eind te maken, maar als de koning halsstarrig blijft weigeren, schrijft Van Hall hem nogmaals een brief, waarin hij, met inachtneming van alle beleefdheidsvormen die hij maar verzinnen kan, majesteit de duimschroeven aanzet. Want brieven schrijven, dat kan onze Floris!
Uwe Majesteit zal het zijnen getrouwen dienaar, zoo deze hoopt, ten goede houden, dat hij het waagt, nog eenmaal terug te komen op het geen hem

dezen voormiddag door den Heer Directeur van het Kabinet is medegedeeld. Ik ben, Sire, diep ternedergeslagen door het bevel, daarbij ontvangen, wegens het aan de Staten-Generaal te geven antwoord...
Mijne droefheid, Sire, ontstaat echter op dit oogenblik niet alleen uit persoonlijke beschouwingen. Zij ontstaat hoofdzakelijk uit de gevolgen, welke te voorzien zijn, zoo de getrouwe Ministers van Uwe Majesteit niet mogten slagen, Hoogst Dezelve te overtuigen van hetgeen zij eerbiedig vermeenen door de omstandigheden gevorderd te worden. Na veel afmatting, arbeid en zorgen zijn wij op het punt, Sire, om al de moeyelijkheden welke er bestonden te boven te komen. De Wet op den achterstand van vóór 1840, eene wet bij welker aanneming het Koninklijk Huis, Uwe Majesteit als Koning zoowel als in Hoogst Derzelver betrekking van voor een groot gedeelte erfgenaam van den overleden Koning (belang heeft?); *de wet, welker aanneming, zoo ik hoop, den grondslag zal leggen voor de aanneming van al de andere, zal morgen voor de laatste maal onderzocht worden... Bij die wet worden de aan de Agnaten van het Huis van Nassau betaalde f 700.000,–, met zooveele andere uitgaven als staatsuitgaven erkend. Op dat noch eenig ander punt zijn moeyelijkheden te duchten, indien maar toegegeven wordt dat wegens Luxemburg eene zekere vergoeding verschuldigd zij.*[10]
De reactie van de koning is rondweg teleurstellend. Hij gaat niet in op het verzoek om het advies van een raad van wijze mannen in te winnen. Om verdere discussies te vermijden, laat de koning aan Van Hall weten dat de gewone audiëntie op 25 januari (1844) niet zal doorgaan. En al doet de minister nog zo zijn best om toch ontvangen te worden, alle bidden en smeken helpt niet. De koning geeft hem de kans niet om hem om te praten. Doorleeft Willem II een van die zeldzame ogenblikken van kostbaar zelfinzicht? Immers, Willem II is een zwak mens, die al te gemakkelijk te beïnvloeden is.
Het weigerend antwoord bereikt de ministerraad een dag later. De koning beveelt de Tweede Kamer als volgt van antwoord te dienen: *...dat de Hooge Erfgenamen van wijlen Z.M. Koning Willem Frederik, Graaf van Nassau, geneigd en bereid zijn om elk voor zijn deel in allen opzigte het door Z.M. Koning Willem Frederik, Graaf van Nassau, gedaan gestand te doen,* **onder voorwaarde, zoover als noodig, dat de Erfgenamen niet zullen bemoeyelijkt worden ter zake van de door Z.K.H. Prins Frederik der Nederlanden genoten wordende inkomsten van de door den Staat bij de Wet van 25 Mei 1816 (Staatsblad no 25) afgestane domeinen of ter zake van de afzonderlijke Souvereiniteit van Luxemburg.** Wel wetende dat de minister hiertegen bezwaar zal hebben, besluit de koning met de zin: **dan heeft Zijne Majesteit besloten, dit Zelve te bewerkstelligen door middel van een regtstreeksche boodschap aan de Staten-Generaal.**[11]

Van Hall kan kiezen: òf de mededeling doen zoals de koning heeft gelast, òf de nadelen van de opschudding naar aanleiding van een rechtstreekse boodschap riskeren.

Het meningsverschil tussen koning en minister loopt nu hoog op. Brieven worden geschreven en verzonden. Van Hall herinnert zijn vorst eraan dat het *stelsel van de Regering van Uwe Majesteit na het overlijden des voormaligen Konings steeds is geweest dit,* **dat het door Hoogst Denzelve gedaan aanbod, ZOOALS HET WAS LIGGENDE, voor Hoogst Deszelfs Hooge Erfgenamen verbindende was, en als zoodanig door Uwe Majesteit beschouwd wordt.**[12]

Het mag allemaal niet baten. Een brief met een koninklijke boodschap aan de Tweede Kamer gaat rechtstreeks naar kamervoorzitter Luyben. Dat wil zeggen: *Z.M. niet van meening veranderende heeft in weerwil van mijnen raad en gebeden den Heer Luyben bij zich ontboden en hem eenen brief voor de IIe Kamer ter hand gesteld.*

De indruk daardoor in de centrale afdeeling te weeg gebragt is moeilijk te beschrijven. Men was zeer (opgezet). *In de centrale afdeeling verzocht zijnde had ik een gesprek waarvan het uittreksèl bij de stukken is.*[13]

En dan ontspint zich het volgende gesprek. Om inlichtingen gevraagd over het hoe en waarom van de brief van de koning, antwoordt Van Hall: *dat Zijne Majesteit dit beschouwde als eene particuliere zaak, en dat hij alzoo buiten de mogelijkheid was om eenige bijzondere inlichtingen te geven.*[14] En op de vraag of de ministers met de inhoud van de koninklijke brief bekend zijn en majesteit daartoe geraden hebben, zegt de minister diplomatiek: *Dat 's Konings ministers den brief kennen, en dat hij geene vrijheid gevoelt om op het tweede gedeelte der vraag te antwoorden.*

Zou de Minister dan geen vrijheid willen vragen om daarop te antwoorden?[15]

Van Hall zal het met de koning bespreken. Eveneens zal hij de bevelen van majesteit vragen betreffende de afhandeling van diens brief. De vragen zijn nu heel concreet. *Aan wien zal de Tweede Kamer hare wenschen tot opheldering en bezwaren tegen den inhoudt van den brief mededeelen? en zal dit wederom bij brief aan Z.M. moeten geschieden?*[16]

Vruchteloos cirkelt het gesprek in het rond. Men wil de koning niet voor het hoofd stoten, maar is anderzijds toch van mening dat hij in de zak dient te tasten. Uiteindelijk is het dan toch Van Hall die een beslissing neemt. *De slotsom was, dat de brief als niet geschreven werd beschouwd. Ik nam die zonder spreeken van de tafel en stak hem in den zak, gelijk mij zulks, nog gisteren (28 febr. 1857) door een ooggetuige (den Heer van Rappard) werd herinnerd. Het geheim door de leden der Centrale Afdeeling beloofd, is op een wonderbaarlijke wijze bewaard gebleven. Daarop kreeg ik van Z.M. eindelijk verlof om bij eene memorie te antwoorden gelijk gedaan.* **Ik had mij in**

de memorie van beantwoording dit voorbehouden. Alzoo bleef de eer van het koningschap naar buiten bewaard en het struikelblok weggenomen dat op het punt was alles te doen mislukken.[17]
Uiteindelijk wordt van beide kanten water in de wijn gedaan. De koning krijgt in zoverre zijn zin dat van een jaarlijkse vergoeding zijnerzijds voor onbepaalde tijd geen sprake is. Toch moet hij wel een veer laten. Aan de Tweede Kamer wordt uiteindelijk meegedeeld *dat ter zake van het gemis der domeinen van Prins Frederik noch uit een oogpunt van recht, noch uit een van billijkheid eenige vergoeding of opoffering van het Koninklijk Huis kon verlangd worden; maar dat Z.M., zich niet kunnende „ontveinzen, dat het voor Zijn gevoel grievend zoude zijn, indien bij de vertegenwoordigers van Zijne getrouwe en beminde onderdanen de gedachte kon blijven bestaan, dat aan den Staat nog eenige vordering ten laste van het Koninklijk Huis zou kunnen toekomen", besloten had om tot delging van alle beweerde rechten op vergoeding aan den Staat over te dragen en af te staan de vorderingen, groot f 2.000.000 en f 50.000, die Koning Willem I bij zijn aanbod zich op de kanalen van Voorne en van de Grift had voorbehouden.*[18]
Zo is dan het gekrakeel gesust. Aan de goede verhouding tussen koning en minister schijnt het weinig schade te hebben gedaan. De breuk zal eerst later komen. Maar in 1844 is het zover nog niet. Want op 6 december van dat jaar, als majesteit in opgewekte stemming Hoogst Deszelfs verjaardag viert *aan het déjeuner ten hove... van de rust van het land en zijn geluk sprekende, met tranen in de oogen op mij wijzende zijde „c'est à lui que je le dois"* (aan hem dank ik dit) *op dat oogenblik ontving ik mijn schoonste belooning*[19] of zoals de anonieme hekeldichter rijmt:

Iets edels, goddelijk en schoon,
Als droeg hij reeds de glorie kroon,
Omstraalt zijn alledaags gezicht...[20]

Maar de koninklijke brief zit in de doofpot en het is een knapperd die hem daar uithaalt.

25. Intocht van koning Willem II in 1841 te Leiden. Litho door Arnz. (Stichting Atlas van Stolk.)

XIII. DE GEEST IS WEL GEWILLIG MAAR HET VLEES IS ZWAK

Er is echter nog meer dan de financiële kwesties rondom de nalatenschap van koning Willem Frederik dat onrust in de Haagse hofkringen verwekt. Marianne stuurt op een scheiding aan! Haar broers zijn daar niet voor en proberen haar deze wilde plannen uit het hoofd te praten. Het helpt niet. Marianne houdt aan haar voornemen vast. Nu ook haar laatste poging tot verzoening op de onwil van haar man gestrand is, wil ze de scheiding doorzetten en ze beklaagt zich heftig over zijn liefde voor de mooie Rosalie von Rauch. Echtscheiding wil ze en als dat niet kan tenminste een regeling, een scheiding van tafel en bed.
In de Haagse kringen doet al enige tijd het verhaal de ronde dat Marianne zeer te beklagen is: *haar man bewerkte haar koninklijke leden met zijn vuisten en zijn rijzweep.*[1] Of het waar is? Ze zou niet de eerste prinses zijn die dit overkwam. Ze klaagt bitter over Alberts woedeaanvallen... En al zijn haar beide broers in hun hart gekant tegen een scheiding in optima forma, Frederik, die goede Fritz, laat zich toch verbidden. Door zijn huwelijk met Louise van Pruisen en zijn grote vriendschap voor zijn Pruisische zwager is hij de juiste man om naar een geschikte oplossing te zoeken. Hij zal naar Berlijn gaan en erover spreken. Marianne gaat inmiddels niet naar Berlijn, maar trekt zich gedurende de zomermaanden terug op haar goederen in Silezië. Misschien gaat ze later nog weer naar Rome, maar dat staat niet vast. Droomt ze er al van zich daar blijvend te vestigen? Toch blijft haar belangstelling voor wat in Holland gebeurt levend. Nog altijd is ze in correspondentie met mevrouw Falck die, weduwe geworden, op voorspraak van gravin Henriëtte grootmeesteres is geworden bij de jonge prinses van Oranje. Het is een zware, verantwoordelijke taak, want in het huwelijk van Willem en Sophie heerst geen vrede. Ook zij zouden het liefst scheiden. Marianne heeft er tijdens haar verblijf in Den Haag genoeg over kunnen horen. Het botert niet tussen die twee en waarschuwend schrijft zij aan haar lieve Zezette: *Uw Prinses zal u wel gezegd hebben hoeveel plezier uw brief mij gedaan heeft en*

26. Koning Willem III omstreeks 1850. Litho. (Gemeentearchief Den Haag.)

dat ik er op rekende prompt te kunnen antwoorden, maar ik werd daarin verhinderd door de zaken die in Holland op mij af kwamen en die al mijn ogenblikken vullen. Zelfs vandaag kan ik u slechts weinig van mijn tijd schenken, maar ik wil niet langer uitstellen om u naar de gezondheid van de koning van Württemberg te vragen die mij zeer verontrust... Wat zou er van die arme Sophie terechtkomen, indien ze haar vader verloor, het enige wezen in de wereld dat ze liefheeft, de enige waaraan ze zich werkelijk heeft gehecht? [2] Het is een vreemde opmerking. Heeft Marianne soms opgemerkt dat Sophie met al haar liefde die ze haar kinderen ongetwijfeld toedraagt toch eerder een kille dan een warme moederfiguur is?
Ze heeft niet wat men noemt een gelukkig karakter, gaat Marianne verder, *het is moeilijk haar tevreden te stellen, maar men moet haar erom beklagen en men mag het haar niet verwijten,* besluit ze mild. *Het is niet aan iedereen gegeven de goede kanten van de dingen te ontdekken; er zijn mensen die zo ongelukkig zijn alleen maar het slechte te zien.* Kennelijk behoort Sophie daar ook toe, want Marianne vervolgt: *Ik ben bang dat men in de briljante opvoeding die Sophie gekregen heeft, het geloof niet heeft gezien als het fundament van alles. Als zij maar wat tot kalmte kon komen, zou ze misschien nog gelukkig kunnen worden.* [3]
Ook al heeft Sophie het met haar onevenwichtige man heel moeilijk, toch houdt tante Marianne haar neef nog de hand boven het hoofd: *Willem is in de grond van de zaak een goed mens en zij hebben allerliefste kinderen.* Het is duidelijk dat Marianne van mening is dat zij het met Albert heel wat slechter heeft getroffen. *Wanneer men door de smeltkroes van het verdriet is heengegaan, is men bereid tot vergeven en vergeten van vergrijpen, maar God beware Sophie voor eenzelfde leerschool als waar ik doorheen moet gaan.* [4]
En weer heeft ze een goed woordje voor haar neef: *Mijn neef is geen beminnelijk man en hij krijgt geen kans zich waar te maken, maar hij is een eerlijk man en niet in staat tot hardheid of slechte praktijken, want hij heeft een goed hart. Hij kan van het goede pad afdwalen, maar hij komt terug en zijn vrouw kan hem helpen om in de toekomst de juiste weg te gaan. Oh, als ik dezelfde hoop kon koesteren, wat zou ik dan gelukkig zijn! Maar er is geen geluk meer mogelijk in een huis dat een onverdragelijke keten is geworden voor mijn Echtgenoot, die al vijf jaar lang van mij bevrijd wenst te worden en tevergeefs zoekt naar een goed middel om zijn doel te bereiken. Mijn...* (onleesbaar) *gezondheid heeft hem hoop doen koesteren, die sinds mijn terugkeer uit Italië verdwenen is en nu wordt hij hoe langer hoe triester en melancholiek daar hij geen bevrijding voorziet. In deze omstandigheden geloof ik dat het mijn plicht is mij zoveel als maar mogelijk terug te trekken en mij voor het grootste gedeelte van het jaar van zijn Huis te verwijderen, koste mij het wat het koste, opdat ik niet de oorzaak van zijn wanhoop en*

zijn woedeaanvallen zal zijn, die zo slecht zijn voor zijn gezondheid, dat de artsen hem geen twee jaar meer te leven geven als de zaken op dezelfde voet blijven doorgaan.[5]
Ze is dan toch even in Berlijn, maar weet niet of ze de kinderen zal mogen meenemen naar Silezië. Over het hofleven schrijft ze: *Wat zal ik u over* (het leven) *hier zeggen? Henriëtte heeft ons op de dertiende verlaten, de Koningin maakt het goed en er zijn concerten ten Hove waar ik verschijn evenals bij de familiebijeenkomsten wanneer ik daarvoor word uitgenodigd... Iedereen wil me zien en ik zie niemand, want de Prins maakt me dat onmogelijk,* (maar) *wil het me niet definitief verbieden om niet al te zeer* (en) *officieel als Huistiran te boek te staan. Hij wil doen geloven, dat het ongelijk aan mijn kant ligt en dat het niet zijn fout is dat wij ons niet verzoenen en hij neemt mij dat kwalijk waaraan ik onschuldig ben... Ik ken uw discretie en dat is waarom ik u dit alles geschreven heb...*[6]
Zo schrijft Marianne. Ze heeft inderdaad wel reden om zich over haar man te beklagen, al ziet ze de zaken – hoe kan het anders? – wel wat al te eenzijdig. Wat Sophie betreft slaat Marianne de spijker op de kop. En toch doet ze ook haar onrecht door meer van haar te eisen dan ze in staat is te geven. Sophie is geen warme persoonlijkheid. Bovendien is zijzelf net zo onevenwichtig als haar man. De eendere afkomst doet zich gelden. Beiden zijn kleinkinderen van tsaar Paul. Beiden zijn mensen met plotseling omslaande stemmingen. Zo is Sophies moeder geaard geweest en grootvader Paul, de voor krankzinnig versleten Paul I, tsaar aller Russen, de schrik van zijn volk, van zijn vrouw en zijn kinderen.
Sophie is bovendien erg romantisch van aard en heeft daardoor al te weinig oog voor de harde werkelijkheid van het leven. Ze streeft naar het ideale en vergeet dat het ideale niet bestaat in deze wereld. In haar huwelijk boet zij voor de fouten die ze in het verleden heeft begaan. Tegen beter weten in is ze met Willem getrouwd, zonder hem lief te hebben. Ze kan hem eenvoudig niet liefhebben en verwijt hem dat hij haar niet trouw is en bij anderen zoekt wat zij hem niet geeft en niet geven wil. Ze heeft een scherpe tong. *Een boer, een kozak, een bojaar* noemt ze haar man. Het zijn geen liefelijke vergelijkingen, die hem onmiddellijk worden overgebriefd, want in het kleine hofwereldje zijn intriganten genoeg. En dan barst Willem weer in woede tegen zijn vrouw uit. Het is een vicieuze cirkel en de onschuldige Wiwill en het kleine Mauritsje worden er het slachtoffer van.
De op- en aanmerkingen die Marianne zich over het gezin van haar neef veroorlooft zijn stellig goed bedoeld, maar vallen bij Sophie in slechte aarde. Gepikeerd dient ze Willems tante van repliek en eens te meer zit Zezette Falck tussen twee vuren als zij eind mei een nieuwe brief van Marianne ontvangt.

Een brief van de 9de, die ik van uw Prinses ontving toont mij, dat ik het ongeluk heb gehad haar door een al te grote openhartigheid te mishagen; het spijt me, maar ik heb met dezelfde openhartigheid geantwoord, want het is me onmogelijk om met zulke naaste verwanten alleen maar mooie woorden te wisselen; in dat geval geef ik er de voorkeur aan de correspondentie geheel te beëindigen en tot verjaardagsbrieven te beperken, waarin ik de wensen uitdruk, die ik het gehele jaar doe voor haar werkelijk geluk. Dat geluk is niet altijd de vervulling van onze wensen, het tegendeel is eerder waar, want wij weten uit ervaring, dat de wil van God in het algemeen niet strookt met onze verlangens... Het spijt me dat ik in Den Haag niet wat meer met u onder vier ogen heb kunnen spreken, want ik zie wel in, dat u de enige bent die iets goeds zou kunnen uitrichten in dat jonge gezin en dat u de partijen zoudt kunnen kalmeren.[7] En weer treedt Mariannes zwaartillende levensbeschouwing voor de dag. *Ik deel uw mening, dat men het leven wat licht moet opnemen en trachten ervan te genieten, niet...*[8] Zij gelooft in een strenge en eisende God, die zijn kinderen bij voorkeur bestraft. *Toen ik gelukkig was zag ik overal de vinger Gods, en naarmate het geluk* (het raam uit) *vliegt zie ik nog de vinger Gods, die me in mijn eigen belang beproeft en ik zegen hem voor de Beproevingen, die net zo goed een zegen zijn als het geluk, (maar) elk ding op zijn eigen tijd...*[9]
Ook over haar kinderen schrijft ze. Ze groeien goed op, *ze zijn goed en ze hebben mij lief zoals ik hen liefheb* en *ik zou zeer gelukkig zijn wanneer ik mijn leven aan hen mocht wijden, maar ge zult wel weten, lieve Zezette, dat door de verstandhouding waarin wij verkeren, dit niet mogelijk is en dat ik die troost, ja, ik kan zeggen dat geluk, aan de gouverneur en de gouvernante moet overlaten, want aldus behaagt het de Prins, mijn echtgenoot. Maar gelukkig heeft de Koning* (van Pruisen) *gevonden dat hij zijn tirannie te ver dreef en ons 4 maanden verlof gegund, die wij hier rustig willen doorbrengen. Tot nu toe heeft de onophoudelijke regen het verblijf op het platteland* (zij is op kasteel Camenz) *weinig aantrekkelijk gemaakt, toch wandelen wij voorzien van paraplu's en elastisch-rubberen schoenen en hier wandel ik tenminste* met *de kinderen, iets wat me in Berlijn verboden is; de maaltijden zijn hier ook gezamelijk, wat in Berlijn ook niet meer toegestaan was; kortom, het is hier een heel ander leven, veel vrijer en veel gelukkiger, dat ons allen veel goed zal doen...*[10]
Reeds kondigt haar nieuwe levensstijl zich in haar brieven aan... *Ik hecht zeer weinig aan de publieke opinie en vind dat wij genoeg te doen hebben om God tevreden te stellen door het vervullen van de plichten die Hij ons oplegt, zonder ons druk te maken over wat de mensen over ons denken. Doe wat je moet doen, laat komen wat komt.*[11] Ze is in het voorjaar op het Loo geweest, heeft aan alle geliefde overledenen gedacht en aan de *zoete jaren*

van haar jeugd. *Overigens hervind ik langzamerhand de innerlijke kalmte overal en indien Fritz, naar ik hoop, erin slaagt een fatsoenlijke scheiding te bewerkstelligen, zou ik nog gelukkig met mijn Kinderen kunnen leven. Ik verwacht mijn broer hier binnenkort, die mij uit Berlijn geschreven heeft, dat hij mij persoonlijk het nieuws zou komen mededelen over wat hij voor mij had kunnen doen. Sindsdien heb ik een heel vriendelijke brief van de Koningin* (van Pruisen) *gehad, die mij zeide, dat onderhandelingen gaande waren tussen Fritz en de persoon aan wie mijn Echtgenoot voor zijn vertrek naar Kissingen volmacht had gegeven...*[12] Albert is op vakantie gegaan. Hij wil van Kissingen uit een bezoek aan Zwitserland brengen en aan Tirol. En Marianne denkt niet dat hij voor de herfst naar Berlijn terugkeren zal. *Wat ik zal doen wanneer de kinderen naar hun Vader terug zullen gaan weet ik nog niet en ik kan ook geen plannen maken voordat Fritz mij raad geeft.*[13]
Vol weemoed denkt ze terug aan haar oude kindermeid Bonnick, die nu dood is. *Toen ik haar verloor, verloor ik een echte en hartelijke vriendin.* Ook haar gouvernante, de gravin Bentinck, is heengegaan. Ze denkt ook aan *die arme Henriëtte, wiens hele bestaan verwoest is, maar die de energie heeft en de nodige geestkracht om zich een nieuw bestaan op te bouwen.* Zo sterk is Marianne niet. Ze beseft het. *Mijn bestaan is gebroken, mijn plichten zijn verward en ik weet niet waaraan ik mij moet vastgrijpen. Daarom laat ik de dingen maar begaan, ik leef van de ene dag in de andere, God biddende, dat zijn wil door en in mij gedaan zal worden. Net zoals gij tracht ik zoveel mogelijk goed te doen en sinds de plichten van een Echtgenote en Moeder, die mijn vreugde uitmaakten, mij voortaan ontzegd zijn, wend ik mijn bekwaamheden aan voor mijn bezittingen, waarvan de inwoners nog mijn kinderen zijn en die later, na mij, aan mijn zoon zullen toebehoren, maar dit alles interesseert me niet meer en ik voorzie dat ik vaak zal moeten reizen om nieuwe herinneringen op te doen... en sinds ik de middelen daartoe heb, zie ik niet in waarom ik mij dat genoegen zou moeten ontzeggen, dat mij wat afleidt van de scheve positie die ik in Berlijn inneem.*[14]
Ook de kloof die tussen Marianne en Sophie is ontstaan kan niet meer overbrugd worden. Of Marianne is te scherp geweest, of Sophie reageert overdreven prikkelbaar, wat bij haar aangeboren narcisme vermoedelijk wel zo zal zijn. In ieder geval neemt ze het de tante van haar man bitter kwalijk dat zij zich met haar zaken heeft durven bemoeien en er blijft voor Marianne niet veel meer over dan zich tactvol terug te trekken van een levensterrein, waar haar inmenging ongewenst is. *Ik ben te openhartig geweest* bekent ze aan Zezette Falck; *ik had haar waardig geoordeeld alles te horen, maar ik zal in de toekomst voorzichtiger zijn.*[15] Zo sterft ook deze relatie langzamerhand af.
Van een officiële scheiding van Marianne van Albert komt niets terecht.

Frederik heeft hiervoor niet de toestemming van de koning van Pruisen kunnen verkrijgen en waar deze weigert, wil ook Willem II er niet in toestemmen. Zo blijft er voor Marianne niet anders over dan te berusten in een status quo. Zonder haar kinderen te mogen meenemen, vertrekt ze tegen de herfst naar Rome en neemt haar intrek in de Villa Carlotta, waar ze het vorige jaar al heeft gewoond en vandaar uit schrijft ze een laatste brief aan haar geliefde Zezette Falck. Het is dan juist een jaar geleden dat haar vader begraven werd. *Ik dank God, dat Hij Papa het verdriet bespaard heeft zijn geliefde dochter mishandeld te zien; vanuit de hoge hemel zegent hij mij omdat ik alles met moed heb weten te dragen en het is de herinnering aan zijn geduld en zijn deugden, die mij daartoe de kracht gaven... Mijn kinderen zijn in goede handen,* (ze worden) *beter opgevoed dan ik had kunnen doen, ze mogen geen vreemdelingen worden in hun Vaderland en hun Familie en ik heb daarom het offer moeten brengen van hen niet bij mij te hebben en ver van Berlijn te zijn.*[16] Toch hoopt ze nog op een weerzien. Eens, wanneer *de tijd de wonden van haar ongelukkige echtgenoot geheeld zal hebben*[17] zal zij zich weer in de nabijheid van haar kinderen kunnen vestigen.

Met haar gezondheid gaat het veel beter *en dat doet veel dingen verdragen; het is ook waar, dat ik mij in acht neem, vroeg naar bed ga en mij op geen enkele wijze vermoei. Met een goede gezondheid kan men van alles genieten, wanneer de gezondheid schade lijdt geniet men van niets...*[18]

En wat die arme Sophie betreft: *Wat u mij van haar zegt, doet mij veel genoegen, ik zou haar zo graag, indien al niet gelukkig volgens de wereld, althans berustend en kalm willen zien. De leeftijd en het verstand komen niet altijd tegelijk, ik heb daar ervaring mee.*[19]

Het leven gaat verder. Ook voor Marianne. Daar waar alle deuren gesloten voor haar blijven, schijnt een andere te worden geopend. De weg tot een nieuwe liefde, een nieuwe tragedie in haar leven wordt voorbereid. In het jaar 1845 ontdekt zij Johannes van Rossum, een lakei in de hofhouding van haar jonge neef Alexander, de tweede, zeer geliefde zoon van koning Willem II en de keizerlijke Anna Paulowna. Johannes is een zoon van die andere lakei, die dikkerd, die zo'n acht jaar geleden in Berlijn was dood gebleven.

Johannes is een getrouwd man; de echtelijke woning is in de Dronkemanssteeg in Den Haag te vinden. Maar dat geeft niet. Hij staat Marianne toch wel aan en het duurt niet lang of hij treedt in haar dienst. Hij klimt snel op: van lakei tot koetsier – hij heeft veel verstand van paarden! – en van koetsier tot secretaris. Dat is niet zo vreemd; hij heeft een mooie hand van schrijven en spellen kan hij ook.

Het is heus zo vreemd niet dat deze twee mensen elkaar nader komen. Dag in dag uit trekt hij als koetsier met de vereenzaamde vrouw op en leert haar stemmingen peilen als geen ander.

27. Het slot Camenz, dat prinses Marianne van haar moeder erfde en in later jaren zeer luxueus voor haar zoon Albert zou verbouwen, werd in de Tweede Wereldoorlog vernietigd.

En Marianne? Ze laat zich gaan. Ze leeft van de ene dag in de andere. Ze heeft geen weerstand, ze mist de kracht en de karaktervastheid van een Henriëtte d'Oultremont. En zo kan het gebeuren dat een man als Eylart Meeter zonder blikken of blozen van haar zegt: *Intussen had Marianne volkomen tegen de draad in, de weg der ontaarding verder afgelegd. Een man, luisterend naar de naam van Rossem, voormalig korporaal in het leger, was aangesteld op een post in de stallen en enige jaren tevoren, al lang voordat zij was gescheiden, was haar oog op hem gevallen en was hij haar minnaar geworden... Zo diep was Marianne gezonken aan het begin van de regering van Willem II; maar dat zij nog dieper zou zinken, zullen wij hierna zien.*[20]

Waarom juist Johannes uit de Dronkemanssteeg? Is het wraak op haar echtgenoot? Of is Johannes een mooie man? Sommige mensen beweren van wel: een mooie man, met prachtige, sprekende ogen. Anderen hebben een tegengesteld oordeel. Een lelijke man, beweren zij en zelfs een beetje gebrekkig. Hoe heeft deze liefdesrelatie – want dat is het – ooit kunnen ontstaan? Volgens de gedachtengang van de negentiende-eeuwse wereld is het ondenkbaar dat een koetsier en een prinses elkaar in de armen vallen. Dat kan niet. Zegt men...

Marianne is altijd een buitenbeentje geweest. Opgevoed door een moeder die wel een warm moederhart had, maar weinig tijd, is het kind vanaf haar vroegste jeugd veel aan de zorg van bedienden overgelaten: eenvoudige vrouwen, die volgens de gewoonten van het gewone volk haar koesterden en omringden. Op een of andere manier is het Marianne duidelijk geworden dat de „gewone man" net zo is als zijzelf. Ze heeft er ook altijd vriendschappen op na gehouden die niet afhankelijk waren van hoge geboorte of stand. Haar correspondentie is er een bewijs van.

En dan is er nog een ander facet aan de zaak, dat maar al teveel vergeten wordt. Marianne voelt zich gevangen in een huwelijk dat in feite dood is. Deze warmbloedige vrouw hunkert naar liefde. En dan is Van Rossum er. Vermoedelijk even teleurgesteld in zijn huwelijk als de prinses in het hare. Als koetsier komt hij dagelijks met zijn meesteres in contact en leert al haar stemmingen kennen. Ten slotte lappen zij alle knellende huwelijksbanden aan hun laars; gevoelsmatig vallen zij nu onder de categorie eertijds gehuwden en handelen daarnaar. Verlangend en op zoek naar nieuwe liefdeservaringen om hun gekwetste ego te genezen, ontdekken Marianne en Johannes dat zij zich aan elkaar kunnen geven.

Ze hadden beter kunnen weten, die twee. Want wat aan de man veroorloofd is, wordt in deze hypocriete eeuw bij de vrouw streng bestraft. Zeker als ze haar zonden bijna openlijk begaat. En Marianne is er de vrouw niet naar om om haar daden veel doekjes te winden... Toch gaat ze onverdroten voort met het schrijven van vrome brieven en er gaapt een steeds groter wordende kloof tussen wat ze zegt en doet. Ach, de geest is misschien wel gewillig, maar het vlees, dat arme vlees, is zwak.

XIV. DELFTS MYSTERIE

Wie zal het heimwee doorgronden dat de reizen van Marianne na het jaar 1845 zo kenmerkt? Ze leeft nu bijna als een uitgestotene. Haar verhouding met Van Rossum is vanaf het eerste ogenblik bekend en bij haar Pruisische verwanten is ze vanzelfsprekend niet langer welkom. Haar kinderen krijgt ze nog maar weinig te zien en ook haar Nederlandse verwanten hebben heel wat op haar aan te merken. Merkwaardig is ook dat haar correspondentie met Zezette Falck plotseling ophoudt. Het vacuüm waarin ze zich nu door eigen schuld bevindt, vult ze met het maken van reizen. Een reis naar Rome, een lente in Sorrento, een bezoekje aan Parijs, een paar weken in Den Haag, een verblijf in Silezië op het kasteel Camenz. Nergens vindt ze rust.
In Rome heeft de Villa Carlotta voor haar afgedaan. Ze geeft nu de voorkeur aan gehuurde appartementen, zoals de suite in het hotel Melloni op de Piazza di Popolo. En de Nederlandse gezant bij de Heilige Stoel, de graaf De Liedekerke, heeft de handen soms vol aan haar. Als ze aankomt moet hij haar plechtig verwelkomen, als ze weggaat dient hij haar uit te wuiven; haar talloze brieven moet hij beleefd beantwoorden en over alles wat ze doet ook nog rapport uitbrengen aan de minister van buitenlandse zaken in Den Haag. Nog altijd is prinses Marianne niet gescheiden. Nog altijd draagt ze de naam van haar man: Prinses Albert van Pruisen. Maar ze handelt er niet naar. Als ze schilderijen aankoopt van in Rome wonende en werkende kunstenaars, dan bevoordeelt ze de Nederlanders en negeert ze de Pruisische schilders en daar komen dan weer klachten van. Ten slotte raakt het geduld van de Pruisische koningsfamilie op. Haar eindeloze afwezigheid uit Berlijn wordt beschouwd als kwaadwillige verlating en haar kleine Pruisische hofhouding wordt teruggeroepen. Marianne moet nu zelf maar zien wat ze verder doet. In Italië verblijft ze meestal incognito onder de naam van gravin von Seitenberg, maar iedereen weet wie ze is. En dat is meestal gemakkelijk, maar soms wel moeilijk.
Toch trekt haar hart naar huis. En nu ze niet in Berlijn bij haar kinderen kan

28. *Als zij in Nederland verbleef woonde prinses Marianne bij voorkeur op haar buitengoed „Rusthof" te Voorburg. Litho naar P.J. Lutgers, circa 1850. (Gemeentearchief Den Haag.)*

wonen, keert ze terug naar het oude vaderland. Daar heeft ze de beschikking over het landgoed „Leeuwenstein" in Voorburg, dat koning Willem Frederik haar heeft nagelaten. Ze had er vroeger ook al gewoond, in de eerste tijd van haar huwelijk toen alles nog goed was en zij soms maandenlang bij haar ouders op bezoek was. Het is niet een bijzonder mooi landgoed, maar als er een buitenplaats bijgekocht wordt, is er wel wat van te maken. Marianne maakt er wat van. Een paar jaar later (1848) koopt ze het veel kleinere „Rusthof" aan en trekt de goederen bij elkaar. Voorlopig moet ze echter met „Leeuwenstein" en een stadshuis, dat haar vader haar al vroeger ter beschikking stelde, genoegen nemen, als ze tenminste al in Den Haag is. De Oranjefamilie is namelijk niet zo erg ingenomen met een verblijf van Marianne in Nederland. Voor Willem II is de hele echtscheidingskwestie een pijnlijke zaak, die de verhouding met de Pruisische verwanten danig vertroebelt. Anna Paulowna heeft al nooit veel opgehad met haar grillige schoonzusje. De keizerlijke Anna heeft andere ideeën over vrouwelijke waardigheid en de jonge prinses van Oranje, Sophie, kan het de tante van haar man maar moeilijk vergeven dat juist zij, op wie zoveel aan te merken valt, het gewaagd heeft zich met haar huwelijksongeluk te bemoeien. Neen, erg welkom is Marianne bij de Oranjes ook al niet. Alleen Fritz, die goede, trouwe Fritz, houdt haar nog weleens de hand boven het hoofd, maar ook die verhouding is moeilijk. Is zijn vrouw Louise niet de zuster van Mariannes man?
Marianne is ook lang niet altijd tactvol. Men neemt het eenvoudig niet van haar dat ze zomer en winter in het wit gekleed gaat, als het ware de onschuld in eigen persoon.
Ook Miss Disbrowe, de dochter van de Britse gezant, weet menig staaltje van Mariannes irritant gedrag te vertellen. Zoals die dag in januari 1846. Marianne had waterpokken gekregen en daar had koningin Anna Paulowna een slim gebruik van gemaakt. Marianne ziek en uitgeteld? Dan diende het hofbal vervroegd te worden. Dat zou iedereen heel wat pijnlijke ogenblikken besparen. Als Marianne wijs was geweest had zij het daarbij gelaten. Ziek is ziek. Maar neen, wat doet Marianne? Ze verschijnt. Overdekt met waterpokken verschijnt ze in de balzaal en drukt allerlei mensen de hand. Natuurlijk probeert iedereen zich uit de voeten te maken en natuurlijk stelt Marianne haar gezondheid in de waagschaal. Voor volwassenen is waterpokken nu eenmaal zo'n onschuldige ziekte niet. Het resultaat van haar optreden laat zich raden: honderden gasten worden besmet en ook haar broer, de koning, wordt ziek. Is het een wonder dat Anna Paulowna op deze schoonzuster niet gesteld is?
Willem II heeft het niet gemakkelijk met zijn lieve zuster; hij gaat onder haar levenswijze gebukt en het is maar goed dat de plichten van het koningschap veel van zijn tijd in beslag nemen. Bovendien heeft hij ook zo zijn eigen

bizarre genoegens. Daar weten een Van Andringa de Kempenaer en de bevolking van Tilburg wel meer van. Willem is frivool, Willem is rusteloos, onstuimig, wispelturig en ontrouw. Hij gooit het geld met handen het raam uit; zijn huwelijksleven met Anna Paulowna stelt niets meer voor. Feitelijk leven zij gescheiden, al komt hij haar wel iedere avond nog voor een babbeltje opzoeken. Nog altijd droomt hij van een verenigd koninkrijk van Nederland en België, maar hij is en blijft de Held van Waterloo, Nederlands geliefde vorst.
Niet altijd is hij zo onvoorzichtig als men wel van hem zegt. Als een geheimzinnige vreemdeling in de hoogste legerkringen de aandacht trekt, stelt de koning zich voorzichtig op. Hij heeft al meer van die man gehoord. Vroeger al, toen hij nog prins van Oranje was en diens smeekbrieven onbeantwoord had gelaten.
Als op 25 januari een geheimzinnig gezelschap in de Rotterdamse haven van boord gaat, nadat het schip lange tijd buitengaats voor anker heeft gelegen, beseft men nog niet dat het stille stadje Delft binnen enkele maanden een mysterie rijker zal zijn.
Het gezelschap bestaat uit drie man: William Butts, een Brits artillerieofficier, Douglas Tucker, een laboratoriumbediende en last but not least de man om wie alles draait: Charles Louis de Bourbon, hertog van Normandië, het kind van de Temple, het zoek geraakte koninkje van Frankrijk, alias Naundorff. Naundorff de bedrieger, Naundorff de oplichter, Naundorff de godsdienstfanaticus, Naundorff de uitvinder... Met zo'n titel, zulke aanspraken kunnen de moeilijkheden gewoonweg niet uitblijven.
De koning hoort er al in een vroeg stadium van. De Rotterdamse politie, op het laatste nippertje gewaarschuwd door de Nederlandse consul-generaal te Londen, komt onmiddellijk in actie en pikt het paspoort van de zogenaamde koningszoon listig in en laat de gangen van het dubieuze gezelschap door een postende politieambtenaar secuur nagaan. Dit leidt tot een document, waarvan de prullerigheid tot in lengte van dagen bewaard blijft: *Om tien menute voor half twee zijn de bedoelde Persone met nog een onbekende Heer en benevens een commissioner het hotel S.Lucas verlaten hun eerste aangang is aan de Engelsche boot geweest namentlijk daar zij mede zijn gekome, en daarna bij Klijntjes op het Westnieuweland de Tabakskooper alwaar zij sigaren gekocht hebben...* [1]
De politieman is achter het gezelschap aangesloft en heeft alles genoteerd: het aanbellen aan een bovenhuis, het bezichtigen van de Grote Kerk, het bezoek aan een horlogemaker en het binnenlopen van twee *manufactuur winkels.* Al met al geen verdachte handelingen en het rapport besluit met een *en toen weder in het Ste Lucas gegaan tot dat ik afgelost ben geworden.* [2]

In Rotterdam ontspint zich een verbeten strijd om het afgenomen paspoort, dat in die dagen meer weg heeft van een visum. Het is slechts een op naam gesteld document, dat de houder daarvan toegang tot het Koninkrijk der Nederlanden verleent. Een pasfoto zit er niet op, men is de kunst van het fotograferen nog niet machtig en men heeft verzuimd een persoonsbeschrijving van de houder van het document in te vullen. Wat niet ontbreekt is de naam en daar gaat het om. Charles Louis de Bourbon. Het is het eerste officiële papier dat Naundorff met die tenaamstelling heeft. Hij eist het waardevolle document terug en de directeur van de politie weigert de teruggave pertinent.

Ook Haagse kringen komen in beroering; de ministers van justitie en binnenlandse zaken worden ingelicht en zelfs de koning wordt erin gemengd. Naundorff op Hollandse bodem! In Parijs heeft hij een proces om zijn identiteit gevoerd en verloren. Vandaar is hij naar Londen gegaan. Nu zit hij in Rotterdam. Waar moet dat heen? De anders zo romantische Willem II blijft nuchter afwijzend en volstaat met te zeggen dat hij hoopt dat de man spoedig zal verdwijnen.

Maar daarmee heeft hij wel buiten de waard gerekend! Charles Louis de Bourbon laat niet los. Hij zendt de koning een verzoekschrift; hij heeft een uitvinding van groot gewicht gedaan en verzoekt om de benoeming van een bevoegde commissie om die uitvinding te testen.

Drie weken lang wordt door allerlei autoriteiten om en over Charles Louis alias Naundorff gebakkeleid. De minister van marine wordt erin gemengd. Hij wil Naundorff wel ontvangen en dan komt de doorbraak. *In mijn gesprek met hem, leerde ik hem al dadelijk kennen als een man van buitengewone kennis, maar ik heb hem dadelijk gezegd, dat er geen gelden bij mij beschikbaar waren...*[3] Het is een goed Hollands argument en de vorstelijke uitvinder komt bij deze minister er dan ook niet op terug.

Inmiddels zitten de autoriteiten met hun hertog van Normandië wel deerlijk in hun maag, zodat men overweegt hem geld aan te bieden om hem zo geruisloos kwijt te raken. Daarvoor zijn wèl gelden aanwezig. De directeur van de politie te Rotterdam doet dit aanbod van hogerhand, voorgevende dat hij het uit mededogen uit eigen zak zal betalen. Charles Louis vliegt daar echter niet in. Hij laat zich niet zomaar met een fooi van tweehonderd gulden afschepen! Hij zet zich schrap en eist vijfduizend pond en teruggave van het kostbare paspoort. Mogelijk zou alles nog slecht voor hem zijn afgelopen indien hij zich niet had verzekerd van de bijstand van de Rotterdamse advocaat mr. Hendrik van Buren. Van Buren heeft een goede reputatie en pakt de zaken vakkundig aan. Hij dient een verzoekschrift om teruggave van het paspoort in. Van Buren gelooft heilig in de koninklijke afkomst van zijn vreemde cliënt. Voor hem is hij zonder twijfel de zoon van

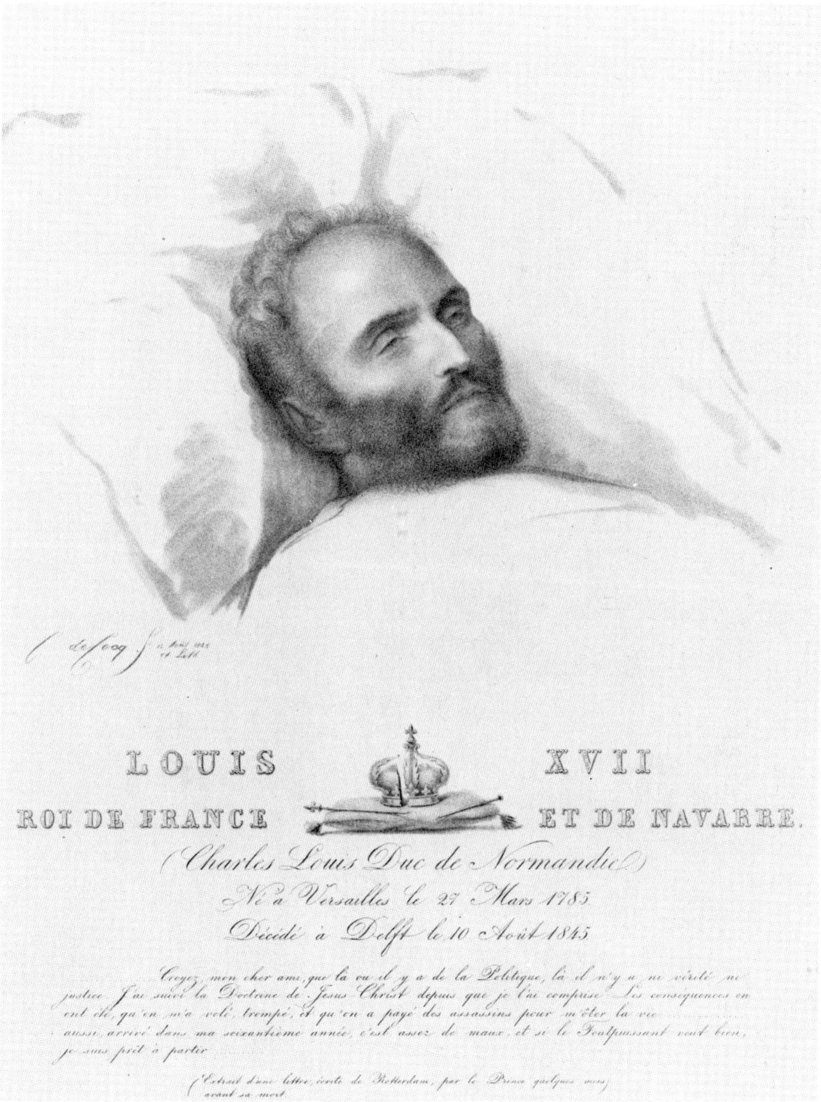

29. Naundorff, de mysterieuze vreemdeling die bij hoog en laag volhield de verdwenen zoon van Lodewijk XVI en koningin Marie Antoinette te zijn, op zijn doodsbed. Litho. (Collectie Verhagen.)

Lodewijk XVI en Marie Antoinette, die hun hoofden onder de guillotine verloren. Hij ziet ook wat niemand ontkennen kan: de man die voor hem staat vertoont een verbluffende gelijkenis met leden van de familie de Bourbon.
Van Buren schakelt een deurwaarder in, die zich bij de Directeur van Politie vervoegt met de eis om teruggave van het omstreden paspoort. Het paspoort blijft echter waar het is, maar er worden van ambtelijke zijde plotseling geen brieven meer geschreven – niets wordt zwart op wit gezet – alles wordt mondeling afgehandeld. Voelen de heren nattigheid? Zijn ze soms buiten hun boekje gegaan?
Van Buren doet nog meer voor zijn cliënt. Hij heeft uitstekende relaties bij de Koninklijke Militaire Academie in Breda en introduceert Charles Louis bij de gouverneur van de K.M.A., de artillerie-officier H.G. Seelig.
Seelig is een verstandig man. Hij houdt zich niet bezig met de vraag of zijn bezoeker al dan niet de verdwenen dauphin, de kroonprins van Frankrijk, is. Hij vraagt zich niet af hoe en of deze als kind uit zijn beruchte gevangenis, de Temple, gesmokkeld zou zijn, maar beperkt zich tot diens uitvindingen. En dat zijn er heel wat! Een verbeterde handgranaat, een vuurpijl, een nieuw kanon en explosieven, die krachtiger moeten zijn dan het gebruikelijke buskruit.
Wat de handgranaat betreft, de proef op de som kan dadelijk worden genomen. Er ligt een dikke laag ijs in de walgracht. De uitvinder werpt zijn granaat erop en de stukken ijs spatten in het rond. Seelig en een aantal mede-officieren kijken verbaasd naar het grote gat dat in het ijs geslagen is. Handgranaten zijn reeds bekend, maar dit type is veel krachtiger, zo zeggen zij.
Het zijn glorieuze dagen voor Charles Louis, die nu ook niet langer genoegen neemt met de titel van hertog van Normandië, maar zichzelf uitroept tot koning en voortaan een ordeteken volgens eigen ontwerp op de borst draagt. Het gaat in alle opzichten crescendo met hem. Wel krijgt hij zijn paspoort niet terug, al heeft de deurwaarder een tweede bezoek aan de Directeur van Politie gebracht, maar de gouverneur van de K.M.A. neemt de generaal Falter in de arm en vraagt hem van zijn goede relaties bij de ministeries van oorlog en marine gebruik te maken en zodoende toestemming voor het doen van verdere experimenten te verkrijgen.
Dit gelukt en zo zien wij de minister van oorlog de koning hierover aanspreken. En weer blijkt de anders zo spontane Willem II heel terughoudend te zijn. Wel wordt de toestemming verleend, maar op voorwaarde dat alles door Seelig als een zuiver particuliere kwestie behandeld zal worden. Men gaat meteen aan het werk. Charles Louis is de man er niet naar om vroegtijdig op zijn lauweren te gaan rusten. Hij trekt met een hele karavaan van

knechten, kisten en koffers spoorslags naar Breda, waar hij een deel van zijn experimenten herhaalt. Niet alles lukt. In de werkplaats te Breda ontbreekt het aan een goede outillage. Toch heeft hij met zijn kleine vuurpijlen, zijn handgranaten en zijn zeemijnen zoveel succes dat de officieren het zinvol achten de proeven voort te zetten.
Ook van de persoonlijkheid van de uitvinder komt men bijzonder onder de indruk en alle waarschuwingen van het ministerie van justitie ten spijt, beschouwt men hem algemeen als de enige, echte dauphin.
In Den Haag stromen inmiddels de rapporten van de Nederlandse gezanten binnen. Ze zijn in hoge mate ongunstig – Naundorff is een bedrieger, Naundorff is een oplichter – maar ze zijn tevens zo ontstellend oppervlakkig dat de minister van justitie een nader onderzoek gelast. Ook dit pakt slecht voor Charles Louis uit: onder zijn knechten zou tenminste één dubieuze figuur rondlopen. Toch blijft er nog een indrukwekkende rij vraagtekens over. Op geen enkele manier kan het Naundorff-mysterie worden opgelost, want ofwel zijn de getuigenissen uit de tweede of derde hand of zij zijn dermate subjectief dat men er zich niet op verlaten kan.
De ministers raken hoe langer hoe meer in het nauw. Enerzijds hebben ze de indruk met de grootste oplichter aller tijden te maken te hebben, anderzijds lokken de gunstige berichten uit Breda. De man schijnt een geniaal uitvinder te zijn, die men niet voor het hoofd kan stoten.
Charles Louis speelt in deze dagen hoog spel. Voor één miljoen gulden wil hij zijn uitvindingen aan de Nederlandse regering verkopen. De onderhandelingen verlopen traag. En dan ineens – is het een slimme zet van de uitvinder en zijn vrinden? – is er een kranteberícht. De zaak komt in de publiciteit, zeer tot ongenoegen van de Nederlandse regering. Maar men wacht er zich voor Charles Louis tegen zich in het harnas te jagen. Hij krijgt zelfs versterking van zijn zoon Charles Eduard, die uit Engeland overkomt om zijn vader behulpzaam te zijn. Nu worden er geen paspoorten in beslag genomen. Er is geen autoriteit die het waagt Charles Eduard de Bourbon maar een strobreed in de weg te leggen.
Toch nijpt de angst voor een mislukking en Charles Louis schrijft brief op brief. Zij zijn protserig en vol valse pathos en hij komt er niet uit te voorschijn als een sympathiek, fijngevoelig mens.
Charles Louis heeft een handschrift dat veel te denken geeft aan wie de moeite neemt het aan een grafologische analyse te onderwerpen. Maar in 1845 is de grafologie nog onbekend en uiteindelijk besluiten de ministers van oorlog en marine tot het opstellen van een lijvig contract en nog nooit heeft de toekomst er zo rooskleurig voor Charles Louis uitgezien. De bedragen aan geld die aan hem zullen worden uitbetaald, zijn werkelijk fabelachtig.
Geen koningstitel wenkt hem, maar wel de stoel van directeur van het

Pyrotechnisch Atelier te Delft. Daar zal hij in alle rust aan zijn uitvindingen kunnen werken en ook zijn gezin wordt niet vergeten. Hij zal vrouw en kinderen uit Engeland over mogen laten komen. En dan het traktement! Tachtigduizend gulden in het eerste jaar na zijn aanstelling. Twintigduizend in het tweede jaar en twaalfduizend in het vierde en de daaropvolgende jaren. De armoede is voorbij, voorgoed voorbij. Want mocht hij komen te overlijden, dan zal zijn zoon Charles Eduard, die een deel van zijn geheimen kent, zijn plaats mogen innemen. Twaalfduizend per jaar zal hij verdienen. De toekomst van de jonge Bourbons is verzekerd. En als de uitvinder erin slaagt alle uitvindingen binnen een jaar te verwerkelijken, dan is de lieve som van één miljoen zijn loon.

De bedragen zijn exorbitant, de beloften eveneens. Van alles belooft hij: sterker buskruit, waarvan de produktie volgens hem volstrekt ongevaarlijk is, nieuwe bommen, raketten met percussie-ontsteking, verdedigingstorens, zee- en landmijnen en zelfs onzinkbare oorlogsschepen met een onzichtbaar roer! Het is een onwaarschijnlijk mooi contract, waarover men zich in later jaren het hoofd zal breken. Slaat een oplichtiger hier een ongehoorde slag of heeft men werkelijk met een genie te doen? Hoe het zij, Charles Louis – zijn familienaam en vorstelijke titels worden in het stuk achterwege gelaten – Charles Louis tekent het strikt geheime document op 30 juni 1845. Hij kan tevreden zijn. Een rijke toekomst lijkt verzekerd.

De werkelijkheid is anders. Voor Charles Louis geen miljoen, zelfs geen tachtig-, geen twaalfduizend gulden per jaar. Op het glorieuze ogenblik dat hem eindelijk, eindelijk een betere toekomst wenkt, treden andere machten tegen hem in het krijt.

In feite is hij al door een dodelijke ziekte getroffen wanneer hij het contract ondertekent. *Den morgen na een bezoek, door ons te Scheveningen afgelegd, werd hij plotseling overvallen door heftige koliekpijnen, die hem twee dagen en één nacht geen oogenblik met rust lieten. Hij lag in zijn bed te krimpen van de pijn en kramptrekkingen en riep mij aanhoudend toe: „Mijn vriend, ik sterf aan vergif."*[4]

Twee dagen later zijn de pijnaanvallen even plotseling voorbij als ze gekomen zijn. *O Vriend, ik voel geen pijn meer, ik ben beter! Laat een rijtuig komen; wij zullen vertrekken...*[5]

Hij voelt zich werkelijk goed genoeg om naar Rotterdam terug te reizen. Het hotel S. Lucas doet het gezelschap echter niet meer aan. De eigenaar is beducht geworden door de opvallende belangstelling van de politieautoriteiten voor de „hoge gast" en heeft hem beduid dat hij niet langer welkom is. Daarom geniet nu „Het Rijnsche Hof" de eer van de klandizie. Ook daar ligt Charles Louis acht dagen ziek. Ook daar wordt een dokter opgetrommeld, die zich zonder succes over de zieke buigt.

Het kwelt Charles Louis geducht dat hij niet aan het werk kan gaan om waar te maken wat hij beloofd heeft. Zijn trouwe vriend Gruau, een achtenswaardige Fransman (ancien procureur du Roi), die zijn hele vermogen aan de koningsdroom heeft opgeofferd, is constant bij hem. Als Charles Louis zich wat beter voelt en tegen alle waarschuwingen in van zijn ziekbed opstaat, is hij het die daartegen protesteert en ten slotte in arren moede naar Delft meegaat.

Daar wordt dadelijk met het werk begonnen. Er is niet alleen het miljoen dat wenkt. Zelfs als hij er alleen maar in slaagt de terugstoot van een geweer merkbaar te verminderen of zelfs geheel weg te nemen, is een beloning van zestigduizend gulden zijn deel. Hij heeft met zijn zoon een onderkomen gevonden in het Koffiehuis Casino op het Oude Delft, wijk 2, no. 62. *Z. Ed. na drie dagen hier te zijn geweest, is weder ongesteld geworden, klagende over pijn in de zijde, die van dien aard werd, dat geneeskundige hulp werd nodig geacht...*[6]

Dr. Soutendam bezoekt de patiënt; hij is het die *noodig oordeelde de zijde te pappen en zweetdranken in te nemen, die bereid werden bij den apotheker Witt Hamer, dit heeft eenige dagen volgehouden, zonder eenig succes, waarop hevige heete en koude koortsen volgden, alsmede geelzucht.* Naarmate de ziekte langer duurt groeit het aantal artsen. Soutendam consulteert de *Eerst-aanwezende Officier van Gezondheid Kloppert, waarop eenige beterschap zich bij den patient voordeed. Dan... na een dag of vier nam de ziekte weder zoodanig in hevigheid toe, dat er van hoogerhand uit 's Hage gelast werd een consult met den chirurgijn-majoor Snabilii; deze heeft mede een dag of acht over Z.Ed. gepractiseerd en Z.Ed. onder anderen ook een warm bad laten toedienen met koud water op het hoofd, hetgeen geene verandering in de ziekte heeft teweeg gebracht...*[6] Dr. Soutendam, die de behandeling wegens afwezigheid gedurende een week aan Knoppert en Snabilii heeft overgelaten, komt in Delft terug, *zoodat zij toen met drie heeren doctoren den patiënt behandelden, waarop ten slotte besloten werd zijn hoofd in ijs te leggen, hetgeen om het half uur ververscht werd, hetgeen evenwel niet heeft mogen verhoeden, dat Z.Ed. op Zondag den 10 Augustus 1845 des namiddags te ½ 3 uuren aan de gevolgen zijner ziekte bezweken is, in het bijzijn van Z.Ed. familie, die Maandag den 4 Augustus van Engeland waren herwaarts gekomen.*[7]

Zo sterft in Delft een man die onder meerdere namen door het leven is gegaan: Naundorff, Louis Charles hertog van Normandië, koning van Frankrijk en Navarre. Wie en wat is hij? Een leugenaar? Een oplichter? Een bedrieger? Een geesteszieke? Delft is een mysterie rijker.

Op twaalf augustus wordt het lijk geschouwd, maar het is niet de doodsoorzaak die het doel van het onderzoek is. De artsen spreken overigens van

„Typhus erectoïde". Neen, alle littekens op het lichaam worden zorgvuldig onderzocht en in een notarieel protocol opgetekend. Het doel is duidelijk. De identiteit van de overledene dient posthuum te worden vastgesteld en het vaandel van de verdwenen dauphin wordt door Charles Eduard en diens zonen na hem door de eeuwen verder gedragen.
Koningszoon of geniaal oplichter; de Nieuwe Rotterdamsche Courant doet er het zwijgen toe. *Wij willen in geen onderzoek treden over zijne identiteit, met den persoon dien hij voorgaf te zijn... Hij was overtuigd, dat hij die persoon was... Ieder, die hem heeft gezien en met hem in aanraking is geweest, zal gereedelijk bekennen, dat bij dien eenvoudigen man, met dat open gelaat, geen bedrog kon schuilen... Het betaamt ons niet in gissingen omtrent hem te treden. Wij laten aan de geschiedenis over om het geheim te ontsluyeren...*[8]
De geschiedenis ontsluiert echter niets. Er worden processen gevoerd en verloren. Haren worden opgegraven en te licht bevonden. Er is geen oplossing. Vreemd genoeg denken de autoriteiten daar in 1845 heel anders over. In de officiële overlijdensakte wordt de overledene gezegd te zijn: Charles Louis de Bourbon, geboren te Versailles als zoon van Lodewijk XVI, koning van Frankrijk, en zijn echtgenote koningin Marie Antoinette.
Het is wel wonderlijk dat Willem II, die zich eerst tegen de zich dauphin noemende Naundorff zo gekant heeft getoond, dit alles over zijn kant heeft laten gaan. Ook de minister van binnenlandse zaken doet geen moeite om de Delftse autoriteiten over deze overlijdensakte te berispen en het is toch geen kleinigheid dat in een officieel document wordt gesteld dat de overledene een koningszoon was, geboren in Versailles als zoon van koning Lodewijk XVI en koningin Marie Antoinette. Weliswaar posthuum, de lang verwachte en vurig nagestreefde erkenning is voor Naundorff en zijn nageslacht dan toch gekomen.
Terecht of onterecht nemen tijdgenoten aan dat de koning over deze zaak toch wel wat meer heeft afgeweten dan hij kwijt wilde. Dat er ten slotte toch wel degelijk sprake is geweest van koninklijke protectie.
Heeft Willem II op een recente reis naar Engeland daar meer over de zaak Naundorff gehoord? Iets waardoor hij van mening is veranderd? Weet hij meer dan opgravingen reeds aan het licht brachten over de dauphin die niet als kind in de Temple bezweken is? En als dat kind toen niet gestorven is, waar is het dan wel gebleven? Is het toch door royalisten ontvoerd en in veiligheid gebracht? Is Naundorff dan toch de enige onder de vijfendertig valse troonpretendenten geweest die wèl legitieme aanspraken heeft gehad?
In 1863 gaat men nog een stapje verder. Een zoon van de overledene verkrijgt de Nederlandse nationaliteit en het recht de naam van Bourbon te voeren, al onthoudt men zich in de kamerdebatten die hierover zijn gevoerd

er zorgvuldig van de kwestie van de identiteit van Charles Louis te berde te brengen.
Veel is er sinds het jaar 1845 in het stedeke Delft verloren gegaan, maar het graf van de mysterieuze man, die het eens binnen zijn muren zag, is bewaard gebleven. De kist met zijn stoffelijk overschot is in 1954 van het geruimde algemene kerkhof overgebracht naar het Kalversbos. U kunt het graf daar nog zien, omgeven door een hekwerk, waarvan de gouden leliën u tegenblinken. U kunt de woorden lezen, die in het Frans op de grafsteen gebeiteld staan:

ICI REPOSE
LOUIS XVII
CHARLES LOUIS DUC DE NORMANDIE
ROI DE FRANCE ET DE NAVARRE

NE A VERSAILLES LE 27 MARS 1785
DECEDE A DELFT LE 10 AOUT 1845

Koningszoon of bedrieger?
Het mysterie blijft.

XV. BITTERE VRUCHTEN

De lasten van het koningschap vallen Willem II lang niet mee. Het is geen gering offer voor deze, van nature toch al zo nerveuze en beweeglijke man om urenlang achter zijn schrijftafel te zitten of met zijn ministers over allerlei zorgelijke en minder zorgelijke toestanden te confereren. *Het bestuur des lands leverde bij voortduring... weinig genoegelijke dagen op. Bij herhaling gaf hij doorslaande blijken het goede te willen, doch vond even zoo vaak tegenwerking of laauwe uitvoering zijner bevelen.*[1] Dat is vanzelfsprekend wel een overtrokken voorstelling van zaken, maar zo zien tijdgenoten het en wellicht hijzelf ook.

Het zit de koning niet erg mee. Als de grootste financiële moeilijkheden uit de eerste regeringsjaren zo'n beetje achter de rug zijn, doemen nieuwe problemen aan de horizon op. De kwestie van de grondwet vormt een heet hangijzer en waarschijnlijk zouden de ministers al lang veel sterker op wijziging van de grondwet hebben aangedrongen, als de koning er wat minder tegen gekant zou zijn geweest. Het is niet gemakkelijk om voor herziening te pleiten. Het moet tactvol gebeuren – in de kabinetsraad – want de koning kan bijzonder geprikkeld reageren en dat is, gezien zijn sterk verslechterende gezondheidstoestand (hij heeft sinds jaren veel last van een hartkwaal), niet zonder risico.

In het voorjaar van 1847 is hij zelfs ernstig ziek en zijn lijfarts, professor Everard, krijgt de handen vol aan zijn koninklijke patiënt. In mei dient zich weliswaar een verbetering aan, maar de koning veroudert snel. De sombere bulletins van de voorgaande maanden blijven echter uit en zelfs koningin Anna Paulowna kan weer wat onbezorgder ademhalen. Het gevaar schijnt voorbij. Toch ziet de lijfarts de toekomst donker in. De koning, die gezellige prater, die straffe roker, de eens zo vurige ruiter, de galante danseur, de man die altijd boordevol plannen zit, hij is op weg naar Delft. Het kan lang duren, het mag kort duren, voor de lijfarts staat het einde vast. De koning neemt zich op geen enkele manier in acht en zijn weerstand neemt af.

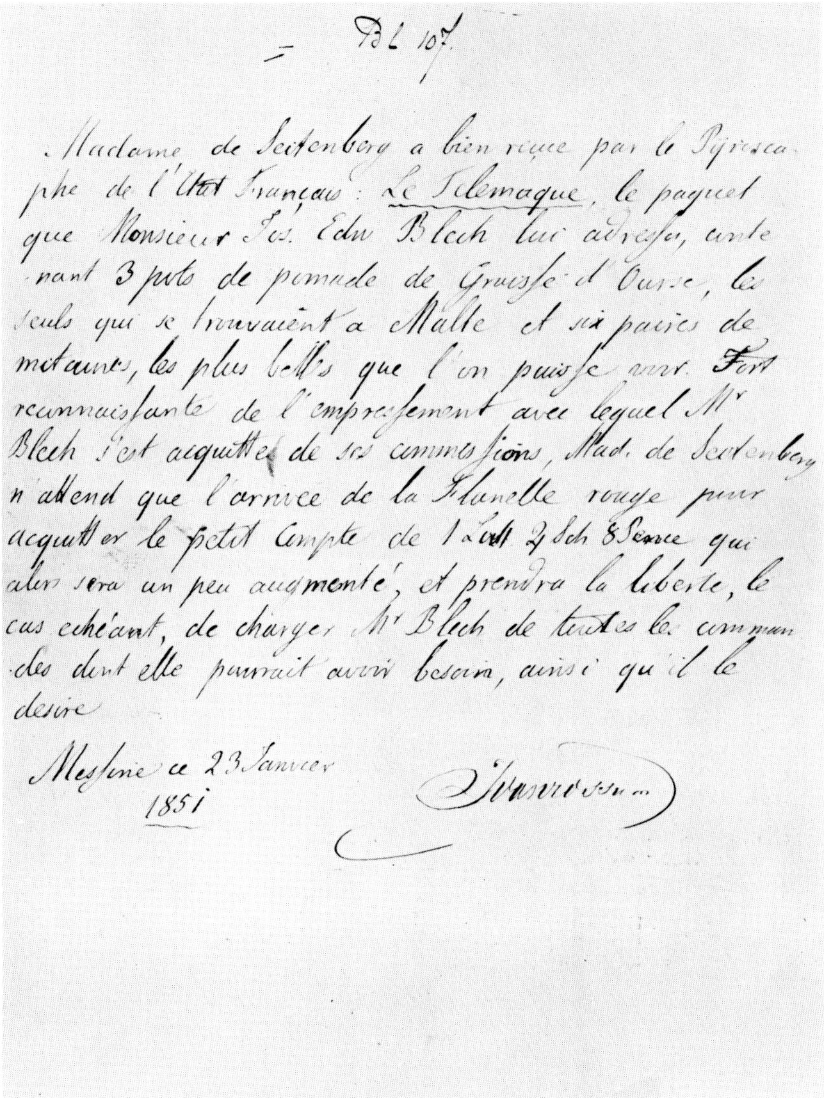

Bl 107

Madame de Seitenberg a bien reçue par le Pyroscaphe de l'Etat Français: Le Telemaque, le paquet que Monsieur Jos. Edw Blech lui adressa, contenant 3 pots de pomade de Graisse d'Ourse, les seuls qui se trouvaient à Malte et six paires de mitaines, les plus belles que l'on puisse avoir. Fort reconnaissante de l'empressement avec lequel Mr Blech s'est acquitté de ses commissions, Mad. de Seitenberg n'attend que l'arrivée de la Flanelle rouge pour acquitter le petit Compte de 1 Livr 2 Sch 8 Pence qui alors sera un peu augmenté, et prendra la liberté, le cas echéant, de charger Mr Blech de toutes les commandes dont elle pourrait avoir besoin, ainsi qu'il le desire

Messine ce 23 Janvier 1851

J van Rossum

30. Brief van prinses Marianne uit Messina waarin zij dankt voor de levering van drie potjes berevetpommade en ondertekend door Johannes van Rossum. (Universiteits-Bibliotheek Amsterdam.)

Goed beschouwd regeert hij eigenlijk niet meer, tenminste niet zelf. Deze geestelijk ook zo zwakke man is daar te weifelachtig, te angstig voor. Net als zijn vader voor hem, zit hij boordevol wantrouwen en hij heeft door een zekere d'Engelbronner een spionnagestelsel laten opbouwen, dat op Russische leest is geschoeid. *Feitelijk regeerde d'Engelbronner; hij bemoeide zich ongevraagd met bijna alles en tenslotte durfde de Koning niets meer aan zonder zijn advies, neen, zijn goedkeuring.*[2] D'Engelbronner is niet geliefd en hij houdt er in Haagse kringen een bijnaam aan over: de oppereunuch!
Willem II eet weinig, *zijn ontbijt bestond uit het geel van twee eieren, brood en thee,*[3] en drinkt veel. Pas als hij na het ontbijt wat wijn gedronken heeft, begint hij weer een beetje op dreef te raken. Het is min of meer het eet- en drinkpatroon van een alcoholist. In de loop van de dag drinkt hij *de fijnste wijnen,*[4] *want hij is een fijnproever en neemt er 's avonds overvloedig van.*[5] Hij raakt dan in zo'n euphore toestand dat *hij alle gevoel van gewone voorzichtigheid uit het oog verliest,*[6] met allerlei mensen praat of aan hen schrijft, *alsof zij intieme vrienden* zijn en *met hem op gelijke voet*[7] staan. Kortom, hij is ondanks alle fouten en gebreken een heel menselijke man.
Gekweld door slapeloosheid en zorgen kan hij zelfs midden in de nacht de slaap nog niet vatten en maakt hij nachtelijke wandelingen over de dakterrassen van zijn paleis aan de Kneuterdijk. Het roken kan hij al helemaal niet laten. Hij is er duidelijk aan verslaafd en steekt steeds weer een van zijn sigaretten op (kleine Manilla sigaartjes, die men sigaretten noemt), in een wanhopige poging zijn geplaagde zenuwen weer wat tot rust te brengen. Want ook de koning beseft dat hij de weg naar Delft is ingeslagen. Er is niet zo heel veel tijd meer. En waarmee moet hij zich troosten? Bovendien wordt hij bedreigd en bang gemaakt door een stelletje afpersers, dat het op zijn fortuin gemunt heeft.
Er zijn heel wat mensen die hij lichtvaardig ambten of beloningen heeft toegezegd toen hij nog maar kroonprins was en die beginnen zich nu te roeren. Er zijn mannen als een Floris de Vette, een baron Nahuis en een jonkheer Van Andringa de Kempenaer, namen die de koning langzamerhand de rillingen wel over de rug moeten jagen.
Met de metselaarsbaas Floris de Vette valt het vermoedelijk nog wel mee. Zolang hij maar zijn pensioen kan innen, gaat alles goed. Het is alleen maar jammer dat hij, die vierduizend gulden per jaar schijnt te krijgen, zo weinig werkt en zo veel drinkt. Er zijn wonderlijke verhalen over de man in omloop, die nog lang na zijn dood door ingewijden achter de hand worden doorverteld, zoals bijvoorbeeld dit: de Leidse metselaarsbazen hadden een eigen sociëteit in „Steenhouwers Welvaren", een plek van samenkomst waar ook Floris de Vette regelmatig verscheen. *Het had daar steeds de aandacht getrokken, dat die De Vette nooit zelf hard werkte, doch alles aan eenen z.g.*

zetbaas overliet. Bij een of ander jubileum hadden zijn medebazen hem zoo beschonken weten te krijgen, dat hij vertellen ging, hoe hij, toen al meer dan een $^1/_4$ *eeuw, flink had kunnen bestaan zonder inspanning. Hij had een Koninklijk Pensioen (z.g. zwijggeld) van f 4000,– 's jaars, in die dagen een bedrag van belang. Toen dat eenmaal was opgebiecht, kwam ook de rest, n.l. hoe hij dat geld had verdiend, als leider van de bende, die, terwijl het Kroonprinselijk Paar naar de Schouwburg was, de juwelen* (van Anna Paulowna) *gestolen had... Slachtoffer van het complot was... de Italiaan C. Polari, al is nimmer uitgemaakt, of hij zich maar heeft laten gevangen nemen, dan wel werkelijk onhandig tegen de lamp liep.*[8]
Een dronkemansverhaal, kan men tegenwerpen. Zeker, een dronkemansverhaal uit de tweede hand. Maar dronkaards en kinderen vertellen dikwijls de waarheid. En, terecht of onterecht, het is al erg genoeg dat het verteld wordt.
Trouwens, er hebben ook andere mensen in die richting gedacht. Anna Paulowna was er bijvoorbeeld ook niet zeker van dat haar Willem er niets van afwist en tsaar Nicolaas I, haar broer, had zijn zwager geducht aan de tand gevoeld.
Waar, zoo zal men licht vragen hadden Prins en metselaar elkaar getroffen? En dan luidt het antwoord: in het leger; en datzelfde leger zou in komende jaren voor den Prins eene bron van ellende worden.[9]
Ook R.A. van Andringa de Kempenaer is een militair, al zijn hem eens op bevel van prins Frederik de epauletten van de schouders gescheurd. Ook hij heeft heel wat dingen, die het daglicht niet kunnen verdragen, gehoord en gezien. Hij heeft met medeweten van de prins tegen koning Willem I bij „Het Handelsblad" geïntrigeerd. Maar er is meer. Net zoals zo vele andere gesjochte jongens uit die tijd, heeft De Kempenaer Indische jaren achter de rug en daar heeft hij – o, schrik! – Bouwens van der Boyen ontmoet, die barbaarse bloedzuiger, die in de regio van Kembang Aroem *(een enclave van Djokja in Solo)*[10] de inlandse bevolking zo hardhandig had uitgebuit, dat wie kon in wanhoop die streek ontvluchtte.
Een van hogerhand beschermde boef – beschermd omdat men bang voor hem was – die het geld met handenvol over de balk had gesmeten en zich tooide met een wonderbaarlijke reeks van voornamen: Pierre Marie Matthieu Claudius Civilis Bouwens van der Boyen. Als hij zijn mond eens open kon doen! Bouwens van der Boyen echter zwijgt. Maar Van Andringa de Kempenaer weet meer en àls hij gaat zeggen wat hij gehoord heeft! Nog zwijgt hij, nog spreekt hij alleen over de eer van het Huis van Oranje. De eer die op het spel staat.
De zaak van Bouwens van der Boyen en Boers is een wonderlijke zaak geweest, waarvan maar enkelen de finesses kennen. Falck heeft er meer van

geweten. Maar Falck is dood en koning Willem I ook. Falcks dood *werd algemeen door alle partijen in het vaderland betreurd. Zijne zeer groote talenten, zijne vaderlandsliefde, zijne kennis, zijn oprechtheid, zijn beminnelijk karakter, wettigen die algemeene droefheid, maar voor een groot gedeelte is hij die achting ook daaraan verschuldigd, dat hij zich niet op het parlementaire gebied bewogen heeft, zoodat iedere partij zich FALCK kon toeschrijven.*[12]
Koning Willem I heeft indertijd de kwalijke zaak van Bouwens van der Boyen en Boers in de doofpot gedaan en het deksel er stevig op vastgeklonken toen hij gewaar was geworden in wat voor een hachelijke situatie zijn oudste zoon ditmaal was terechtgekomen.
Bouwens van der Boyen en Boers waren er – achteraf gezien – nog betrekkelijk goed vanaf gekomen. Het is waar dat ze ieder naar een ander einde van het rijk verbannen waren. Bouwens van der Boyen was met het schip „Wilhelmina" opgezonden naar Batavia. De aanbevelingsbrieven die hij had meegekregen, bezorgden hem het land van Kembang Aroem (een enclave van Solo in Djokja). *Hij trad daar echter zoo barbaarsch op, dat de inheemse bevolking voor zijne knevelarijen vluchtte en er de grootste moeilijkheden met de inlandsche regenten ontstonden. Ook leefde hij er zoo ongebonden en verkwistend, dat men hem eenen adviseur, als toezichthouder moest geven. Dit was een toevallig in de Vorstenlanden aanwezige Schot... In 1825 was de maat eindelijk vol en moest hij Java verlaten.*[13] Ook hij wordt op een schip naar Suriname gezet. Of hij er zijn compagnon in het kwaad Adam Boers ontmoet heeft? De geschiedenis zwijgt erover, de sporen van Bouwens van der Boyen schijnen in Suriname te zijn uitgewist. Als hij daar tenminste ooit aankwam, want ook dat is niet zeker.
Boers, dat staat wel vast, is weliswaar met „De Kozak" naar Suriname vertrokken, maar heeft kans gezien na de schipbreuk bij Margate via Engeland naar Frankrijk te ontsnappen en hij schijnt zelfs weer in Den Haag te hebben gewoond, mogelijk omdat men hem niet als hoofddader beschouwde. Uiteindelijk was het toch op verbanning uitgelopen en was hij op 16 februari 1822 te Hellevoetsluis met vrouw en kind scheep gegaan. Op grond van de brieven van aanbeveling, die hij meegekregen had, was hij in Suriname aangesteld *tot commies archivist ter secretarie van het hof van politie* en later tot *registrator der slaven.*[14] Erg populair was hij in de kolonie niet. Hij werd gemeden. Toch was het hem gelukt na een verblijf van negen jaar toestemming te krijgen om met Europees verlof te gaan en zelfs een wachtgeld van f 2500,– per jaar in de wacht te slepen. Hij is voor Willem II niet gevaarlijk meer, al overleeft hij hem wel. Hij sterft in 1850 in Parijs.
Van Bouwens van der Boyen en Boers heeft koning Willem II niets meer te duchten gehad. Maar – en dat is voor de koning van zo'n eminent belang –

op Java heeft Pierre Marie Matthieu Claudius Civilis een jonkheer Van Andringa de Kempenaer ontmoet. Ook een man met een stel prachtige voornamen, al is de lijst wel wat korter. Onder de gloeiende tropenzon heeft Bouwens aan Regnerus Livius van Andringa de Kempenaer bijzonderheden verteld over het mislukte komplot, die hem tot in lengte van jaren in staat stelden Willem II duchtig te chanteren. Ook een zekere baron Van Nahuys van Burgst had in de Vorstenlanden meer gehoord dan voor de gemoedsrust van de koning dienstig was, al zal de baron zich wel levenslang op de borst kloppen vanwege *de groote en gewichtige diensten, geheel belangenloos aan de dynastie van Oranje-Nassau en aan Zijne Majesteit WILLEM II bewezen, waarbij hij geene zelfopofferingen geene gevaren ontzag.*[15] Maar hij vertelt er niet bij dat hij wel degelijk *beloningen* voor zijn bemoeienissen aanvaardde.

De grootste beloning is hem echter ontgaan, onder zijn neus weggekaapt door minister Baud, die vlak na de kroningsplechtigheden met aftreden had gedreigd, indien de nieuwe koning zijn plannen om Nahuys tot gouverneur-generaal van Nederlandsch-Oost-Indië te benoemen, niet zou opgeven.

Nahuys behoorde onder die personen, die geen geld opsparen en gaarne geld uitgeven of aan vrienden leenen.[16] Ook hij had in de Vorstenlanden grondbezit, ook hij was niet belangeloos met de koning omgegaan, ook hij heeft schuldbekentenissen bij Willem II weten los te peuteren en ook hij heeft, evenals De Kempenaer, *de bedriegers en oplichters, in wier netten de Prins van Oranje verward was geraakt, van hem trachten verwijderd te houden.*[17]

Hoe vertrouwelijk de omgang tussen de koning en zijn vriend de baron wel is, getuigt deze in zijn verdedigingsgeschrift „Herinneringen uit het openbaar en bijzondere leven, 1799-1849": *Aan de meeste, zoo niet aan* alle *ministers van Zijne Majesteit was het geenszins onbekend gebleven, dat ik mij met vele zaken, zoo particuliere als publieke, van den Koning had bemoeid.* En: *Alle adjudanten van Zijne Majesteit, alle dienaren en lakkeien van het Hof droegen daarvan kennis... en een driehonderd brieven en adressen, door mij aan Zijne Majesteit Koning WILLEM II geschreven, deden daarvan blijken.*[18] Zo bont als Van Andringa de Kempenaer maakt hij het stellig niet en op zijn manier is hij nog discreet, zelfs als hij – volgens zijn zeggen – vijfmaal op één dag de koning met zijn bezoeken vereert. *Er lag mij ten hoogste aan gelegen, dat men aan deze bezoeken geene verkeerde uitleg gaf, en het was daarom, dat ik dezelve steeds in vollen uniform aflegde, en nimmer, gelijk met anderen wel is geschied, door stal of achterdeur tot Zijne Majesteit genaderd ben.*[19] Dat de lezer bevreemd de wenkbrauwen optrekt bij die merkwaardige zin over de stal en de achterdeur, is de schuld van Nahuys niet. Ieder moet er maar het zijne van denken!

En zo, beangstigd en opgejaagd door de schimmen uit het verleden, bedrukt ook door moeilijke staatszaken, doorleeft Willem II de jaren van zijn regering. Steeds vaker ziet hij zich genoodzaakt door uitbetaling van zogenaamde pensioenen, die in wezen zwijggelden zijn, wat rust voor zichzelf te kopen. Nog altijd is hij bijzonder populair. Daar draagt zijn grote, persoonlijke charme toe bij. Hij is een vlotte, lange man, die altijd en overal handen schudt. Willem II is in de ogen van zijn tijdgenoten de Held van Waterloo, die ver boven zijn stugge vader uitsteekt. Niets is minder waar, maar dat stoort het volk niet. Toch gaat Willems populariteit niet vergezeld van een evenredig groot geluk. Daar is het, vooral in de laatste jaren van zijn leven, maar povertjes mee gesteld.
En niet alleen in de laatste jaren. Willems zwakke zenuwgestel speelt hem danig parten. Dit maakt hem bijzonder kwetsbaar en als in 1845 in de „Arnhemsche Courant" van *MELLIW I (omgekeerd Willem I)* wordt *verhaald, dat hij een wondere Chinees of liever Turk was, die met behulp van zijne piassen den geheelen boel fameus in de war gestuurd had en toen den tulband had afgezet,* is de koning totaal overstuur. Want de ministers van Willem II worden *kennelijk* ook *aangeduid.* Erger nog: *Van de zoogenaamde vrijwillige leening evenals het geweigerde verzoek tot ontslag des ministers, wordt melding gemaakt... terwijl van den St. Nicolaasdag (den verjaardag van WILLEM II) aldus aan het eind geschreven werd:*

> *Het Turksche volk, schreeuwde, gilde, tierde, woedde als bezetene.*
> *Op den WITTEN STEEN stond een bloedkleurig schavot...*
> *De zon ging ook dezen Saterdag bloedrood onder en MELLIW man II was gevallen onder den bijl eener bloeddorstige, getergde, verbitterde, gehoonde volksmenigte.*[20]

Willem II is niet hard genoeg om zich daarvan niets aan te trekken; zijn zenuwen spelen hem parten, hij ziet zichzelf al op het schavot!
Ook in ander opzicht gaat het Nederland in die jaren niet zo voor de wind. Er is honger. Misoogsten eisen hun tol en er wordt onverantwoordelijk veel uitgevoerd naar het machtige Engeland, dat het onderworpen Ierland dermate uitzuigt dat een miljoen Ieren letterlijk van de honger krepeert en er een nieuwe uitdrukking in de Engelse taal ontstaat: to ditch someone – iemand in de greppel langs de weg begraven. Het is het lot van talloze Ieren geweest.
In Nederland komen hongeropstootjes voor. De armen kunnen de hoge brood- en aardappelprijzen niet opbrengen. In Groningen en Leeuwarden is het in 1846 wel bijzonder heet toegegaan en de „Hydra" schrijft: *Men schoot op hen alsof het dolle honden waren, en al waren allen, die den dood vonden, niet onschuldig aan het gebeurde, toch hadden zij den dood niet verdiend.*[21]

31. *Horloge geschonken door prinses Marianne aan een lid van de familie Van Dijck, dat vermoedelijk haar reis naar Palestina heeft meegemaakt. Foto: Th.F.K. van Dijck.*

De zaak komt in de Tweede Kamer. De minister van oorlog wordt ter verantwoording geroepen en zegt dat niemand het voorgevallene meer betreurt dan hij, maar dat geeft aan overlevenden en doden bitter weinig soelaas. De doden blijven dood en de levenden hebben er geen snee brood meer door.

Wel worden op 15 december 1847 de *straffen der geeseling aan zes personen* te Harlingen geëxecuteerd en de *te pronkstelling van vier personen, daartoe bij arrest van het hof van Vriesland van 4 en 11 October veroordeeld.*

Er is gegeeseld geworden, omdat het Z.M. den Koning niet behaagde de deelnemers aan de broodonlusten van dien barbaarschen straf te verschoonen... De menigte die het schavot omringde, staarde zwijgend de barbaarsche strafoefening aan. Alles is rustig afgeloopen, en geen wonder, eene genoegzame krijgsmagt was daar, om de rust te bewaren, of zooals zij enige maanden vroeger gedaan had, bij de minste ongeregeldheden het Volk dood te schieten...[22]

Toch krijgen de Harlingers nog enige genoegdoening als men de „Hydra" geloven mag, want op 29 december meldt dit blad: *Den 16en December juist denzelfden dag, dat de geeselingen te Harlingen plaats grepen, overleed de Burgemeester dier Stad, de Heer Jetze Rodenhuis, Ridder van de Nederlandsche Leeuw, aan de gevolgen van een plotselingen toeval. Men heeft ons hieraangaande verschillende bijzonderheden medegedeeld, van welker ruchtbaarmaking wij ons onthouden, omdat wij beschouwen, dat dáár waar de Almagtige spreekt, het den mensch voegt te zwijgen.*[23]

Maar waar de „Hydra" zwijgt, zingen de Groningers een sarcastisch kermisliedje:

Hier weet men met den honger raad:
Begeeft U 's avonds op de straat,
Men zal U blaauwe boonen geven.
Dat stilt den honger gansch Uw leven.[24]

De autoriteiten kunnen het ermee doen!

Niet alleen de honger, ook het definitieve verlies van België drukt de koning. Hij hoopt nog altijd op een omwenteling, die de gehate Leopold I uit België zal verdrijven. Vermoedelijk steekt hij er nog heel wat geld in om de publieke opinie in het verloren gegane deel van het koninkrijk ten gunste van de Oranjes te beïnvloeden en het is waarschijnlijk mede daardoor dat hij in handen van individuen als R.L. van Andringa de Kempenaer geraakt. Loslippig als hij is, geeft hij daar ook uiting aan, zoals in dat dorp bij Maastricht, waar hij na tafel met de burgemeester even over de situatie in België sprak en hem vroeg wat hij ervan dacht. *Le bon campagnard lui dit rudement en son*

flamand vulgaire: „Zonder België, Sire, zijn wij toch verneukt." „Ja vriend", repondit vivement Guillaume: „maar dat boedeltje is niet voor lang verloren."[25]
Het stemt treurig te bedenken dat het leven van deze joviale, charmante, frivole, wispelturige, ontrouwe en wilszwakke koning meer diepte- dan hoogtepunten heeft gekend. Eén lichtpunt straalt echter door alle duisternis heen: een diepe liefde voor en van zijn enige dochter Sophie, die getrouwd is met de groothertog van Saksen-Weimar. Zelfs een man als Eylart Meeter weet op dat punt iets goeds van de koning te zeggen. *Hij verbleekte wanneer hij eraan dacht wat er van zijn zuster was geworden, maar een blik op zijn kuise en lieftallige dochter Sophia veranderde die blos van schaamte in een van vaderlijke genegenheid... werkelijk hij was nog niet ongelukkig.*[26] Het grote ongeluk komt nog.
Het is in de zomer van 1847 dat de gezondheid van Willems tweede zoon, Alexander, begint te verslechteren en de lijfarts, professor Everard, waarschuwend spreekt van een kuur in het zuiden. De longen zijn zo ernstig aangetast dat Alexander in het kille Hollandse klimaat niet zal kunnen genezen. En zo brengt prins Hendrik zijn broer met een kleine vloot weg naar Madeira. Het is te laat. Na een paar maanden, in februari 1848, bezwijkt de prins, bijgestaan door Everard en een paar doktoren, die alleen maar machteloos kunnen toezien hoe de tuberculose ook deze jongeman velt.
Als het bericht van zijn dood zijn ouders bereikt, verkeert het land in grote opwinding. Er is een kabinetscrisis, er zijn demonstraties en opstootjes. De ontreddering van de arme ouders is groot, maar zij krijgen de kans niet om hun verdriet in alle rust te verwerken.
Vooral de koning krijgt het zwaar. De politiek eist al zijn tijd op, de roep om grondwetsherziening weerklinkt steeds dreigender nu het overal in Europa gist en in Frankrijk zelfs van een revolutie sprake is. Hij, arme man, wordt tussen de kibbelende politici zo heen en weer geslingerd dat hij ten einde raad en met zijn eigen beslissing verlegen de knoop doorhakt en de voorstanders van de grondwetsherziening vrij baan geeft. Een nieuw ministerie wordt gevormd en in de Raad van State, en daar waarlijk niet alleen, wordt ijverig over de nieuwe grondwet beraadslaagd.
Maar nog is het niet genoeg. De ellende hoopt zich op en nieuwe moeilijkheden volgen. Willem, die driftige kroonprins, is fel tegen de politieke ommezwaai van zijn vader gekant en wil afstand doen van al zijn rechten op de troon ten behoeve van de kleine Wiwill. De koning staat dit niet toe, hij legt de brieven over dit onderwerp eenvoudig naast zich neer en het eind is dat de kroonprins gemelijk naar Engeland vertrekt. De Nederlanden zullen hem niet weerzien! En weer heeft die arme, zwakke Willem II afscheid moeten nemen van een zoon. Hij is bij die gelegenheid somber gestemd

geweest, beklemd als hij was door sombere voorgevoelens, toen hij zijn koppige oudste ten afscheid omhelsde. *Ik gevoel mij te moede als bij het afscheid van Alexander,*[27] heeft hij bedrukt geklaagd. Prins Willem is er niet op ingegaan en op 20 januari 1849 naar Engeland vertrokken. Voorgoed, zover het hem betreft. Voortaan lapt hij alle officiële verplichtingen aan zijn laars en hij zal pas terugkeren als zijn vader plotseling gestorven is.

De koning gaat naar Tilburg. Hij is moe, hij is op. Voelt hij de adem van de dood in zijn nek? Dat is moeilijk na te gaan, want hij leeft al jaren met de wetenschap dat hij een ernstige hartkwaal heeft. Al zo'n vijfentwintig jaar lang waarschuwen de dokters hem voor overmatige inspanning. Hij heeft er niet naar willen luisteren en heeft zijn lichaam uitgeput door drank, vrouwen en orgieën.

Nu is de koning moe. Hij heeft genoeg van Den Haag. Hij gaat naar Tilburg. In Tilburg kan hij zichzelf zijn. Daar is heel wat gebeurd dat het daglicht niet verdraagt, kwajongensstreken en erger. In Tilburg ontmoet hij dan eindelijk de dood, die hij op het slagveld zo dikwijls is ontlopen.

Wat er precies voorgevallen is in dat eenvoudige sterfhuis is het duidelijkst te lezen in de brieven van de Tilburgse pastoor-bisschop, monseigneur Zwijsen. De goede man heeft het er maar wat moeilijk mee gehad en schrijft over zijn bevindingen als volgt aan monseigneur Carlo Belgrado, „internuntius en vice-superior der Hollandse Missie" in een ter helfte afgescheurde brief, zonder datum, maar zonder twijfel van 14 maart 1849: *Zijne Majesteit, die gisteren hier is aangekomen, werd diezelfde nacht ziek; het was op dat ogenblik elf uur. Hij maakt het nu beter en het gevaar is voorbij. Dat God hem nog lange tijd spare!*

Menende met deze inlichtingen aan de wensen van Uwe Excellentie tegemoet gekomen te zijn, heb ik de eer Uwe Excellentie nogmaals van de gevoelens van toewijding te verzekeren, waarmee ik verblijf

van Uwe Excellentie
de zeer nederige dienaar
†J. Bisschop van Gerra

P.S. Nadat ik deze brief had geschreven, zeide de dokter mij, dat de longen van de Koning zijn aangedaan en dat het slijm dat hij opgeeft met bloed is vermengd, wat niet zonder gevaar is. **Dit in het geheim.** *Indien er een opvallende verandering in het ziekte(beeld) is, zal ik u dit berichten.*[28]

Zo schrijft Johannes Zwijsen, bisschop van Gerra, een man die op goede voet staat met Willem II en de zoon is van een eenvoudige molenaar uit de Bommelerwaard.

De volgende dag zijn de berichten vrij goed, maar niettemin gaat er opnieuw uit de Tilburgse pastorie een brief naar monseigneur Carlo Belgrado.

32. Johannes van Rossum met ring en boek in de tuin van Villa Celimontana te Rome. Op de achtergrond het zogenaamde graf van de dichter. Schilderij door Koelman. (Gemeentemuseum Den Haag.)

Geheim *Tilburg, de 15de maart 1849.*

Monseigneur,
De toestand van de hoge lijder is gisteren tegen de avond zeer verbeterd en men koesterde hoop op een prompt herstel. De benauwdheden hebben zich gedurende de nacht herhaald en duren vandaag voort, waardoor de situatie alarmerend is geworden.
Om vier uur in de namiddag: *de ademhaling is sedert een uur veel vrijer geworden.*
Om zes uur 's avonds: *de situatie is niet veranderd. Men verwacht morgenochtend de koningin en de koninklijke familie. Ik hoop Uwe Excellentie morgen meer hoopgevende inlichtingen te kunnen geven.*

Ik ben (enz.)[29]

Tussen hoop en vrees gaat men opnieuw de nacht in, maar als de morgen aanbreekt is er geen verbetering en die treedt in de loop van de dag ook niet op. Wanhopig trachten de artsen met de povere middelen die de medische wetenschap in die dagen heeft, de ziekte te bestrijden. Het aderlaten, anders zo'n probaat middel, durft men niet meer aan. *Zuurdeegpappen en Spaanse vlieg werden gelegd terwijl men tevens een afleiding naar het darmkanaal trachtte te bewerken.*[30] Maar zuurdeegpappen, Spaanse vlieg en laxeermiddelen zijn nu eenmaal niet de geschikte middelen om een hartaanval, gepaard met longstuwing(?), te bestrijden. Het gaat niet goed met „de Hoge Lijder" en bedroefd moet de pastoor-bisschop aan de internuntius melden:

Tilburg, de 16de maart 1849.

Monseigneur,
Sinds mijn laatste mededeling is de toestand van Zijne Majesteit verergerd, volgens de mening van zijn arts, de Heer Everard kan alleen God hem nog redden. De koning heeft me laten vragen om de Koningin en de koninklijke familie onderdak te willen verlenen, zodat ik veel werk heb om alles te arrangeren.
Ik zal de afsluiting van deze brief tot aan het ogenblik dat de post vertrekt uitstellen om nog in staat te zijn U nog vanavond enige informatie te doen toekomen.
Ik schrijf in haast.

Uw toegewijde en bedroefde dienaar
†J. Bisschop van Gerra

Sinds vanmiddag is er geen verandering in de toestand van de Koning; indien

de benauwdheden, die veroorzaakt worden door de hartkwaal, zich niet herhalen, heeft men alle hoop hem te redden. Ik heb me bij de Koning gekweten van de opdracht waarmee Uwe Excellentie mij heeft willen belasten. Tot morgen. Om zeven uur 's avonds.[31]
Welke opdracht? Alleen maar het overbrengen van de beste wensen voor beterschap. Of meer? Heeft de pastoor-bisschop een laatste gesprek met de koning gehad? Dat zou wel vreemd zijn, want koningin Anna Paulowna wordt overgehaald om haar man die dag niet te bezoeken. Mogelijk is die wens ingegeven door de angst dat zij, emotionele vrouw als zij is, veel te druk zou zijn in de ziekenkamer. Hendrik heeft men ook willen weren, maar dat is niet gelukt. De koning had zo dringend om hem gevraagd dat men het niet had durven weigeren.
Noch Anna noch Hendrik zijn overigens bij de koning als hij aan een nieuwe hartaanval bezwijkt en er blijft monseigneur Zwijsen niet anders over dan de internuntius in een kort briefje van het overlijden van Willem II op de hoogte te stellen.

Tilburg, de 17de, om 2 uur 's morgens

Monseigneur!
De Koning is dood. Ik kan u de omstandigheden niet schrijven; hier is alles in grote verslagenheid de post vertrekt.

†J. Bisschop van Gerra[32]

De goede bisschop heeft vijf dagen nodig om van de schrik te bekomen. Hij heeft het met verweduwde Anna Paulowna bijzonder moeilijk gehad, getuige zijn brief van 22 maart, waarin hij onder andere schrijft:
Ik zou u dit reeds medegedeeld hebben, ware het niet, dat mijn werkzaamheden, of beter gezegd, de moeilijkheden waarin ik mij bevind, mij dat onmogelijk maakten. Mijn hele huis is door de Koningin en haar gevolg bezet. Ik heb geen andere vertrekken voor mijzelf vrijgehouden dan mijn werkkamer, waar ik slaap en mijzelf geheel heb ingericht. Ik heb 10 personen geherbergd. Hedenmorgen is de Koning (dat is Willem III) *aangekomen, zodat het overvol is. Ik heb de Koning tweemaal gezien; hij scheen mij heel vriendelijk toe, en nadat hij een bezoek aan de Koningin had gebracht dat zeer aandoenlijk was, is hij naar het sterfhuis gegaan om het „cadavre"* (! ! !) *van de overleden Koning te zien. Men zegt dat de Koning vandaag nog naar Den Haag terugkeert; morgen verwacht men prins Frederik hier. De dag van de begrafenis is nog onbekend.*[33]
Het kadaver! Het is maar goed dat Anna Paulowna niet beseft hoe recht voor zijn raap de goede pastoor zich in het Frans pleegt uit te drukken. Anders had er nog heel wat anders gezwaaid en het heeft er toch al alle

schijn van dat de bisschop in zijn bisschoppelijk paleis bij haar op het matje heeft moeten komen.

Johannes Zwijsen heeft moeilijke uren met haar beleefd, of zoals hij het zelf uitdrukt: *Ik heb, Monseigneur, ogenblikken doorleefd die zeer pijnlijk en spannend voor mij waren, in het bijzonder in de morgen van het overlijden. In de avond van de 16e kondigde alles een spoedig herstel van de Koning aan. De Koningin liet zich bepraten haar bezoek aan de Koning uit te stellen tot de 17de, en ziedaar, om twee uur in de nacht overlijdt de Koning, zonder het geluk te hebben gehad de Koningin nog te zien. Na dit fatale nieuws zijn de Koningin en prins Hendrik naar de overledene gegaan, wat een „scène terible" – een verschrikkelijke scène – tot gevolg heeft gehad.*[34]

De bisschop overdrijft niet. Ook anderen, ooggetuigen, zijn het erover eens dat Anna Paulowna *zich gillend* op het *koninklijk lijk*[35] heeft geworpen.

Een andere eerwaarde – zij het zonder bisschopswijding – kan daar over meepraten. *Toen ik des nachts te drie ure voor het paleis stond, waarheen het verlangen* (en niet de nieuwsgierigheid?) *om een woord van troost te mogen spreken, mij gevoerd had, heerschte een diepe, akelige stilte rondom hetzelve, die alleen werd afgebroken door het gillen en jammeren der onuitsprekelijk bedroefde Koninklijke Weduwe en van den vaderloozen Prins...*[36]

Het is nog maar de vraag welke verschrikkelijke scène hij heeft horen afspelen, want de arme bisschop krijgt er ook zijn portie van en hij schrijft dan ook: *Nadat zij geheel verslagen in mijn huis teruggekeerd was, liet zij mij bij zich in haar kamer roepen. Het was een zeer pijnlijk en hachelijk gesprek voor mij, zoals Uwe Excellentie gemakkelijk zal kunnen begrijpen. De goede God heeft mij bijgestaan en ik had de genoegdoening haar te kalmeren zonder mijn principes geweld aan te doen. Ze was tevredengesteld door wat ik haar zei, zoals zij* (ook) *meerdere malen erkend heeft. Ze is hier zeer tevreden, of ze hier nog enkele dagen zal blijven, daarvan weet ik niets.*

P.S. *Ik ontvang uw brief van de 21ste; ik heb haar aan de Koningin aangeboden; Zij verzoekt mij U te zeggen, dat Zij, gezien de omstandigheden waarin zij zich bevindt, het goed maakt; Zij bedankt Uwe Excellentie voor zijn vriendelijke attentie.*[37]

De arme pastoor zal het nog twaalf dagen met de koninklijke weduwe onder zijn dak moeten uithouden, voordat hij op 2 april (1849) opgelucht schrijven kan: *Het vertrek van Hare Majesteit en haar gevolg is bepaald op morgenmiddag. Zij zal het lijk tot Rotterdam begeleiden, waar zij de nacht zal doorbrengen; haar gezondheid is goed. Ze wandelt dikwijls als het weer gunstig is.*[38]

De ruzie, de verwijten, het is allemaal vergeten. De koningin heeft het zelfs goedgemaakt door de bisschop op Palmpasen een palmtak aan te bieden. Naar de oorzaak kan men slechts gissen. Was het alleen maar een aanval van agressiviteit ten gevolge van het grote verdriet? De psychologie kent er genoeg voorbeelden van. Of had ze hem werkelijk iets te verwijten? 's Konings levenswandel misschien? Want Zwijsen was immers een goede vriend. En welke principes heeft de pastoor-bisschop in dat gesprek niet behoeven te verloochenen?

Trouwens, de pastoor-bisschop is zelf ook een heel wonderlijke vogel. Dat zal uit zijn latere levensloop blijken als hij in 1860 verstrikt raakt in de gevolgen van een al even opzienbarende als mysterieuze moordaanslag. Op een kwade nacht weerklinkt het geluid van schoten in zijn bisschoppelijke woning en wordt hij hevig bloedend in bed aangetroffen. Een dokter wordt erbij gehaald, die zijn wonden verbindt en hem ertoe overhaalt aangifte tegen de onbekende dader te doen. Tegen zijn zin en slechts onder druk van de arts gaat de bisschop hiertoe over, maar het verhaal dat hij aan de politie doet is zò onmogelijk dat de hoogste justitiële autoriteiten ten slotte in wanhoop besluiten de zaak de zaak te laten. Het verhaal is al te ongeloofwaardig en uit de stroom van geruchten en anonieme brieven duikt al spoedig één woord op, dat de autoriteiten aan de regering in Den Haag doorgeven: sodomie. (Het is het oude woord voor een verschijnsel dat wij nu kennen als homofilie.) Maar er is geen bewijs dat dit waar is.

Hoe het zij, de teraardebestelling van Willem II is een indrukwekkende plechtigheid. Twintig officieren van het Haagse garnizoen dragen de kist tot aan de koninklijke grafkelder (er is nog geen trap die naar beneden voert) en alle prinsen uit het Koninklijk Huis zijn er bij aanwezig als de kist langzaam schommelend naar beneden gelaten wordt. Zelfs Wiwill, de negenjarige *Kroonprins der Nederlanden* komt de nieuwe koning, zijn vader, in de Nieuwe Kerk te Delft tegemoet *in zeemanskostuum, met een rouwmantel en een matrozenhoedje op, waarvan een lamfer afhing.*[39]

Alleen de zwager van de overleden koning ontbreekt. Albert van Pruisen is niet in de begrafenisstoet en heeft zich ook niet laten vertegenwoordigen. Dat hoeft hij ook niet, want op 28 maart is hij van prinses Marianne gescheiden wegens overspel. In de verwarring na de dood van Willem II is dat aanvankelijk nauwelijks opgevallen. Nederland heeft namelijk wat beters te doen. De theologische meetlat is weer eens tevoorschijn gehaald en in kerkelijke kringen is er ongenoegen ontstaan over de lijkrede van dominee Ruitenschild. Waarschijnlijk gedachtig aan het spreekwoord „van de doden niets dan goeds", heeft hij in zijn gedachtenisrede met de hand op de koninklijke kist onder andere het volgende gezegd: *Ook geliefd en betreurd gaat die koning heen, want Hij was bij uitnemendheid edel en goed. En ons nederig geloof durft het uitspreken: De koning rust beter en in vrede, want wij zagen Zijn ootmoed voor God, de vrucht Zijner liefde en de blijken Zijner vreugde in en hope op JEZUS CHRISTUS... Gezegend, die vallen onder edel*

en heilig strijden. Gelukkig, wie de dood vindt op hunnen post. De Levensvorst en Zaligmaker wil hun de kroon der overwinning op het hoofd drukken. Het loon is in zijne hand en onvergankelijke eere. Amen.[40]
Binnenskamers denkt menig ingewijde daar toch wel een beetje anders over, zoals bijvoorbeeld Jan Freerks Zijlker, lid van de Tweede Kamer, die op 17 maart 1849 mijmerend over de dood van Willem II in zijn dagboek schrijft: *Is het de bittere vrucht misschien van het overgeven aan het grove zingenot, gelijk men zoo dikwerf heeft verhaald? ! ! Ik wil mij niet vermeten om den ontslapene, al is het ook slechts voor mij zelf, aan te klagen; misschien heeft men hem in zijn leven, en vooral zijn jeugdig leven, vaak te veel aangetijgt; buitendien had hij veel beminnelijks, nederigs en innemends, gaarne het goede willend, en geloof ik, dat hij zijn volk beminde, gelijk ook uit de grondwetsherziening is gebleken, en liet hij aan arbeiders en handwerkers zeer veel verdienen; intusschen mogen dergelijke overwegingen voor ons zelf toch wel een afschrikwekkend voorbeeld voor veele in het duister gedrevene en van nabij beschouwd walgelijke ondeugden worden ter neer gesteld.*[41]
En zelfs een man als Abbink, die in 1849 al een levensgeschiedenis van Willem II ten behoeve van een leesgraag publiek schrijft, komt toch nog genuanceerder uit de hoek dan menigeen. Hij durft nog zeggen wat anderen verzwijgen: *Verre, zeer verre zijn wij er van verwijderd Willem II van zwakheden vrij te pleiten, doch welk mensch heeft de zijnen niet? En dan hij, die eene kroon draagt... en om wien de ondeugd, meer dan om andere hare netten spant, opdat zij zich in de schaduw van den troon, zich aan den zonneblik der deugd onttrekke.*[42]
Dat is toch wel andere taal dan de lofredenen van Ruitenschild, waartegen de „Kerkelijke Courant" van 4 mei 1849 protesteert en Willem II *den naam van Christen betwist.*[43] En daar zetten anderen, onder wie Abbink, zich dan weer vinnig tegen af. *Men durfde den predikant laken, die den hofkapelaan verving... omdat hij den ontslapen Vorst een Christen heeft genoemd! Schande, eeuwige schande over den onwaardige die zooiets met boos opzet schreef, hetzij om de nagedachtenis van den algemeen vereerden Vorst, of om den waardigen Predikant te hoonen.*[44]
En hij besluit zijn geschrift met een ronkende volzin.

Het grafgewelf, dat het kil gebeente van zooveele
helden bevat, werd gesloten. Neêrlands ridderlijken
Koning is tot zijne vaderen verzameld.
ZACHT RUSTE ZIJNE ASSCHE.[45]

XVI. GEHEIME KRAAMUITLEG

Het kind dat prinses Marianne van Johannes van Rossum verwacht kan niet, mag niet in de Nederlanden geboren worden. Het decorum moet gehandhaafd worden wil de prinses niet aan de algemene verachting worden blootgesteld. De echtscheiding is al schande genoeg! Het is zaak een plek te zoeken waar zij het in alle heimelijkheid ter wereld kan brengen. De overleden koning heeft nog van haar geheim geweten en noodgedwongen zijn toestemming tot de echtscheiding gegeven. Deze is op 28 maart 1849 in Berlijn uitgesproken. Marianne is vrij! Maar Albert is dat niet. Want vreemd genoeg heeft de koning van Pruisen geweigerd de echtscheiding te erkennen en dus is er van een huwelijk van Albert met de mooie Rosalie von Rauch voorlopig geen sprake.
Die weigering is des te merkwaardiger omdat Marianne al sinds een jaar door de Pruisische koningsfamilie is verstoten. Ze mag het land niet meer binnen en toen haar oudste dochter, Charlotte, als belijdend lidmaat in de kerk werd aangenomen, mocht zij, de moeder, bij dit grote familiefeest niet aanwezig zijn.
Nu, in 1849, komt het haar maar wat goed uit dat zij vanwege de hofrouw zo'n teruggetrokken leven leidt en ook de grote inhuldigingsfeesten voor Willem III en Sophie houden haar uit de publieke belangstelling. Ze blijft rustig op haar landgoed in Voorburg en ontvangt daar haar kinderen. Want, wonder boven wonder, dat mag. Er is kennelijk alle partijen veel aan gelegen om de ware oorzaak van de scheiding zoveel mogelijk te verdoezelen en dat is zelfs zo goed gelukt dat „Het Handelsblad" uit onnozelheid het nog voor haar opneemt en het bericht de wereld inzendt dat de schuld van de echtscheiding niet aan Marianne toegeschreven mag worden.
Een paar dagen voor de grote inhuldigingsfeesten te Amsterdam komen de kinderen, Charlotte, Albert en Alexandrine van Pruisen, in het land van hun moeder aan. Marianne reist hen tot aan Amsterdam tegemoet en vandaar gaat het in triomf naar Voorburg. De rouw om Willem II is bijna vergeten.

Op 8 mei wordt de jonge Albert twaalf jaar en dat feest geeft aanleiding tot het afvuren van saluutschoten, een feestelijk diner en 's avonds vuurwerk. Twee dagen later, op 10 mei, wordt Marianne negenendertig jaar en dat wordt gevierd alsof er geen vuiltje aan de lucht is met een parade in Den Haag en een feestelijk diner ten hove. De kinderen blijven twee maanden bij hun moeder en dan moeten zij afscheid nemen. Beseffen ze dat het ditmaal voor lange tijd is? Marianne wel. Marianne heeft haar plannen gemaakt.

Ze zal gebruik maken van wat men in die tijd in de wandeling wel noemt: de geheime kraamuitleg. De prinses hoeft, rijke vrouw die zij is, niet de kranten na te pluizen op advertenties met aanbiedingen van een geheime kraamuitleg ergens op een afgelegen boerderij op het platteland, waar ze overgeleverd zal zijn aan de nukken en luimen van een hebzuchtige vroedvrouw of wat daarvoor moet doorgaan.

Marianne kiest voor de oplossing van de rijken. Ze is nu vier maanden zwanger en de tijd is niet ver meer dat men haar dat zal kunnen aanzien. Zwanger van het kind van haar koetsier!

Het plan is slim bedacht en in de krant verschijnt de mededeling dat de prinses *de togt naar Palestina zal aannemen.* Het is een reis die vermoedelijk een maand of vijf zal duren, tijd genoeg om het kind ergens ongemerkt ter wereld te brengen. *Naar men verneemt is de stoomboot Willem I, kapitein Savert daartoe gehuurd.*[1]

Vanzelfsprekend gaat ze niet alleen. Ze neemt haar hofmeester uit Voorburg mee, Jacobus Hartman, en dominee H.G. van Senden uit Zwolle, die eens – lang geleden – zo'n mooi gedicht voor haar bruiloft maakte en nu uitverkoren is om straks het kindje te dopen. Vermoedelijk is de goede dominee met dat facet van zijn diensten nog onbekend. Hij is opgetogen dat hij mee mag, het is de kans van zijn leven. Verder gaan er nog wat vrouwen en een paar bedienden mee en de heren Van Dijk en Bolle. De familie Van Dijk is al heel lang in dienst van de koninklijke familie, enkelen hebben hen zelfs in de tijd van de ballingschap gediend en zijn stuk voor stuk oude getrouwen. De stalmeester gaat ook mee. Zijn naam? Johannes van Rossum. Hij heeft carrière gemaakt en dat in meer dan één opzicht. Getrouwd is hij overigens nog altijd; zijn vrouw wil niet van hem scheiden en boze tongen beweren dat prins Frederik haar een pensioen geeft op conditie dat zij tegen haar ontrouwe man nooit een echtscheidingsprocedure op gang brengen zal.

Op de tweede juli vertrekt de „Willem I" naar Nieuwediep en gaat vijf dagen later in de haven van Le Havre voor anker. Wat dan gebeurt is niet helemaal duidelijk. De prinses gaat van boord met de mededeling dat ze in Dieppe de zeebaden gebruiken wil. Hoe het nu precies met die zeebaden zit, weet niemand. Het is een voor die tijd wel totaal ongehoorde expeditie voor een zwangere vrouw en de gevolgen zijn er ook naar. De volgende dag is ze al

33. Johannes Willem van Reinhartshausen (1849-1861), zoon van prinses Marianne en Johannes van Rossum.

weer op het schip terug en dan moet Van Dijk er op uit om in Le Havre een dokter op te scharrelen. Die schijnt daar niet te vinden te zijn en in gezelschap van kapitein Savert gaat het in galop naar Parijs, waar ze zelfs een paar medici op de kop tikken en met hen op de „Willem I" terugkeren. Op 22 juli wordt consult gehouden en op 23 juli is alle paniek ineens over en wordt de reis voortgezet. Heeft er even een miskraam gedreigd? Of werd deze juist gezocht? Men kan ervan denken wat men wil.
Lissabon zal de volgende haven zijn. De zee is woest en bijna alle opvarenden worden zeeziek. Maar ook dat betert als de zee wat rustiger wordt. Lissabon is een prachtige stad. Vijf dagen mag Marianne tegen de havenstad aankijken en er niet in komen. Het schip is in quarantaine. Op de zesde dag wordt het feest. Dan komt een oorlogsschip om de prinses op gepaste wijze feestelijk af te halen. Er is een muziekkorps aan de kade en er zijn twee hofrijtuigen tot haar beschikking gesteld. Koningin Maria II da Gloria van Portugal weet hoe zij hoge gasten dient te verwelkomen. De intocht in Lissabon is feestelijk: kanonnen bulderen en muziekkorpsen spelen en zo gaat het de stad in. Als de stoet ontbonden wordt, staat het Marianne vrij te doen wat zij wil. Nu is ze alleen maar toeriste. Van een ontmoeting tussen koningin en prinses komt het echter niet. Waarschijnlijk is dat ook niet de bedoeling.
Van Lissabon stoomt de „Willem I" verder op naar Cadiz en vandaar gaat het naar Santa Maria om de stierengevechten bij te wonen. De toeschouwers halen hun hart op. Veertien dode paarden en tien afgeslachte stieren zijn het resultaat.
Van Cadiz naar Malaga, van Malaga naar Granada. De kring om Marianne wordt nu kleiner. De tocht naar Granada maakt ze bijvoorbeeld in een diligence met als enig gezelschap dominee Van Senden, Johannes van Rossum en een of andere kamenier. Ziet de dominee nog niets? Begrijpt hij nog steeds niet wat het eigenlijke doel van de reis is?
Van Granada gaat het naar Palermo en ook die stad wordt grondig bezichtigd. Men blijft er een dag of tien en dan, op 8 september, vaart het schip uit naar Catania.
Bij het stadje Cefalu, halverwege Palermo en Messina, verlaat de prinses het schip. Ze wil de binnenlanden bezoeken zegt ze. Dominee Van Senden gaat met haar mee en ook – hoe kan het anders – Johannes van Rossum. Maar hofmeester Hartman, Bolle en Van Dijk blijven met nog een paar anderen op het schip achter in afwachting van het ogenblik dat het hun meesteres behagen zal, hen te doen roepen. Onbewust van wat er te gebeuren staat (of vermoeden zij wel degelijk iets?) varen zij verder naar Messina en genieten daar van een schitterend vuurwerk, dat juist op de avond van hun aankomst wordt afgestoken. Op 10 september varen zij de haven van Catania binnen

om daar de mogelijke komst van de prinses uit Cefalu af te wachten. Cefalu! Waarom juist die plaats? Cefalu is niet het kleine, onaanzienlijke vissersdorp uit hofmeester Hartmans dagboek. De grootse kathedraal, die er tussen de wit gepleisterde Siciliaanse huizen uittorent, is het tastbaar bewijs van een rijk verleden. En een kunstzinnige vrouw als Marianne, die zo'n grote belangstelling heeft voor kunst en kunstgeschiedenis, zal heus wel geweten hebben dat Cefalu met Palermo het hart gevormd heeft van het oude Noormannenrijk van Roger II, dat onder de naam van het koninkrijk der Twee Siciliën tot diep in de negentiende eeuw voortbestaat. In Palermo heeft ze ongetwijfeld het Palazzo di Normanni – het Noormannenpaleis – gezien en in Cefalu aanschouwt zij de kathedraal. Binnen een jaar gebouwd als teken van dankbaarheid voor een genadige redding uit een storm op zee. In 1129 is de Noormannenkoning bij Cefalu aangespoeld. In 1849 spoelt een ontredderde Marianne aan op dezelfde plaats om er een kind ter wereld te brengen. Zij kan er de kostbaarste Byzantijnse afbeeldingen van heel Sicilië gaan zien en het beeld van de Christos Pankreator ootmoedig bewonderen. En in het dwarsschip staat nog altijd de porfieren sarcofaag waarin eens Roger begraven wenste te worden. Die wens werd echter niet vervuld, de geestelijkheid van Palermo eiste zijn stoffelijk overschot op en zijn nageslacht zou rusten op de plaats die Roger II voor zichzelf had uitgezocht.
Roger deed een gelofte: het bouwen van een kathedraal. Doet Marianne op haar beurt ook een gelofte? Ontstaat in Cefalu bij haar de vurige wens haar kind groot te brengen voor de dienst van God?
Het is betrekkelijk veilig in Cefalu. De stad ligt naar de zee gekeerd en wordt beschermd door een steile rotswand, die haar van het binnenland scheidt en dat is maar goed ook, want het gaat er wild toe in het Sicilië van die dagen. Als Marianne gedacht had dat haar komst niet de aandacht zou trekken, dan is dat een misrekening geweest. De politieautoriteiten houden oren en ogen open en de onderprefect van Cefalu bericht al op 14 september 1849 over de aankomst van drie Nederlanders, die van boord van de „Willem I" zijn gegaan. Nauwkeurig geeft hij de namen van de vreemdelingen op. Het zijn:
1. Jan van Rossum, geboren en woonachtig in Den Haag
2. G.H. van Senden van Ophuizen, woonachtig in Zwolle
3. Madame Wilhelmina van Nassau, wier vaderland Holland is, 39 jaar oud, woonachtig in Den Haag, deze laatste voorzien van een pas.[2]

De onderprefect doet geen half werk. Het drietal is op 9 september aangekomen en heeft onderdak gevonden in een huisje waarvan een zekere Pernice de eigenaar is. Het ligt in de nabijheid van een windmolen en hij voegt eraan toe dat de vreemdelingen een geregeld en werkzaam leven leiden en dat men aanneemt dat de dame haar bevalling, die zeer aanstaande schijnt te zijn, in Cefalu wil afwachten. Dat alles gaat naar het staats-secretariaat waar het onder nummer en opschrift General-Politia 579 N.3772 wordt opgeborgen. Het hele politie-apparaat op Sicilië schijnt zich in deze dagen met de komst van prinses Marianne op Sicilië bezig te houden. Dat bewijzen ook de twee rapporten van de prefect van de provincie Notte, die berichten over de aankomst van een Nederlands „oorlogsschip", een stoomboot, die op 2 november 1849 de haven van Augusta binnengevaren is, nadat het gedurende enige maanden de Siciliaanse wateren had doorkruist. Over de identiteit van de vorstelijke vreemdelinge schijnt de prefect niet in het ongewisse te verkeren. Hij noemt haar de tante van Willem III, koning van Holland. En hij veronderstelt terecht dat de prinses met het genoemde schip naar Sicilië gekomen is en dat het in afwachting van haar bevelen in de haven van Augusta ligt.

Maar zover is het in de maand september nog niet. Het schip ligt dan nog in de haven van Catania en men wacht af.

Het wordt geen rustige wachttijd. Wel krijgen Hartman en de zijnen volop gelegenheid om de hele omtrek te bezichtigen, maar het gist behoorlijk op Sicilië en het verblijf is er lang niet ongevaarlijk. De politie doet huiszoekingen en de bewoners die op het bezit van wapens betrapt worden, riskeren om pardoes te worden doodgeschoten. De oorzaak van al die opschudding? Er worden nieuwe belastingen geheven en de algemene volkswoede keert zich tegen de autoriteiten en met name tegen de burgemeesters, die op het platteland met de inning belast zijn. Daar aan de kust, waar prinses Marianne met slechts een paar ingewijden vertoeft, worden postkoetsen door roversbenden overvallen en burgemeesters neergeschoten. Is het een wonder dat Hartman en de zijnen toch wel een beetje bezorgd zijn?

En de prinses komt maar niet. Het eerste levensteken bereikt hen eerst op 29 september door de onverwachte komst van dominee Van Senden. De eerwaarde komt op die dag de post ophalen die de prinses nagezonden is en deelt ook de post voor de achtergeblevenen uit.

Eerst op 30 oktober (1849) breekt het met zoveel zorg verheimelijkte uur aan. Marianne bevalt in Cefalu van een zoon: Johannes Willem en door deze namen wordt de brug tussen koning en koetsier ten slotte geslagen.

Op diezelfde dag is ook kapitein Savert tot maatregelen overgegaan. De „Willem I" kan eenvoudig niet langer in de haven van Catania op de prinses blijven wachten. Het is er in de wintermaanden al te onveilig. Al menig schip is daar door de in die streek zo gevaarlijke winterstormen op de rotsen te pletter geslagen. Daarom geeft hij orders de trossen los te gooien en laat het schip opstomen naar Augusta. In die haven is het veilig, daar kunnen schip, bemanning en opvarenden wachten tot in het oneindige.

Een rustig kraambed is er voor Marianne echter niet bij. Ze moet het kind in Cefalu achterlaten en ze kan ook haar gevolg onmogelijk nog langer in

34. Boven: na de geboorte van haar zoon Johannes Willem van Reinhartshausen woonde prinses Marianne enkele jaren in de Villa Celimontana te Rome.
Onder: gedeelte van de tuin van Villa Celimontana.

onzekerheid laten wachten. Veertien dagen na de geboorte van dit ongewenste kind gaat ze per boot naar Catania terug.
Van het kind ontbreekt ieder spoor. Dat blijft in Cefalu achter en wordt, naar men aannemen kan, verzorgd door een Siciliaanse min. Een Nederlandse vrouw komt er vermoedelijk niet aan te pas gedurende de eerste tijd. Volgens de politieberichten is Marianne alleen maar met de dominee en de onvolprezen Johannes aan land gegaan. Eerst later schijnt er sprake te zijn van Nederlandse bedienden. Dan circuleert in de vaderlandse pers namelijk een bericht dat een van de koks van de prinses geweigerd heeft dienst te gaan doen in Cefalu en een andere werkgever heeft gevonden.
Bij haar terugkomst schijnt niemand iets te zien en toch moet Marianne er heel wat slanker uitzien dan enige maanden tevoren. Zwijgt men erover? Fluistert men achter de hand? Het moet wel. Het is niet aan te nemen dat de bemanning niet zelf geconstateerd heeft wat de onderprefect weet.
Als de prinses weer goed en wel aan boord is, stoomt de „Willem I" op naar Syracuse en vandaar naar Malta. Daar wil de prinses wat uitrusten van de vermoeienissen van de reis en de geboorte en daarna de tocht naar Palestina voortzetten. Een mooiere camouflage had ze moeilijk kunnen bedenken. De familie in Den Haag kan gerust zijn. Als er toch nog iets uitlekt, heeft men pech gehad, maar aan haar ligt het dan niet. De kapitein en de bemanning van de „Willem I" gaan niet verder mee. Zij nemen op Malta afscheid van de vorstelijke toeriste. Brengen zij het verhaal over het kind in Cefalu naar het vaderland mee? Want het lekt natuurlijk toch uit.
Achttien dagen duurt het verblijf van de prinses op Malta en de Nederlandse consul te Valetta heeft het er maar druk mee. Hij biedt zijn hoge gaste een groot, een feestelijk bal aan. Of Marianne deelneemt aan de dans? Johannes van Rossum in ieder geval niet. De kraamheer laat zich verontschuldigen wegens ziekte.
Begin december wordt de reis voortgezet. Het gezelschap vertrekt naar Alexandrië, waar alweer een Nederlandse consul – ditmaal consul-generaal Schutz – de handen vol aan het gezelschap krijgt, maar hij spint er toch wel in zoverre zijde bij dat zijn pasgeboren dochtertje nu niet in de Engelse kerk, maar door een rasechte Hollandse dominee gedoopt kan worden. Denkt Marianne nu aan de kleine jongen die zij in Cefalu heeft achtergelaten? De kleine Marguerite Schutz dankt er in ieder geval een tweede, een vorstelijke, voornaam aan. Als Marguerite Marianne Schutz zal ze door het leven gaan. De prinses wil in Alexandrië ook een kleine slaaf kopen en dominee Van Senden en Johannes van Rossum worden uitgestuurd naar de slavenmarkt. Ontzet kijken ze rond. Kinderen van zo'n tien, elf jaar, die te koop worden aangeboden! Mooie kinderen en minder mooie, dunne en dikkere. De meesten zouden door op winst bedachte lieden geroofd zijn. Die eerste dag

op de slavenmarkt resulteert niet in een koop; wel gaat men 's avonds een opvoering van de opera „Norma" zien.
Marianne herstelt heel voorspoedig; ze wil alles zien, alles meemaken en reist door naar Caïro, van waaruit ze de pyramide van Cheops bezoekt. Niets wordt overgeslagen, gretig neemt ze alles in zich op. Het is ook in deze periode dat ze haar slaaf koopt, want teruggekeerd in Alexandrië bezoekt ze nu zelf de slavenmarkt en koopt daar voor f 150,– een jongen, die tot zijn grote vreugde dadelijk in een prachtig Turks pak wordt gestoken en een lekker maal krijgt voorgezet. Het arme kind is dolblij dat hij in zulke goede handen gevallen is. Men kan zich afvragen of het hier alleen maar een gril betreft of een weldoordachte poging van camouflage van het kind in Cefalu. Een pleegzoon of een onechte zoon, het slaafje en het koetsierskind, ze kunnen door de goegemeente gemakkelijk verwisseld worden. En dat gebeurt ook. Tot 1933 toe spreekt en schrijft men vergoelijkend van de pleegzoon wanneer men het kind van Johannes van Rossum bedoelt. Ach, geld maakt niet gelukkig, maar het is wel gemakkelijk. Vooral als er een „schande" bedekt moet worden.
En verder zwerft Marianne, naar Joppe. Vandaar te paard en langs stoffige wegen trekt ze op naar de Heilige Stad, naar Jeruzalem, naar de Kerk van het Heilige Graf.
Ach, het is toch zo'n mooie reis en dominee Van Senden schrijft er een dik boek over als hij na lange afwezigheid bij zijn gezin en zijn kerk in Zwolle terugkeert. Hij schrijft over alles en nog wat, maar niet over de kleine, verlaten jongen in de binnenlanden van Sicilië. Hij is op eigen verzoek naar het vaderland teruggegaan. Heeft hij ook genoeg gekregen van de jammerklachten en de levensbiecht van prinses Marianne? Hij zou de eerste en ook de laatste niet zijn. Want alle berouw, alle vrome woorden en tranen ten spijt, vervalt ze steeds weer in haar oude fouten. De geest is wel gewillig, maar het vlees – dat arme vlees – is zwak.
Marianne blijft zwerven. Van Jeruzalem terug naar Voorburg, naar Rome, naar Cefalu. Overal kunstschatten bekijkend, reist ze als een opgejaagd dier in het rond en het is alsof ze na de geboorte van haar ongewenste kind niet meer in staat is om rust te vinden en tevergeefs naar bedwelming zoekt in schoonheid en kunst. Kan ze dat blonde jongetje in Cefalu met de poezele handjes en voetjes niet uit haar gedachten bannen?
Ze is altijd een warm voelende moeder geweest voor haar wettige kinderen, die haar nu zijn ontnomen. Niet Albert, haar gewezen echtgenoot, voedt hen op, maar het kinderloze Pruisische koningspaar. Marianne mag ze nog maar amper zien. De kleine Johannes Willem echter, is helemaal van haar. Niemand kan hem aan haar ontroven. Als ze wil kan ze hem bij zich nemen. Als zij wil... Maar wil ze het? Een natuurlijk kind ter wereld brengen is voor

een prinses een heel ding. Dat moet in het diepste geheim gebeuren. Een natuurlijk kind erkennen is veel zwaarder. Daar staat in sociaal opzicht de doodstraf op. En ze heeft toch al zo'n slechte naam! Zelfs in Voorburg wordt het hoera-geroep minder. De pastoor en de dominee zitten vol kritiek op haar levenswandel. Want Johannes van Rossum is nog altijd getrouwd met zijn tapster Catharina Wilhelmina Keyser. Overspel pleegt de prinses, zuiver overspel. En Voorburg, Wassenaar en Den Haag gonzen van geruchten.

De prinses *heeft* wat men in Engeland pleegt te noemen *a low taste* – een minderwaardige smaak – *en de gewoonte, zich schier alleen te bemoeien met menschen uit de lagere volksklassen, waarbij het stalpersoneel der verschillende hoven het ruimst vertegenwoordigd* zou zijn *op de feesten waar het zoo dol* toegaat, *dat zoowel de Hervormde als de R.C. geestelijkheid van Voorburg en omliggende dorpen alle menschen* menen *te moeten waarschuwen, hunnen kinderen nooit toe te staan op Leeuwenstein in dienst te komen.*[3] En dat wordt met de jaren erger, zodat, als er in Voorburg en omstreken geen personeel meer te werven valt, het personeel uit andere streken aangevoerd wordt en wel *uit Noord-Holland, Zeeland en op den duur zelfs uit Silezië en Pommern.*[4] Ach, Marianne is al lang dood als een Voorschotense kweker deze dingen aan de genealoog Bijleveld vertelt.

Bijleveld krijgt trouwens nog meer te horen en te zien. *Veertig jaar geleden hadden oudere studenten vaak verzamelingen pornografische lectuur en afbeeldingen, die onbelemmerd op aucties ter tafel kwamen. Zoo had een huisgenoot van mij eene voorstelling van eenen bastloozen boom van grooten omvang, waarin op den top een zitje getimmerd was, met een tafel en een paar stoelen; daar zat een jonge meid, wier lange rosse haren haar eenig kleed vormden, terwijl een aantal mannen, op dit gebied slechts voorzien van gespoorde rijlaarzen, in blijkbaar hevige opwinding den top van den spiegelgladden boom trachtten te bereiken. Eene potsierlijke vertooning, niet het minst door den weelderigen haargroei, de bakke- en ringbaarden van dien tijd.*

Het procédé was een soort oleografie op linnen met zwart fond en daarop helle kleuren.

Het stuk van mijn contubernaal deed mij terstond denken aan het verhaal van mijn ouden Voorschotenaar, hoe hij zulk eene partij op Leeuwenstein had gezien. De prijswinnaar onder al deze jockeys en stalknechts kreeg dan den buit tot zijn verdoen onder de oogen van zijne vorstelijke gastvrouw. Allerlei andere liederlijke kunstjes werden dan uitgehaald, kuiltje in 't bosch, zooals men die bij R. Hennebo in het begin der 18e eeuw beschreven vindt.[5] Het ergste is echter wel de titel van deze prent: „l'Arbre de la Princesse".

35. Het Slot Reinhartshausen waar prinses Marianne haar zoon Johannes Willem en Johannes van Rossum zag sterven en waar zij op 29 mei 1883 ten slotte zelf overleed.

Ach, er is heel wat aan te merken op deze losgeslagen vrouw en er wordt nog meer over haar geroddeld. En wie denkt bij het lezen van de voorafgaande passage niet terug aan haar woorden: *Mijn bestaan is gebroken, mijn plichten zijn verward en ik weet niet waaraan ik mij moet vastgrijpen.*[6] Nu heeft ze zich vastgegrepen en wel aan de verkeerde persoon. *Een man, luisterend naar de naam van Rossem,* noemt Eylart Meeter hem en misschien overdrijft hij niet eens zoveel als hij schrijft *voormalig korporaal in het leger, was aangesteld op een post in de stallen en enige jaren tevoren, al lang voor zij gescheiden was, was haar oog op hem gevallen en was hij haar minnaar geworden. Het is moeilijk zich een man voor te stellen, brutaler en gemener dan van Rossum... Hij liet geen gelegenheid voorbij gaan om in het openbaar te tonen dat hij heer en meester was over de ongelukkige prinses en hij behandelde haar demonstratief op de autoritaire wijze waarop een Oosterse radjah zich tot zijn slaven richt. De heer Van Rossem stond Marianne niet toe zijn kamer binnen te komen voordat zij een lakei had gestuurd om verlof te vragen en hem mee te delen in welke japon zij dacht te verschijnen. Hij bediende zich gewoonlijk van minachtende termen wanneer hij over haar sprak met bedienden, die vroeger zijn gelijke of meerderen waren geweest, en stond haar niet toe in zijn nabijheid te komen wanneer hij niet in een goed humeur was of wanneer hij ander gezelschap verkoos.*[7] Het is een onsympathiek portret van een klein mannetje met lange tenen, dat de grote wereld naäapt en een hele reeks van minderwaardigheidsgevoelens koestert, maar toch mag men zich wel even afvragen of Johannes van Rossum hier soms het wangedrag van Mariannes eerste echtgenoot, prins Albert, op zijn conto krijgt geschreven. Want Marianne is waarlijk geen katje om zonder handschoenen aan te pakken.

Op 7 juni 1852 hakt Marianne de knoop door en koopt een villa op Vaticaans grondgebied: villa Celimontana. Ze zal weer een thuis hebben. Haar kind zal niet langer verstoten in Cefalu blijven wonen, maar een thuis hebben, een vader, een moeder en een naam. Johannes Willem van Reinhartshausen zal hij heten. Naar het landgoed dat zijn moeder in de omgeving van Erbach aan de Rijn bezit. Voor hem geen vondelingschap in Frederiksoord en ook geen jeugd temidden van Siciliaanse roversbenden. Er is heel wat op Marianne aan te merken, maar de verantwoordelijkheid tegenover haar „onwettig", ja, zelfs voor de wet haar „overspelig" kind, verloochent zij niet. Het is een daad waarmee zij het laatste restje sympathie van haar familie verspeelt. Zelfs met Frederik, die goede Frederik die altijd zijn best doet de zaken in het rechte spoor te helpen, worden de verhoudingen nu wat stroef. Zijn vrouw Louise, Pruisische van geboorte en zuster van Mariannes ex-echtgenoot, laat haar invloed wel gelden. Toch laat Frederik de arme Marianne niet geheel en al vallen en hij houdt haar zo af en toe, waar nodig, de hand boven het hoofd.

XVII. GEEN GOUD ZONDER SCHUIM

Prins Frederik is een unicum in de Oranjefamilie. Hij is een heel ander type dan de nerveuze, opgejaagde Willem II en de onrustige zwerfster Marianne. Van alle kinderen van Willem I lijkt hij het meest op zijn vader, zowel uiterlijk als innerlijk, maar hij is tactvoller. Ook hij is niet knap, zijn gezicht is eerder bij het lelijke af en dat is dan nog vriendelijk gezegd. Hij gooit het geld niet over de balk, hij is zuinig – gierig zeggen sommigen – hij heeft verstand van zaken en mist de vlotte zwier van zijn broer, de koning.

Frederik is een rustige, bedaarde man. Dat kan hij ook zijn, want hij wordt niet achtervolgd door schandalen. Zijn reputatie is vlekkeloos. Het enige dat men op hem weet aan te merken is het vrijmetselaarschap. Met toestemming en op verzoek van zijn vader heeft hij zich kort na het bevrijdingsjaar 1813 tot grootmeester van de orde der vrijmetselaren doen verkiezen. Het is geen wassen neus voor hem geweest; hij heeft de orde met hart en ziel gediend, ook al is de kritiek op dat punt hem tot ver in de twintigste eeuw niet bespaard gebleven. De afkeer van de vrijmetselarij is in vele kringen zo diep geworteld dat men bij een man als Bijleveld nog lezen kan: *Prins Frederik was al zeer jong deerlijk besmet met de schandelijke, heimelijke en gruwelijke zonde der vrijmetselarij; reeds het oude Statenleger was een haard daarvan geweest en men had zich niet ontzien den 19-jarigen Prins, nog niet tot de jaren des onderscheids gekomen, te stellen tot Grootmeester; blijkbaar wilde men den Koningszoon als paradepaardje hebben, maar dat de Koning dit duldde, is onbegrijpelijk. Intusschen zijn zulke paradepaardjes niet de ergsten onder de broeders, die men ter dege moet verdeelen in misleiders en misleiden. De laatsten, eenmaal ouder geworden en gekomen tot het besef hunner diepe ellende* (sic!) *slaan maar al te vaak in hunne wanhoop de hand aan zichzelven. Niet alzoo echter Prins Frederik; hij was een door en door rechtschapen, eerlijk en goed man, die meer gedaan heeft, dan men nu nog weet, om den Koninklijken wagen in het rechte spoor te houden.*[1]

Ook vele tijdgenoten van prins Frederik hebben eenzelfde, afwijzende houding tegenover de vrijmetselarij aangenomen en het tanen van de publieke belangstelling voor de Maatschappij van Weldadigheid en de koloniën van Frederiksoord is daar mede het gevolg van geweest.
Frederiks tactvolle invloed is in de hele familiekring voelbaar. Op Frederik kan altijd een beroep gedaan worden. Frederik staat altijd klaar om vrede te stichten en de tegenstellingen te verzoenen. Ook Anna Paulowna kan daar over meepraten en vooral haar ongelukkige schoondochter Sophie, die hij steeds weer de hand boven het hoofd houdt. Het is niet zo dat hij haar door dik en dun gelijk geeft; hij heeft wel degelijk kritiek als ze weer eens doordraaft, maar hij weet zijn woorden zo te kiezen dat ze zijn aanmerkingen aanvaardt. Als Frederik er niet geweest was, zou haar stormachtig huwelijk met Willem III nog ondragelijker zijn geweest dan nu het geval is. Steeds weer bemiddelt Frederik, ook als dit ongelukshuwelijk alleen nog maar voor de schone schijn overeind gehouden wordt.
Zijn invloed op de nieuwe koning is heel wat minder groot dan wel gewenst zou zijn. Willem III is behept met allerlei complexen en minderwaardigheidsgevoelens en past ervoor om aan de leiband van zijn oom te lopen. Zelfs de schijn vermijdt hij. Toch hebben zij wel raakvlakken, die vooral in het begin van Willems regering de onderlinge verhoudingen gunstig beïnvloeden. Diep in zijn hart is Willem III een eenvoudig man en Frederik is dat ook.
Dat blijkt, om maar iets te noemen, uit hun beider vriendschap voor een eenvoudige schaapherder, Klaas van Essen, een wat vreemde, eenzelvige man, die het contact met de medemens zoveel mogelijk vermijdt. Klaas is een verzetsman, een strijder tegen Napoleon geweest. Hij heeft er voor geboet. Na zijn oproep aan de Veluwse bevolking om zich niet voor de dienst in het Franse leger te melden, was hij ondergedoken, door een Franse patrouille gevangen genomen en naar Utrecht gevoerd. Daar was hij ontsnapt en naar de Veluwe teruggekeerd. Franse spionnen hadden hem op de hielen gezeten en zo was hij een zwerver, een onderduiker geworden, altijd op de vlucht, zich verbergend in roggeakkers als de halmen hoog opgeschoten waren of zich schuilhoudend in de zandgroeven in de buurt van Klootwijk. Hij kende de streek als geen ander en niemand kreeg hem ooit te zien. Hij waakte over de veiligheid van hen die hem hielpen, beducht als hij was, dat de Fransen zich op onschuldigen zouden wreken. Familie had eten en kleren voor hem neergelegd. Soms in het bergplaatsje onder de bok van een boerenwagen, soms in een schuur of een andere geschikte plek. Klaas kende ze en kwam en ging als een dief in de nacht.
Hij was een zwerver geworden en gebleven, die schaapherder Klaas in zijn eigenhandig gebouwde plaggenhutjes, die hij hier en daar had ingericht met de schaarse materialen die de heide hem opleverde. Hij was de mensen

36. Het buiten De Pauw te Wassenaar waar prins Frederik met zijn gezin woonde. Litho naar L.J. Kleijn. (Gemeentearchief Den Haag.)

blijven mijden, maar de prinsen uit het Huis van Oranje waren hem altijd welkom. Prins Frederik heeft hij in zijn hutje ontvangen en ook diens neef, koning Willem III.
Willem is, zoals gezegd, een man met een eenvoudig hart en hij zoekt, als het zo uitkomt, de schaapherder graag op. Boze tongen zeggen zelfs dat hij liever naar de raad van Klaas luistert dan naar die van zijn ministers, maar boze tongen zeggen zoveel!
Boze tongen laten ook prinses Marianne niet met rust en zij zouden nog heel wat meer te kakelen hebben als zij precies geweten zouden hebben hoe het met die aankoop van de villa op de Monte Celio is gegaan.
Het is februari 1851 als zij onder de naam van gravin von Seitenberg, komende uit Messina, in Rome komt opdagen. Stellig heeft ze de kleine Johannes Willem opgezocht. Het kind is nu zo'n veertien maanden oud. Mogelijk heeft ze hem toen uit Cefalu meegenomen of is het plan daartoe gerijpt. In ieder geval heeft ze wel besloten om een villa in Rome aan te kopen. Denken is doen bij Marianne en ondanks de protesten van haar lijfarts, Geheimrat Alertz, houdt ze vast aan haar plan om in de volgens hem zo ongezonde zomermaanden in de eeuwige stad te blijven en het zoeken naar een villa voort te zetten. Zolang ze nog geen passend onderdak gevonden heeft, verblijft ze in het deftige hotel „Des Iles Britanniques" op de Piazza del Popolo.
Uiteindelijk valt de keus op de villa Mattei, dadelijk door haar omgedoopt tot villa Celimontana en het is de onafscheidelijke Johannes van Rossum die op 7 juni 1851 de villa voor achtentwintigduizend Romeinse daalders voor haar aankoopt. Hij gaat naar het kantoor van notaris Bacchetti en laat zich daar in de koopakte als landeigenaar aanduiden. Misschien is zijn Italiaans niet sterk genoeg om de zin van de woorden te begrijpen, maar zo moeilijk is dat toch ook weer niet. Het staat er echt: *l'illustrissimo signor Giovanni van Rossum, possidente, figlio del fu Guglielmo, nativo dell'Aja in Olanda*[2] (de zeer illustere heer, Johannes van Rossum, landeigenaar, zoon van wijlen Willem, geboortig uit Den Haag, Holland).
Als hij het wèl begrepen heeft, zal zijn stalmeestersborst ongetwijfeld gezwollen zijn van trots. Heeft het soms in Mariannes bedoeling gelegen de villa aan hem te schenken, of in ieder geval aan hem en de kleine Johannes Willem na te laten, voor het geval haar iets overkomen mocht? Misschien, maar zeker is dit allerminst. Want ook de inschrijving in het parochiaal archief – de villa is in Vaticaanstad gelegen – barst letterlijk van de fouten. Daar heet de villa in goed Italiaans het eigendom te zijn van: *Sua Altezza la signora Prinzipessa Marianna dei Paesi Bassi, moglie del regnante re di Prussia, sorella del Re di Olanda Guglielmo II.*[3] (Hare Hoogheid, mevrouw de Prinses Marianne der Nederlanden, echtgenote van de regerend koning van Pruisen, zuster van de koning

van Holland, Willem II.) En ook dat wordt niet gecorrigeerd. Laat maar, schijnen alle betrokkenen gedacht te hebben.
De villa is erg verwaarloosd en moet voor ongeveer twaalfduizend Romeinse daalders worden opgeknapt en nieuw ingericht. Het is een heleboel geld, maar dat hindert niet; de prinses is rijk genoeg. Rijk genoeg om ook een hele hofstaat te kunnen bekostigen. Maar juist dat gevolg is voor een prinses van koninklijke huize zeer beperkt. Verstoten als zij is, heeft zij geen Pruisische hofdames meer en haar opperkamerheer is ook allang weg. Ze heeft weliswaar een kamenier, maar dat heeft iedere dame van stand en dan is er nog de onvolprezen Johannes van Rossum, die het tot de rang van secretaris heeft gebracht, de lijfarts Alertz, wat Italiaanse bedienden en twee hofmeesters, te weten de uit Venetië afkomstige Oostenrijker Zerman en Jacobus Hartman uit Voorburg.
Zerman blijkt een slechte keus. Hij terroriseert de andere bedienden, hij is een dief en bedrieger, die ook zijn meesteres besteelt. Merkt Johannes van Rossum dat niet? Hij is toch ook eens knecht geweest? Of krijgt hij stroop om de mond gesmeerd?
Marianne vertrouwt Zerman ten volle en echt naïef als zij is, steekt zij de hand voor zijn betrouwbaarheid in het vuur. Ze is nog geen jaar in de villa Celimontana of de bom barst. In maart 1852 wordt Zerman door de pauselijke politie gearresteerd en Marianne beweegt hemel en aarde om haar beste, brave hofmeester vrij te krijgen. Die man is geen bedrieger! Hij is al negen jaar bij haar in dienst en als alles gezegd is wat er te zeggen valt, vertrekt ze op 29 maart via Civitavecchia naar Marseille en vandaar naar Parijs. Voorjaar in Parijs, Marianne wil dat niet missen.
Het Nederlandse gezantschap bij de Heilige Stoel buigt zich over de zaak Zerman en rapporteert erover aan de minister van buitenlandse zaken in Den Haag. De conclusie van het rapport is voor Zerman verpletterend. Hij is een dief, een oplichter, een bedrieger en heeft zich niet ontzien ook zijn meesteres te benadelen.
Wat kan de prinses anders doen dan zich bij haar terugkomst in Rome bij de stand van zaken neerleggen? Ze houdt de eer aan zichzelf en dient geen aanklacht tegen Zerman in. Kennelijk gedachtig aan eigen falen, laat ze genade voor recht gelden. Zermans gezin reist op haar kosten terug naar Venetië en ook het salaris wordt doorbetaald *om zijn gezin niet brodeloos te maken.*[4] Dat is Marianne ten voeten uit. Er is veel op haar aan te merken, maar niemand zal ooit van haar kunnen zeggen dat ze hardvochtig of onbarmhartig is.
Haar leven in villa Celimontana is niet ongelukkig. Ze verzamelt er kunstenaars om zich heen; mannen als Cornelis Kruseman, Pierre Louis Dubourq en Koelman, die in 1852 een zwierig portret van Johannes van Rossum

schildert, met als merkwaardige achtergrond de antieke sarcofaag in het park van Mariannes villa.
De prinses geeft feesten en partijen waarop de kunstenaars aanwezig zijn. Men hoort er niet meer van dan dat vooral lakeien en koetsiers haar gasten zijn. Ze geeft opdrachten aan jongere schilders, zoals Frans Phlippeau en Klein van Brandes. Ze koopt schilderijen en beeldhouwwerken aan en haar kunstcollectie groeit. En ze laat opgravingen doen in haar tuin. Er is veel om van te genieten. Evenals andere buitenlanders, bezoekt ze religieuze plechtigheden in de Sixtijnse kapel en ze reist. Het is nooit stil om Marianne. Ze ontvangt Nederlandse dames uit de beste kringen, dames die zich in Den Haag misschien wel tweemaal zouden bedenken, komen hier graag in haar salons. Ze is bevriend met een Russische prinses Potemkin. Ze gebruikt de zeebaden op het eiland Ischia of ook wel in Lucca. Ze gaat naar Parijs en dan ineens is ze weer op haar goederen in Voorburg of in Silezië. Maar het beste is wel dat ze het *kind van haar ouderdom,*[5] de kleine Johannes Willem, bij zich heeft.
In mei 1852 is ze zelfs een weekje op bezoek bij haar oudste dochter Charlotte. Charlotte is nu geen kind meer, maar getrouwd met de erfprins van Saksen-Meiningen. Haar status van gehuwde vrouw maakt dat niemand haar nog langer verbieden kan haar moeder te ontvangen. Haar vroegere voogd, de koning van Pruisen, kan er nog zo over mopperen, maar verbieden kan hij het haar niet. En zelfs die koning van Pruisen haalt nog even bakzeil. Albrecht, Mariannes vijftienjarige zoon, en het kleintje, Alexandrine, die nu ook alweer tien jaar is, mogen moeder een paar dagen bezoeken in haar villa aan het Comomeer. Het zijn maar een paar dagen die hen tesamen gegund worden. Mariannes warm moederhart geniet er echter ruimschoots van.
Wie echter veel minder reden tot blijdschap over haar verblijf in Rome heeft, is de graaf De Liedekerke Beaufort, Nederlands gezant bij de Heilige Stoel. De graaf is een hoffelijk man, een echte diplomaat en altijd tot dienst aan de koninklijke familie bereid. Maar de talloze brieven van Marianne aan zijn adres moeten hem wel op de zenuwen gaan werken. Altijd weet ze hem te vinden, voor een uitnodiging, voor een viering in de Sixtijnse kapel, als er moeilijkheden opduiken.
Ze klaagt haar nood over het gedrag van haar ex-echtgenoot, prins Albert. Ze kan er gewoon niet over uit dat hij ten slotte toch toestemming heeft gekregen om zijn Rosalie von Rauch te trouwen. Weliswaar is het huwelijk morganatisch en draagt Rosalie de prinsessetitel niet, maar Marianne is er niet minder furieus om. Het is Alberts schuld dat haar huwelijk met hem in diggelen is gegaan! De kinderen, die Marianne hem geschonken heeft, zullen van hun vader nauwelijks erven. Vanwege de schulden waarin hij zich gestoken heeft om voor Rosalie – nu gravin Hohenau – een schitterende villa

37. Het zilveren regeringsjubileum van koning Willem III werd op 12 mei 1874 met een plechtige dankdienst te Amsterdam gevierd. (Atlas van Stolk.)

in Dresden te bouwen. Albert heeft schuld, het is een weerkerend refrein. Het is haar schuld niet dat hun huwelijk gestrand is.
En wat moet graaf De Liedekerke daar nu op antwoorden?
Als goed diplomaat slikt hij alle klachten en blijft beleefd. Soms – in het begin van haar verblijf in villa Celimontana – klinkt er zowaar een tevreden toon uit haar brieven op: *De viooltjes beginnen te bloeien, de vogels beginnen te tsjilpen in de schaduw van de groene eiken, men zou zich in april kunnen wanen,*[6] schrijft ze hem op 27 september 1851 verrukt. Maar meestal is haar toon matter, meer gedrukt. Ze lijdt onder het uitgestoten zijn – daar kan zelfs de aanwezigheid van haar jongetje Johannes Willem niets aan veranderen – ze verlangt naar een verzoening met haar Nederlandse en Pruisische familie. Zou de graaf De Liedekerke daar niets aan kunnen doen? Als diplomaat zou hij op geheel eigen wijze een goed woordje voor haar kunnen spreken.
Nooit is er bij haar een inzicht in eigen falen merkbaar en als de pogingen van de gezant op niets uitlopen, verzucht ze vol zelfbeklag dat ze, nu *la force du droit* – de macht van het recht – niet opweegt tegen *le droit de la force* – het recht van de macht –, zich maar *gelaten* overgeeft *aan de Goddelijke Rechtvaardigheid.* Ze blijft haar vast vertrouwen stellen in het evangelie, *want ik ben zo gelukkig als men hier beneden maar zijn kan en dat geluk zal niemand mij kunnen ontnemen, want het is niet afhankelijk van de mensen of de omstandigheden.*[7] Het is fraai gezegd, dat wel. Maar of het helemaal klopt? Denkt ze nog wel eens aan de vrouw van Johannes van Rossum?
Anderen doen dat in ieder geval wel. De koninklijke familie gaat in 1855 weer eens duchtig over de tong. Niet zozeer in de officiële pers, daar doet men de zaken met officiële berichten af, maar in krantjes zoals de „Asmodée", welk blad op 3 januari 1855 schrijft: *Men zegt dat prinses Marianne haar verblijf weder in ons waterig vaderland zal vestigen... Asmodée verheugt zich er over, omdat dan de geheele edele familie weder verenigd zal zijn...*
Als de heer van Rossum mede komt, zal het diens vrouw zeker verblijden, zoo niet, dan loopt de kuische Prinses gevaar voor eene repetitie van de kabbalen, die de wettige vrouw van den **bijzonderen** *secretaris der prinses van tijd tot tijd te Voorburg maakte.*
Of Prins Frederik nog langer het pensioen zal uitbetalen om het huwelijk te beletten?[8]
Het blad legt de vinger op een wonde plek. Van Rossum is nog altijd met Catharina Keyser getrouwd en het kind dat hij bij Marianne verwekt heeft is niet alleen „onwettig" maar ook „overspelig". En dat houdt in dat hij zijn jongen nooit zal kunnen wettigen of ook maar erkennen. De schuld van de ouders ligt als een zware doem op het onschuldige kind. Geen mens zal die

38. Prins Frederik der Nederlanden (1797-1881) heeft in zijn lange leven vele jubilea mogen vieren. Deze prent werd gemaakt ter gelegenheid van zijn zilveren bruiloft. (Gemeentearchief Den Haag.)

kunnen opheffen. Het kind heeft geen naam en geen toekomst, al wordt hij nog zo fraai Johannes Willem van Reinhartshausen genoemd. Want zo streng oordeelt men in de negentiende eeuw.

Reinhartshausen. Trekt Mariannes hart naar die plaats? Of bedenkt ze dat het beter voor de kleine Johannes zal zijn als hij opgroeit in het grote buitenhuis waarvan hij de naam draagt?

Al in het begin van 1856 speelt de prinses met het idee om de villa Celimontana, dat huis met zijn prachtige park, met zijn sarcofaag van de dichter (zo genoemd om het bas-reliëf van de negen muzen) en zijn Egyptische obelisk te verkopen. Het is het pronkstuk van het park, die obelisk van Ramses II uit Heliopolis, die lang geleden te samen met andere obelisken op het Campus Martius een tempel van Isis heeft gesierd.

De prinses is in Voorburg wanneer de uiteindelijke beslissing valt en zij op 15 februari 1856 van Rusthof uit haar orders geeft om de villa in Vaticaanstad te verkopen. Iedereen wordt opgeklopt om aan haar wensen te voldoen. Hofmeester Hartman zal moeten toezien op het verpakken van haar bezittingen, machtigingen dienen te worden aangevraagd en ook de opvolger van de graaf De Liedekerke, de nieuwe Nederlandse gezant bij de Heilige Stoel, du Chastel, wordt ingelicht.

De graaf De Liedekerke is dan niet meer; hij is op 27 september 1855 in Rocca di Papa aan de cholera bezweken en het is de arme du Chastel die een stroom van prinselijke brieven op zich toe ziet komen.

Dicht bij Voorburg, in Den Haag, dient in die tijd een beschamend proces voor de Hoge Raad. Ook Mariannes naam is erin gemengd en het is natuurlijk weer de „Asmodée" die daar munt uit slaat.

23 Januari 1856

Voor den Hoogen Raad der Nederlanden is dezer dagen weder een bedrijf gespeeld in de beruchte zaak der Hof-officianten van Koning Willem I contra diens erfgenamen, welke weigeren zekere testamentaire beschikkingen van den erflater na te komen. Mr. J.C. Faber van Riemsdijk, raadsman en door sommigen te regt of ten onregte – de booze geest der koninklijke familie genoemd – en Mr. G. Delprat, bestreden de vordering der hof-officianten; maar niettemin heeft de procureur-generaal zich bij eene breedvoerige conclusie met het gevoelen van den eischer, d.i. de wettigheid der vordering en de onwettigheid der weigering van de koninklijke familie, vereenigd, zoodat het te voorzien is, dat de vorstelijke erfgenamen, de arme prins Frederik en de arme prinses Marianne de zaak zullen verliezen.[9]

Het proces is de treurige nasleep van de schuldenlast waarmee de koning Willem III, prins Hendrik en prinses Sophie zich na de dood van hun vader geconfronteerd hebben gezien. In overleg met prins Frederik en prinses Marianne heeft men besloten de pensioenen toegekend aan de dienaren van

39. Ter gelegenheid van het zilveren regeringsjubileum van koning Willem III werden deze kaarten vervaardigd. (Collectie Lissenberg.)

wijlen hun grootvader Willem I te herzien. De uitslag is duidelijk, heel wat hof-officianten hebben hun pensioen ingetrokken of verminderd gezien en zich tot de rechter gewend.

De „Asmodée" heeft ook de klok horen luiden wat betreft Mariannes verkoopplannen en geeft op 9 april (1856) aan zijn lezers het tendentieuze bericht door dat de prinses *voor geruimen tijd het vaderland zal verlaten* en voorziet die mededeling van het volgende commentaar: *Waarlijk wij beklagen die prinses. En den hooggeplaatsten hypocriet, die haar om een enkele, misschien voor haar geweten verantwoordelijken misslag, den eersten steen toewierp, hem roepen wij toe: daar is geen goud zonder schuim, maar toch het blijft goud – nietswaardig is echter het schuim dat het goud van zich heeft geworpen...*

Wij kunnen hier nog bijvoegen, dat de schoonzuster der prinses, de Koningin-Moeder in het begin van Mei van hare reis naar Rusland terug zal keren... zouden beider heen gaan en keeren soms met elkaar in verband staan? [10]

Het is de „Asmodée" ten voeten uit: men valt een persoon aan of houdt hem de hand boven het hoofd; het hindert niet, zolang men de koning of zijn familie maar kwetsen kan.

Van een verkoop van de villa Celimontana is voorlopig nog geen sprake; er komt geen serieuze koper opduiken en al trappelt Marianne nog zo van ongeduld, ze moet de gang van zaken afwachten. Eerst aan het eind van het jaar, in de feestmaand december, komt er een koopster opdagen, die kapitaalkrachtig genoeg is. En dan gaat alles pijlsnel. De koopakte wordt getekend en de villa moet worden ontruimd. Dat laatste moet hals over kop gebeuren omdat de nieuwe eigenares bedongen heeft dat ze de villa op 1 januari zal kunnen betrekken.

En meteen begint er een dwingen en jagen dat zijn weerga niet heeft. Marianne is al op 5 december persoonlijk naar Rome gekomen en schrijft brief op brief aan de nieuwe Nederlandse gezant bij de Heilige Stoel. Twaalf brieven binnen drie weken! Bovendien is de arme du Chastel de hele maand ook nog ziek en besluit prinses Marianne plotseling geen keus uit haar kunstschatten te maken, maar alles te willen uitvoeren. Dat gaat echter niet zomaar. De export van oudheden is aan banden gelegd en de prinses moet daarvoor vergunning vragen bij het pauselijk ministerie van handel en openbare werken. En als de toestemming verleend is komt de douane ook nog eens aan bod.

Marianne weert zich dapper en de Nederlandse gezant staat haar bij, maar het valt bitter moeilijk de pauselijke ambtenaren in beweging te krijgen. De dagen gaan voorbij zonder dat men het geringste spoor van ambtelijke activiteiten waarneemt. Het toppunt van narigheid wordt bereikt als door het besluit van de prinses alles mee te nemen, een nieuwe aanvraag voor de

uitvoer van haar bezittingen moet worden ingediend. De dertigste december breekt aan en er is nog steeds geen antwoord. De villa Celimontana kan eenvoudig niet ontruimd worden! En dan eindelijk, na een nieuwe brandbrief van de zieke du Chastel, komt het ambtelijk apparaat in beweging. De toestemming komt af en men kan aan de slag gaan en prinses Laura de Beaufremont kan als nieuwe eigenares de villa betrekken.
Prinses Marianne heeft appartementen gehuurd in de Via del Croce, waar ze in een heel wat minder nerveus tempo de verhuizing naar Duitsland kan afwikkelen. Voortaan zal ze in Reinhartshausen wonen, een breed landhuis met groene blinden en drieënveertig kamers aan de voorzijde van het gebouw. Johannes Willem zal opgroeien in het slot waaraan hij zijn naam ontleent. Zeven jaar is de jongen nu. Het wordt tijd dat hij geregeld onderwijs krijgt en dat zijn ouders aan zijn toekomst gaan denken. Marianne heeft een nieuwe levensperiode bereikt; haar Romeinse tijd is voorgoed ten einde.

XVIII. TRAGEDIE IN REINHARTSHAUSEN

Het slot Reinhartshausen bij Erbach – een betrekkelijk kleine plaats tussen Rüdesheim en Eltville – is een nieuwe aanwinst van prinses Marianne. Ze heeft het landhuis, want een echt slot is het niet, pas in 1845 aangekocht van graaf Clemens van Westfalen. Het is ook geen oud huis of bijzonder prachtig en het kan in geen enkel opzicht tippen aan villa Celimontana.
Marianne is in wezen eenvoudig van aard. Ze heeft helemaal geen behoefte aan de al te overdreven vorstelijke praal waarmee het Pruisische koningshuis zich zo nodig moet omringen. Wat zij wenst is een warm, een gezellig tehuis.
Het heimwee naar Nederland blijft. Dat blijkt duidelijk uit het grote aantal familieportretten dat de vertrekken siert. En in het slotpark treft men een levensgrote buste aan van haar vader, koning Willem I. Zelfs zijn verjaardag wordt door de prinses nog in liefderijk herdenken gevierd. Mist ze de hand nog die haar steeds weer beschermde?
Voor haar kunstcollectie bouwt de prinses een privémuseum in Italiaanse stijl. Daar hangen of liggen de stukken die zij in de loop van de jaren heeft aangekocht. In goede smaak doet Marianne niet voor haar broer Willem II onder. Misschien kan men zeggen dat zij met meer overleg gekocht heeft dan hij. In de zalen van haar museum ziet zij haar Etruskisch vaatwerk weer, de middeleeuwse triptieken, de antieke zuilen, de honderd tweeëntachtig gemmen en cameeën, die ze met grote smaak in Rome bijeengebracht heeft, de collectie prachtige dozen, het Chinees en Japans porselein. Het is allemaal te veel om op te noemen.
Marianne is het prototype van de arme, rijke vrouw, die in weelde baadt en toch *in arren moede haar heil* zoekt bij steeds weer nieuwe *biechtvaders, als zij wederom vrome aanvechtingen krijgt.*[1] In Voorburg is het dominee D.Th.F. Patijn die de eer van haar confidenties geniet en als hij het af laat weten, neemt zij de Voorschotense predikant Sluiter in de arm, om van dominee Van Senden maar te zwijgen. Hij heeft wel de zwaarste dagen met

haar meegemaakt, maar deze oude vriend kan zij niet langer bereiken. Hij is enkele jaren na zijn thuiskomst uit Palestina te Zwolle overleden. Zij allen hebben haar berispt en op haar zondige staat des levens gewezen. Dat is wel zeker. Maar hebben zij zich ook erbarmd over die zwakke, onevenwichtige vrouw, die wel het goede doen wil maar zo vaak voor de verleiding bezwijkt?

In Reinhartshausen, te midden van de wijnbergen en met het uitzicht op de brede rivier de Rijn, krijgt Marianne genoeg gelegenheid om over de toekomst van de kleine Johannes na te denken. Ze heeft hem niet willen opbergen op Frederiksoord om zodoende de schande te ontlopen. Dat was verreweg het gemakkelijkste geweest en het had haar misschien haar plaats in de familie doen behouden. Ze heeft zich niet aan haar verantwoordelijkheid voor dit kind onttrokken en dat is heel wat. Maar ook dat blijkt nog niet genoeg. De jongen moet een toekomst hebben. Het is een weetgierig kind en wat dat betreft hoeft zijn gouverneur Hess[2] zich niet over zijn leerling te beklagen.

Het kind zal eens de wereld in moeten en Marianne speelt met de gedachte van een opleiding tot advocaat of predikant. Het zijn allebei achtenswaardige ambten, die een zeker aanzien geven. En vroom als Marianne is, zal het predikambt wel haar voorkeur hebben.

Voorlopig is het kind echter te jong om uit huis weg te gaan en heeft zijn moeder de tijd om rond te kijken en te informeren. Thuis, in de Nederlanden, heeft Wiwill, de jonge prins van Oranje, een kostschool – Noorthey – bezocht. Hij is daar onder de druk van zijn eeuwig twistende ouders vandaan gekomen en heeft er ook heel wat vrijer met leeftijdgenoten kunnen omgaan, dan ooit in het paleis van zijn ouders mogelijk zou zijn geweest. En, wat goed genoeg geacht werd voor Wiwill, zal zeker ook goed zijn voor Johannes Willem.

Zo denkt de prinses als ze achter het slot Reinhartshausen een privé-museum laat bouwen. Zij houdt veel van haar kunstschatten en bij alle verdriet dat zij heeft – ook over de dood van haar dochter Charlotte in 1855 – is het voor haar een steeds weerkerende vreugde om van hun schoonheid te genieten.

Toch worden de landgoederen in Voorburg niet door haar vergeten. Ze brengt er dikwijls een deel van de zomer door. Op 14 augustus 1860 waagt ze het zelfs om naar Apeldoorn te gaan en dwaalt door de bossen rond Het Loo. Nooit zal ze dit zomerverblijf van haar ouders kunnen vergeten. Toch, al is ze de tante van de regerende koning, overnacht ze er niet. Ze wil de familie niet met haar aanwezigheid lastig vallen en huurt kamers in het logement „De nieuwe Kroon", waar eens de verbannen Bonnick gedurende haar schaarse bezoeken onder dak gebracht werd. Ze is de enige Oranje die er ooit heeft gelogeerd, al moet er onmiddellijk bij gezegd worden dat niet

alle Oranjes in het paleis Het Loo plachten te overnachten. Willem II, Mariannes broer, had bijvoorbeeld zijn bed staan in een toren van het Oude Loo en haar twee neven Wiwill en Alexander zetten als jonge jongens hun tentjes op de basse-cour en gaan zo kamperen. Het is duidelijk dat ze ook het boerderijtje bezoekt, dat eens door haar beste vrouwtje Van Loenen van haar is gepacht. Stellig zal ze er haar oude vriendin gesproken hebben.
De prinses is nog altijd innig verknocht aan haar oude vaderland en dat is ook in slot Reinhartshausen duidelijk te zien. Overal komt men de Nederlandse driekleur tegen: op de potten en pannen in de keuken, op de grenspalen die haar wijngaarden markeren, op haar wijnflessen – ze heeft wijn van eigen grond – en op de kleine, snelle bootjes, die de verbindingen in stand houden met het land aan de overkant van de Rijn.
In 1861 komt Marianne tot een besluit. Johannes Willem zal een kostschool gaan bezoeken. Het is wel zeker dat ze dit diepgaand met Johannes van Rossum heeft besproken en samen hebben ze een geschikt internaat voor hun zoon gevonden in Dauborn, waar hij onder leiding zal komen te staan van een zekere dominee Feller. Wilhelm Feller komt uit Nassau, waar hij in het stadje Nassau an der Lahn is geboren. Het zal een extra aanbeveling geweest zijn. Trouwens, Feller staat uitstekend bekend en onder zijn supervisie zal de jongen klaargestoomd worden voor de studie die zijn ouders voor hem op het oog hebben. Het kind kan lezen en schrijven en rekenen. Ook Latijn kent hij al aardig. Dat heeft zijn gouverneur Hess hem bijgebracht, evenals het Engels en het Frans.
Johannes Willem is op een moeilijke leeftijd gekomen en de ouders hopen dat Feller in staat zal zijn hem te temmen. Hij is de laatste tijd wat brutaal geworden, zelfs tegen zijn ouders. Hij vraagt hen de oren van het hoofd en als hij zich een mening gevormd heeft, verdedigt hij deze te vuur en te zwaard, op een wijze die Marianne voor een kind hoogst ongepast vindt. En zij verzoekt de dominee juist aan dit aspect van zijn karakter aandacht te schenken.
De huiselijke sfeer zal Johannes Willem in Dauborn niet hoeven te ontberen. De predikant neemt ook jongens in de kost. Daar, in de pastorie en onder de hoede van Fellers oudste dochter Auguste, zal hij veilig zijn en beschut en tegelijkertijd om kunnen gaan met jongens van allerlei slag. Het ziet er niet naar uit dat hij veel last zal ondervinden van het feit dat hij een natuurlijke zoon is van een prinses en haar koetsier. In tegenstelling tot wat er in de Nederlanden over haar gezegd en geschreven wordt, heeft Marianne in haar Duitse omgeving een heel wat betere, een goede, pers.
Een paar weken voor zijn twaalfde verjaardag verlaat Johannes Willem slot Reinhartshausen. Marianne en Van Rossum brengen hem samen weg. Denken ze nu terug aan die andere, die spannende dagen, toen het kind in alle heimelijkheid in Cefalu werd verwacht?

40. *De begrafenisstoet van koningin Sophie voor het Huis ten Bosch. (Hollandsche Illustratie van 27 juli 1877.)*

Het is goed dat het kind naar school gaat. Mogelijk wordt hem daardoor de wetenschap bespaard dat zijn ouders in Nederland weer geducht over de tong zijn gegaan en dat een blad als de „Asmodée" opnieuw in de berichtgeving over alweer een schandaaltje excelleert. Trouwens, ook in de Haagse salons zal er heel wat over af zijn gepraat. Op 28 juli 1861 is namelijk de wettige vrouw van Johannes van Rossum overleden en niets staat een huwelijk van de prinses met haar minnaar nog langer in de weg. Weliswaar zal Johannes Willem volgens de strenge wetten van de tijd nimmer geëcht kunnen worden, maar een huwelijk van zijn ouders zou toch zijn sociale status aanzienlijk verbeteren.
De nieuwbakken weduwnaar zal stellig opgelucht zijn door de wetenschap dat hij voorgoed van zijn wettige wederhelft bevrijd is. Het is alleen jammer dat dit in een overlijdensbericht in een Haagse krant aan den volke is kond gedaan met de vermelding dat zij echtgenote was van *de hoogwelgeboren heer Johannes van Rossum, secretaris van H.K.H. prinses Marianne der Nederlanden.*[3] Hoogwelgeboren voor hem, de zoon van een lakei, en dat in een tijd dat het standsverschil zo groot is! Kwetsender kan het niet.
Het moet een onrustig verblijf in Voorburg geweest zijn in het jaar 1861. Eerst de dood van Catharina Keyser, zijn vrouw, en dan de vechtpartij, waarbij Van Rossum zo ernstig gewond is geraakt dat hij wekenlang bedlegerig blijft. En tot slot een proces tegen de dader, de lakei Klijn, die dat op zijn geweten heeft. Men kan zich afvragen of het niet verstandiger zou zijn geweest om de zaak maar te laten rusten. Want nu spint de gretig gelezen „Asmodée" er weer zijde bij. Om maar niet te spreken van het smiespelen van de hooghartige Haagse freules en jonkers, die met moeite hun lach achter de gehandschoende handen verbergen.
Zooals wij mededeelden was er te 's Hage een proces aanhangig, tusschen den heer van Rossum, secretaris, en den heer Klijn, bediende van H.K.H. Mevrouw de Prinses Marianne.
De laatste moet den eersten een ongemakkelijk pak slaag gegeven hebben op den huize Rustenburg.
De aanleiding tot deze raclée[4] *moet hierin bestaan:*
De heer van Rossum schijnt nog al een liefhebber te zijn van het edele druivensap en na het gebruik van eenige flesschen zeer ongemakkelijk te wezen voor wie hem te na komt, de prinses niet uitgezonderd; dien ten gevolge zou, althans zoo zegt men, Hare Koninklijke Hoogheid aan Klijn den last gegeven hebben den Heer Secretaris niet al te veel wijn te geven, zoodat Klijn hem op eenen nacht weigerde meerdere flesschen uit te reiken... Daarover schijnt de heer van Rossum boos-kwaad-nijdig te zijn geraakt...
De strijdlust moet den Heer Secretaris slecht bekomen zijn, vermits hij zegt twintig dagen het bed te hebben moeten houden...

De regtbank heeft deze bataille den heere Klijn niet als verdienste aangerekend, maar hem veroordeeld tot eene maand gevangenis...
Het volk, dat in massa bij de teregtzitting tegenwoordig was, en in een niet mindere massa voor den tempel van Vrouwe Justitia post hield, betoonde zoo weinig sympathie voor den heer van Rossum, dat deze het geraden oordeelde, zich door een kelder te verwijderen, waarvan een agent van Justitie aan de wachtende menigte behoorlijk kennis gaf...
Zou men voornemens geweest zijn het pak slaag van den heer Klijn nog eens dunnetjes over te doen? [5]
Het is waarlijk niet de enige vechtpartij die aan een prinselijk hof wordt uitgevochten. Zo'n anderhalf jaar geleden is er zelfs een moord – of was het doodslag? – voorgevallen aan het hof van prins Frederik, waar de ene knecht de andere om het leven had gebracht en ook daarover hebben de kranten bericht, maar in lang zo'n giftige toon niet als nu, waar het de vader van Mariannes jongste kind betreft. Johannes van Rossum heeft nu eenmaal veel vijanden, die hem zijn verhouding met de prinses bitter kwalijk nemen. Veel benijders heeft hij ook, die het met lede ogen aanzien dat hij, de gewezen koetsier, tot onbereikbare hoogten is opgeklommen. Het maakt er zijn leven niet gemakkelijker op.
De klappen van Klijn zijn intussen zo hard aangekomen dat het geruime tijd duurt voordat Johannes echt hersteld is en de thuisreis naar Reinhartshausen aanvaard kan worden. Maar het jaar is nog niet verstreken of de prinses en haar minnaar gaan opnieuw over de tong. Het praatje doet de ronde dat dit ongelijke paar een huwelijk is aangegaan. Het is een moeilijk te ontzenuwen gerucht, want het feit dat de ouders van de jonge Johannes Willem zich vrijwillig de kans zouden laten ontgaan om hun buitenechtelijke relatie om te zetten in een echtelijke, is al even onwaarschijnlijk als de veronderstelling dat de prinses wel met haar gewezen koetsier zou willen trouwen.
Vanzelfsprekend loopt de „Asmodée" weer voorop als het gaat om een giftige berichtgeving over dat waarover men in Den Haag wel spreekt, maar niet schrijft.
Onder de titel *Een lang besproken vorstelijk huwelijk* staat:
Naar wij uit doorgaans goed onderrigte bron vernemen, is de vorige week een morganatisch huwelijk gesloten tusschen
Johannes van Rossum
H.K.H. Wilhelmina Frederika Louisa Charlotte MARIANNE Prinses der Nederlanden, gescheiden echtgenoot van Prins Albert van Pruisen.
Gelijk men weet is de jonggehuwde Tante van Z.M. den Koning zoodat de Koninklijke familie met een oom vermeerderd is.
De feesten ten hove bij gelegenheid dier blijde gebeurtenis, zijn zeker en famille gegeven, althans wij hebben er niets van vernomen... [6]

Dit alles valt echter weg als in Reinhartshausen zich plotseling een tragedie voltrekt, die zelfs de brutaalste roddelaars de lust tot verder stoken doet vergaan.
Johannes Willem is in het begin van de kerstvakantie thuisgekomen. Hij heeft het in Dauborn best naar zijn zin gehad en zit vol verhalen over zijn belevenissen in de pastorie. Vooral met dominee Fellers oudste dochter Auguste heeft hij het opperbest kunnen vinden. Dat is een engel! Hij houdt veel van haar en ze heeft geen kind aan hem gehad. Het zijn vrolijke dagen voor Marianne nu zij haar jongste weer bij zich heeft. En dan – als de voorbereidingen voor het kerstfeest in Reinhartshausen in volle gang zijn – openbaart zich bij de jongen een ernstige ziekte. Hij krijgt eensklaps hoge koorts. De dokter wordt er meteen bij geroepen maar kan niets ontdekken. Marianne is ongerust en als de koorts nog een dag zo hoog blijft, laat ze onmiddellijk Medizinalrat Haas uit Wiesbaden komen. Deze hooggeleerde heer stelt wel een diagnose: roodvonk.
Roodvonk is een gevaarlijke ziekte, zeker in de negentiende eeuw; er is altijd een risico van gevaarlijke complicaties. Het worden dagen vol spanning en angst voor Marianne en Van Rossum, dagen die op de eerste kerstdag uitmonden in een tragedie. 's Avonds om kwart voor negen geeft Johannes Willem de laatste snik, zijn ouders in hartverscheurend verdriet achterlatend. Marianne verliest in hem haar *laatste vreugde,* maar in een nerveuze haast veert zij op om de laatste wensen van haar kind uit te voeren en tenminste dit weinige nog voor hem te doen. De volgende dag al tekent ze een schenkingsakte, waarbij ze zestigduizend gulden weggeeft voor de bouw van een kerk. Johannes Willem heeft eens gezegd dat hij het zo jammer vond dat de Evangelische Gemeinde in Erbach geen behoorlijke kerk had. Nu, op de dag na zijn dood, heeft zijn moeder in dit manco voorzien. Denkt ze aan het mausoleum dat zij voor haar lieveling wil oprichten? Vermoedelijk wel. Nog is de kerk echter niet gebouwd, nog zal Johannes Willem, zoals iedere gewone sterveling, op een kerkhof moeten rusten en hij wordt dan ook voorlopig ter aarde besteld op het katholieke kerkhof van Erbach. Later zal men verder kunnen zien.
Het zijn zware dagen die het jaar 1861 uitluiden en traag en moeizaam komt het jaar 1862 op gang. In brieven aan dominee Feller en zijn oudste dochter vindt Marianne een uitlaatklep. Zij hebben de jongen in diens laatste levensmaanden van dichtbij meegemaakt. Zij zullen haar verdriet kunnen begrijpen.
Toch komt nog een straal van troost haar geslagen moederhart verwarmen. Haar enig overgebleven, wettige zoon, Albert van Pruisen, is diep begaan met het lot dat zijn ongelukkige moeder trof. Hij schrijft haar een hartelijke brief en condoleert haar met het verlies van dit kind. Op de eerste brief volgt een

41. Links: koningin Emma in 1878. Foto: Th. Moleberger, Arolsen. (Collectie Lissenberg.)
Rechts: koning Willem III ten tijde van zijn huwelijk met prinses Emma van Waldeck-Pyrmont. Foto: hoffotograaf F. de Jong te Vevey. (Collectie Lissenberg.)

tweede, ook hartelijk en warm van toon. Als woorden troosten konden... De dood van hun kind drijft Marianne en Johannes van Rossum niet uiteen, al hadden de koninklijke verwanten dat misschien wel gehoopt. Hun levens zijn in de loop der jaren te zeer verstrengeld geraakt om nu uit elkaar te gaan. De geruchten over een huwelijk van die twee zijn echter verstomd en ook de schandaalpers komt er niet meer op terug. Toch is er van enig contact met de Oranjes in de jaren na 1861 nauwelijks nog sprake. Willem III en Sophie hebben zo hun eigen zorgen en al wordt in juni 1863 hun zilveren huwelijksfeest gevierd, van een huwelijk is in feite toch amper meer sprake.
Prinses Marianne is bij deze zilveren bruiloft niet aanwezig. Trouwens, Willem III is voor haar meer de vorst van het oude vaderland dan haar verwant. Ze hebben elkaar niet meer zo heel veel te zeggen.
Ook in 1861 had men haar niet uitgenodigd voor de feestelijke reünie op Soestdijk, waar Anna Paulowna, te midden van haar kinderen en kleinkinderen, opgewekt herdacht dat zij vijfenveertig jaren geleden als jonge bruid naar de Nederlanden was gekomen. Anna Paulowna was niet bijzonder op haar schoonzuster gesteld en na de scheiding van Albert van Pruisen had Marianne voor haar afgedaan.
Zo blijft dan prins Frederik de enige die zo af en toe met zijn zuster van doen heeft en haar de hand boven het hoofd houdt als dit nodig is en het komt maar wat goed uit dat beiden zeer Pruisischgezind zijn. Vooral Marianne staat vierkant achter Bismarcks politiek. Tijdens de oorlog van Pruisen met Denemarken spreekt ze over dat *halsstarrige Denemarken*[7] en het komt niet bij haar op dat juist Pruisen te laken zou zijn. Ook in 1863, als Pruisen zijn buurlanden binnenvalt en Hannover en het hertogdom Nassau slachtoffers worden van de Pruisische machtshonger, kiest Marianne partij voor het wapengeweld. In dit opzicht schijnt ze niet in staat te zijn er een eigen, onafhankelijke mening op na te houden en praat alles klakkeloos na wat haar wordt voorgehouden. Zo schrijft zij dan ook aan intimi te hopen *dat de groote zegenrijke gevolgen, die niet anders dan door den oorlog te weeg waren te brengen, bevestigd mogen worden, tot heil van Duitschland, niet alleen, maar van de menschheid.*[8] Zoals zo velen haalt ze religie en politiek door elkaar en worden God en het Godsrijk er te pas en te onpas bijgehaald. *Want dat staat onwrikbaar vast, Gods rijk op aarde is zichtbaar uitgebreid door den laatsten oorlog en het rijk der duisternis gefnuikt en dat was het doel dat Koning Wilhelm zich gesteld had, toen hij het volk tot de wapens riep, om den ondergang des rijks te verhoeden, die Oostenrijk zich tot doel gesteld had.*[9]
Het is maar goed dat deze brief aan het vrouwtje Van Loenen nooit in handen is gevallen van koning Willem III. Hij zou gebriest hebben van

woede. De koning moet niets van de Pruisische politiek hebben. Hij heeft de inval in het hertogdom Nassau vol woede vernomen en ook al is dit hertogdom sinds de Napoleontische tijd niet meer in handen van de Oranjes, hij voelt er zich toch persoonlijk door gegriefd.
De stemming aan het Nederlandse hof is verdeeld. Willem III en Sophie zijn duidelijk Fransgezind en ook Wiwill, de kroonprins, vaart op de Franse koers, zodat prins Frederik en zijn door-dik-en-dun Pruisische prinses Louise zich min of meer in een isolement zien gedrongen.
„Monsieur Frederik" noemt de koning zijn oom smalend en toch munt juist het jaar 1866 in eerbetoon voor monsieur Frederik uit. Hij viert zijn gouden jubileum als grootmeester van de Nederlandse Vrijmetselaarsorde. Vijftig jaar lang heeft hij zich in dienst van dit geheim genootschap gesteld en er zijn stempel op gezet.
Er is nog meer voorspoed in de familiekring van prins Frederik. Zijn kleindochter, Louise van Zweden en Noorwegen, verlooft zich met de kroonprins van Denemarken en Frederik, de man die nooit een kroon droeg, ziet nu voor een tweede nazaat de koninginnekroon in het verschiet.
Heel wat minder goed gaat het met Willem III en Sophie. Hun huwelijk, of wat daarvoor doorgaat, zit definitief in het slop. Ze leven vrijwel gescheiden, ieder in een eigen paleis. Het is een scheiding als een repeterende breuk, alle zilveren bruiloften ten spijt en de verhalen die daarover in 's-Gravenhage de ronde doen, zijn er dan ook naar.
Toen koningin Sophie besloten had metterwoon naar het Huis ten Bosch te vertrekken, werd in het paleis Noordeinde een soort afscheidsreceptie gegeven daar H.M. de wensch te kennen had gegeven, persoonlijk van de geheele hofhouding afscheid te nemen. Ook Willem III was daarbij aanwezig. Nadat alle Heeren en Dames van de hofhouding afscheid genomen hadden, verliet de Koningin, gevolgd door enkele heeren en dames, die haar hofhouding zouden uitmaken, de audientiezaal.
Nauwelijks hadden zij het vertrek verlaten of de Koning riep met luider stem: „Is er soms nog iemand die met haar mee wil? "
IJzige stilte. Maar daar hoorde men opeens iemand duidelijk zeggen: „Ik, Sire". Hierop trad naar voren Jhr. Paulus Ocker Hendrik Gevaerts van Simonshaven, die tot aan haar dood toe als haar hofmaarschalk de koningin is trouw gebleven.[10]
Weet Marianne van deze verhalen? Het is nu niet bepaald iets om jaloers op te worden en ze moet haar goed gesternte wel danken dat zij niet in dezelfde positie verkeert.
Het gaat ook niet goed met Wiwill, de prins van Oranje, die eens zijn vader zal moeten opvolgen. Hij kiest zich geen bruid. Hij verliest zijn hart aan een meisje dat hij niet hebben mag: Mattie van Limburg Stirum. Zijn broer

Alexander is nog te jong om aan een vrouw te denken. Dat ligt ook niet in zijn aard. Vertroeteld en verwekelijkt door zijn overbezorgde moeder, zal hij als een exentrieke zenuwpatiënt door het leven gaan en ingevolge zijn aard een afschuw hebben van vrouwen. Maar nog is het niet zover, nog is hij onder de hoede van een bekwaam gouverneur. Toch is het zonneklaar dat Alexander niet een man als anderen zal worden. Neen, met afgunst op hun groot geluk hoeft Marianne niet aan de Nederlandse verwanten te denken.
Ze heeft zich tijdens haar huwelijk met Albert van Pruisen wel ontwikkeld tot een echte soldatenvrouw en ook na haar scheiding is deze karaktertrek haar bijgebleven en die komt haar in 1866, wanneer Pruisen en Italië in oorlog zijn tegen de Duitse Bond, bijzonder goed van pas. Ze toont zich dan een echt-Duitse soldatenmoeder en ook al mist ze de aanwezigheid van haar zoon bij de viering van haar zesenvijftigste verjaardag geducht, toch schrijft ze „dapper": *Ik bracht dien* (verjaardag) *alles behalve vroolijk door; want wie konde vroolijk zijn, wanneer de kinderen in gevaar verkeeren; en zoo is het met mij en de mijnen gesteld. Thans ontbrandt de oorlog van alle kanten, maar mij is niet bang, ik ken geen vreeze; echter kan men niet weten, wat de eerste ure zal brengen. Thans meer dan ooit is de tijd om vast te houden aan de leuze: Doe uw plicht, voor de toekomst blind en zijt onderworpen aan Gods bestel!* [11]
Dat Gods wegen anders kunnen zijn dan de Pruisische politiek voor wenselijk zou houden, komt niet bij haar op, want in 1867 schrijft zij *Mijn zonen* (kennelijk rekent ze haar schoonzonen daar ook bij) *zijn te velde getrokken, omdat de Koning beval en God heeft hen daar, als overal, beschermd en behoed. Ik zag hen weder en dankte God daarvoor. Had Hij anders beschikt, ook dan had ik hem gedankt, want zij waren voor de groote zaak gevallen en mij slechts wat vooruit naar Gods Hemelrijk gegaan.* [12]
Zeker, Marianne kent de dood, maar toch krijgt men bij het lezen van haar brief wel het gevoel dat ze makkelijk praten heeft nu alles zo goed is gegaan. Want hoeveel tranen heeft ze niet vergoten om de kleine Johannes Willem toen hij haar *slechts wat vooruit naar Gods Hemelrijk* was gegaan? Hij, de bloem van Mariannes leven, rust sedert 28 juli 1865 in het kleine mausoleum, dat zijn moeder voor hem heeft opgericht in het door haar geschonken kerkje van de Evangelische Gemeente te Erbach. Geregeld komt zij bloemen leggen op de sarcofaag van haar jongen. Stöver, een Nederlandse beeldhouwer, heeft zij opdracht gegeven tot het maken van het grafmonument achter het altaar en het engelenfiguurtje op de graftombe.
Marianne heeft haar liefste kind twee inscripties in de dood meegegeven: *Ruhe sanft Liebling* en *Seine Seele gefällt Gott, darum eilet Er mit ihm aus diesem Leben*[13] en dan natuurlijk zijn naam en de data van zijn geboorte en overlijden.

42. Kroonprins Willem (1840-1879). Zijn dood te Parijs, nu precies honderd jaar geleden, was oorzaak van een stroom van geruchten. Hij stierf niet aan de gevolgen van een duel. Zijn door (suiker?)ziekte ondermijnde gestel begaf het snel toen de prins een ernstige kou opliep. Foto. (Collectie Lissenberg.)

De bouw van het kerkje is met veel tegenslag gepaard gegaan, de architect kreeg een ongeluk, een van de pijlers stortte in, maar wat Marianne wel het diepst moet hebben getroffen is wel de houding van de kerkeraad, die ruim een jaar na de blijde aanvaarding van de vorstelijke schenking zich plotseling heeft bedacht en bezwaar heeft gemaakt tegen de in de akte voorkomende clausule: *Deze grafkelder moet bovendien nog ruimte bieden voor twee andere sarcofagen, waarvan het gebruik volkomen aan mijn wil moet worden overgelaten.* Twee sarcofagen. De ouders zullen bij hun kind begraven worden. En de kerkeraad bedenkt zich. Johannes van Rossum mag er niet in.
Marianne voert er een hele correspondentie over met dominee W. Ulrich te Erbach. Ten slotte haalt ze bakzeil. In september 1862 verandert zij haar testament. Als de dood hen roept zullen zij in een graf begraven worden: Johannes van Rossum en zij. En als het dan niet in de kerk mag, dan maar gewoon op het kerkhof, vlak tegenover Reinhartshausen.
In het jaar 1865 komt nog een ander bouwwerk gereed. De bouw van het slot Camenz is met succes bekroond. Statig verheft het zich op de berg. Een slot met acht ronde torens, twee binnenplaatsen en honderd drieënvijftig kamers en een blinkend wit terras uit het zuiverste marmer, dat boven het voorportaal is gebouwd. De afmetingen van het terras zijn reusachtig; het is vijfendertig meter lang en vijftien meter breed. Het gehele gebouw ademt een romantische sfeer. Hier heeft Marianne zich waarlijk uitgeleefd en het restultaat heeft veel weg van een kruising tussen een oude Duitse ridderburg en een Siciliaans roversnest.
Het is in Camenz dat Marianne voortaan het kerstfeest met al zijn trieste herinneringen pleegt te vieren. Niet in Reinhartshausen, dan zouden die dagen haar te zwaar vallen. De kleinkinderen brengen het kerstfeest in sprookjessfeer door; ze hoeven maar naar de slotkapel te gaan en naar de muren te kijken; de brokjes goudmozaïek maken die tot muren van goud. Het is een herinnering aan de schoonheid van de kathedralen en kastelen in Sicilië, waar eens Johannes Willem het levenslicht zag.
En 's avonds als het donker wordt – en dat is in de kersttijd al vrij vroeg – worden de terrassen en het voorplein verlicht door talloze gaslantaarns. Camenz is een stralend kasteel, een koninklijke woonplaats voor een koningsdochter en men zou bijna vergeten dat ze een uitgestotene is. Haar nageslacht zal dit erven, een koninklijke nalatenschap voor haar enige, wettige zoon, die van zijn spilzieke vader weinig te verwachten heeft.
Heel wat minder koninklijk is het verhaal dat in Wassenaar als een lopend vuurtje rondgaat. Het zal in de jaren 1856-1870 – of daaromtrent – gebeurd zijn en vooral prins Frederik zal het er moeilijk mee gehad hebben. Steeds weer komt Marianne in opspraak. De scherpe kantjes tussen broer en zuster zijn in de loop van de tijd wat afgesleten. Het *kind der schande* is

dood en *ofschoon in het begin de verhouding tot hare dubbele schoonzuster wel wat stroef moet zijn geweest, bracht de loop der jaren mede, dat er wat vergeten en vergeven werd en zoo verscheen de prinses niet vaak maar toch wel eens op haar broeders zomerverblijf de Pauw te Wassenaar. Zoo ook op eenen zomeravond, eenen Zaterdag. Daar waren eenige gasten, gelogeerd en voor den dag. Er werd op Duitsche wijze geleefd; na de thee werd wat gekuierd in de plaats en de overbosschen van Raephorst en tegen het vallen van den avond keerde men huiswaarts voor een kort souper. Tot algemeene ergernis had de prinses vrijwel voortdurend gewandeld met een jongen palfrenier, dien zij ontdekt had.*[14]

En dat doet in roddelgraag Wassenaar natuurlijk meteen de deur dicht. Alleen prins Frederik schijnt er niet van geweten te hebben, of een wat minder ongunstige uitleg aan die wandeling gegeven te hebben.

Frederik kent zijn zuster. Hoe vaak heeft ze niet uit louter plaagzucht de mensen tegen zich in het harnas gejaagd? *Op haar aandringen stemde Prins Frederik toe, dat zijne zuster zou overnachten.*[15] Misschien ging dat niet van ganser harte, maar afwijzen wil Frederik zijn zuster toch niet. Mogelijk troost hij zich met de gedachte dat Marianne ouder en dus wijzer is geworden. (De) *Volgende dag was er bediening van het H. Avondmaal in Wassenaar's kerk en dat werd ook bijgewoond door de vorstelijke familie. Toen prinses M*(arianne) *echter als eene der eersten met de haren in aantocht was, zeide de predikant, Ds L.J. van Rhijn met verheffing van stem: „K(oninklijke) H(oogheid) Uw ergerlijke levenswandel verbiedt mij, U toe te staan, de tafel des Heeren te naderen". Hoewel tegen de 60 jaren lopende, ontzag de prinses zich niet, haren arm op te heffen om den predikant op zijn gezicht te slaan, doch diens dochter Julia, zag het, greep in en leidde de prinses ter kerke uit, waar zij buiten de gesloten deur nog bleef narazen.*[16]

Ondanks het incident gaat de avondmaalsviering gewoon door alsof er niets gebeurd is, maar *alle aanwezigen zijn ontroerd en verontwaardigd.*[17] Het is een ongelukkig voorval dat met wat meer tact gemakkelijk voorkomen had kunnen worden en het is vanzelfsprekend weer prins Frederik die in de weer gaat om de plooien glad te strijken. Hij is een goede vriend van dominee Van Rhijn, die zo openlijk zijn zuster als onboetvaardige zondares haar plaats heeft gewezen.

Frederik is een goed diplomaat. Hij wacht zijn tijd af. Misschien moet hij eerst zelf wat bekomen van de schok. *Terstond na den dankdienst, die des namiddags na het Avondmaal gevierd werd, deed de Prins inspannen en vertoefde geruimen tijd ter pastorie. Wat daar besproken is, weet niemand, maar wij kunnen er allicht naar gissen en de uitslag is geweest, dat men in het kerkarchief van Wassenaar tevergeefs zal zoeken naar ook het minste bericht over dit opzienbarend en treurig feit, dat de aanwezigen echter nooit hebben kunnen vergeten.*[18]

Zo wijs en mild als Frederik zijn alle aanwezigen echter niet. Eén ziet de kans schoon om bij koningin Sophie een wit voetje te halen. Die aanwezige *was verbonden aan het Militaire Huis des Konings en achtte het zijnen plicht, zoodra mogelijk naar de residentie te vertrekken en het beleefde te verhalen aan Koningin Sophie, die het Huis ten Bosch bewoonde.*[19]
De sensatie is groot en koningin Sophie grijpt meteen haar kans om haar ontrouwe echtgenoot nog eens duchtig dwars te zitten en zijn zondagmiddag te vergallen. *Er was nogal wat gezelschap aanwezig, doch de Koningin oordeelde, dat Z.M. gewaarschuwd moest worden en deze met de boodschap in kennis gesteld, dat er belangrijk nieuws was, verscheen, niet weinig verstoord over zijn onderbroken biljartpartij in zijn paleis aan het Noordeinde. Toen de officier aan Z.M. het gebeurde herhaald had, volstond deze met de woorden: „Dan zal ze weer dien verdomden pol* (bargoens voor minnaar of souteneur) *van haar bij zich gehad hebben".*[20]
Maar daarin vergist de koning zich. Marianne schijnt haar Johannes wel veel, maar lang niet altijd bij zich te hebben. Overigens heeft dit muisje geen staartje. Meer dan wat koninklijke ergernis komt er niet uit voort. Trouwens, wat kan de koning eraan doen? Formeel staat de dominee in zijn recht. Wel is duidelijk dat er met twee maten wordt gemeten. De koning is nog nooit van de avondmaalstafel heengezonden, al is zijn levenswandel nog zo ergerlijk en hij kan het gebeurde hoogstens als een waarschuwing beschouwen. Is dat wat Sophie in haar verbittering nagestreefd heeft?
Begrip voor de houding van dominee Van Rhijn, zal Marianne wel niet hebben gevoeld. In haar vele brieven openbaart ze zich bij voorkeur als een vrome, geslagen vrouw zonder inzicht in eigen falen. De oude strijd tussen willen en kunnen, die in haar handschrift aantoonbaar zijn weerslag heeft, is nog lang niet uitgestreden. En zo blijft haar relatie met Johannes van Rossum *de* twistappel, die haar leven zowel verzacht als vergiftigt. Zonder hem kan ze niet door het leven gaan en met hem mag ze niet en alleen door hem als secretaris aan zich te verbinden, gelukt het haar om hem mee te nemen waarheen zij wil.
In 1870 bezoeken beiden nog eens het voorvaderlijke Loo en wandelen door de lange lanen, die zoveel herinneringen aan thuis en aan vroeger voor Marianne bewaren. Hebben zij er toen over gesproken? Het is de laatste maal dat zij samen door het geliefde park wandelen, de drieënzestigjarige Johannes van Rossum en de tweeënzestigjarige prinses. Ondanks alle verdriet en verguizing gaan zij eendrachtig op weg naar de ouderdom. Herinnert Marianne zich nog dat ze er eens gewandeld heeft met die andere man in haar leven, met Albert van Pruisen, haar ex-echtgenoot?
Rosalie von Rauch, nu gravin van Hohenau, heeft voor Albert het weduwenkleed aangetrokken. Albert is dood. De vader van Mariannes kinderen is niet

meer. Treft het haar? Is ze toch nog een beetje bedroefd? Of was hij zo'n vreemde voor haar geworden dat zij zich het nog maar nauwelijks voorstellen kan dat ze eens – lang geleden – met hem getrouwd is geweest?
De dood, die Albert van Pruisen ten grave gesleept heeft, hecht zich ook aan het voetspoor van die twee al ouder wordende mensen in Reinhartshausen. Marianne schijnt zich al jarenlang zorgen te maken over de borstkwaal waaraan Johannes lijdende is. Ze heeft alles gedaan wat in haar vermogen ligt om hem te doen genezen. Rust, een verblijf in het zachte klimaat van Italië; het heeft allemaal niet mogen baten. In maart 1873 wordt Johannes ernstig ziek en de prinses verpleegt hem dag en nacht. Drie weken zit ze aan zijn bed en dan – begin april 1873 – sluit hij voorgoed de ogen.
En weer staan er hoge christelijke feestdagen voor de deur. De kleine Johannes Willem overleed op de eerste kerstdag. Nu, twaalf jaar later, wordt zijn vader op tweede paasdag begraven. Op het kerkhof te Erbach, recht tegenover het kasteel Reinhartshausen.
Bitter bedroefd vlucht Marianne naar Camenz. Het is maar goed dat zij haar zoon Albert daar verwacht. Hij komt haar daar opzoeken samen met Marie van Saksen-Altenburg, zijn jonge bruid. Het paar is op de huwelijksreis. Bovendien moeten er ook financiële kwesties geregeld worden. Marianne staat het slot Camenz af. Voortaan zal hij hier het bewind voeren. En eerst in mei krijgt ze tijd om brieven te beantwoorden, die haar naar aanleiding van Johannes' dood bereikt hebben. Ze is dan op Rusthof. Het zijn maar gewone burgers die haar schrijven, zoals August Spiess, rector van het gymnasium in Dillenburg, en het trouwe vrouwtje Van Loenen. Meer dan uit iets anders, blijkt uit haar correspondentie uit die dagen hoezeer zij een verstotene is in eigen kring. De vorsten en vorstinnen, die haar als verwanten het naast zouden moeten staan, laten het afweten. Op 17 mei 1873 schrijft ze aan haar lieve vrouwtje Van Loenen een onthullende brief over het lijden en sterven van haar minnaar:
Zijn zwaar en lang lijden maakt het mij en allen, die hem kennen, tot een dure plicht, God te danken voor zijn verlossing van ramp en pijn; maar desniettemin blijft de plaats, die hij gedurende meer dan 28 jaren aan mijne zijde bekleedde onbezet en de leegte niet aan te vullen, en dat doet zeer. Over mijn gezondheid heb ik niet te klagen; ik heb de kwalen eener ziekte van drie volle weken van mijn vriend en raadsman, zonder stoornis bijgewoond, zijn laatsten ademtocht ontvangen, zijn trouwe oogen gesloten, en wacht nu dat het God behage ook mij weg te nemen...[21]
Niet alleen de minnaar mist zij, ook de raadsman. In brieven aan Duitse vrienden beschrijft ze zijn rechtschapenheid, zijn heldere kijk op zakelijk terrein en vooral zijn zeldzame mensenkennis. Toch schijnt hun verhouding niet meer zo innig geweest te zijn als voorheen. Ze is vervuld van berouw dat

ze in het laatste jaar minder naar zijn raad heeft geluisterd dan in voorgaande jaren het geval was geweest en het vermoeden wordt gewettigd dat zij reeds de wrange vruchten van haar gewijzigde houding heeft geplukt. Heeft Johannes haar afgeraden de prachtige bezitting Camenz al bij haar leven aan haar zoon af te staan? Men zou het bijna gaan denken. Toch heeft ze dit kasteel – een schepping van de Nederlandse architect Schinkel – niet voor zichzelf gebouwd en heeft dit eerder gezien als het scheppen van een compensatie voor haar enige, wettige zoon, die van zijn verkwistende vader geen grote erfenis te wachten had.
Nu is er geen Johannes van Rossum meer om haar raad te geven en bij te staan, want wat er ook over Marianne en haar vriend gezegd kan worden, niet dat ze elkaar – op hun manier – niet liefhadden. En opvallend is wel dat men in Duitsland Van Rossum heel anders beoordeelde dan in de Nederlanden.
Robert Heck, die als kostschooljongen de oud geworden prinses Marianne had leren kennen, weet te vertellen dat dominee Feller en zijn dochter Auguste Johannes van Rossum zeer hoog hebben geacht. Hij heeft dit weliswaar niet zelf gezien, maar het gehoord van Auguste, die na de dood van haar vader een eigen internaat in een grotere stad begonnen was, waar Marianne haar dikwijls heeft bezocht. Ook de verhalen dat Johannes haar slecht en ruw behandeld zou hebben weerspreekt hij met klem.
Toch blijft ook de dood van Johannes van Rossum een mysterie. Terwijl men er algemeen van uitgaat dat hij aan vliegende tering zou zijn gestorven, geeft Robert Heck een andere verklaring. Johannes zou jarenlang ziek geweest zijn. Brieven hierover bestaan echter niet meer. Auguste Feller zou ze na Mariannes dood verbrand hebben en het zou Robert Heck slechts met moeite gelukt zijn een twintigtal brieven uit het haardvuur te redden. En ook de kinderen en kindskinderen van Mariannes bedienden uit Voorburg zijn een andere mening over de werkelijke doodsoorzaak toegedaan. Zij zeggen dat Johannes van Rossum bezweken zou zijn aan de gevolgen van een moordaanslag. Wat is waarheid? Weer doemt die vraag voor ons op.
Is hier soms sprake van een welbewaard geheim? Marianne spreekt over een ziekte van drie weken, wat een jarenlange kwaal schijnt uit te sluiten. Of hebben wij te maken met een ongewilde vermenging van twee feiten? Is het verhaal van de vechtpartij, behoorlijk letsel ten gevolge hebbende, en de plotselinge dood van de jonge Johannes Willem op een tijdstip dat zijn vader nog maar nauwelijks bekomen was van het pak slaag, dat de lakei Klijn hem had toegediend, onwillekeurig verward met de geschiedenis van zijn dood?
Doofpot of geen doofpot? De geschiedenis zwijgt en er blijft voor Marianne niet anders over dan Johannes' graf op het kerkhof te Erbach te versieren met een prachtige kopie van Thorwaldsens zegenende Heiland en het op-

43. *Begrafenis kroonprins Willem (Wiwill). Prent van T. Bichon in De Protestantsche Illustratie, 1879.*

schrift: „Ik ben de opstanding en het leven; die in Mij gelooft zal leven, al ware hij ook gestorven."

Nu is er geen voetstap meer om naar te luisteren, geen vertrouwde mannenstem die tot haar spreekt. Voor Marianne is er alleen maar de herinnering. Levend gehouden door de vele portretten van een man in jagerskostuum. Zij zullen aan latere bezoekers opvallen en een van hen, de schrijfster Kautzmann-van Oosterzee, zal ze als volgt beschrijven: *Ik had gedurende het ontbijt mijn oogen den kost gegeven en was getroffen door een levensgroot portret van een jongen man in Jagersuniform. Het gelaat door een donkere knevel en baard omgeven was zoo edel van vorm, de oogen zoo donker en diep, dat ik telkens opnieuw daarheen moest zien. Zijne borst was met ridderorden (sic!) versierd. Het schilderij, door een kundig artist geschilderd, had eene goede plaats en belichting – en men zag op de schrijftafel en op de schoorsteen verschillende portretten in verschillende poses van denzelfden persoon.*[22]

In haar jongemeisjes onschuld beseft ze niet, wie dit toch wel wezen kan. *Ik waagde het te vragen of dit het portret van den Prins was. „Och," zei Fraülein Donner, „het doet er niet toe, het is hier wel aan iedereen bekend wie het is, want de meesten der hofhouding herinneren zich nog het origineel."*[23]

Zo, mijmerend over haar verloren geliefde, slijt Marianne haar dagen. Op dertig oktober 1873 bezoekt ze het graf van haar kleine Johannes. Als hij was blijven leven zou hij juist vierentwintig jaar geworden zijn. Ze gaat niet alleen. De gouverneur van de jongen, Hess, is bij haar. Hij heeft zijn vrouw en dochter ook meegebracht en de oude kinderjuffrouw Hilden. Haar ogen zien het grafmonument niet. Sinds enige tijd is ze volkomen blind.

Marianne schrijft dit bezoek aan haar vriendin Auguste Feller: *Veel is er veranderd, maar we geloven in de vergeving onzer zonden, in de opstanding en het eeuwig leven tot heerlijkheid van God, want in geloof is onze troost en hoop.*[24]

En ze houdt zich bezig met het borduren van bijbelteksten en spreuken. Op Rusthof hangen tientallen van deze blijken van huisvlijt. Ze zijn keurig netjes ingelijst. Op Reinhartshausen hebben ze nog enig nut. Daar zijn het purperkleurige tochtdekens, kwistig geborduurd, zoals dat ene, grote doek, dat een ereplaats krijgt omdat het gemaakt is in die donkere tijd vlak na Van Rossums dood. Al haar verdriet heeft Marianne daar met de naald op afgereageerd: *Begraaf uw doden diep in uw hart, zij zullen heel uw leven geen doden voor U zijn.*[25]

XIX. FINALE

Ook zonder Van Rossum gaat het leven door. Onverbiddelijk voert de levensstroom Marianne mee, de omgang met anderen wordt zelfs wat gemakkelijker, want de gevoelige plekken, veroorzaakt door zijn aanwezigheid, beginnen te verdwijnen. Nu hij er niet meer is, oordelen velen wat milder over de prinses – *ondanks haar fout een schat van een vrouw*[1] – en de scherpste kantjes beginnen wat af te slijten. En het kan bijna niet anders of ook voor Mariannes kinderen uit haar huwelijk met Albert van Pruisen wordt de verhouding met hun moeder wat meer ontspannen dan voorheen. Toch moet de wetenschap dat buiten haar niemand om het verscheiden van Johannes van Rossum treurt, een bittere gewaarwording voor de prinses zijn.

Het leven biedt haar niet veel meer zonder haar geliefde. Heeft ze in 1865, dus drie jaren na de dood van haar Johannes Willem, al eens aan haar vrouwtje Van Loenen geschreven: *Ja, gelukkig ben ik reeds zo oud, en de tijd kort op, die mij van het eeuwige leven scheidt. Ik tracht mijn uren, dagen, maanden, jaren te tellen en er winst mede te doen, maar genoegen aan dit leven kan ik niet meer hebben; dat begrijpt Gij toch wel, want Gij hebt mij gelukkig gekend, beste Vrouw van Loenen!* [2]

Na de dood van haar geliefde telt dit alles nog veel meer en drukt de last van de jaren zwaarder. Ze is nu eenenzestig jaar oud en haar haar is grijs, haar wangen zijn rimpelig geworden en haar ogen hebben een intens vermoeide, uitgebluste blik. Rusteloos reist ze heen en weer van de ene bezitting naar de andere. Al is ze in vele opzichten een echte Duitse geworden, toch trekt haar hart altijd weer naar het oude vaderland. Wel schrijft ze aan vrouw Van Loenen: *Ik blijf nog een paar dagen alhier; het zijn voornamelijk de godsdienstoefeningen, die ik in Duitschland vermis, niet dat ik er geen kerk heb, maar de predikanten zijn zoo geheel anders en nu weder aan de onze gewoon te worden, vermis ik het krachtig Hollandsch woord en lied,*[3] maar haar taal wemelt van de germanismen. Ze heeft daar blijkbaar helemaal geen erg in en schrijft onbekommerd verder, haar hart uitstortend in merkwaardig kromme zinnen.

Met de kerk van Voorburg en haar ambtsdragers staat ze op goede voet en van moeilijkheden, zoals eens te Wassenaar, hoort men daar niet. Marianne, van haar kant, toont zich een vrijgevig lidmaat en het fraaie orgel dat de Voorburgse kerk siert, heeft zij in 1878 geschonken.

Ze is nog altijd een religieuze vrouw en het oude verlangen naar een geestelijk leidsman, een biechtvader als het ware, steekt weer de kop op als zij een preek van de beroemde professor Van Oosterzee aanhoort.

Toen, in den ergsten nood van haar hart, bezocht zij de Groote Kerk in de Residentie, waar mijn vader sprak.

En diep getroffen, tot in haar innigst Ik geroerd, had zij geluisterd. Dat was immers juist het woord dat Zij nodig had, en zij gevoelde, dat die man, zeer zeker haar zou kunnen begrijpen en vertroosten in haar ontzettend zieleleed en haar verlangen naar vrede. De overladen volle kerk, het prachtige orgelspel – ze lette er niet op, maar ze schreide.

Zij wilde dien man leeren kennen, die haar zozeer wist te treffen, en van dien middag werd mijn vader haar tot vriend en om zoo te zeggen tot biechtvader. Menige reis naar Utrecht (Van Oosterzee woont in die stad) *was daarvan het gevolg en menig stil uurtje werd daar op de studeerkamer aan gesprek en gebed gewijd.*[4]

Deze nieuwe, geestelijke geborgenheid heeft een gunstige invloed op de prinses. Haar vriendschap strekt zich dan ook uit tot het hele gezin Van Oosterzee, waar ze met warme hartelijkheid wordt verwelkomd. Als ze op Rusthof verblijft, gaat zij om de zes of acht weken naar Utrecht. Voor het gezin van Van Oosterzee is het dan een drukte van belang. Een zware loper wordt uitgerold. *Dat was een prachtlooper en zóó lang, dat als hij niet tot aan de straat was uitgetrokken, hij heel achter in de gang bij de tuindeur op een zware rol gewikkeld lag... en mijn moeder stelde er een eer in dat dit zulk een degelijk, zwaar stuk was.*[5]

Als de prinses op bezoek komt, komt dit prachtstuk van de familie Van Oosterzee volkomen tot zijn recht; de loper wordt dan in volle lengte uitgerold tot *over de brede brug, die toegang gaf tot ons huis.* De Van Oosterzees wonen mooi en zijn daar, niet ten onrechte, trots op.

Vorstelijke bezoeken hebben nu eenmaal altijd heel wat voeten in de aarde, zelfs de bezoeken van de verstoten prinses Marianne. *De hofrijtuigen werden dan daags van te voren gezonden, stalden bij Groenekan en reden het Stationsplein tijdig op en neer, trokken veler aandacht, zoodat het incognito niet altijd bewaard bleef.*[6] En zo is er toch wel altijd een haag van nieuwsgierigen als Marianne het mooie huis van de professor betreedt. Het gewone volk gaapt haar onbeschroomd aan, maar de deftige buren van de al even

deftige professor gaan wat subtieler te werk. Zij talmen alleen maar wat op hun stoep en veinzen de huissleutels niet snel te kunnen vinden, wat voor de professorsfamilie dan weer ogenblikken van stille triomf oplevert.
Heel wat minder omzichtig gaat Marianne te werk. Heeft een van haar Pruisische ex-hofdames, die haar na lange tijd terugzag, eens pinnig opgemerkt dat Marianne zelfs in haar kleding beneden het peil van een koninklijke hoogheid was afgezakt, de dienstboden Mietje en Keetje van de familie Van Oosterzee hebben daar ook geen hoge dunk van.
Phie van Oosterzee, de enige professorsdochter die nog ongetrouwd is, weet daarvan mee te praten! *Ik overviel Mietje en Keetje, de beide dienstboden in de kleine tuinkamer, waar de mantels en hoeden waren afgelegd. Mietje hield juist de zware fluweelen cape van de Prinses in handen. „Nu, dat is ook mooi van buiten, maar kaal van binnen," zei ze tegen haar kameraad en ze liet een paar flinke scheuren in de voering zien: „Zoo'n kapot ding zou zelfs ik niet willen aantrekken."*[7]
Maar al bekommert Marianne zich dan niet of nauwelijks over wat scheuren in haar voering, ze is wel altijd bereid om mensen, die in moeilijkheden verkeren, te helpen. Dat ondervindt ook Sophie van Oosterzee. Ze is tegen de zin van haar ouders in stilte verloofd met een jongeman die maar weinig uitzichten heeft. Als hij dan ook nog voor een examen zakt en er geen verdere fondsen zijn om hem in staat te stellen zijn studie nog langer te bekostigen en de verloving schipbreuk dreigt te lijden, benoemt de prinses hem tot bibliothecaris in Voorburg. Er is genoeg voor hem te doen. De biliotheken in Voorburg, Reinhartshausen en Silezië bevinden zich in een staat van complete chaos. Gecatalogiseerd is er vrijwel niets. Dat heeft Johannes van Rossum – eens bibliothecaris van de prinses – aan zijn opvolger overgelaten.
Nu ze toch in Reinhartshausen is, neemt Marianne het meisje Van Oosterzee mee op een wandelrit. Ze wil haar het graf van de kleine Johannes Willem laten zien. Er liggen verse bloemen op. *De Prinses zag er vol ernstigen weemoed naar, en ik merkte op, hoe de tranen haar in de oogen welden.*[8]
Op de terugweg slaagt Marianne erin tegen dit jonge meisje haar verdriet onder woorden te brengen: *Kind, je hebt nog nooit iemand verloren, niet waar, die je heel lief was, maar als dat gebeurt dan voel je een stuk van je eigen ziel meegaan in het graf. Bedenk dan, dat over de graven heen de weg leidt naar huis...*[9]
Dat is Marianne ten voeten uit. Hoe groot het verdriet, dat haar treft, ook moge zijn, steeds weer trekt zij zich op aan het geloof in een almachtig God, een vader in de hemel en de verwachting van een eeuwig, gelukkiger leven. Ze komt daar rond voor uit en laat zich door geen enkele tegenspraak van de wijs brengen. Eenvoudig van aard als ze is, spreekt ze met kinderlijke een-

voud van haar geloof. Dat is haar levenswinst, haar goud dat zijn glans niet verliest en niet in waarde verminderen kan.
Marianne let er ook niet meer op of haar bezoekers op een hoge, adellijke titel kunnen bogen en het kan haar geen zier schelen of de mensen in haar omgeving wel hun adel met het vereiste aantal kwartieren kunnen staven. In haar naaste omgeving treft men meer burgers dan leden van de adel aan. Op Reinhartshausen zijn dat een gewone juffrouw Donner, een heer en mevrouw Van 't Hoff, de intendant Lintz en een zekere freule Thecla. Zij zitten aan aan haar tafel en met hen overlegt zij, want haar kinderen zijn of dood of ver weg en hebben haar niet meer nodig. Het is een wetenschap die af en toe nog zachtjes naschrijnt: *Prins Albrecht van Pruisen is Vader en behoeft geen Moeder; de hertogin Wilhelm von Mecklenburg* (dat is haar dochter Alexandrine) *nog veel minder; beiden hebben hun eigen familie.*[10]
Ach, ze zijn uit elkaar gegroeid. De tijd eist zijn tol en ook het feit dat Alexandrine in haar vroege jeugd haar moeder maar amper heeft meegemaakt en met haar broer is opgevoed door het kinderloze Pruisische koningspaar. Het is al lang mooi dat Marianne in een wat opgewektere bui kan schrijven: *Mijne Kinderen en Kleinkinderen gaat het wel; ik heb van dien kant niets te klagen; zij houden allen van de oude grootmama.*[11]
Schrijnend is ook wat Marianne in het jaar 1875 overkomt. Het is zuivere onwil en plagerij dat het oude verbanningsdecreet weer van stal wordt gehaald nu zowel haar ex-echtgenoot als haar minnaar al enige jaren dood zijn. Niemand zou zich gekwetst kunnen voelen indien haar zou worden toegestaan tenminste één dag officieel op Pruisisch grondgebied te vertoeven om in Dillenburg de inwijding van de Wilhelmsturm – de Willemstoren – op de Schloszberg bij te wonen.
Zonder dat haar ook maar een strobreed in de weg werd gelegd, heeft ze in de afgelopen jaren de Nassause landen en vooral ook de Dillenburg – voor zover daar wat van over is – bezocht. Voor de Wilhelmsturm heeft ze zelfs de eerste steen gelegd en tweederde van de kosten gedragen, maar nu dit monument voor haar grote voorvader Willem van Oranje officieel ingewijd zal worden, mag zij er niet bij zijn. Het is weer het oude liedje. Marianne's geld is in Pruisen altijd welkom geweest, maar zijzelf niet.
Zo wordt zij de grote afwezige op het feest in Dillenburg. Wel wordt zij er vertegenwoordigd door haar zoon Albrecht, maar het is toch het ware niet. Maar al is zij verhinderd door de kleingeestige plagerijen van de Pruisische koningsfamilie om naar Dillenburg te komen, vergeten is ze op de inwijdingsdag niet. De burgemeester van het stadje prijst haar in zijn feestrede bijna uitbundig om haar vrijgevigheid bij de torenbouw.
De prinses doet nog meer. Ze geeft de schilder Klein Brandes, die als conservator haar klein museum bij Reinhartshausen beheert, opdracht om zeven

TOEGANG-KAART

OM OP

DEN 17 JULI 1884,

TER GELEGENHEID VAN DE

PLECHTIGE BEGRAFENIS VAN WIJLEN

Z. K. H. DEN PRINS VAN ORANJE,

ZOOWEL TE 'S GRAVENHAGE, ALS LANGS DEN WEG NAAR EN IN DELFT TOT AAN DE NIEUWE KERK,

VRIJ EN ONGEHINDERD TE WORDEN DOORGELATEN,

MET OF ZONDER RIJTUIG.

De Opper-Ceremoniemeester des Konings,

BARON DU TOUR VAN BELLINCHAVE.

Gezien.

De Hoofdcommissaris van Politie te 's Gravenhage,

De Commissaris van Politie te Delft,

44. Laissez-passer ter gelegenheid van de begrafenis van prins Alexander. (Gemeentearchief Den Haag.)

schilderijen te maken over het leven van haar grote voorvader, schilderijen die voor de Wilhelmsturm bestemd zijn. Het is een grote opdracht, waar veel tijd mee gemoeid is en het is alleen maar jammer dat na Marianne's dood haar zoon Albrecht (ook wel Albert genoemd) die opdracht vierkant loochent. Hij kan dat ook gemakkelijk doen; het is een mondelinge opdracht geweest – mogelijk in een spontane opwelling gegeven, maar nooit schriftelijk bevestigd – en de arme Klein Brandes blijft mooi met zijn kunstwerken zitten en schenkt ze ten slotte aan het gemeentebestuur van Dillenburg.

Maar zover is het 1875 nog lang niet. Marianne heeft nog heel wat jaren te leven en als ze in die tijd opnieuw op Rusthof verblijft, trekt een andere, hoogst pijnlijke zaak haar aandacht. De kinderen Der Nederlanden – nu oud en grijs en ziek geworden – gaat het niet goed en ze moeten letterlijk om een aalmoes smeken. Vooral met Willem der Nederlanden is het slecht gesteld. Hij is zwaar ziek geweest en kan niet meer werken en de directie van Frederiksoord (waarnaar hij in arren moede is teruggekeerd) is deze onfortuinlijke kolonist liever kwijt dan rijk.

Marianne moet er op een of andere manier van gehoord hebben. Hoe is niet helemaal duidelijk. Misschien heeft prins Frederik er iets over gezegd. Misschien dateert haar wetenschap al van oudere datum. Hoe dan ook, meer dan iemand anders beseft Marianne wat het is om als een verstotene door het leven te moeten gaan en warm voelende vrouw die zij is, besluit zij om zelfs eens poolshoogte te gaan nemen. Zo moet het ongeveer in zijn werk zijn gegaan, want na jaren weten dorpelingen het nog na te vertellen, dat mooie verhaal van de prinses op bezoek in het kolonistenhuisje van Willem der Nederlanden. De prinses, die daar op een stoel zit en de man in kolonistendracht aankijkt. Zijn zij halfbroer en halfzuster? Of tante en neef? Wie zal dat zeggen?

Willem der Nederlanden zou kaarsrecht voor zijn koninklijke bezoekster gestaan hebben, zonder een spoor van nederigheid in houding of stem. Hij zou zich niet gehaast hebben toen hij naar huis geroepen was omdat de prinses naar hem vroeg. Hij zou ook zijn zondagse kleren niet hebben aangetrokken die dag, hoewel het hele dorp vanaf de vroege ochtend al gegonsd had van geruchten over het prinselijk bezoek. Hij was niet thuisgebleven, maar was op het land gaan werken en had alleen zijn pak een beetje afgeborsteld en zijn handen gewassen voordat hij oog in oog met zijn hoge bezoekster kwam te staan. Zo luidt de legende. En als de prinses hem vraagt of hij tevreden is met zijn lot, krijgt zij een trots antwoord. Ja, Willem der Nederlanden is tevreden. Willem der Nederlanden kan dat ook zijn. Want Willem der Nederlanden heeft een rustig geweten! En hij moet de hand op zijn hart gelegd hebben toen hij dat antwoord gaf.

Het is niet Marianne's enige contact met de kolonie Frederiksoord. Ieder

jaar komt bij de directie een anonieme gift van achtduizend gulden binnen en niemand beseft dat Marianne de schenkster is. Kort na de dood van de kleine Johannes Willem is ze daarmee begonnen en ze zal dit tot aan haar levenseinde volhouden. Is het misschien het bedrag dat zij jaarlijks voor de opvoeding van haar jongste had gedacht te besteden? Men zou het bijna denken.
Het aandenken aan haar jongen bewaart Marianne als een kostbare schat. Daarvan getuigt haar briefwisseling met Auguste Feller. Met haar kan zij over de jongen spreken. Auguste kan haar begrijpen. Trouwens, evenals Johannes Willem is Marianne veel gaan houden van die fijngevoelige vrouw met de warme, donkere ogen, die ondanks haar heupgebrek in staat is een heel stelletje woelige jongens te regeren en die na de dood van haar vader een florerend internaat in Wiesbaden leidt.
Auguste komt dikwijls in Reinhartshausen op bezoek en ook de prinses verschijnt af en toe bij Auguste in Wiesbaden. Voor de jongens is dat altijd een groot avontuur. Het is heel wat om een prinses op bezoek te krijgen, al is ze oud en al draagt ze een kapotje met lange, geborduurde linten. Een heel enkele keer mogen een paar jongens mee met Auguste naar Reinhartshausen. Dan worden ze door Fraülein Donner en hofmeester Hartman luisterrijk onthaald. Er is chocolademelk en gebak en de jongens smullen naar hartelust. De prinses is daar niet bij. Wel komt ze eventjes met Auguste naar haar jonge gasten kijken, maar daar blijft het bij. Het is hofmeester Hartman die de touwtjes in handen houdt en de jongens door de zalen van het museum rondleidt. Eerst als Auguste Feller uit de privé-vertrekken van de prinses terugkomt, wordt de thuisreis per rijtuig aanvaard.
In de zomermaanden verschijnt de prinses meestal op haar landgoed Rusthof, dat zij in haar brieven onveranderlijk Rust Hof spelt. En als het bericht van haar aanwezigheid vrouw Van Loenen in Apeldoorn bereikt, zoekt zij snel contact met haar geliefde meesteres, die dat wel weet te waarderen.
Hebt dank Vrouwtje van Loenen voor het Krenten Brood en de Bloemen en de heerlijke Perzikken zoo ook voor de daar bij gevoegde Brief. Ja, ik ben weder eens over gekomen in het mij altijd dierbare Vaderland, met des zelfs Herinneringen en gevoel mij wel in de Lommerijke Gangen van mijn Rust Hof, maar naar het Loo, waar ik 1860 opdaagde kan ik niet meer besluiten te komen daar zouden de herinneringen mij overstelpen en daar aan mag ik mij niet bloot stellen.[12]
Erg consequent is die opmerking niet. Ze is na 1860 nog wel meer op het Loo geweest. Zelfs samen met Van Rossum in het jaar voor zijn dood. Overigens krijgt vrouw Van Loenen de prinses heus wel te zien. Een keer heeft ze zelfs naar Reinhartshausen mogen reizen en ze is meer dan eenmaal in Voorburg haar gast. En ook in brieven worden allerlei huiselijke

wetenswaardigheden uitgewisseld, zoals: *Ik ben Veertien dagen in Silezië met mijne kinderen geweest en werd door mijne klein dochter van Mecklenburg met de kinkhoest begaaft waar aan ik nog laborerende ben, alhoewel het beter gaat zedert ik in Rust Hof ben. Ook ben ik niet meer goed ter Been, de Jaren willen hun regt hebben en ik klaag daar niet over maar wel over mijne Zonden en daarom was het hoogst treffend dat ik juist hier gekomen ben op den Tijd daar het heilig Avondmaal alhier door de Gemeente wordt geviert, juist in Tijd om aan de Voorbereiding deel te nemen en heden het Sacrament te ontvangen. Te Huis komende vond ik Uw kistje, beste Vrouw van Loenen, opende het zelfde, zette de Bloemen in een Waterglas, at dadelijk twee Perzikken en wensch te weten waar deze gegroeit zijn, toch niet op de Boerderij!*
De Bloemen pronken op mijne Tafel het Krenten Brood komt morgen bij het Ontbeit en zal zeker lekker smaken. Uwe welwillende
Rust Hof 5 Julij 1874 *Marianne*[13]
Het handschrift is groter en onregelmatiger geworden. Misschien omdat de schrijfster een bril nodig heeft? Of zou haar hand niet meer zo vast zijn? Bij vrouw Van Loenen is dat in 1875 in ieder geval wel zo en de prinses merkt het op en schrijft haar tien jaar oudere vriendin: *Ik zie dat uw hand beeft.*[14]
In het begin van de jaren zeventig begint de prinses aardig over haar gezondheid te klagen: *Ja, wij worden oud, beide hebben wij grijze haren, beide ontzeggen ons de knieën, en wij komen in de jaren, van welke men zegt, dat zij ons niet bevallen, maar daaraan is niets te doen; ook de oude dag moet gedragen worden.*[15]
Ook haar ogen worden slechter, getuige haar opmerking: *...dat de oogen verduisteren en de beenen mitsgaders de luchtpijpen, niet meer zoo hun dienst verrigten als in vroeger jaren, wat echter meest het gevolg is van het zittend leven, het toenemen in dikte des ligchaams.*[16]
Marianne is een gezette vrouw, zelfs in de kracht van haar leven had zij vele pondjes teveel. Nu is zij vierenzestig jaar. In haar tijd een oude vrouw, aan wie het leven weinig meer te bieden heeft. Maar haar leeftijd heeft ook zo zijn voordelen. Van moeilijkheden met de kerkeraad is geen sprake meer. Trouwens, de kerkeraad van Voorburg heeft noch haar noch Johannes van Rossum ooit een strobreed in de weg gelegd. En dat was wel een meten met twee maten!
Zo vredig als het toegaat in Voorburg en in Reinhartshausen, zo weinig vrede heerst er in de Nederlandse koninklijke familie. En Marianne mag zich eigenlijk wel gelukkig prijzen dat zij er niet in gemengd wordt.
Wiwill, de prins van Oranje, leeft in onmin met zijn vader. Hij wil trouwen met een donkere schoonheid, die zijn hart gevangen houdt – met Mattie van Limburg Stirum – en krijgt geen toestemming. Koningin Sophie kwijnt

langzaam weg. Een hartkwaal en het verdriet om haar rebellerende oudste zoon en haar zenuwzwakke jongste slopen haar. Haar huwelijk met Willem III is slechts een formaliteit, maar ook zo een loodzware keten die beide echtgenoten tot hun groot ongenoegen tot het bittere einde moeten blijven voortslepen, omdat de buitenwacht van mening is dat een echtscheiding onbehoorlijk zou zijn. De invloed van Sophie is in die laatste jaren niet groot; de koning hunkert naar vrijheid met al de hartstocht waarover deze heetgebakerde man maar beschikt. Soms kan hij zich niet langer bedwingen en barst zelfs in het bijzijn van zijn ministers in een tirade tegen de koningin uit. Hoe lang zal zij nog leven?
Met zijn tante Marianne staat hij weer op goede voet en alle goede voornemens om niet meer naar het Loo te gaan ten spijt, schrijft zij op 13 augustus 1876 een jubelend briefje aan haar vrouwtje Van Loenen waaruit de verzoening blijkt.

Huize Rust Hof Zondag
morgen 13 Augustus 1876.

Ik ben gisteren op het Loo geweest. Wat ik aldaar ondervond laat zich gevoelen niet beschrijven.
Het hartelijk onthaal des Konings! Het wederzien van Loo! De Meenigvoudige herinneringen!
Het was te veel dat in eens op mij in druischte zoo dat ik er de Kracht niet had om ook tot u op de Boerderij te komen om te vragen of Gij het Licht beeld van mijn Zoon en het mijne dien ik U den 3den of 4den dezer per Post heb opgezonden ontvangen hebt, reden ik er nog niets van heb vernomen en toch gewoon ben dat Gij dadelijk schrijft bij het ontvangen van veel geringer Blijk van Welwillendheid ten Uwent.
Mijn Zoon verzocht mij zijn Portrait U te zenden en ik voegde de mijne er bij van de zelfde groote tot steun in het Couvert waar op ik Uw Adres schreef en kan niet denken dat die niet te Regt is gekomen...[17]
Het lichtbeeld! Zeker geen film en nog minder televisie. Zelfs geen plaatje voor een toverlantaarn. Nee, het lichtbeeld waar Marianne en haar zoon Albert zich zo druk om maken is een foto. Stijve, harkerige portretten zijn het, waarop de slachtoffers als gevolg van hun eindeloos poseren geen raad meer weten met hun gezichtsuitdrukking en als gehypnotiseerd staren in de richting van een ferm uit de kluiten gegroeid kiektoestel, waarachter een tovenaar onder een zwarte doek enige magische handelingen verricht.
In de zomer van 1877 is Marianne weer in Voorburg. Al loopt zij dan niet meer zo goed, toch voelt zij zich aardig kwiek: *Van den ouderdom merk ik nog geen gebreken; verdraag meest alles en beschaam door onvermoeidheid de jongere levensgenooten.*[18]
Het wordt anders wel een zomer die de Oranjefamilie zich nog lang zal

heugen. Koningin Sophie wordt ziek en sterft. Wat men eerst voor een onbelangrijke kou heeft aangezien, loopt uit op een serie zware hartaanvallen en uiteindelijk de dood. Voor de koning komt die als een ware verlossing, maar voor haar beide zonen betekent haar heengaan een bijna niet te verwerken smart. Vooral Alexander is diep getroffen en het is hem niet mogelijk zich van deze slag te herstellen.
Prinses Marianne echter is niet bijzonder geroerd. Wel draagt ze de voorgeschreven rouw, maar ze houdt overigens vakantie op Rusthof en gaat gezellig om met haar schoondochter en kleinkinderen, die in Scheveningen logeren.
Heden ben ik te Scheveningen bij mijne Schoondochter en morgen bezichtigen wij Amsterdam, waar zij twee jaar geleden en eerder is geweest wat haar den wensch doet koesteren van er terug te keeren, en ik ben blijde in de gelegenheid te zijn naar dien wensch te voldoen, want zij is alderliefst en ik heb haar lief. Gaarne bragt ik mijne Kinderen en Kinds kinderen naar het Loo maar dat gaat niet goed.[19] En vriendelijk bedankt zij haar beste vrouw Van Loenen – in haar brieven aan haar laat zij de aanhef meestal weg, standsverschil misschien? – voor *Uwe zegewenschen voor mij en de gehele Oranje huis bij gelegenheid der dood van Neerlands Koningin.*[20]
De koning is naar Zwitserland vertrokken, vervolgt de prinses, *en meende niet voor het laatst van Augustus in het Loo terug te keeren. Mijn Broeder* (Prins Frederik) *is naar zijne kinderen naar Neuwied maar komt binnen kort terug, de Prins van Oranje en Prins Alexander worden door hunne Erfenis bezig gehouden maar worden nergens gezien, zoo dat ik met mijne Kinderen alleen ben en geheel ongegeneert.*[21]
De brief klopt niet helemaal met de feiten. De koning is naar Parijs gegaan en koestert nu al het plan te hertrouwen. Hij reist ook niet alleen, maar in gezelschap van zijn *nachtegaaltje,*[22] de zangeres van dubieuze herkomst mademoiselle Ambre, die hij als gravin d'Ambroise in het Nederlandse adelsboek laat opnemen. Uiteindelijk steekt de regering een stokje voor die huwelijksplannen, tot groot ongenoegen van de koning, die haar al met twee kastelen en een schat aan juwelen heeft bedacht. De pers krijgt er lucht van en er ontstaat een schandaal, maar dan is de kwestie van het huwelijk al binnenskamers afgedaan. *Over de buitenlandsche reis werd niet eens meer gesproken en daar ook de 25e Augustus verstreek zonder dat men iets meer van die reis vernam, hielden de ministers het er voor dat het een zoowel als het andere tot de afgedane zaken behoorde.*
In het laatste vergiste men zich nogthans. Slechts van zijn voorgenomen huwelijk had de Koning afgezien; de tegenstand die hij hierin ondervonden had was hem te krachtig geweest... Prins Frederik eindelijk deed den Koning een brief geworden waarvan hij afschrift zond aan den Raad van Ministers, aan den Prins van Oranje en aan Prins Alexander en waarin in substantie o.a.

45. Prins Albert van Pruisen, de enige in leven gebleven zoon uit het huwelijk van prinses Marianne en prins Albert van Pruisen. Gravure naar Carl Meyer. (Almanak de Gotha 1874.)

het volgende voorkwam: „Toen Uwe Majesteit in 1849, na den dood Haar's Vaders uit Engeland terugkeerde, was zij niet gezind de kroon te aanvaarden. Ik heb mij toen zoowel in het belang van Vaderland als in dat der dynastie beijverd, en ik ben er ook in geslaagd U.M. te bewegen dit niettemin te doen. Thans echter moet ik U.M. toeroepen: leg de kroon neder alvorens dit huwelijk te sluiten."[23]
Er zijn nog meer perikelen op Willems liefdespad. Hij wil *ten minste eenigen tijd het ongestoorde bijzijn gaan genieten van „la Comtesse d'Ambroise" die zich te Parijs bevond waar hij haar op grooten voet had geïnstalleerd.*[24]
Maar ook dat lukt hem niet. De directeur van het kabinet des konings komt in opstand en vraagt zijn ontslag aan, wat tot een op bulderende toon gevoerd gesprek leidt tussen koning en minister van koloniën, mr. Alting Mees, die het ongeluk heeft juist die dag op het paleis te verschijnen voor zijn gebruikelijke audiëntie.
De koning windt er geen doekjes om. Hij zal de heer Van Heeckeren zijn gevraagd ontslag verlenen. *De Heer van Heeckeren wil mij dwarsboomen en ik duld niet l'ombre d'une entrave, als men mij daaraan wil blootgesteld zien dan zal ik het voorbeeld volgen van mijn grootvader in 1839. De Heer van Heeckeren wil van inférieur worden supérieur, je ne le tolérai pas! ! ! etc. etc. (vrij bulderend).*[25]
De minister geeft geen kamp. Wel betreft het ontslag van de directeur van het kabinet des konings niet een zaak die het departement van koloniën aangaat, maar toch beduidt hij „Sire" dat de ministerraad niet met het ontslag van Van Heeckeren zal instemmen en hij beëindigt zijn peroratie met de opmerking: *„De Heer van Heeckeren handelt in het belang van U.M. en het is de pligt van de ministers hetzelfde belang te behartigen."*
De koning (niet bulderend): „Maar ik kan de Comtesse d'Ambroise niet hier laten komen; maar... dan zal dit maar moeten gebeuren."
De minister: „Qu'elle vienne."
De koning: „Alors tout est arrangé."[26]
En als hij – desgevraagd – nogmaals tegenover de minister herhaalt dat hij de „comtesse d'Ambroise" niet zal trouwen, hebben de ministers vrede met haar komst *en moesten er vrede mede hebben, want zij hadden geen recht zich te bemoeien met het bijzondere leven van den Koning. Zij hielden het er natuurlijk voor dat er, althans openlijk, geen aanstoot zou worden gegeven... Maar ook hierin vergisten zij zich.*
Weldra bleek dat de vertrekken die in het Koninklijk paleis bewoond waren geweest door de pas overleden Koningin der Nederlanden, in gereedheid werden gebracht om „la comtesse d'Ambroise" te ontvangen.
Dit was te erg, en de ministers zagen zich verplicht nogmaals tusschenbeide te komen.[27] Het is de minister van justitie, baron Van Lynden van Sanden-

burg, die de spits moet afbijten en namens de ministerraad naar de koning wordt gezonden om te protesteren. Erg veel succes heeft hij niet. Willem III is en blijft koppig. Hij hoort de bezwaren wel aan – en dat is al heel wat! – maar ontwijkt een duidelijk antwoord. Nu moet er dadelijk bij gezegd worden dat de keus van baron Van Lynden geen gelukkige is geweest. De man had er zo tegenop gezien dat hij aan de vooravond van zijn bezoek aan de koning dit weinig begeerlijke baantje had trachten te slijten aan de minister van koloniën, Alting Mees, die op zijn beurt daarvoor stichtelijk bedankte. Uiteindelijk is het Van der Does de Willebois, minister van buitenlandse zaken, die de kwestie bij „Sire" ter tafel brengt. *Toen hij begon het onderwerp aan te roeren viel de Koning hem dadelijk in de rede met de woorden: „Dáár wil ik niets van hooren! "*[28] Maar dan heeft Majesteit toch wel buiten de waard gerekend. Van der Does de Willebois is een geboren diplomaat en laat zich door een paar barse woorden heus niet afschrikken.

De minister haalde toen zeer bedaard een kleinen bundel bescheiden voor den dag, legde die voor den Koning op tafel en sprak: „Dan moet ik U.M. ten minste verzoeken kennis te willen nemen van den inhoud dezer papieren."

De koning: „Papieren? Wat voor papieren? "

De minister: „O.a. Fransche dagbladen."

De koning: „Wat kunnen mij alle mogelijke Fransche dagbladen scheelen! "

De Minister: „Maar er zijn ook Nederlandsche bij, Sire! "

De Koning: „Welke? "

Hierop noemde de minister de voornaamste Nederlandsche Couranten en voegde er bij dat zij alle op afkeurende toon melding maakten van Zijne plannen met „Cette Dame". (Hij wilde haar niet Comtesse noemen.)

De Koning zweeg, hij had telkens schuine blikken geworpen naar het bundeltje papieren dat voor hem op tafel lag, maar had het niet aangeraakt.

De minister vervolgde: „Er zijn ook geschreven stukken bij, Sire! "

De Koning hief het hoofd op en zag hem vragende aan. „Ja, Sire" – zei de minister – „O.a. een rapport van den prefect van politie te Parijs, over het verleden der dame." Hierop barstte Z.M. los met een: „Mais que me veut on donc à la fin? "[29]

En dan ziet de minister zijn kans schoon en somt alle bezwaren op. O ja, de ministerraad wil zich niet bezighouden met het privé-leven van de koning en zijn geliefde. Maar haar huisvesten in het paleis en in de appartementen van de nog maar pas overleden koningin, dat gaat te ver. De argumenten maken indruk. *Z.M. had eindelijk niets meer te zeggen en zag zich teruggedreven tot in zijne laatste verschansing. En wat was die verschansing? Hij zeide: „Maar de Koning kan toch niet bespottelijk zijn, hij kan geen dwaas figuur maken en dit zou onvermijdelijk het geval zijn wanneer ik van mijn voor-*

nemen afzag, na alles wat reeds in het paleis is verricht, na alles wat door mij besteld, bevolen en gezegd is." Doch ook dien drinkbeker moest hij ledigen. Men bracht hem onder het oog dat al het opgenoemde zeer goed op rekening kon worden gesteld van een reeds te lang uitgestelde schoonmaak en van een restauratie der bedoelde vertrekken die daarmede noodwendig gepaard diende te gaan.[30]
De flinke houding van de minister heeft succes. De koning geeft toe. *...hij machtigde den Minister van Buitenlandsche Zaken aan zijne ambtgenoten de verzekering over te brengen dat „la Comtesse" niet in het paleis zou komen wonen, maar voegde hij er, opstaande, met verheffing van stem bij en dreigende met den vinger bij: „Rien de plus! "*[31]
Het „nachtegaaltje" komt toch. Al woont ze dan niet in het paleis, haar komst brengt toch heel wat tongen in beweging en Willem III ondergaat de behandeling die eens zijn grootvader Willem I moest verdragen. Men vindt het maar wat vreemd dat een oudere man nog verliefd kan zijn en de liefde kan bedrijven. *Men verbaasde, men ergerde en men verontrustte zich over dergelijke abnormale verschijnselen bij een ruim 60 jarige grijsaard, maar gelukkig duurde de roes niet lang.*[32] De „comtesse", dat lieve „nachtegaaltje", neemt plotsklaps de benen, de ontgoochelde Willem met het fraaie buitenplaatsje Welgelegen bij Rijswijk en de hoge schutting die hij daaromheen gebouwd heeft achterlatend.
Het zijn allemaal dingen waar Marianne ook wel het nodige van te horen krijgt, maar waarover zij niet schrijft, zeker niet aan het vrouwtje Van Loenen. Zij krijgt de meer huiselijke dingen van haar prinses te horen, zoals haar plannen voor een gezamenlijke vakantie met haar kinderen op kasteel Camenz in de maand oktober. Ze kijkt zelfs nog verder vooruit, naar Kerstmis met al de haren in Hannover. En wat vrouw Van Loenen betreft: *Blijf gezond, zoo geef ik de hoop op een blijde wederzien niet op...*[33]
Met het kerstfeest komt ook het Parijse weekblad „Le Voleur" de ronde doen in hoge Haagse kringen. Het is al een oud nummer van 12 oktober, maar dat maakt weinig uit. *Het onderhoudt zijne lezers op vermakelijke wijze over het aanstaande(?) huwelijk d'un vieux roi, connu par ses frédaines*[34] – het aanstaande huwelijk van een oude koning, bekend om zijn galante avonturen – *met „une jeune Cantatrice"* – een jonge zangeres – *qui, pour le Chant peut être comparée à une rose, et pour la beauté à un rossignol.*[35] die wat de zang betreft vergeleken kan worden met een roos en voor haar schoonheid met een nachtegaal. Het verhaalt dat toen de gemalin des Konings stierf *le roi ne s'attarda pas à des sensibleries inutiles* – de koning zich niet ophield met onnutte sentimentaliteiten, *maar terstond besloot het huwelijk aan te gaan waarvan thans sprake is.*[36] De huwelijksplannen zijn dan al lang verleden tijd, maar dat deert niet. En de lezers

46. Maria van Loenen-Huisman, 1799-1891.

kunnen zich tegoed doen of zich verontrusten – al naar hun aard – over *de schitterende buitensporigheden die de oude dwaas voor zijn jeugdige schoone zoo al doet en gedaan heeft.*[37]
Of het werkelijk al helemaal uit is tussen die twee blijft een onbeantwoorde vraag. Er zijn mensen die beweren dat het „nachtegaaltje" nog in de omgeving van haar oude minnaar gesignaleerd wordt als hij in de zomer van 1878 een kuur doet in Bad Pyrmont en daar een welgevallig oog wijdt aan de jonge prinses Emma van Waldeck-Pyrmont en zich met haar verlooft.
En weer gaan er afkeurende stemmen op. Zo'n oude man met zo'n jong meisje! Het is een hypocriet gemurmel. De verhouding tussen de koning en zijn zonen is volledig geblokkeerd. De prins van Oranje wil trouwen met Mattie van Limburg Stirum en krijgt geen toestemming. „Dat kan niet," zegt de koning en zwijgt over zijn motieven. Maar hij zegt nooit: „Dat mag niet." En zijn houding is des te opmerkelijker als men bedenkt dat hij wel veel heeft gebast en gebulderd, maar in wezen geen van zijn zoons ooit maar een strobreed in de weg heeft gelegd. Daar van Alexander met zijn geaardheid een vaderschap niet te verwachten valt, moet de koning wel het voorbeeld van zijn broer Hendrik volgen en zich een jonge prinses tot vrouw kiezen.
En zo kan Nederland het zien gebeuren dat in januari 1879 een tot over de oren verliefde Willem III de jonge Emma naar het altaar leidt. De zonen zijn verbijsterd en verbitterd, maar het volk sluit de jonge koningin in het hart, zodra het haar te zien krijgt. Eindelijk te zien krijgt, want haar feestelijke entree moet worden uitgesteld door de rouw om de plotselinge dood van prins Hendrik, zelf pas getrouwd met een jonge vrouw, die nog geen kind van hem verwacht.
Marianne heeft zich op de bruiloft in Arolsen niet laten zien. Waarschijnlijk heeft zij geen uitnodiging ontvangen. Ze is dan ook nog steeds niet een tante met wie de koning geuren kan. Ook haar broer, prins Frederik, heeft zich verontschuldigd wegens zijn hoge leeftijd en zijn dochter Marie is ook niet komen opdagen en heeft het aan haar man overgelaten haar en haar vader in Arolsen te vertegenwoordigen en het kostbare huwelijksgeschenk aan te bieden. De bijna onmiddellijk op de bruiloft volgende rouw, maakt alle festiviteiten voorshands onmogelijk, maar gunt Marianne de kans om als een der eersten met Emma kennis te maken.
Door het uitstellen van alle feestelijkheden vanwege de rouw om prins Hendrik blijft het koninklijk paar de hele winter stilletjes in Den Haag. De koning krijgt de kans zijn jonge vrouw zelf Den Haag en omgeving te laten zien; ze wandelen gezellig door de stad en bezoeken – zoals gezegd – ook prinses Marianne op Rusthof. Vol trots stelt Willem zijn nieuwe vrouw aan zijn tante voor. De indruk die Emma maakt is zeer gunstig en Marianne

schrijft dan ook heel ingenomen over haar nieuwe nicht in brieven aan vrouw Van Loenen. Niet alleen *allerminzaamst* noemt zij haar, maar ook *geheel anders dan haar voorgangster.*[38] Een mededeling die in een andere brief nog wordt uitgediept tot: *Zij moet allerminzaamst zijn jegens een ieder, maar niet schijn van gedaante achter liefelijk- en aanvalligheid.*[39] En daarmee wil ze dan zeggen dat Emma's vriendelijkheid echt is, dat zij zich niet verschuilt achter een mom van liefelijke aanvalligheid. Krom zijn nog steeds haar zinnen en krom zullen zij blijven.

Wie ook bijzonder met de nieuwe koningin is ingenomen, dat is de hofprediker Van Koetsveld. Hij kent de koning goed en, wat meer zegt, hij durft deze koninklijke wildeman de waarheid te zeggen, wat deze zeer op prijs stelt, al loopt hij weleens kwaad de kerk uit, want *vleiers en hielelikkers*[40] heeft hij genoeg. Vol dankbaarheid ziet de dominee het tweede huwelijk van de konig zich gunstig ontwikkelen. Emma heeft er slag van een gezellige sfeer om zich heen te scheppen en bovendien verstaat zij de kunst de driftbuien van haar zoveel oudere man aardig in te perken. Ze heeft een aangeboren waardigheid, die haar in de nieuwe positie die zij bekleedt goed te stade komt.

De plotselinge dood van de kroonprins op 11 juni 1879 brengt nieuwe rouw in de Nederlanden, waar de kranten betrekkelijk weinig over de overledene weten te zeggen. Dan doet Albert Wolff in de Franse „Figaro" het nog beter.

Maar ook Albert Wolff weet lang niet alles, al spreekt hij wel over de geheime liefde van de prins van Oranje voor een mooie gravin en schildert hij de prins af als een beklagenswaardig slachtoffer van staatsbelang.

Toch heeft de Nederlandse regering er alle moeite voor over gehad om hem vroeg in het huwelijk te loodsen. De jongen was wat wild en het huwelijk zou hem goed doen. De prins had er niet veel voor gevoeld en was met tegenzin de grote hoven van Europa afgereisd om de beschikbare prinsessen, groothertoginnetjes en grootvorstinnetjes te zien en te keuren. De ene keer had de prins de bruid niet gewild en de andere maal had de familie van het meisje bezwaar gemaakt. Dat was met name in Engeland gebeurd, waar prins Albert en koningin Victoria hun dochter Helen hadden duidelijk gemaakt dat de prins van Oranje als huwelijkskandidaat niet in aanmerking kwam. Van huwelijksonderhandelingen met het Britse hof was het daarom niet gekomen. Wiwill had ook geen bijster goede naam; het was gauw bekend dat hij bij zijn eerste bezoek aan Parijs er vrolijk op los had geleefd en tot over de oren in de schuld stak.

Wat de prins zelf betreft: hij had aan het ongelukkig huwelijk van zijn ouders gezien hoe het niet moest. Hij paste ervoor om levenslang gekluisterd te zijn aan een vrouw die hem niet liefhad. In dat opzicht was hij zijn tijd

ver vooruit. En bovendien was het vrolijke vrijgezellenleven een kolfje naar zijn hand geweest.
In 1872 had de ministerraad voor het eerst ingegrepen. Na voorafgaand overleg met de koning waren twee ministers bij de prins op bezoek gegaan en hadden hem beduid dat het nu wel welletjes was geweest. De prins had hen beleefd aangehoord, maar hun zin gekregen hadden zij niet. *Zijne Koninklijke Hoogheid beweerde... dat het een zaak was die geheel en al over zijn levenslot zou beslissen en die hem dus in de allereerste plaats aanging. De prins bleef huiverig om tot een huwelijk over te gaan en de beide onderhandelaars konden hem niet tot een beslissing brengen.*[41] Het bezoek was als een nachtkaars uitgegaan. De prins werd aangeraden er nog eens over na te denken.
Daarna was het wel anderhalf jaar stil gebleven, al werd er in de ministerraad nog weleens over gesproken. Ten slotte had de prins zelf het stilzwijgen verbroken. In maart 1874, dus kort voor de viering van het zilveren regeringsjubileum van koning Willem III, had de prins twee ministers ineens bij zich aan huis genodigd en hun – wat aarzelend – verteld dat hij nu wel trouwen wilde *mits* hij volkomen vrijgelaten werd in zijn keus. Met andere woorden, hij had al iemand op het oog!
De ministers, ook niet achterlijk, hadden dadelijk lont geroken en vergaderden tot diep in de nacht. De prins was verliefd. Dat was duidelijk. Maar op wie? Als het een prinses geweest was, zou hij het vermoedelijk wel gezegd hebben. En hoe zou de koning reageren als bleek dat zijn zoon de voorkeur gaf aan een Nederlandse en niet aan een buitenlandse prinses? Hoe zou koningin Sophie (want in 1874 leefde zij nog) tegenover een schoondochter staan die niet van vorstelijke afkomst was? En dan de indruk die een mogelijk ongewenst huwelijk wel in het buitenland zou maken! Dat kon toch niet. Daarom hadden de ministers besloten hun collega Fransen van de Putte, die op goede voet met de kroonprins stond, naar hem toe te sturen met de boodschap: *dat zij met schrik en verbazing vernomen hadden, dat hij als voorwaarde tot het aangaan van een huwelijk had gesteld een geheel vrije keuze en dat hij had laten doorschemeren geene prinses te zullen kiezen...*[42]
Ach, de soep was heel wat heter opgediend dan in werkelijkheid in de bedoeling lag. Als de koning zich akkoord verklaard zou hebben, dan zou de ministerraad willig gevolgd zijn. Liever een ongewenst huwelijk dan geen huwelijk.
Overigens waren de ministers wel benauwd voor de keus van de prins. Tot nog toe was hij zeer terughoudend geweest en had haar naam nog niet genoemd en zijn optreden maakte de ministers al schichtiger. Want: *Hij kwam er nu rond voor uit, dat hij zijn oog had laten vallen op een Nederlandsche jonkvrouw uit een aanzienlijk geslacht en* (en dat verontrustte de

arme ministers nog het allermeest) *hij verklaarde herhaaldelijk en pertinent, dat hij nimmer een huwelijk zou aangaan wanneer de koning, de ministers of de wetgevende macht de door hem verlangde toestemming niet verleenden.*[43] Dreigementen nog voordat een naam was genoemd of de toestemming geweigerd was. Het was van het begin af aan duidelijk geweest dat de prins zich iets onmogelijks in het hoofd gezet had.
De ministers waren voor zoveel misbaar niet door de knieën gegaan en hadden er zich met een listigheidje uitgered. Eerst moest de koning toestemming geven en daarna zouden zij de kwestie van het goedkeuringswetje in het parlement brengen. Ze konden het gemakkelijk beloven, want ze wisten al dat de koning zich vierkant tegen de huwelijksplannen van zijn zoon met de onbekende gekeerd had.
De prins had het er niet bij laten zitten en had Fransen van de Putte opgezocht en hem toevertrouwd zijn geluk te willen beproeven in Atjeh; de Atjeh-oorlog was in die dagen juist uitgebroken.
Ook dat plan was niet doorgegaan. De ministers hadden niet toegestaan dat de erfgenaam van de troon zich in levensgevaar zou begeven en de prins was gebleven waar hij was. Veilig in zijn paleis in Den Haag! Het enige resultaat van de hele manoeuvre was alleen maar geweest dat de naam van zijn uitverkorene was uitgelekt. De arme Mattie van Limburg Stirum was zo overstuur geraakt door de gedachte dat haar prins kans liep te sneuvelen, dat zij snikkend van ellende haar liefde aan haar moeder had opgebiecht. Zonder veel succes overigens. Want ook bij haar ouders waren de huwelijksplannen niet in goede aarde gevallen. Mattie's moeder kende de koning maar al te goed. In haar jonge jaren zou zij deel uitgemaakt hebben van Willems vriendenkring. Zij hadden de prins een beleefde brief op poten geschreven en de toestemming geweigerd. Mattie zou zijn vrouw niet worden.
Het steeds weer herhaalde argument? Het was een ongelijk huwelijk. De koning en de koningin vreesden dat de prins geïsoleerd zou raken, dat andere vorstelijke families met minachting op hem en zijn vrouw zouden neerzien en eventuele kinderen later geen kans zouden krijgen een passend huwelijk te sluiten. Het ergste van alles was wel dat de prins aan een Nederlandse familie geparenteerd zou raken en dat vond men anno 1874 al hoogst ongewenst.
Zelfs de feestelijkheden bij het zilveren regeringsjubileum van de koning waren door deze controverse zo vergiftigd dat de slechte verhouding tussen vader en zoon zelfs tot de buitenwacht doorgedrongen was. En toen koningin Sophie, die het voor eenmaal hartroerend met de koning eens was en zich ook tegen de huwelijksplannen van haar oudste had gekeerd, een zware hartaanval kreeg, verscherpten de onderlinge verhoudingen zò dat de prins daarna zijn familieleden zoveel mogelijk ontweken had en op reis was ge-

gaan, het aan broer Alexander overlatend voor hem te pleiten. Deze deed wat van hem verwacht werd met de taaie volharding die zijn karakter kenmerkte. Van het begin af aan was hij er vast van overtuigd geweest dat Wiwill zijn Mattie nooit zou opgeven.
De ouders van het meisje hadden al die tijd in een bijzonder moeilijk parket verkeerd. Ze konden de kroonprins toch niet verbieden contact met hun dochter te hebben! Toch trachtten ze dit wel zoveel mogelijk tegen te gaan. Vooral Mattie's vader had zich hardnekkig tegen een mogelijk huwelijk van die twee verzet en ook de moeder schreef de prins menige brief om hem te overreden alsnog van haar dochter af te zien. Ze wist heel goed dat de koning nooit zou toegeven. Ze kende het karakter van de derde Willem.
„Nooit, nooit! ", had de koning doldriftig uitgeroepen toen hij in kennis werd gesteld van de huwelijksplannen van de prins van Oranje en hij had eraan toegevoegd: „Dat kan niet."
Alles welbeschouwd was het nog niet eens zo vreemd dat de koning zich zo fel tegen de plannen van zijn zoon had gekeerd. In de negentiende eeuw was de kloof tussen koning en adel nog van een peilloze diepte. Een kroonprins kon zich daarom werkelijk niet veroorloven een huwelijk aan te gaan met een of ander mooi gravinnetje als hij niet eerst wettige erfgenamen van de troon had verwekt; vorstelijke kinderen, met al hun kwartieren volgens voorschrift intact, van een al even vorstelijke moeder. Het is de tijd dat men nog gelooft dat vorsten een extra druppeltje goud in het bloed hebben. Om precies te zijn: een paar druppeltjes meer dan de adel, want die heeft ook goud in het bloed. De burgerman heeft dat alleenzaligmakende goud natuurlijk niet.
Inderdaad was een morganatisch of ongelijkwaardig huwelijk weleens voorgekomen – Willem I met Henriëtte d'Oultremont bijvoorbeeld – maar hoe onpopulair was dat niet geweest? Neen, een morganatisch huwelijk werd nog altijd beschouwd als een smet op het vorstelijk blazoen en eventuele kinderen uit zo'n verbintenis werden door hun standgenoten in de regel met de nek aangekeken. Terecht vreesde koning Willem III dat het aanzien van het Huis van Oranje er een geduchte en mischien wel onherstelbare knauw door zou krijgen.
Of hij ook nog andere en veel steekhoudender redenen heeft gehad om een huwelijk van zijn zoon met Mattie van Limburg Stirum te verbieden, vermelden de dagboekaantekeningen van minister A.W.P. Weitzel niet.
Was het een wonder dat de prins op den duur zo verbitterd was geraakt? Hij kon niet inzien waarom hij dat lieve meisje met die diepblauwe ogen en het donkere krulhaar niet zou mogen trouwen. Ze was van adel – gravin – van onbesproken gedrag en welopgevoed. Haar warme menselijkheid was voor hem een openbaring geweest. In de kille atmosfeer van het koninklijk paleis

en door vreemden opgevoed, had hij bitter weinig contact met zijn vader, voor wie hij als kind erg bang was geweest. Later had hij om hem leren lachen. Zijn moeder had veel van hem gehouden – op haar manier dan – want haar hart scheen verkild en veel warmte had ook zij hem niet kunnen geven.

Het was een lange strijd geworden. Ook met Mattie's moeder, die in een van haar brieven – ach, hoe zakelijk! – op de financiële consequenties van een verboden huwelijk had gewezen. De prins had hooghartig geantwoord dat hij zijn liefde voor haar dochter toch niet kon opgeven voor een paar bankbiljetten! En hij was doorgegaan met het schrijven van liefdesbrieven.

In maart 1876 was zijn geduld eindelijk uitgeput. Hij wilde niet langer blijven wonen in een land waar het recht op huwelijksgeluk hem zo wreed werd ontzegd. En zijn Parijse vrienden hadden hem spoedig op de terrasjes zien opdagen. Daar had hij geprobeerd zijn teleurstelling te vergeten. In een nutteloos leven op de boulevards van Parijs. Bij de paarderennen, in schouwburg en de opera, in het beruchte Maison Dorée, in de speelhuizen, waar hij alleen maar een bescheiden gokje kon wagen omdat hij altijd krap bij kas was. Wat het geld betrof, had Mattie's moeder toch wel aardig gelijk gekregen!

Zijn houding had vooral zijn moeder erg veel verdriet gedaan en ook de koning brieste van woede. Maar de prins was doof gebleven voor alle vermaningen van regeringswege en de koning had in opperste woede zelfs gedreigd *het er niet bij te laten als de Prins aan uwe oproeping geen gehoor geeft. Hij zal dan verkeeren in een staat van rebellie; ik zal hem vervallen verklaren van zijn recht van eerstgeboorte; ik zal zijn uitlevering eischen van het Fransche gouvernement en ik zal hem terecht doen staan voor den Hoogen Raad der Nederlanden.*[44] Grof geschut, maar een bedreiging die niet werd uitgevoerd, omdat de ministers bang waren hun handen te branden aan deze zaak en zich beperkten tot een slappe reactie, waarop de hele zaak dan wel niet in de doofpot werd gedaan maar toch verzandde.

Zelfs de dood van koningin Sophie had aan deze stand van zaken niet veel kunnen veranderen. Wel was de prins naar Den Haag teruggekomen om zijn moeder in haar laatste uren bij te staan en had het er na de begrafenis nog even op geleken dat hij niet naar Parijs terug zou gaan, maar in feite was het juist in 1877 tot een definitieve breuk gekomen, toen de prins op zijn herhaald verzoek om koninklijke toestemming niet eens antwoord had gekregen. *Mij is het niet mogelijk de gevoelens die mij bezielen af te schudden en alleen om staatkundige redenen een huwelijk met een ander aan te gaan. DAARTOE ZAL IK NOOIT OVERGAAN.*[45]

Ach, het was boter aan de galg gesmeerd. De koning was op dat tijdstip zelf in liefdesperikelen geraakt toen hij zijn mooie „nachtegaaltje", die zoge-

naamde „comtesse d'Ambroise", niet had mogen trouwen. Hij was niet bereid geweest zijn rebellerende zoon datgene toe te staan wat hem door de in het geweer gekomen publieke opinie was ontzegd!
Tot in het diepst van zijn ziel gekrenkt was Wiwill naar Parijs teruggegaan en had er zijn waardeloos leventje wilder dan ooit voortgezet. Toen de koning daarop met de piepjonge Emma van Waldeck-Pyrmont was getrouwd, had de prins die slag amper kunnen verwerken. Al zijn wapens waren hem nu uit de hand geslagen. Nu was hij niet langer de enige die een nieuwe, wettige generatie van Oranjekinderen tot leven kon wekken en wanhopig had hij besloten dan maar zonder goedkeuring te trouwen. Hij had Mattie overgehaald om, indien haar ouders hun toestemming zouden blijven weigeren, naar de rechtbank te stappen door het aanbieden van een acte van eerbied.
Veel moeite kostte het hem om haar met wie hij zijn lot wilde deelen tot zijn zienswijze over te halen. Toen zij eindelijk had toegegeven en toen (let wel! ! !) *in mei 1879 het voornemen zou worden ten uitvoer gelegd, werd op haar dringende bede, wegens den zorgelijken gezondheidstoestand harer moeder, weder tot uitstel besloten. Slechts weinige dagen later – op den 11den Juni 1879 – werd de Prins van Oranje na een korte hevige ziekte uit het leven gerukt.*
Kort voor zijn overlijden was door de dagbladen, als een gegrond bericht de valsche tijding verspreid, dat hij een huwelijk zou aangaan met een Duitsche prinses. Nog op zijn sterfbed liet hij aan een van zijn vrienden trots en met welbehagen den brief lezen, door hem over dit onderwerp van Jonkvrouwe van Stirum ontvangen. Haar verheven inborst kwam in dit schrijven op de schoonste wijse aan den dag. Mocht het bericht waarheid bevatten – zo gaf zij te kennen – en mocht hij inderdaad menen dit offer te moeten brengen aan het belang van den Staat dan zou zij, niet minder dan hij, gereed worden bevonden haar persoonlijk geluk ondergeschikt te maken aan dat van het Vaderland. Met weemoed, maar uit overtuiging dat haar plicht haar gebood alzoo te handelen, ontsloeg zij hem van het aan haar verpande woord en gaf zij hem zijn volle vrijheid terug.
Met deze brief onder het bereik zijner hand blies hij den laatsten adem uit.[46]
In Den Haag heerst een klimaat waarin de geruchten welig tieren en de meeste Nederlanders houden het er op dat de prins aan de gevolgen van een duel of dronkemansvechtpartij is overleden. En er zijn zelfs mensen die nog weer wat later zullen beweren dat de prins niet kinderloos zou zijn gestorven. Ach, de mensen zeggen zoveel en te bewijzen valt er niets; als zijn werkkamer doorzocht wordt op nagelaten papieren vindt men slechts een leeg bureau. Leeggehaald: wanneer en door wie?
Meer dan enig ander lid van de Oranjefamilie is juist de verguisde prinses Marianne in staat deze strijd tussen plicht en liefde te doorvoelen. De prins

47. Foto's van het graf waarin eerst Johannes van Rossum werd begraven en later ook prinses Marianne. Van Rossums naam komt op de steen niet voor, wel die van Mariannes achterkleindochter prinses Elizabeth.

van Oranje is ten onder gegaan aan de liefde. Zijzelf ook, al is het dan ook in een andere vorm en zij zal het zware juk, dat zij zich terwille van een Johannes van Rossum eens op de hals heeft gehaald, verder moeten torsen tot aan haar einde. Want al zijn de scherpe kantjes wat afgesleten, de prinses blijft in de Nederlanden een buitenstaanster.
De hofprediker Van Koetsveld vindt voor de ongelukkige prins nog enige gevoelige woorden die hij uitspreekt bij de koninklijke grafkelder: *Wat had hij nog kunnen worden! Ach, gansch die toekomst is nu afgesneden, zinkt weg in 't graf.*[47]
De mooie Mattie volhardt ongeveer twee jaren in welsprekende rouw. Daarna sluit ze een huwelijk met William Charles Reginald baron van Tuyll van Serooskerken. Toch wordt de gedachtenis aan haar eerste liefde niet uitgewist. Ook na haar huwelijk blijven de portretten van de kroonprins haar salons sieren en noemt zij in gesprekken gaarne zijn naam. Onder de bijnaam van de „femme manquée" gaat zij de geschiedenis in.
Zoals menige andere predikant, staat ook Van Koetsveld op goede voet met de oud geworden Marianne. Zij nodigt hem wel uit voor een van haar intieme diners, als ze in Voorburg is. Intiem, want veel gasten ontvangt zij niet, uitgestotene als zij sinds lange jaren is. Het ligt voor de hand dat zij ook van Van Koetsveld te horen krijgt dat Emma een *snoeperig koninginnetje*[48] is en dat zij het geluk heeft binnengebracht in het leven van die koninklijke wildeman. Van Koetsveld heeft veel gezien. Hij heeft van de echtelijke twisten gehoord en de resultaten van de immer durende onvrede in het koninklijk paleis aanschouwd. En eerlijk als hij is, heeft hij noch de koning noch wijlen koningin Sophie alle schuld aangewreven. Hij heeft geen partij gekozen, maar als hij ziet hoe Emma met de moeilijke Willem III weet om te gaan, ontsnapt hem toch de verzuchting: *Welk een Kontrast met haar voorgangster, en toch, beiden uitmuntend: de eerste in gaven en talenten, de tweede in tact.*[49]
Tact is de toverstaf in Emma's handen en Willem III is haar zielsdankbaar voor de ommekeer in zijn leven. Hij komt er ook eerlijk voor uit en als hij eens zijn hofprediker op een bijzonder geslaagd en huiselijk kerstfeest op het Loo aantreft, fluistert hij hem verrukt in het oor dat zijn Emma *een engel* is. *De Koning, die kinderlijk vrolijk was... had van haar een zilveren spirituslampje gekregen, om sigaren aan te steken, en bracht mij er een, om 't mee in te wijden* en Van Koetsveld voegt er bedachtzaam aan toe: *Na zooveel onhuiselijkheid, als ik bijna 30 jaar lang in de paleizen heb bijgewoond, deed mij dit huiselijk feest recht goed.*[50]
Toch, al is de hofprediker met de nieuwe stand van zaken hogelijk ingenomen, dat betekent niet dat hij de koning naar de mond praat. Het komt zelfs wel voor dat Sire kwaad onder een preek wegloopt en driftig over het

voorplein van het paleis Het Loo blijft ijsberen, om hem na afloop van de dienst toch weer het volle pond te geven met de erkentenis: *Het was hard, maar het was de waarheid.*[51] En als de dominee het in een preek heeft over berouw, over bedreven kwaad en van vergeving van schuld en de genade van de Heer, wacht hem buiten de kerk een ontroerde koning op, die alleen maar zegt: *Dank je, dominee, dank je.*[52] Want alle bulderende driftbuien ten spijt, heeft die Willem III wel een klein hartje. En wie zou zich daar meer over kunnen verheugen dan de oude prins Frederik, die zo vaak zijn hoofd heeft geschud over de onbesuisde sprongen van zijn neef? Frederik beleeft het nog dat hij, als oudste levende Oranje, aan het doopvont mag staan van het kind dat Emma in 1880 het leven schenkt. En de gebogen prins ziet hoe de koning straalt van vreugde als zijn vrouw het op 12 oktober 1880 in de Willemskerk ten doop houdt. En weer vindt Van Koetsveld een passend woord in zijn dooprede: *Kinderen zijn de bloesem van het leven, wee hen, die ze schendt.*[53] Denkt hij daarbij aan de twee prinsen die door de twisten van hun ouders in de vernieling gingen?
Want ook met prins Alexander gaat het al slecht. Hij is een zenuwzwakke zonderling, die zijn jonge stiefmoeder en het nieuwe zusje onder geen beding wil zien. Zijn hart is vol wrok, maar nog geen jaar later ziet de hofprediker met voldoening hoe vader en zoon elkaar toch weer de hand reiken. Het is dan september 1881, wanneer de oude prins Frederik in de Nieuwe Kerk te Delft wordt bijgezet. De oude man is aan longontstekening bezweken. Het leven had hem niet veel meer te bieden. Twee zonen heeft hij geboren zien worden. Hij heeft ze nooit volwassen gezien. Zijn vrouw is door een borstkwaal gesloopt en ook zijn oudste dochter Louise – zijn trots, want zij was koningin van Zweden – is een paar jaar geleden gestorven. Alleen prinses Marie, zijn jongste, het lelijke, dove meisje, dat dank zij een grote bruidsschat toch nog in de vorst van Wied een echtgenoot had gevonden, leeft nog en is moeder van een kinderrijk gezin. Onder zoveel slagen tegen het levenshuis is prins Frederik oud en moe geworden en zijn dood komt niet als een verrassing.
Ook prinses Marianne voelt de ouderdom op zich afkomen. Ook zij klaagt over lichaamsgebreken. Haar ene arm doet het niet meer zo best en ze wandelt niet meer maar wordt gereden. In de zomer van 1882 komt zij voor het laatst naar Voorburg en klaagt: *Ik heb thans niet minder moeite dan u, lieve vrouw van Loenen, wegens lamheid van mijn rechterarm.*[54] Toch is ze op 2 januari 1882 nog in staat om vanuit Reinhartshausen een wat langere brief aan haar voormalige pachteres te schrijven:
Met innig leedwezen verneem ik, lieve Vrouw van Loenen, de snelle verdwijning Uwer lichaamskrachten, maar hoop en vertrouw, dat Uw geest en ziel welvarende is en Gij U de hemel voelt naderen, waar wij elkander bij

onze Heer weder te vinden hopen en vertrouwen. Op de boerderij zal ik bezwaarlijk terugkomen; ook mijne krachten hebben afgenomen; ik wandel niet meer maar wordt gereden; ja wij verschillen enige jaren, maar wij zijn beiden oud en zien terug op wat niet wederkeert, maar ons baarde wat ons wacht.

God is liefde, ja mijn ziel,
God is liefde, aanbid en kniel;
God wil U tot leven wekken,
Al uw wanbedrijven dekken,
Met de vleugels der gena;
God is liefde, ja o ja!

Met dit versje sluit ik heden, U zijn zegen toebiddende, beste Vrouw van Loenen.

Uw dochter Frederika zal U mijn schrijven wel voorlezen, zooals zij mij voor U heeft geschreven; ik dank haar voor de vele moeite, die zij voor mij neemt. God geve haar kracht naar geest, ziel en lichaam om U, haar lieve Moeder op te passen en te verplegen. Blijft beiden in liefde gedenken.

Marianne, die U niet vergeet.[55]

Al behoeft de ongeveer twee- à drieëntachtigjarige vrouw Van Loenen verpleging, toch is zij niet de eerste die heengaat. Dat is prinses Marianne. Vroeg in de morgen van de 29ste mei 1883 overlijdt zij op haar landgoed Reinhartshausen. Vrouw Van Loenen zal haar prinses niet meer zien.

De laatste telg uit het koninklijk gezin die zo dikwijls in het woonhuis van Marianne's boerderij was neergestreken om bij vrouw Van Loenen thee te drinken of van haar lekkere pannekoeken te smullen, is heengegaan. Ze zal niet meer naar Voorburg of Het Loo terugkeren. En Maria van Loenen blijft niet anders over dan over haar prinses te vertellen. Negenenzestig brieven heeft ze zorgvuldig bewaard, niettegenstaande het bevel om ze te verbranden. Ach, wat is het lang geleden dat zij, de vrouw van de lakei Jan van Loenen, een briefje in handen gesmokkeld kreeg, dat niet eens met de volle naam van de prinses ondertekend was geweest: P.M. – prinses Marianne, met wat antwoorden over vragen over veekoeken, een paar bokken en lammeren. Maar dat mocht niet, getuige die paar zinnetjes aan het einde van de brief: *Ik dank U voor Uw brief in antwoord op de mijne in November en hope dat U mijn brief verscheurd hebt, dit was mijn intentie; zoo gij het nog niet gedaan hebt; doe het nu; want als iemand er iets van vernemen kon, zou het ons beiden zeer veel brommens kosten.*

Verbrand ook dit briefje; vaarwel en vergeet mij niet.[56]

Maria van Loenen heeft het niet gedaan. Ook na de dood van haar prinses heeft ze de brieven zorgvuldig bewaard. De oude vrouw bereikt een hoge ouderdom en ziet veel om haar heen verdwijnen. Zelfs haar boerderijtje, dat

in 1886 op last van de koning wordt gesloopt en waar een nieuw woonhuis voor de chef van de bloemisterij gaat verrijzen. Het heeft geen financiële consequenties voor de oude vrouw. Lang geleden al, in 1844 werd ze gepensioneerd. Rustig kan ze haar laatste dagen in Apeldoorn slijten totdat zij op oudejaarsdag 1893 overlijdt, tweeënnegentig jaar oud. Ze wordt begraven op het kerkhof aldaar.
Wie niet in Nederlandse aarde rust, dat is Marianne. Ze heeft het zelf gewild en haar kinderen hebben haar laatste wil gerespecteerd. Marianne rust ook niet in het kleine mausoleum, dat zij voor Johannes Willem heeft opgericht. *Mijn zoon is niet rein, want hij was mijn zoon*[57] heeft zij eens onder tranen Auguste Feller geschreven en eraan toegevoegd dat hij was weggenomen voordat hij in aanraking was gekomen met het kwaad.
Men vindt haar graf op het kerkhof van Erbach, waar zij eens Johannes van Rossum te ruste heeft gelegd. Haar kist wordt naast de zijne neergelaten en het grafmonument dat zij voor Johannes heeft laten oprichten, dekt nu ook haar graf. De zegenende Christusgestalte breidt ook over haar de handen uit. De bijbelteksten zijn dezelfde gebleven. Alles is als voorheen, met uitzondering van de deksteen waarop een nieuw opschrift te lezen valt.

Hier ruhet in Gott
Wilhelmina Frederika
Louise Charlotte
Marianne
von Nassau-Oranien, Prinzessin der Niederlande
geb. in Berlin am 9 Mai 1810
vermählt in Haag am 19 Septbr 1830 mit
Friedrich Heinrich
Albrecht
Prinz von Preussen[58]

gevolgd door Marianne's overlijdensdatum. Het is een slimme oplossing voor een netelig probleem.
Aan de nagedachtenis van Johannes van Rossum hebben Marianne's kinderen geen boodschap. Zijn portretten worden uit Reinhartshausen en Rusthof weggehaald en vermoedelijk vernietigd. Zijn stoffelijk overschot wordt gedekt door de naam van de man van wie Marianne gescheiden is, maar geruimd of weggehaald wordt het niet. Daar staat Marianne's laatste wens borg voor. Hij rust vergeten naast de vrouw die hem zozeer heeft liefgehad dat zij haar maatschappelijke positie voor hem prijsgaf. Even vergeten als dat kleine kindergraf in Freyenwalde, waar eens, lang geleden, de kleine Pauline begraven werd. Als dat kindergrafje gevonden wordt, is dat andere kind – Wilhelmina, de laatste telg uit het Huis van Oranje-Nassau – reeds een groot koningin.

Wilhelmina handelt. Hoe, dat zal haar hofprediker, dominee Welter, later verklappen.

In 1911 had ds Welter in gezelschap van zijne dochter (mevrouw Welter was reeds eerder overleden) een kuur gedaan te Wiesbaden.

Op terugreis naar Nederland wachtten vader en dochter op de komst van den trein, die hen huiswaarts zou brengen, op het perron. Toen de trein binnenstoomde en zij naar een geschikte zitplaats zochten, werd vanuit een coupé op het raampje getikt en noodigde een opgeheven hand hen tot instappen. Tot hun verrassing troffen zij daar Baron Gevers en Jhr. van den Bosch aan, beiden aan ds Welter (als hofprediker) welbekend.

Toen de trein het station had verlaten, zeide een der genoemde heeren tot ds Welter, met den vinger naar het bagagerek wijzend, alwaar een met een zwart kleed bedekt voorwerp zich bevond, ,,U kunt nooit raden wat daar in zit." Op het verwachte negatief antwoord, kwam de verklaring: ,,Het kistje van Prinses Pauline." In den loop der jaren was Freyenwalde door de Hohenzollerns verkocht en omstreeks 1911 was het in eigendom gekomen van Walter Rathenau, later een bekende politieke figuur in de tijden direct na den eersten wereldoorlog. Op een wandeling door zijn juist verkregen landgoed ontdekte Rathenau onder een aantal verwilderde struiken een verweerde grafzerk en bij nader onderzoek stond daarop vermeld, dat eronder Prinses Pauline van Oranje-Nassau begraven was.

Een en ander werd onmiddellijk aan H.M. Koningin Wilhelmina bericht, die eenige kamerheeren derwaarts zond. De weinig overgeblevene stoffelijke resten werden opgegraven en in een meegebracht kistje geborgen. Indien ruchtbaarheid was gegeven aan het opgraven en verder vervoer van het lijk van een vorstelijk persoon, hoe jong dan ook, dan zou zulks protocolair geweldig omslachtige maatregelen, misschien met eerewachten e.d. gepaard, tengevolge hebben gehad en daarom was besloten, het overbrengen zoo geruischloos mogelijk te doen geschieden.

Te Den Haag werd de desbetreffende treinwagon afgehaakt en naar de lijn naar Delft gereden, alwaar in plechtigen stoet vanaf het station het kistje naar de Nieuwe Kerk werd gebracht. Daar stond Z.K.H. Prins Hendrik in den hoofdingang gereed, om namens de Koningin het stoffelijk overschot te ontvangen, dat daarna tusschen de zerken van de ouders van de Prinses werd geplaatst.

Ds. Welter, die in de voorzomer van de twintiger jaren veelal verbleef in het fraaie huis van zijn vriend, van Eeghen uit Amsterdam, te Oosterbeek, heeft mij dit alles zelf verteld.[5 9]

Ook prinses Marianne is niet door koningin Wilhelmina vergeten. Haar portret krijgt een plaats in de werkkamer van de altijd bezige koningin. Als postuum eerbetoon aan de vrouw die eens had gezegd: *Maar weet je wel*

48. De jonge koningin Wilhelmina in Friese klederdracht. Foto Gerstenhauer Zimmermann. (Collectie Lissenberg.)

kind, wat het in heeft gelijktijdig vorstin en vrouw te zijn? Daar komt heel wat strijd voor kijken en menige **vorstin** *zou wenschen alleen maar* **vrouw** *te mogen zijn. Maar God stelt elkeen op zijne plaats.*[60]

En wie zou beter in staat zijn geweest juist deze laatste woorden te begrijpen dan koningin Wilhelmina?

BIJLAGE A

De aanbiedingen door koning Willem Frederik in diens brief van 6 november 1843 gedaan luiden als volgt:
In de eerste plaats ten behoeve van den Staat af te zien van alle vorderingen, welke Ik ter zake van voorschotten voor het kanaal van Gent naar Ter Neuzen hebbende.
In de tweede plaats genoegen te nemen, dat Mijne vorderingen op het kanaal van Voorne nadat aan Mij zal zijn uitgekeerd het saldo, hetwelk het speciale fonds van het kanaal op ultimo December 1843 zal bedragen, ten beloope van hoogstens f 250.000,– bepaald worden op eene ronde som van f 2.000.000,–.
In de derde plaats terug te geven al de obligatiën op het kanaal de Grift gevestigd, welke in Mijn bezit zijn, waartegen ik ontslagen worde van de ten behoeve dier Negociatie door Mij gestelde guarantie, waarvan ik deswege te vorderen zal hebben eene som van f 105.779,79, met welke som verrekend wordt eene som van f 50.000,–, te Mijnen laste aan het Rijk komende, voor door het Amortis. Synd. betaalde, ten behoeve van het kanaal van Charleroi.
In de vierde plaats te stemmen, dat Ik voor de vorderingen, welke Mij alzoo verschuldigd blijven van f 2.000.000,– en van f 55.000,– respectivelijk geen ander of verder regt van aanspraak op den Staat zal hebben, dan voor zoo verre de zuivere inkomsten van de beide kanalen, die van Voorne en van Grift, zullen strekken, om Mij de in eerste plaats drie ten honderd aan jaarlijksche rente, en vervolgens zoo mogelijk achtereenvolgende de aflossing te doen geworden.
Eindelijk in de vijfde plaats, om aan 's Rijks schatkist in zoodanige termijnen, als tusschen ons nader geregeld zullen worden; doch waarvan de laatste op 1e Februarij 1845 verschijnen zal, à pari, voor te schieten eene som van tien miljoen gulden, waarvan Mij geene hoogere rente dan drie ten honderd 's jaars zal worden uitgekeerd, en waarvoor ik zal bekomen inschrijvingen op een krachtens de voor te dragen wet, ten behoeve eener vrijwillige leening ad drie ten honderd daar te stellen Grootboek van Nationale schuld.

BIJLAGE B

Uit het inbrengregister van de Maatschappij van Weldadigheid no 910

959	Marianne Nederlander	Naam.
	11 Maart 1820	Geboortedag.
	5 Juli 1820	Aankomst.
	Als N 958 (= E.N.3)	Contract.
	Kol.3 H.3.	Waar gevestigd.
	Nederlander ontslagen 2 October 1840	Ontslag.
958	Willem Nederlander	Naam.
	5 Mei 1818	Geboortedag.
	5 Juli 1820	Aankomst.
	E.N.3.	Contract.
	P. Nederlander te Leerdam	Naam of qualiteit der uitbesteders.
	Kol.1.H. 52.Wateren N.H.1.52. 3.3.Kol,3/5	Waar gevestigd.
	Den 10 November 1829 naar Wateren	
	In de kolonie terug 15 Maart 1830.	
	Gehuwd ontslagen 2 December 1846	Ontslag.

NOTEN

I. VALLEN EN OPSTAAN

1. Colenbrander: Gedenkstukken, dl. V, p. 761. Vert. uit het Frans.
2. Idem.
3. Idem, p. 764.
4. Gräfin Voss: Neunundsechzig Jahre, p. 256. Vert. uit het Duits.
5. Colenbrander: Gedenkstukken, dl. V, p. 764. Vert. uit het Frans.
6. Naber: Corr. v.d. stadh. fam. dl. IV, p. 280. Willem(I) aan zijn zuster pr. Louise op 24-11-1806. Vert. uit het Frans.
7. Colenbrander: Gedenkstukken, dl. V, p. 765. Willem(I) aan Napoleon op 24-11-1806. Vert. uit het Frans.
8. Naber: Corr. v.d. stadh. fam., dl. IV, p. 282-283. Willem(I) aan zijn moeder pr. Wilhelmina op 9-12-1806. Vert. uit het Frans.
9. Idem, p. 283. Willem(I) aan zijn zuster pr. Louise op 15-12-1806. Vert. uit het Frans.
10. Idem, p. 283. Willem(I) aan zijn moeder pr. Wilhelmina op 22-12-1806. Vert. uit het Frans.
11. Idem, p. 284. Willem(I) aan zijn moeder pr. Wilhelmina op 25-12-1806. Vert. uit het Frans.
12. Idem, p. 293. Willem(I) aan zijn moeder pr. Wilhelmina op 21-2-1807. Vert. uit het Frans.
13. Idem, p. 293. Willem(I) aan zijn moeder pr. Wilhelmina op 11-3-1807. Vert. uit het Frans.
14. Idem.
15. Idem.
16. Gräfin Voss: Neunundsechzig Jahre, p. 291. Vert. uit het Duits.
17. Idem, p. 293.
18. Naber: Corr. v.d. stadh. fam., dl. IV, p. 297. Pr. Wilhelmina aan haar zoon Willem(I) op 18-3-1807. Vert. uit het Frans.
19. Idem, dl. V, p. 1-2. Willem(I) aan zijn moeder pr. Wilhelmina op 25-7-1807. Vert. uit het Frans.
20. Idem, p. 11-12. Pr. Louise aan haar broer Willem(I) op 15-8-1807. Vert. uit het Frans.
21. Idem, p. 16. Willem(I) aan zijn moeder pr. Wilhelmina op 17-10-1807. Vert. uit het Frans.
22. Gräfin Voss: Neunundsechzig Jahre, p. 355. Vertaling: En zo lang deze ellendeling tot verderf van de mensheid leeft, is er voor ons niets te hopen. Uit het Duits.
23. Idem, p. 357.
24. Idem.

25. Een minder tactvolle opmerking van Napoleon over zijn bruid Marie Louise.
26. Naber: Corr. v.d. stadh. fam., dl. V, p. 43. Pr. Louise aan haar broer Willem(I) op 22, 23 en 27-10-1809. Vert. uit het Frans.
27. Idem, p. 44. Willem(I) aan zijn moeder pr. Wilhelmina op 17-10-1809. Uit het Frans.
28. Idem, p. 45. Willem(I) aan zijn zoon Willem(II) op 12-3-1810. Vert. uit het Frans.
29. Idem, p. 46-47. Willem(I) aan zijn zoon Willem(II) op 12-5-1810. Vert. uit het Frans.
30. Conscriptie: Franse term voor gedwongen dienstplicht onder Napoleon.
31. Naber: Corr. v.d. stadh. fam., dl. V, p. 40. Pr. Louise aan haar broer Willem(I) op 18 sept. 1809. Uit het Frans met een Nederlands citaat.
32. Idem, p. 161-162. Pr. Louise aan haar broer Willem(I) op 17-2-1813. Vert. uit het Frans.
33. Idem.
34. Idem, p. 174. Pr. Louise aan haar broer Willem(I) op 24-3-1813. Vert. uit het Frans.
35. Idem, p. 176-177. Pr. Wilhelmina aan haar zoon Willem(I) op 5-3-1813. Vert. uit het Frans.
36. Idem, p. 200. Willem(I) aan zijn moeder pr. Wilhelmina op 17-4-1813. Vert. uit het Frans.
37. Idem, p. 199. Willem(II) aan zijn moeder pr. Wilhelmina (Mimi) op 7-4-1813. Vert. uit het Frans.
38. Idem.
39. Idem, p. 204-205. Willem(I) aan zijn zoon Willem(II) op 10-5-1813. Vert. uit het Frans.
40. Idem, p. 204, voetnoot 4. Willem(II) aan zijn vader Willem(I) op 18-6-1812. Vert. uit het Frans.
41. Idem, p. 206. Willem(I) aan zijn zoon Willem(II) op 17-5-1813. Vert. uit het Frans.
42. Idem.
43. Idem.
44. Idem.
45. Idem, p. 207. Willem(I) aan zijn zoon Willem(II) op 18-5-1813.
46. Colenbrander: Willem I, p. 143. Vert. uit het Engels.
47. Naber: Corr. v.d. stadh. fam., dl. V, p. 209. Willem(I) aan zijn zuster pr. Louise op 14-6-1813. Vert. uit het Frans.
48. Idem, p. 208-209. Pr. Louise aan haar broer Willem(I) op 13-5-1813. Vert. uit het Frans.
49. Idem, p. 212. Willem(I) aan zijn zuster pr. Louise op 6-7-1813. Vert. uit het Frans.
50. Idem, p. 216. Willem(I) aan zijn moeder pr. Wilhelmina op 18-8-1813. Vert. uit het Frans.
51. Idem, p. 217. Willem(I) aan zijn moeder pr. Wilhelmina op 27-8-1813. Vert. uit het Frans.
52. Idem, p. 220. Willem(I) aan zijn zuster pr. Louise op 13-9-1813. Vert. uit het Frans.
53. Idem, p. 220. Willem(I) aan zijn moeder pr. Wilhelmina op 12-9-1813. Vert. uit het Frans.
54. Idem, p. 227. Willem(I) aan zijn moeder pr. Wilhelmina op 7-10-1813. Vert. uit het Frans.
55. Idem.

56. In 1786 werd pr. Wilhelmina door patriotten aangehouden bij Goejanverwellesluis. Dit had een Pruisisch ingrijpen tot gevolg, dat de Oranjes wel tijdelijk soelaas bood, maar hen toch niet van de ballingschap kon redden.
57. G.K. van Hogendorp: Brieven en gedenkschr., dl. III, p. 259.
58. Naber: Corr. v.d. stadh. fam., dl. V, p. 232-233. Willem(I) aan zijn moeder pr. Wilhelmina op 15-11-1813. Vert. uit het Frans.
59. Colenbrander: Gedenkstukken, dl. VI, st. III, p. 233-234.
60. Naber: Corr. v.d. stadh. fam., dl. V, p. 234. Willem(I) aan zijn moeder pr. Wilhelmina op 22-11-1813. Vert. uit het Frans.
61. Idem, p. 235. Willem(I) aan zijn zuster pr. Louise op 23-11-1813.
62. Idem.
63. De Beaufort: G.K. van Hogendorp p. 250.
64. Idem.
65. Sirtema van Grovestins: Gedenkschriften Van der Duyn van Maasdam en Van der Capellen, p. 453. De uitspraak van Van Bylandt dateert van 1802, toen de latere Willem I als erfprins zijn opwachting ging maken bij Napoleon. Zijn verblijf in Parijs maakte grote indruk op de prins, hij was vol bewondering voor Napoleons bewind. Later voerde hij eenzelfde model-regime in Fulda en de Nassause bezittingen in.
66. De Beaufort: G.K. van Hogendorp, p. 248.
67. Idem, p. 247.
68.-69. Colenbrander: Koning Willem I, p. 151.
70. Psalm 126, vers 3.
71. Colenbrander: Koning Willem I, p. 191.
72. De Beaufort: G.K. van Hogendorp, p. 254.
73. Idem.
74. Doorn, Rusland en Oranje, p. 56-63.
75. Vertaling: Wij gaan de grote Napoleon zien, de overwinnaar van alle naties.
76.-77. Historia, jrg. 1936, p. 237.
78. Naber: Correspondentie v.d. stadh.fam. dl.V., brief Willem (II) op 19-6-1815. Vert. uit het Frans.
79. De Beaufort: G.K. van Hogendorp, p. 267. Vert. Op een verloren slag na, betekent een gewonnen veldslag de grootste misère.
80.-84. Sirtema van Grovestins: Gedenkschriften Van der Duyn van Maasdam en Van der Capellen, p. 118-119.
85.-87. Idem, p. 120.
88. Idem, p. 121.
89. Idem, p. 122.
90. Idem, p. 125.

II. IN DE DOOFPOT

1. Het huwelijk van de prins van Oranje, de latere Willem II, met Anna Paulowna werd op 21-2-1816 te St. Petersburg gesloten.
2. Jackman: Romanov Relations, p. 68. Anna Paulowna aan haar moeder Maria Feodorowna op 30-11-1817. Vert. uit het Engels. Oorspronkelijke tekst vermoedelijk Frans.
3. Idem, p. 67.

4. Sirtema van Grovestins: Gedenkschriften van van der Duyn van Maasdam en van der Capellen, p. 117.
5.-9. Idem.
10. Idem, p. 117-118.
11.-15. Idem, p. 118.
16. Idem, p. 86.
16a. Zie Bijleveld: Bouwens van der Boyen en consorten, p. 5. Mr. Theodorus Alexander Pagenstecher was burgemeester van Lisse.
17. De titel erfprins is onjuist. De prins was toen reeds kroonprins.
18. Bijleveld: Bouwens van der Boyen en consorten, p. 3.
19. Colenbrander: Gedenkstukken der Alg. Geschiedenis van Nederland van 1795-1840, dl. VIII, stuk 1 (ook wel genummerd 25), p. 396. Brief Hatzfeld aan Friedrich Wilhelm III op 27-11-1819. Vert. uit het Frans.
20. Idem.
21. Volgens Bijleveld onjuist. Bouwens van der Boyen zou uit Amsterdam afkomstig zijn. Zijn vader zou voor de geboorte van Pierre naar Noord-Frankrijk vertrokken zijn. zijn.
22. Zie Bijleveld: Bouwens van der Boyen en consorten, p. 3. Welke Pagenstecher nu precies gearresteerd zou zijn, is niet helemaal duidelijk.
23. Colenbrander: Gedenkstukken der Alg. gesch. v. Nederl., p. 397, dl. VIII, stuk 1, ook wel genummerd 25.
24. Idem.
25. Idem, p. 399. Hatzfeldt aan Friedrich Wilhelm III op 4-12-1819. Vert. uit het Frans.
26. Colenbrander: Gedenkstukken der Alg. gesch. v. Nederl., dl. VIII, stuk 2 (ook wel genummerd 27), p. 221.
27. Idem, voetnoot 1.
28. Idem.
29. Idem.
30. Colenbrander: Gedenkstukken der Alg. gesch. v. Nederl. dl. VIII, stuk 22 (ook wel genummerd 27), p. 222-223.
31. Idem, p. 221, voetnoot 1.
32. Idem.
33. Colenbrander: Gedenkstukken, dl. VIII, stuk 3 (ook wel genummerd 30), p. 304. Prins van Oranje aan Van Hogendorp op 20-2-1820. Vert. uit het Frans.
34. Idem, dl. VIII, stuk 1 (ook wel genummerd 25), p. 405. Brief Hatzfeldt aan Friedrich Wilhelm III op 22-2-1820. Vert. uit het Frans.
35. Idem, p. 400. Brief Hatzfeldt aan Friedrich Wilhelm III op 7-12-1819. Vert. uit het Frans.
36. Idem, p. 406. Brief Hatzfeldt aan Friedrich Wilhelm III op 24-2-1820. Vert. uit het Frans.

III. DE TWEE WEZEN

1. Uit de Twee Wezen. Niet „de vrucht" maar „het voorwerp" der liefde.
2. Opr. Haarl. Courant d.d. 2-1-1817.
3. Westendorp Boerma: Een geestdriftig Nederlander, p. 25.
4. Officiële benaming.

5.-7. „De Star" 1821, p. 59-63.
8. „De Star" 1821, juli-aflevering.
9. Idem, p. 912.
10.-19. Mededelingen door mr. J.W.F.X. de Rijk en uit arch. 1e Mij. van Weldadigheid, R.A. prov. Drenthe.
20. „De Star" 1820, p. 614-615.
21. „De Navorscher" 1955/1956, p. 131.
22. Idem.
23. Kluit: Nederland in den goeden ouden tijd, p. 121.
24.-25. Idem.
26.-28. „De Star" oktober 1820.
29. „De Star" 1822, p. 790.
30. „De Star" 1822, p. 286.
31. Westendorp Boerma: Een geestdriftig Nederlander, p. 43.
32. Zie bijlage B.
33. Idem.
34. Brief Bijleveld aan Wijman op 23-6-1948.
35. Idem.

IV. MARIANNE

1. Collectie Falck: Koningin Wilhelmina (echtgenote Willem I) aan Zezette Falck op 10-11-1824. Vert. uit het Frans.
2. Idem. Marianne aan Zezette Falck op 17-3-1826. Vert. uit het Frans.
3. Idem.
4. Idem. Koningin Wilhelmina aan Zezette Falck op 5-6-1826. Vert. uit het Frans.
5. Idem.
6. Idem. Marianne aan Zezette Falck op 5-6-1826. Vert. uit het Frans.
7. Idem.
8. Idem. Marianne aan Zezette Falck op 8-1-1827. Vert. uit het Frans.
9. Idem. Marianne aan Zezette Falck op 18-5-1827. Vert. uit het Frans.
10. Idem.
11. Idem. Koningin Wilhelmina aan Zezette Falck op 30-6-1828. Vert. uit het Frans.
12. Idem. Marianne aan Zezette Falck op 6-6-1828. Vert. uit het Frans.
13.-14. Idem. Marianne aan Zezette Falck op 11-8-1828. Vert. uit het Frans.
15. Idem.
16. Historia, Maandschrift voor Geschiedenis, jrg. 1936, p. 75.
17. Idem, p. 77.
18. Jackman: Romanov Relations, p. 157. Anna Paulowna aan haar broer Constantijn op 17-7-1828. Vert. uit het Engels.
19. Idem, p. 159. Grootvorst Constantijn aan Anna Paulowna op 15/27-7-1828. Vert. uit het Engels.
20. Idem, p. 160.
21. Idem.
22. Idem, p. 164-165. Anna Paulowna aan grootvorst Constantijn op 18/30-11-1828. Vert. uit het Engels.

23. Collectie Falck. Koningin Wilhelmina aan Zezette Falck op 11-8-1828. Vert. uit het Frans.
24.-25. Idem.
26. Jackman: Romanov Relations, p. 172. Anna Paulowna aan grootvorst Constantijn op 10-2-1829. Vert. uit het Engels.
26a. E. van Raalte: Gezien, gehoord... geschreven tussen 1916 en 1972, p. 189.
27.-33. Van Raalte: Ned. Vorstelijke huwelijken en hun problematiek, p. 11-12, 16-18.
34. Collectie Falck: Koningin Wilhelmina aan Zezette Falck op 29-12-1828. Vert. uit het Frans.
35. Idem.
36. Idem. Marianne aan Zezette Falck op 6-3-1829. Vert. uit het Frans.
37. Idem. Koningin Wilhelmina aan Zezette Falck op 29-12-1828. Vert. uit het Frans.
38. Idem. Marianne aan Zezette Falck op 6-3-1829. Vert. uit het Frans.
39. Bijleveld: De Markies de Thouars na honderd jaar, p. 3.
40. Idem, p. 4.
41. E. Meeter: Holland, Kranten, Kerkers en Koningen, p. 142-143.
42. Bijleveld: De Markies de Thouars na honderd jaar, p. 4.
43.-44. Idem.
45. Collectie Falck. Koningin Wilhelmina aan Zezette Falck op 12-6-1829. Vert. uit het Frans.
46. Jackman: Romanov Relations, p. 178. Anna Paulowna aan grootvorst Constantijn in juli 1829 (precieze datum niet bekend). Vert. uit het Engels.
47. Idem, p. 204. Anna Paulowna aan tsaar Nicolaas I op 30-9-1830. Vert. uit het Engels.

V. ZWAAR WEER

1. Sirtema van Grovestins: Gedenkschriften van Van der Duyn van Maasdam en Van der Capellen, p. 133.
2. Idem.
3. Jackman: Romanov Relations, p. 111. Anna Paulowna aan tsaar Alexander I op 20-9-1825. Vert. uit het Engels.
4. Doorn: Rusland en Oranje, p. 136.
5. Gedenkschriften van Van der Duyn van Maasdam, p. 132.
6. Doorn: Rusland en Oranje, p. 136.
7. Collectie Falck. Marianne aan Zezette Falck op 12-9-1830. Vert. uit het Frans.
8.-11. Idem.
12. Jackman: Romanov Relations, p. 202. Anna Paulowna aan tsaar Nicolaas I op 30-9-1830. Vert. uit het Engels.
13.-14. Idem.
15. Jackman: Romanov Relations, p. 195. Anna Paulowna aan tsaar Nicolaas I op 1-9-1830. Vert. uit het Engels.
16. Collectie Falck. Koningin Wilhelmina aan Zezette Falck op 8-11-1830. Vert. uit het Frans.
17. Idem.

VI. ZENDT DE KAT NAAR ENGELAND

1. Gedenkschriften Van der Duyn van Maasdam en Van der Capellen, verzameld door Van Grovestins, p. 218.
2. Idem, p. 219.
3. Idem, p. 223.
4. Idem, p. 229.
5. Idem, p. 241.
6. Idem, p. 242.
7. Idem, p. 246-247.
8. Jackman: Romanov Relations, p. 209. Anna Paulowna aan Nicolaas I op 19-10-1830. Vert. uit het Engels.
9. Gedenkschriften Van der Duyn van Maasdam, p. 53.
10. Doorn: Rusland en Oranje, p. 151.
11. Jackman: Romanov Relations, p. 211-212. Anna Paulowna aan tsaar Nicolaas I op 29-10-1830. Vert. uit het Engels.
12. Gedenkschriften Van der Duyn van Maasdam, p. 259-261.
13. Idem, p. 293.
14. Idem, p. 288.
15. Latijn: houd u lachen in.
16. Gedenkschriften Van der Duyn van Maasdam, p. 308.
17. Idem, p. 320-321.
18. Colenbrander: De afscheiding van België, p. 104. Ook Receuil de Pièces diplomatiques relatives aux affaires de la Hollande et de la Belgique (1831-1833, dl. I, p. 217).
19. Collectie Falck, A.R.A.
20. Idem.
21. Idem.
22. Gedenkschriften Van der Duyn van Maasdam, p. 340.
23. Colenbrander: Gedenkstukken, dl. X, stuk 3. Brief Orloff aan Nesselrode op 14 maart 1832. Vert. uit het Frans.
24. Colenbrander: De afscheiding van België, p. 120.
25. Idem, p. 122.

VII. HUWELIJKSPERIKELEN

1. Historia, jrg. 1936. Artikelenreeks van W. Baron Snouckaert van Schauburg betreffende: Journaal van mijn uitstapje naar Berlijn in het gevolg van H.M. de Koningin in de maand mei 1936 door Mr. A.C. Snouckaert van Schauburg.
2. Opr. Haarl. Courant, 19 mei 1837.
3. Idem, 7 juli 1837.
4. Hortense de Beauharnais, gescheiden echtgenote van Lodewijk Napoleon, eens koning van Holland. Zij was de stiefdochter van Napoleon.

5.-7. Opr. Haarl. Courant, 14-10-1837.

8. Gebruikelijke uitdrukking in die jaren. De belangstelling van Willem I werd altijd omschreven als „vaderlijk”.
9. Opr. Haarl. Courant, 17 okt. 1837.

10.-11. Idem.
12. Idem, d.d. 19 okt. 1837.
13. Idem, d.d. 22 okt. 1837.
14. Idem, d.d. 28 okt. 1837.
15. Uit de brief van de apostel Paulus aan de Romeinen, hoofdst. 2, v. 28.
16. Opr. Haarl. Courant d.d. 17 nov. 1837.
17. Jackman: Romanov Relations, p. 291. Anna Paulowna aan tsaar Nicolaas I op 10-7-1839. Vert. uit het Engels.

VIII. DE KONING TROUWT EEN MUITERSWIJF

1. Alle gegevens over de Silezische bezittingen van koningin Wilhelmina, echtgenote van Willem I, zijn ontleend aan de papieren betreffende de nalatenschap van Willem II in de collectie F.A. van Hall, A.R.A. Den Haag.
2. Jackman: Romanov Relations. Anna Paulowna aan tsaar Nicolaas I op 20-12-1835. Vert. uit het Engels. Anna Paulowna schreef aan haar familie in het Frans of het Russisch, al naar het haar inviel. Jackman heeft haar brieven in het Engels doen vertalen.
3. Colenbrander: Gedenkstukken der Alg. Geschiedenis van Nederland (1795-1840), deel X, stuk 5, p. 656.
4. Collectie Falck: De prins van Oranje aan koning Willem I in de nacht van 4 op 5 maart 1839. Uit het Frans.
5.-7. Gedenkschriften A.R. Falck, p. 664-665.
8. Il retournait encor de la fille d'Hélène à la veuve d'Hector = Hij keerde weer terug van de dochter van Hélène naar de weduwe van Hector.
9.-12. Idem.
13. Roppe: Een omstreden huwelijk, p. 34. Henriëtte d'Oultremont aan de prins van Oranje op 14-7-1839. Vert. uit het Frans.
14. Idem, p. 34. Brief van de prins van Oranje aan Henriëtte d'Oultremont op 14-7-1839. Vert. uit het Frans.
15. Idem, p. 35.
16. Idem, p. 35.
17. Idem, p. 36-37. Brief van Henriëtte d'Oultremont aan Hoffmann gericht, doch in wezen bestemd voor Willem I, op 26-7-1839. Vert. uit het Frans.
18.-20. Idem.

IX. BERLIJNSE JAREN

1. Roppe: Een omstreden huwelijk, p. 101.
2. Idem, p. 100.
3. Idem, p. 104.
4. E. Meeter: Holland, Kranten, Kerkers en Koningen, p. 27-28.
5. Roppe: Een omstreden huwelijk, p. 104.
6.-7. Idem.
8. Idem, p. 105.
9. Idem, p. 106.

10. Idem, p. 108.
11. Idem.
12. Idem, p. 109.
13. Idem, p. 109.
14. Idem, p. 110.
15. E. Meeter: Holland, Kranten, Kerkers en Koningen, p. 39.
16. Roppe: Een omstreden huwelijk, p. 121. Prins van Oranje aan Willem I op 24-3-1840. Vert. uit het Frans.
17. Idem, p. 122.
18. Idem, p. 123.
19. Idem, p. 125. Willem I aan Henriëtte d'Oultremont op 26-3-1840. Vert. uit het Frans.
20. Idem, p. 126.
21. Idem, p. 135. Marianne aan Henriëtte d'Oultremont op 24-4-1840. Vert. uit het Frans.
22. Colenbrander: De afscheiding van België, p. 222.
23. Roppe: Een omstreden huwelijk, p. 213. Marianne aan Willem II op 18-2-1841. Vert. uit het Frans.
24. Idem, p. 224. Willem II aan Marianne op 7-4-1841. Vert. uit het Frans.
25. Idem.
26. Idem, p. 253. Frederik aan Willem II. Vert. uit het Frans.

X. UITVAART VAN EEN KONING

1.-6. Anoniem: Levensschets van Z.M. koning Willem Frederik, p. 86.
7. Idem, p. 92.
8. Idem.
9. Idem, p. 92-93.
10. Berust op het Gemeentearchief, Den Haag.
11. Roppe: Een omstreden huwelijk, p. 257-258. Henriëtte, gravin van Nassau, aan Zezette Falck op 20-1-1844. Vert. uit het Frans.
12. Idem, p. 258. Marianne aan Zezette Falck. Niet gedateerd. Vert. uit het Frans.
13. Idem, p. 259. Henriëtte, gravin van Nassau, aan Willem II op 24-4-1844. Vert. uit het Frans.

XI. EEN VERHEVEN STANDPUNT

1. Uit Neerlands Maagd, Loflied van een Kapitalist etc., p. 9.
2. Gleichmann: Mr. van Hall als minister, p. 48.
3. Idem, p. 51.
4. Idem.
5. Idem, p. 52.
6.-9. Idem, p. 53.
10. Idem, p. 54.
11. De Bosch Kemper: Geschiedenis van Nederland na 1830, dl. IV, Letterkundige Aantekeningen, p. 138.

12. Collectie Van Hall. A.R.A., Den Haag.

XII. OPNIEUW DE DOOFPOT

1. Collectie Van Hall, aantekeningen. A.R.A., Den Haag.
2. Idem.
3. Idem. In druk: Gleichmann: Mr. van Hall als minister, p. 58.
4. Idem.
5.-6. Idem, p. 62.
7. Idem, p. 62-63.
8. Idem, p. 64.
9. Idem.
10. Idem, p. 66-67.
11. Idem, p. 68-69.
12. Idem, p. 69.
13. Collectie Van Hall, aantekeningen. A.R.A., Den Haag.
14.-16. Gleichmann: Mr. van Hall als minister, p. 70-71.
17. Collectie Van Hall, aantekeningen. A.R.A., Den Haag.
18. Gleichmann: Mr. van Hall als minister, p. 71-72.
19. Collectie Van Hall, aantekeningen. A.R.A., Den Haag.
20. Neerlands Maagd etc. Anoniem dichtwerk.

XIII. DE GEEST IS WEL GEWILLIG MAAR HET VLEES IS ZWAK

1. Meeter: Holland, Kranten, Kerkers en Koningen, p. 142.
2.-6. Collectie Falck: Marianne aan Zezette Falck op 17-3-1844. Vert. uit het Frans.
7.-10 Idem. Marianne aan Zezette Falck op 24-5-1844. Vert. uit het Frans.
11.-15. Idem. Marianne aan Zezette Falck op 28-6-1844. Vert. uit het Frans.
16.-19. Idem. Marianne aan Zezette Falck op 12-1-1845. Vert. uit het Frans.
20. Meeter: Holland, Kranten, Kerkers en Koningen, p. 144-145.

XIV. DELFTS MYSTERIE

1.-2. D.P. Oosterbaan: Het Naundorff mysterie, p. 12.
3. Idem, p. 14.
4.-5. Idem, p. 40.
6.-7. Verklaring van koffiehuishouder Bekker. Zie Oosterbaan, p. 43.
8. Nieuwe Rotterdamsche Courant op 12-8-1845. Zie ook Oosterbaan.

XV. BITTERE VRUCHTEN

1. Abbink: Het leven van Koning Willem II, p. 90.

2. Bijleveld: Bouwens van der Boyen en consorten, p. 10.
3. Meeter: Holland, Kranten, Kerkers en Koningen, p. 156.
4.-7. Idem, p. 157.
8. Bijleveld: Bouwens van der Boyen en consorten, p. 7.
9. Idem.
10. Idem, p. 5.
11. Idem.
12. J. de Bosch Kemper: Geschiedenis van Nederland na 1830, p. 8.
13. Bijleveld: Bouwens van der Boyen en consorten, p. 5.
14. De Bosch Kemper: Geschiedenis van Nederland na 1830, letterk. aantekeningen dl. IV, p. 6.
15. Idem, p. 5-6 en IV, p. 8.
16.-20. Idem, letterkundige aantekeningen, deel IV, p. 5-6.
21. Hydra nr. 1 jrg. 1847.
22. Hydra nr. 21 jrg. 1847.
23. Hydra nr. 22 jrg. 1847.
24. Hydra d.d. 28-6-1848.
25. De Bosch Kemper: Geschiedenis van Nederland na 1830, letterkundige aantekeningen, dl. IV, p. 39-40 va van de letterkundige aantekeningen.
26. Meeter: Holland, Kranten, Kerkers en Koningen, p. 149.
27. Doorn: Rusland en Oranje, p. 257.
28. Poelhekke: De tsarendochter en de molenaarszoon, art. in Arch. v.d. gesch. v.d. Kath. Kerk in Nederl., jrg. 1960, p. 237.
29. Idem, p. 238.
30. Doorn, Rusland en Oranje, p. 261.
31. Poelhekke, zie onder 28, p. 238.
32. Idem, p. 239.
33.-35. Idem.
36. Schotel: De dood des Konings, p. 7.
37.-38. Poelhekke, zie onder 28, p. 240.
39. Schotel: De dood des Konings, p. 7.
40. Abbink: Het leven van Koning Willem II, p. 146, 148-149.
41. Zijlker: Het dagboek van Jan Freerks Zijlker in de Groningse Volksalmanak voor het jaar 1948, p. 152-153.
42. Abbink: Het leven van Koning Willem II, p. 119.
43. Idem, p. 120.
44. Idem.
45. Idem, p. 131.

XVI. GEHEIME KRAAMUITLEG

1. Doorn: Willem III, Emma en Sophie, p. 83.
2. Archivis di State di Palermo. Proc. Nr. 866 Allegati. Aggeto: Ricerche 1/V.
3.-4. Bijleveld: Uit het leven van prinses Marianne, p. 4.
5. Idem, p. 5.
6. Collectie Falck: brief van Marianne aan Zezette Falck op 12-1-1845. Vert. uit het Frans.
7. Meeter: Holland, Kranten, Kerkers en Koningen, p. 144-145.

XVII. GEEN GOUD ZONDER SCHUIM

1. Bijleveld: Uit het leven van prinses Marianne, p. 7-8.
2. Strootman: Het verblijf van Prinses Marianne te Rome en hare kunstschatten. Mededelingen van het Ned. Hist. Instituut te Rome, tweede reeks, dl. IV, p. 148.
3. Idem, p. 149.
4. Idem, p. 153.
5. Voorhoeve: Prinses Marianne der Nederlanden, p. 71.
6. Strootman, zie onder 2, p. 149.
7. Idem, p. 153.
8. Tijdschrift Asmodée d.d. 3-1-1855.
9. Idem, d.d. 23-1-1856.
10. Idem, d.d. 9-4-1856.

XVIII. TRAGEDIE IN REINHARTSHAUSEN

1. Bijleveld: Uit het leven van prinses Marianne, p. 5.
2. Het is opmerkelijk dat Marianne twee Duitsers in dienst had die de namen Hess (gouverneur Johannes Willem) en Goering (intendant) droegen.
3. Voorhoeve: Prinses Marianne der Nederlanden, p. 68.
4. Raclée = aframmeling, pak slaag (Frans).
5. Asmodée, nr. 33 d.d. 14-8-1861.
6. Asmodée, december 1861.

7.-9. In druk: H.J. Busé: Brieven van Prinses Marianne aan vrouw van Loenen, p. 25-26.

10. Mij medegedeeld door wijlen mr. E. van Beusekom.

11.-12. In druk: Busé: Brieven van Prinses Marianne aan vrouw Van Loenen, p. 29.

13. Voorhoeve: Prinses Marianne der Nederlanden, p. 71.
14. Bijleveld: Uit het leven van prinses Marianne, p. 7.

15.-20. Idem.

21. In druk: H.J. Busé: Brieven van Prinses Marianne aan vrouw van Loenen, p. 27.
22. S.H. Kautzmann-van Oosterzee: Mijne jeugdherinneringen, p. 13.
23. Van den Berg: Grafkelder van Johannes Willem van Reinhartshausen gerestaureerd: Vereniging Oranje Nassau Museum, p. 59, 1978.
24. Voorhoeve: Prinses Marianne der Nederlanden, p. 78.
25. Idem, p. 74.

XIX. FINALE

1. Busé: Brieven van prinses Marianne aan vrouw van Loenen, p. 28.
2. Idem, p. 25.
3. Idem, p. 24.
4. Kautzmann-van Oosterzee: Mijne jeugdherinneringen, p. 3.

5.-6. Idem, p. 1.

7. Idem, p. 4.

8.-9. Idem, p. 15.
10.-11. Busé: Brieven van prinses Marianne aan vrouw van Loenen, p. 26.
12. Prinses Marianne aan vrouw van Loenen op 5-7-1847. Hist. Museum Moerman te Apeldoorn.
13. Idem.
14. Busé: Brieven van prinses Marianne aan vrouw van Loenen, p. 27.
15.-16. Idem, p. 29.
17. Prinses Marianne aan vrouw Van Loenen op 13-8-1876. Hist. Museum Moerman te Apeldoorn.
18. Busé: Brieven van prinses Marianne aan vrouw van Loenen, p. 29.
19.-21. Prinses Marianne aan vrouw Van Loenen op 11-7-1877. Hist. Museum Moerman te Apeldoorn.
22.-24. Paul van 't Veer: Maar Majesteit! , p. 75. (Geheime dagboeken min. Weitzel.)
25.-26. Idem, p. 76.
27. Idem, p. 77.
28.-30. Idem p. 78-79.
31.-32. Idem, p. 80.
33. Prinses Marianne aan vrouw van Loenen op 11-7-1877. Hist. Museum Moerman te Apeldoorn.
34.-37. Paul van 't Veer: Maar Majesteit! , p. 81-82.
38.-39. Busé: Brieven van prinses Marianne aan vrouw van Loenen, p. 26.
40. Onstenk: „Ik behoor bij mezelf", p. 128.
41. Paul van 't Veer: Maar Majesteit! , p. 95.
42. Idem, p. 98.
43. Idem, p. 99.
44. Idem, p. 110.
45. Idem, p. 128-129.
46. Idem, p. 141-142.
47.-50. Onstenk: „Ik behoor bij mezelf", p. 128.
51. Idem, p. 129.
52. Idem, p. 133.
53. Idem, p. 130.
54, Busé: Brieven van prinses Marianne aan vrouw van Loenen, p. 30. Is deze brief wel geschreven op 2-1-1883?
55.-56. Idem, p. 33.
57. Robert Heck: Marianne von Nassau Oranien.
58. Vert. uit het Duits: Hier rust in God Wilhelmina Frederika Louise Charlotte Marianne van Oranje-Nassau, geboren in Berlijn op 9 mei 1810, gehuwd in Den Haag op 19 september 1830 met Frederik Hendrik Albrecht, Prins van Pruisen.
59. Mij medegedeeld door wijlen mr. E. van Beusekom te Oosterbeek.
60. Kautzmann-van Oosterzee: Mijne jeugdherinneringen, p. 2.

GERAADPLEEGDE BRONNEN

Archivalia

Collectie J. van den Bosch, A.R.A., Den Haag.
Collectie J.J.L. van Brugghen, Reveilarchief, Universiteits-Bibliotheek, Amsterdam.
Collectie A.R. Falck, A.R.A., Den Haag.
Collectie N.K. de Graaf, Reveilarchief, Universiteits-Bibliotheek, Amsterdam.
Collectie G.K. van Hogendorp, A.R.A., Den Haag.
Collectie F.A. van Hall, A.R.A., Den Haag.
Brievencollectie, Historisch Museum Moerman, Apeldoorn.
Archief Eerste Maatschappij van Weldadigheid, Rijksarchief provincie Drenthe.

Kranten en tijdschriften

Asmodée (tijdschrift)
Asmodée (almanak)
Archief van de Geschiedenis van de Katholieke Kerk in Nederland.
Diezer Heimatblätter, Mitteilungen zur Geschichte und Volkskunde des Nassauer Landes.
Le Figaro.
Gens Nostra.
Het Handelsblad.
Hydra.
Jaarverslagen van de Vereniging ,,Oranje-Nassau Museum".
De Navorscher.
De Nieuwe Rotterdamsche Courant.

Opregte Haarlemsche Courant.
De Star.
Vorsten Vandaag.
De Vriend des Vaderlands.

Boeken en artikelen

J. Abbink: Het leven van Koning Willem II. Zijn overlijden en plegtige begrafenis, Amsterdam, 1849.
A. Alberts: Koning Willem II, Den Haag, 1964.
Anoniem: Levensschets van Zijne Majesteit Koning Willem Frederik, graaf van Nassau gevolgd door eene naauwkeurige beschrijving der plegtigheden van Zijner Majesteits begrafenis en de lijkrede bij de plegtige inzegening van het lijk te Berlijn door dr. Ehrenberg uitgesproken benevens eene korte beschrijving van den vorstelijken grafkelder te Delft, 's-Gravenhage, 1844.
– Neêrlands Maagd, Loflied van een Kapitalist, die zijn rijkdom verschuldigd is aan art. 35 der Wet van Liefde, Kampen, g.d.
F.W. van den Berg: Grafkelder van Johannes Willem van Reinhartshausen gerestaureerd. Artikel in de jaarlijkse publikatie van de Vereniging Oranje-Nassau Museum, 1978.
E. van Beusekom: Moeders uit ons Vorstenhuis, Amsterdam, 1839.
Thijs Booy: Het Loo was hun huis, Baarn, 1974.
– Verhalen rond het Loo, Baarn, 1976.
H.J. Busé: Brieven van prinses Marianne aan vrouw van Loenen (1829-1883) in: Jaarverslag Vereniging „Oranje-Nassau Museum" over 1933.
W.J.J.C. Bijleveld: Uit het leven van prinses Marianne, g. pl., 1938.
– De markies de Thouars na honderd jaren, Leiden, 1947.
– Bouwens van der Boyen en consorten, Leiden, 1948.
H.T. Colenbrander: Gedenkschriften van Anton Reinhard Falck, Den Haag, 1913.
– Willem I, Koning der Nederlanden, Amsterdam, 1931-1936.
– De Belgische Omwenteling, Amsterdam, 1938.
– Willem II, Koning der Nederlanden, Amsterdam, 1938.
– Gedenkstukken der Algemeene Geschiedenis van Nederland van 1795-1840, dl. V, dl. VI, dl. VIII, st. 1, 2, 3.
H. Doedens: De markies de Thouars. Twents dichter en pamflettist 1807-1850, Enschede, 1971.
J. van Dijl: Prinses Marianne en haar nakomelingen. In: jaarverslag Vereniging „Oranje-Nassau Museum" over 1933.

A. Goslinga: Koning Willem I als verlicht despoot, Baarn, 1918.
Robert Heck: Marianne von Nassau-Oranien, Prinzessin der Niederlande. In: Diezer Heimatblätter, Mitteilungen zur Geschichte und Volkskunde des Nassauer Landes, jaargang 1938.
S.W. Jackman: Romanov Relations, the private correspondence of tsars Alexander I, Nicholas I and the Grand Dukes Constantine and Michael with their sister Queen Anna Pavlovna (1817-1855), Londen, 1969.
S.H. Kautzmann-van Oosterzee: Mijne jeugdherinneringen. g. pl., g. d.
R.L. van Andringa de Kempenaer: Fragmenten uit mijne portefeuille, 's-Gravenhage, 1851.
– Eene geschiedkundige Bijdrage tot eene juiste waardeering der staatkundige gebeurtenissen in Maart 1848, 's-Gravenhage, 1853.
J. De Bosch Kemper: Geschiedenis van Nederland na 1830, Amsterdam, 1875.
M. Elisabeth Kluit: Nederland in den goeden ouden tijd zijnde het dagboek van hunnen reis te voet, per trekschuit en per diligence van Jacob van Lennep en zijn vriend Dirk van Hogendorp door de Noord-Nederlandsche provintiën in den jare 1823. Volgens het nagelaten manuscript van Mr. Jacob van Lennep, Utrecht, 1942.
Dorothy Gies Mc Guigan: The Habsburgs, g. pl. g. d.
E. Meeter: Holland, its institutions, its press, kings and prisons.
Joh.W.A. Naber: Correspondentie van de Stadhouderlijke familie.
– Prinses Wilhelmina, gemalin van Willem V, Prins van Oranje, Amsterdam, 1908.
Joh.W.A. Naber en L. de Neve: De vorstinnen van het Huis van Oranje-Nassau, Haarlem, 1898.
A.J. Onstenk: Ik behoor bij mezelf. Cornelis Elisa van Koetsveld, 1807-1893. Proefschrift 1973.
P.D. Oosterbaan: Het Naundorff mysterie, Amsterdam, 1951.
Louis van Orden: De broers van Koning Wilhelmina, Haarlem, g.d.
Paulus, de apostel: Brief aan de Romeinen.
J.J. Poelhekke: De tsarendochter en de molenaarszoon. Arch. v.d. gesch. v.d. Kath. Kerk in Nederland, jrg. 1960.
C. Postma: Prins Frederik der Nederlanden, een vorstelijk burger in de 19e eeuw, 's-Gravenzande, 1961.
E. van Raalte: Nederlandse vorstelijke huwelijken en hun problematiek, Alphen aan den Rijn, 1964.
– Staatshoofd en ministers, Zwolle, 1971.
– Gezien, gehoord... geschreven tussen 1916 en 1972, Zwolle, 1972.
L. Roppe: Een omstreden huwelijk. Koning Willem Frederik,Graaf van Nassau en de Gravin van Nassau, geboren Henriëtte d'Oultremont de

Wégimont, Hasselt, g.d. (circa 1962).
G. Ruitenschild: Toespraak bij 's Konings Begrafenis den 4den April 1849, g. pl., 1849.
J.W.F.X. de Rijk: Der Nederlanden, art. Gens Nostra, jrg. 1959.
D.J. Schotel: De dood des Konings. Brief aan H.P. Timmer Verhoeven, 's-Hertogenbosch, 1849.
M.C. Sigal: Der Nederlanden, artikel in De Navorscher, jrg. 1955/1956.
S.C.F. Sirtema van Grovestins: Gedenkschriften van den graaf Van der Duyn van Maasdam en van den baron van der Capellen, Amsterdam, 1857.
W. Snouckaert van Schauburg: Journaal van mijn uitstapje, art. Historia, 1936.
K.W. Strootman: Het verblijf van Prinses Marianne te Rome en hare kunstschatten. In: Mededelingen van het Ned. Historisch Instituut te Rome, 2e reeks dl. IV, Den Haag, 1934.
Henriëtte Laman Trip-de Beaufort: Gijsbert Karel van Hogendorp, Rotterdam, 1948.
Paul van 't Veer: Maar Majesteit! De geheime dagboeken van minister A.W.P. Weitzel, Amsterdam, 1969.
C.H. Voorhoeve: Prinses Marianne der Nederlanden. Het avontuurlijk en veelbewogen leven van een Oranje prinses 1810-1883, Zaltbommel, 1965.
S.M. Gräfin von Voss: Neunundsechzig Jahre am Preusischen Hofe, Leipzig, 1876.
J.J. Westendorp Boerma: Een geestdriftig Nederlander. Johannes van den Bosch, Amsterdam, 1950.

GENEALOGISCHE GEGEVENS FAMILIE DER NEDERLANDEN

Willem der Nederlanden
geboorteplaats en datum onbekend
misschien Rotterdam of
omgeving op 5-5-1818
winkelier, later
landbouwer/kolonist
overleden 8-2-1902
op 2-12-1846 gehuwd
te Steenwijkerwold
met Jacoba Scholtens
30-5-1825 - 25-11-1874
en
op 18-11-1875 met
Henderekien Snijder
weduwe van Egbert Piest

Marianne der Nederlanden
geboorteplaats en datum onbekend
misschien op 24 maart 1820
overleden te Steenwijkerwold
op 21-2-1900
gehuwd op 1-10-1840 met
Jan Wardenier
↓
kinderen

Uit het eerste huwelijk

1. Gerrit
geb. Steenwijkerwold 21-11-1848
overleden Kortenhoef 14-12-1931
timmerman,
op 21-4-1883 gehuwd met
Jannetje Zeldenrijk 1855-1927

2. Marianne
geb. Steenwijkerwold 2-8-1850
overleden Hillegom 5-3-1930
op 18-9-1874 gehuwd met
Geert Marinus, plantenkweker
1852-1934

3. Harm
geb. te Steenwijkerwold 1852
en daar overleden 1856

4. Jacob
geb. Steenwijkerwold 14-8-1853
overleden Amsterdam 25-6-1933
bakker,
gehuwd met
Cornelia Hartog 1858-1921

5. Willem
geb. Steenwijkerwold 1856
en daar overleden op 9-5-1857

6. Willem
geb. Steenwijkerwold 6-4-1858
overleden Den Haag 28-2-1929
boekdrukker bij de Landsdrukkerij
gehuwd met
Aaltje Moerman 1865-1955

7. Harm
geb. Steenwijkerwold 16-11-1861
overleden Lisse 19-12-1898
mandenmaker
gehuwd met
Geertruida den Boer 1868-1943

8. Roelof
geb. Steenwijkerwold 27-8-1863
overleden Leiden 29-9-1935
gehuwd met
Petronella Sophia de Knijff 1861-1946

VAN ROSSUM

Johannes van Rossum
kruidenzoeker

X

Willemina Kerkhof
|
o.a.
Willem van Rossum
kruidenzoeker, later
lakei van koning Willem I

X

Maria Tammerijn
winkelierster

|

o.a.
Johannes van Rossum
lakei koning Willem I,
later jockey van prins
Alexander, nog weer later:
koetsier, stalmeester van
prinses Marianne
klom op tot
secretaris/bibliothecaris
geb. Den Haag 21-8-1808
overl. Erbach 10-4-1872

op 17-5-1837
X

Catharina Wilhelmina Keyser
tapster
geb. 1817
overl. 28-7-1861
kinderloos

↓

Geboren uit de verhouding
van Johannes van Rossum
met prinses Marianne
Johannes Willem van Reinhartshausen
geb. Cefalu, Sicilië, 30 oktober 1849
overl. Erbach 25-12-1861

HUIS VAN ORANJE-NASSAU

HUIS HOHENZOLLERN

August Wilhelm
pr. van Pruisen
1722-1758

in 1742
X

Louise
hertogin
v. Brunswijk
1722-1780

Wilhelmina (Willemijn)
pr. van Pruisen
*7-8-1751
† 9-6-1820

op 4-10-1767
X

Willem V, stadhouder
pr. van Oranje
*8-3-1748
† 9-4-1806

1. Louise
*28-11-1770
† 15-10-1819

op 14-10-1790
X

Karl erfpr. van
Brunswijk-Wolfenbüttel
*18-2-1766
† 20-9-1806
kinderloos

2. Willem I, koning
*24-8-1772
† 12-12-1843

op 1-10-1791
X

Wilhelmina (Mimi)
pr. van Pruisen
*18-11-1774
† 12-10-1837

op 17-2-1841
X

Henriëtte
gr. d'Oultremont
de Wégimont
*28-2-1792
† 26-10-1864
kinderloos

1. Willem II, koning
*6-12-1792
† 17-3-1849

op 21-2-1816
X

Anna Paulowna
grootvorstin van
Rusland
*18-1-1795
† 1-3-1865

2. Frederik
*28-2-1797
† 8-9-1881

op 21-5-1825
X

Louise
pr. van Pruisen
*1-2-1808
† 6-12-1870

3. Pauline
*1-3-1800
† 22-12-1806

4. Marianne
*9-5-1810
† 29-5-1883

op 14-9-1830
X
gescheiden op
28-3-1849

Albrecht (Albert)
pr. van Pruisen
*4-10-1809
† 14-10-1872

3. Frederik
*15-2-1774
† 6-1-1799
ongehuwd

Friedrich Wilhelm II
koning van Pruisen
1744-1797

X

Friederike
pr. van
Hessen-Darmstadt
1751-1805

Friedrich Wilhelm III
koning v. Pruisen
1770-1840

in 1793
X

Louise
hertogin van
Mecklenburg-Strelitz
1776-1810

Karl
pr. van Pruisen
1801-1883

in 1827
X

Marie
pr. van Saksen-Weimar
1808-1877

o.a.
Friedrich Karl
pr. van Pruisen
1828-1885

Louise
pr. van Pruisen
zie elders

Albrecht (Albert)
pr. van Pruisen
zie elders

Wilhelmina (Mimi)
pr. van Pruisen
zie elders

pr. von Anhalt
1837-1906

Marie
pr. van Pruisen
zie elders

1. Willem III, koning
*19-2-1817
† 23-11-1890

op 18-6-1839
X

Sophie
pr. van Württemberg
*17-6-1818
† 3-6-1877

op 7-1-1879
X

Emma
pr. van Waldeck-Pyrmont
*2-8-1858
†20-3-1934

2. Alexander
*2-8-1818
† 20-2-1848
ongehuwd

3. Hendrik
(de Zeevaarder)
*13-6-1820
† 13-1-1879
kinderloos

op 19-5-1853
X

Amalia
pr. van Saksen-Weimar
*20-5-1830
† 1-5-1872
kinderloos

op 24-8-1878
X

Marie
pr. van Pruisen

*14-9-1855
† 20-6-1888

Zij hertrouwt in 1886 met
Albert van Saksen-Altenburg.
Uit haar 2e huwelijk zijn
nakomelingen.

4. Ernst-Casimir
*21-5-1822
† 22-10-1822

5. Sophie
*8-4-1824
† 23-3-1897

op 8-10-1842
X

Karl Alexander
groothertog van
Saksen-Weimar
*24-6-1818
† 5-1-1901
nakomelingen

1. Louise
*5-8-1828
† 30-3-1871

op 19-6-1850
X

Karl XV
van Zweden
en Noorwegen
*3-5-1826
† 18-9-1872
nakomelingen

2. Willem
*6-7-1833
† 1-11-1834

3. Frederik
*22-8-1836
† 23-1-1846

4. Marie
*5-7-1841
† 22-6-1910

op 18-7-1871
X

Wilhelm
vorst van Wied
*22-8-1845
† 22-10-1907
nakomelingen

Charlotte
pr. van Pruisen
1831-1855

in 1850
X

Georg,
hertog van
Saksen-Meiningen
1826-1914

zoon
1832

Albrecht (Albert)
pr. van Pruisen
1837-1906

in 1872
X

Marie
pr. van
Saksen-Altenburg
1854-1898

Elisabeth
geb. en overl.
in 1840

Alexandrine
pr. van Pruisen
1842-1906

in 1865
X

Wilhelm,
hertog van
Mecklenburg-Schwe

1e huwelijk

Willem (Wiwill)
*4-9-1840
† 11-6-1879
ongehuwd

1e huwelijk

Maurits
*15-9-1843
†4-6-1850

1e huwelijk

Alexander
*25-8-1851
† 21-6-1884
ongehuwd

2e huwelijk

Wilhelmina, koningin
*31-8-1880
† 28-11-1962

op 7-1-1901
X

Hendrik
hertog van
Mecklenburg-Schwerin
*19-4-1876
† 3-7-1934

Juliana, koningin
*30-4-1909

op 7-1-1937
X

Bernhard
pr. van Lippe-Biesterfeld
*29-6-1911

* = Gebore
† = Overle
X = Gehuw

VERKLARENDE WOORDENLIJST

accusatie der recepten: bevestiging van ontvangst.
ancien procureur du roi: oud procureur des konings.
arak: sterke drank.
custodie: hechtenis.
eenen secreeten brief: een geheime brief.
een illusteren complice: een illustere medeplichtige.

Faisons la guerre, faisons l'amour	Laten wij oorlog voeren,
Quant la guerre	laten wij de liefde bedrijven
A dépeuplé la terre	Wanneer de oorlog de aarde ontvolkt heeft
Faisons nos efforts	Laten wij ons dan inspannen
Pour réparer ses torts.	Om de schade te herstellen.

femme manquée: de misgelopen vrouw.
fournissement: levering.
ganz unterthänig küsste: heel onderdanig kuste.
gecustodiëerde: iemand die in hechtenis is genomen.
il retournait encor de la fille d'Hélène à la veuve d'Hector: letterlijk: Hij liep van de dochter van Helena naar de weduwe van Hector – hij liep van de een naar de ander.
infirmerie: ziekenafdeling.
la grande armée: het grote leger.
Next to a battle lost, the greatest misery is a battle gained: Op een verloren slag na is een gewonnen veldslag de grootste misère.
ni fallor: tenzij ik mij vergis.

Nous allons voir le grand Napoleon	Wij gaan de grote Napoleon zien
Vainqueur de toutes nations.	De overwinnaar van alle naties.

l'ombre d'une entrave: schaduw van belemmering; je ne tolérai pas: ik zal niet dulden dat; mais que me veut on donc à la fin? : Maar wat wil men dan eindelijk van mij? ; qu'elle vienne: dat zij kome; alors tout est arrangé: dan is alles geregeld.

ongegeneerd: hier in de zin van ongestoord.
per surprice: per verrassing.
que j'avais l'honneur de marcher contre les rebelles le sac sur le dos et le fusil au bras: dat ik de eer had tegen de rebellen op te trekken met de ransel op de rug en het geweer over de schouder.
raclée: aframmeling.
ratione officii: ambtshalve.
reparatie: hier in de zin van genoegdoening.
rien de plus: niets meer.
risum teneati: houdt uw lachen in.
Ruhe sanft Liebling: rust zacht lieveling.
Seine Seele gefällt Gott darum eilet Er mit ihm aus dieser Welt: zijn ziel vindt een welgevallen bij God daarom snelt Hij met hem weg uit deze wereld.
suppliant: verzoeker.
toevoorzicht: toezicht.
tot redres: tot herstel.
trame: afgeleid van het Franse woord la trame: intrige of complot.
uitstekende gunst: hier in de betekenis van bijzondere gunst.
une vraie ange: een echte engel.
verantwoordelijken misslag: een misslag die verantwoord is.
victoire, victoire: victorie, victorie.
Vive l'Empereur: leve de keizer.

ERRATA

pagina 252, achtste regel: juni 1863 moet zijn juni 1864.

ALFABETISCH REGISTER

D

E

F

G

H

P

R

S

T

U

V

W

IJ

Z

VAN DEZELFDE SCHRIJFSTER VERSCHENEN:

RUSLAND
EN
ORANJE

**Tragiek en glorie
van overgrootmoeder
Anna Paulowna**

Jacqueline Doorn is als schrijfster geen onbekende. Immers, behalve een aantal romans schreef zij ook de biografieën „Mary Stuart" en „De vrouw van de stadhouder-koning", beide verschenen bij de Europese Bibliotheek.
Haar nieuwste boek is een biografie van Anna Paulowna, de echtgenote van koning Willem II en de moeder van koning Willem III. „Overgrootmoeder" Anna Paulowna is altijd een vergeten figuur gebleven in de historie van de Oranjeprinsen en -prinsessen. Hoewel niet een Oranje van geboorte heeft Anna Paulowna toch een groot stempel gedrukt op haar Hollandse familie en niet in de laatste plaats op het karakter van haar zoon, de latere koning Willem III.
Anna Paulowna werd in 1795 geboren als dochter van grootvorst Paul en grootvorstin Maria Feodorowna van Rusland. Zij was de zevende uit een gezin van negen en heeft haar vader slechts kort gekend: in 1801 werd tsaar Paul I vermoord. Bij dit complot zou ook haar broer, de latere tsaar Alexander I, betrokken zijn geweest...
In december 1815 maakte erfprins Willem, de latere koning Willem II, een reis naar Rusland waar hij Anna ontmoette. Op 9 februari 1816 – zij kenden elkaar toen nog geen twee maanden – gingen Anna en Willem in ondertrouw, terwijl op 21 februari 1816 het huwelijk werd gesloten volgens de Grieks-orthodoxe ritus en daarna, op verzoek van de bruidegom, nogmaals volgens de protestantse liturgie. In 1840 volgde Willem zijn vader op als koning Willem II. Hij en Anna hadden toen vijf kinderen gehad: erfprins Willem in 1817, prins Alexander in 1818, prins Hendrik

(„de zeevaarder") in 1820, prins Ernst-Casimir in 1822 (slechts enige maanden oud geworden) en prinses Sophie in 1824.
Rusland heeft steeds een dominerende plaats in het leven van Anna Paulowna gehad, hoewel ze de Nederlandse taal reeds kort na haar komst in ons land heeft geleerd. Ook haar godsdienst is ze tot haar dood toe trouw gebleven, getuige haar Griekse kapellen, haar ikonen en haar begrafenis die naar Grieks-orthodoxe ritus in Delft geschiedde.
Haar huwelijk met de joviale, onstuimige, geliefde, frivole, wispelturige, ontrouwe Willem II is niet zonder hoogte- en dieptepunten geweest. Hoogtepunten waren ongetwijfeld de jaren die het prinselijk paar in Brussel doorbracht, de inhuldiging van de koning in 1840, de pracht en praal waarmee Anna het hof omringde en de vreugde die zij beleefde aan de carrière van haar jongste zoon Hendrik.
Dieptepunten waren er zeker ook: de dood van haar 30-jarige zoon Alexander, het huwelijk van haar oudste zoon Willem dat haar sympathie niet had, het verlies van haar man in 1849 en daarmede ook het verlies van haar kroon.
Met haar Russische bloedverwanten bleef zij in nauw contact, hetgeen blijkt uit de talrijke brieven die naar Rusland gezonden werden en die veel informatie geven over de dagelijkse gang van zaken in het gezin van Willem en Anna.
Uit dit boek, RUSLAND EN ORANJE, leren wij deze Russische Oranje – die slechts negen jaar koningin is geweest – kennen als een plichtsgetrouwe, nauwgezette, statige vrouw die het Nederlandse hof omringde met pracht en praal, overdadige feesten gaf, zich tooide met kostbare sieraden en gewaden en nooit zou vergeten dat zij een „keizerlijke hoogheid" was. Dat een en ander vaak botsingen gaf met het zwierige, populaire en enigszins slordige karakter van haar echtgenoot laat zich niet moeilijk raden.
Als koningin-moeder woonde Anna Paulowna meestal op Soestdijk en op Buitenrust ('s-Gravenhage); beide paleizen waren haar persoonlijk eigendom. Op 1 maart 1865 overleed zij op Buitenrust, te midden van haar verwanten.

Omvang 320 bladzijden met 37 illustraties. Gebonden in linnen band met stofomslag, f 46,90.

WILLEM III
EMMA EN SOPHIE

Geluk en ongeluk in het
Huis van Oranje

Na haar boeken over de beide Mary's Stuart en de succesvolle biografie over koningin Anna Paulowna – verschenen onder de titel „Rusland en Oranje" – is dit het nieuwste boek van deze schrijfster dat als onderwerp heeft het turbulente leven van onze laatste koning: Willem III. Niet los van zijn leven zijn zijn beide vrouwen te zien: koningin Sophie, geboren prinses van Wurttemberg en koningin Emma, geboren prinses van Waldeck-Pyrmont.
Nog nooit werd op deze wijze de levensloop van koning Willem III en zijn gezin beschreven. De schrijfster heeft het talent de veelheid van historische feiten zodanig te rangschikken en te componeren dat een levensverhaal ontstaat dat geschiedkundig volkomen volgens de feiten is, maar – en dat is haar verdienste – dat leesbaar blijft voor de belangstellende leek èn voor de geïnteresseerde historicus.
Willem III: amper 22 jaar is hij bij zijn huwelijk met de knappe, intelligente Sophie van Wurttemberg. Hun huwelijk blijkt een vergissing, erger zelfs: een rampzalige periode is hun deel. Weliswaar kent hun huwelijk hoogtepunten, zoals de geboorte van de beide prinsen, Willem en Maurits, maar evenzoveel dieptepunten, zoals het overlijden van het jongste prinsje op zesjarige leeftijd. Zijn plaatsvervanger wordt prins Alexander, maar het brengt de koning en zijn vrouw nauwelijks nader tot elkaar.
Willem lijdt aan wisselende stemmingen: een erfenis van zijn Russische voorvaderen. Beurtelings driftig, bruusk, kinderlijk, goedhartig, charmant, ontrouw en dwars past hij helemaal niet bij zijn nichtje, die overigens qua intelligentie zijn meerdere is en dat waar mogelijk laat blijken. Een twist-

punt tussen de koning en de koningin is onder andere de opvoeding van hun beide zoons Willem en Alexander. Eerstgenoemde blijkt niet de kwaliteiten en karaktereigenschappen te bezitten die men van een erfprins moet verwachten en Alexander is vanaf zijn jeugd een ernstige zenuwpatiënt met depressieve buien en beslist niet opgewassen tegen een eventueel koningschap.

Ook de familieleden van het koninklijk gezin worden door de schrijfster belicht: de wijze, bedachtzame maar onverzettelijke prins Frederik, 's konings broer Hendrik, bewindvoerder in Luxemburg, koningin-moeder Anna Paulowna, die haar schoondochter Sophie vanaf het eerste moment onsympathiek heeft gevonden, prinses Marianne, 's konings tante, die het gehele hof in verlegenheid brengt door een kind te krijgen van haar koetsier en dat dan nog zelf op te voeden ook, koning Willem I, die als een vergeten grijsaard sterft in Berlijn, omringd door zijn dochter en zijn tweede vrouw Henriëtte d'Oultremont, prins Alexander, 's konings broer, die eigenlijk door zijn ouders als de ideale troonopvolger werd beschouwd, maar jong overleed en koning Willem II, die zelf maar negen jaar het koningschap bekleedde.

De prinsen Willem en Alexander scharen zich in de echtelijke ruzies en onenigheden aan de kant van hun moeder en met name Alexander treurt hevig bij het overlijden van Sophie in 1877. Tussen de koning en zijn oudste zoon Willem (in familiekring Wiwill genoemd) is inmiddels een laaiende ruzie ontstaan over Willems keuze voor zijn levensgezellin: gravin Mattie van Limburg Stirum. De koning geeft geen toestemming en weet niet van wijken. Willem ook niet. En terwijl de kroonprins een eigenaardig, geheimzinnig vrijgezellenleven leidt in Parijs, zonder al te veel plichtplegingen, gaat de koning, 62 jaar oud, op zoek naar een nieuwe bruid in Arolsen: Emma van Waldeck-Pyrmont, 20 jaar oud. Men spreekt er schande van, zo'n oude man en zo'n jong meisje! Toch zal dit huwelijk niet ongelukkig zijn, hetgeen voornamelijk is te danken aan Emma's gave tot geven èn nemen. En terwijl Willem III tot over zijn oren verliefd is op het Duitse prinsesje en haar meeneemt naar Nederland, sterft Nederlands kroonprins in Parijs, in een verre van prinselijke kamer en onder nogal geheimzinnige omstandigheden. Prins Alexander raakt er nog meer door van streek. Emma stuurt een grote krans bij de begrafenis, maar ook zij kan de kloof die er is tussen vader en zoon niet wegnemen.

Als in 1880 prinses Wilhelmina wordt geboren (de eerste maanden wordt zij Pauline genoemd), is prins Alexander in het buitenland. Hij wenst niets van de feestelijkheden rondom de geboorte van het nieuwe zusje mee te maken! Noch zijn halfzusje, noch zijn tweede moeder heeft Alexander ooit willen ontmoeten. Ook de pers reageert bij de geboorte van het prinsesje alsof er geen kroonprins meer bestaat! In 1884 sterft ook deze prins, die ruim tachtig jaar Nederlands laatste prins zal zijn.

Omvang 360 bladzijden met 44 illustraties. Gebonden in linnen band met stofomslag, f 46,90.